동물혼

Matteo Pasquinelli, *Animal Spirits : A Bestiary of the Commons*.
Copyright ⓒ 2008 by Matteo Pasquinelli.

이 책의 한국어판 저작권은 Matteo Pasquinelli와의 독점계약으로 한국어 판권은 '도서출판 갈무리'가 소유합니다. 저작권법에 의하여 한국 내에서 보호를 받는 저작물이므로 무단전재와 복제를 금합니다.

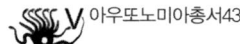 아우또노미아총서43

동물혼
Animal Spirits

지은이 맛떼오 파스퀴넬리
옮긴이 서창현

펴낸이 조정환
책임운영 신은주
편집부 김정연 · 오정민
프리뷰 권범철 · 돌민 · 신현주 · 소종민 · 임태훈 · 한태준

펴낸곳 도서출판 갈무리 등록일 1994. 3. 3. 등록번호 제17-0161호
초판인쇄 2013년 8월 28일 초판발행 2013년 9월 9일
종이 화인페이퍼 출력 경운출력 · 프린트엔 인쇄 중앙피앤엘
라미네이팅 금성산업 제본 은정제책

주소 서울 마포구 서교동 375-13호 성지빌딩 101호
전화 02-325-1485 팩스 02-325-1407
website http://galmuri.co.kr e-mail galmuri@galmuri.co.kr

ISBN 978-89-6195-072-5 94300 / 978-89-6195-003-9 (세트)
도서분류 1. 문화이론 2. 예술 3. 사회과학 4. 정치학 5. 철학 6. 정치철학 7. 사회학 8. 사회운동
 9. 언론정보학

이 책은 실로 꿰매는 사철 방식으로 제책되어 오랫동안 견고하게 보관할 수 있습니다.

값 25,000원

이 도서의 국립중앙도서관 출판시도서목록(CIP)은 e-CIP홈페이지(http://www.nl.go.kr/ecip)와 국가자료공동목록시스템(http://ww w.nl.go.kr/kolisnet)에서 이용하실 수 있습니다.(CIP제어번호 :CIP2013014390)

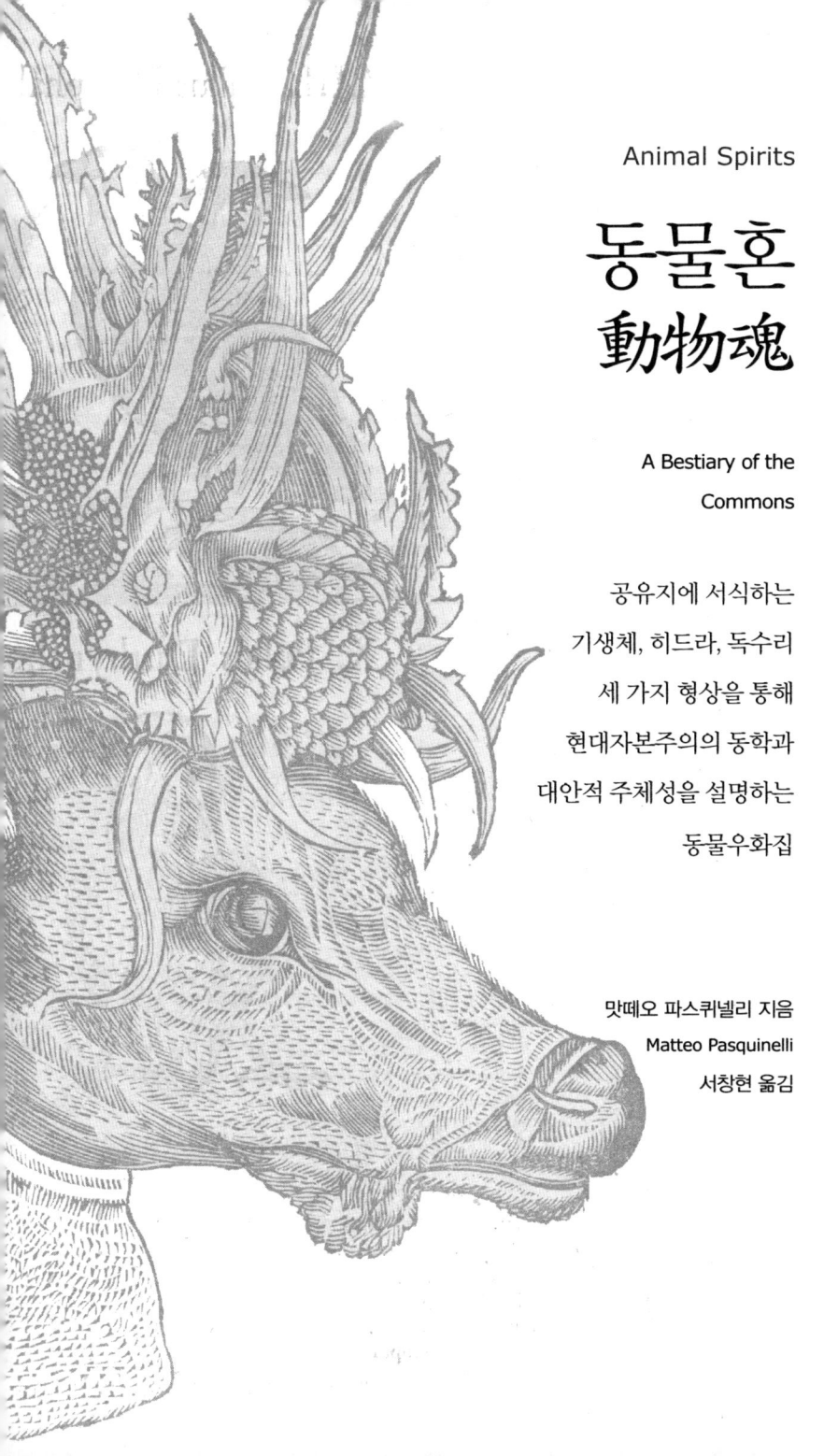

Animal Spirits

동물혼
動物魂

A Bestiary of the
Commons

공유지에 서식하는
기생체, 히드라, 독수리
세 가지 형상을 통해
현대자본주의의 동학과
대안적 주체성을 설명하는
동물우화집

맛떼오 파스퀴넬리 지음
Matteo Pasquinelli
서창현 옮김

일러두기

1. 이 책은 Matteo Pasquinelli, *Animal Spirits: A Bestiary of the Commons*, NAi Publishers, 2008을 완역하고 저자와 비츠케 마스가 함께 쓴 'Manifesto of Urban Cannibalism'의 최신 버전을 완역하여 부록으로 붙인 책이다.
2. 지은이 주석과 옮긴이 주석은 같은 일련번호를 가지며, 옮긴이 주석에는 [옮긴이]라고 표시하였다.
3. 인용된 문헌의 출처는 처음 등장할 때는 자세한 서지사항을 각주에 표기했고, 이후 등장할 때에는 저자명과 제목만을 각주에 표기했다. 저자가 참고한 문헌의 목록과 자세한 서지사항은 '참고문헌'에 모두 수록했다.
4. 단행본, 전집, 정기간행물에는 겹낫표(『 』)를, 논문, 논설, 기고문 등에는 홑낫표(「 」)를, 단체명, 행사명, 영상, 전시, 공연물, 법률, 조약 및 협약에는 가랑이표(〈 〉)를 사용하였다.
5. 인명, 도서명 등은 필요한 경우 한 번만 원어를 병기하였다.

:: 한국어판 서문

부채의 사보타주

2008년 이 책이 출간되었을 때 전지구적인 금융위기가 막 시작되고 있었고, 당시 사람들은 이 위기가 어느 정도의 충격을, (예컨대) 유럽의 안전성에 어느 정도의 충격을 가할지 아무도 예측할 수 없을 것이라고 말했다. 그러나 금융 엘리트들은 이미 문제와 해답을 매우 잘 알고 있었다. 노벨상 수상자인 조지 애커로프와 로버트 쉴러는 몇 달 후 『야성적 충동』 Animal Spirits [1]이라는 책을 출간하여 신케인스주의적인 요법을 주장하고 그에 따른 계획을 수립했다. 이 책 『동물혼』[2]은 그와는 다른 측면에서, 즉 지난 세대의 디지털 노동자 및 인지노동자들의 측면에서, 아직도 계속되고 있는 그 시대의 금융적 **충동[혼]** spirits 에 관한 이야기를 하려 한다.

---

1. [한국어판] 로버트 J. 쉴러·조지 애커로프, 『야성적 충동 ― 인간의 비이성적 심리가 경제에 미치는 영향』, 김태훈 옮김, 랜덤하우스코리아, 2009.
2. [옮긴이] 이 책의 원제도 Animal Spirits이다. 동물우화집의 형식을 빌리고 있는 이 책의 제목을 한국어로 『야성적 충동』이 아니라 『동물혼』으로 번역하는 이유에 대해서는 이 책 16쪽 각주 2번을 참조하라.

공교롭게도 『야성적 충동』은 이 책 『동물혼』이 다루려는 역사적 변동의 본성을 이해하고 있었다. 이 책은 네트워크 사회와 인지적 생산의 어두운 일면으로서 모습을 드러내고 있는 투기적이고 기생적인 새로운 지대에 특별히 초점을 맞추기로 결정했다. 낙천적인 다수의 미디어 비평가, 활동가, 학자들은 이 체제를 종종 대수롭지 않게 여겼지만 말이다. [나의] 이러한 분석적 결정은 역사에 의해 확증되고 추인되어 온 것처럼 보인다. 투기적 지대의 관점은 오늘날 부채 인간에 대한 대규모의 새로운 협치governance로, 가난한 유럽 나라들을 압박하는 긴축 조치로 바뀌어 왔다. 사실 금융위기의 우화寓話는 지식 및 네트워크 경제의 운명과 결코 분리된 적이 없었다. 그와 반대로 우리는 훨씬 더 도발적인 진술로 이러한 관계를 역전시켜 결국 다음과 같이 말할 수 있을 것이다. "지식 사회가 금융위기를 발생시켰다."

실제로 초투기적hyper-speculative 금융자본주의는 네트워크 사회의 폐허로부터 모습을 드러냈다. 그 이유를 단순히 말하자면 지식 사회 일반의 사업 모델들이 너무나 빨리 축적의 한계에 이르렀으며, 가치화 과정이 치명적으로 중단되었기 때문이다. 2000년 닷컴 붕괴 직후 미국의 자본들은 필사적으로 부동산 투기로 돌아섰으며, 널리 알려진 것처럼 새로운 '독성' 파생금융상품 시장들이 서브프라임 모기지 위에 세워져 이때부터 전 세계적으로 투자와 연금 기금에 침투하기 시작했다. 이어지는 서브프라임 거품은 주요 국가들의 은행에 막대한 영향을 끼쳐 일부 은행들은 국유화되었고 그 결과 개인의 신용 위기는 특히 유로존에서 공공 부채의 붕괴로 전화되었다. 지금 이 글을 쓰고 있는 동안에도, 소위 '공공 부채'(그러나 매우 사적인 투기적 관심에서 생겨난 부채)의 기나긴 파도는 이미 그리스, 이탈리아, 스페인 같은 유럽의 가장 취약한 나라들을 강타했다. 이러한 위기의 파도는, 비록 미미하기는 하지만, 한국 사회에도 역시 모습을 드러냈다. 전지구적인 경제에서는 누구도 안전하지 않다. 이 책은 인지자본주의3의 한가운데에서 발생한 가치화 위기에 대한 바로 그 이야기를, 인지자본주의에서 태어난 최초의 노동자 세대의 관점에서 들려준다. 나는 유러피안 드림에서 일어났던 일을 렌즈로 삼아 한국의 첨단 산업 성공을 정밀하게 읽어 내는 것이 상당히 유용한 일이 될 수 있을 것으로 확신한다.

주식 시장의 특징인 가치의 '창조적 파괴'4가 오늘날 정치적 쟁점이 되었기 때문에, 문화적 공유지5와 예술적 주체agency의 정치적 재구성 역시 필요하다. 도시의 다중들이 이 가치화 게임에 참여하

---

3. [옮긴이] '인지자본주의'는 상업자본주의(14~17세기), 산업자본주의(17~20세기 후반) 시기를 지나, 오늘날 우리가 살고 있는 3기 자본주의를 지칭하는 용어이다. '인지자본주의'라는 말은 오늘날의 자본주의가 신체는 물론이거니와 우리의 행동, 관계, 소통방식, 기억, 욕망, 심지어 꿈마저도 착취한다는 사실을 분명히 한다. 인지자본주의의 새로움에 대한 분석은 조정환, 『인지자본주의』, 갈무리, 2011을 참조하라.
4. [옮긴이] 이 개념에 대해서는 이 책 19쪽 각주 11번을 참조하라.
5. [옮긴이] '공유지'(commons), '공통적인 것'(the common)은 자본주의에 의해 울타리쳐지기 전 모두가 함께 사용할 수 있었던 땅과 자원, 즉 중세의 공유지 전통과 관련되는 용어이다. 오늘날 이 개념 속에는 전통적인 의미의 공유지뿐 아니라 언어, 인터넷, 지식, 생명 등 사유화를 위해서는 강제력이 필요한 비물질들도 포함된다. 특히 2000년 이후 전지구적인 사회운동에서 자본주의를 넘어설 수 있는 대안을 예시하는 용어로 광범위하게 사용돼 왔으며, 조정환, 안또니오 네그리, 마이클 하트, 이와사부로 코소, 프랑코 베라르디 [비포], 실비아 페데리치 등 넓은 의미의 자율주의 경향에 서 있는 많은 국내외 이론가들에 의해 정교화되고 있다. 이 개념의 정치적·실천적 함의에 대해서는 조정환의 『인지자본주의』(갈무리, 2011)와 네그리·하트의 『선언』(갈무리, 2012)을, 자본주의가 공유지에 울타리를 치고 민중의 경제권을 박탈한 역사에 대해서는 피터 라인보우의 『마그나카르타 선언』(갈무리, 2012)을 참조하라.

여 최근 내재적인 취약함을 드러내고 있는 가치 생산 고리에 대한 공통적인 힘을 회복한다면 어떤 일이 일어날 수 있을까? 대학 등록금 부채에 항의하는 미국과 캐나다의 학생들로부터 긴축에 반대하며 그리스 의회를 포위한 다중에 이르기까지 갈등의 새로운 벡터는 '부채'인 것처럼 보인다. 마우리치오 라짜라토는 『부채인간』의 첫 줄에서 다음과 같이 언급한다. "다른 지역에 이어 이제 유럽에서도 계급투쟁이 벌어지고 있다. 오늘날의 계급투쟁은 부채라는 쟁점을 중심으로 전개되고 있으며 점점 격렬해지고 있다."[6]

주식 시장은 처음으로 모든 사람들에게 가치의 사보타주[7]를 가르쳤다. 디지털 네트워크들의 독점에서 부동산 독점에 이르기까지 새로운 경제 지대 체제는 양극화된 신新봉건 사회를 향해 나아가고 있다. 금융자본주의 시대의 정치적, 문화적, 예술적 주체의 좌표들은 지식 사회의 '폐허' 위에서 성장하고 있는 부채의 벡터들 주변에서 발견될 수 있다. 부채의 사보타주는 후기 자본주의 다중의 일반적인 예술 형태이다.

---

6. Maurizio Lazzarato, *La Fabrique de l'homme endetté* (Paris:Editions Amsterdam, 2011). 영어판:*The Making of Indebted Man* (Los Angeles:Semiotexte, 2012) [마우리치오 라자라토, 『부채인간 – 인간 억압 조건에 관한 철학 에세이』, 허경·양진성 옮김, 메디치미디어, 2012, 25쪽].
7. [옮긴이] 사보타주(sabotage)의 sabot는 프랑스어와 네덜란드어(sabots)로 나막신이라는 의미이다. 어원에 대한 여러 설 중에 나막신을 신은 15세기 네덜란드 농민들이 영주의 부당한 처사에 항의하며 섬유직기를 망가뜨리기 위해 나막신을 던진 데서 유래했다는 설명이 있다. 보통 '태업'으로 번역되지만 그보다 넓은 의미를 지닌다. 전복, 방해, 차단, 교란, 파손, 파괴 등의 방식으로 특정 기업이나 단체의 세를 약화시키려는 고의적인 행위를 일컫는다. 19세기에 기계파괴운동을 했던 러다이트들이나 IWW 같은 급진 노동조합들은 사보타주를 부당한 노동조건에 대항하는 노동자의 자기방어 수단이자 직접행동 수단으로 여긴다.

차례

한국어판 서문: 부채의 사보타주 5
서문 16

1장 동물혼 개념적 동물우화집 28

제국의 질병들 29
침몰하는 런던: 일상적인 문화생활의 정신병리학 29
현대 권태의 원리: 징후로서의 예술계 35
급진적으로 올바른: 행동주의의 무의식적인 청교도주의 46
동물몸의 제거와 새로운 공유지 50

다중의 어두운 측면 55
세상에 개방적인 동물 55
머리 둘 달린 신의 회복 71

공유지의 개념적 동물우화집 79
개념적 동물우화집 79
머리 둘 달린 독수리: 권력과 욕망의 양가성 83
공유지의 기생체: 동맹과 사보타주 85

동물혼
動物魂

언어의 히드라: 문화의 삶형태적 무의식 89

2장 공유지의 기생체 95
디지털리즘과 '자유문화'의 경제

기계들의 생물권: 기생체에 들어가다 96
기계들의 산 에너지와 잉여 96
미셸 세르와 인공두뇌학적 기생체 107
비물질적 기생체의 다이어그램 118
간주곡 – 기호의 소용돌이 속 보드리야르 124

디지털리즘: 미디어 문화의 난국 131
살이 코드가 된다 131
자유문화의 이데올로기 138
창조적 반(反)-공유지에 맞서 143
자율적인 공유지를 향하여 150
네트워크의 빈곤 158
세계에 들러붙은 해커에 들러붙는 기생체 163

지대: 인지자본주의의 디스토피아적 기생체 169
  지대는 새로운 이윤이다 169
  지대는 공유지의 다른 면이다 176
  인지자본주의의 4차원 180
  비물질적 기생체들의 분류 185
  머리 둘 달린 다중과 사보타주의 문법 190

3장 언어의 히드라 197
문화 산업의 삶형태적 무의식

비물질 내전: 인지자본주의 내부에서 일어나는 갈등의 원형들 198
  나의 창조성은 나의 갈등이다 199
  인지적 주체의 공적 삶 208
  라짜라토의 타르드 읽기: 가치의 사회적 차원 210
  엔조 룰라니와 '유포의 법칙' 214
  데이비드 하비와 집합적 상징자본 219
  비물질 내전과 공통적인 것 229

동물혼
動物魂

인지적 기생체의 사보타주 233

문화 공장에서의 창조적 사보타주: 예술, 젠트리피케이션 그리고 메트로폴리스 237

'도시의 삶' 대 '창조도시'의 키메라 237
새로운 도시적 프런티어를 도입하기 241
유럽의 '창조도시'의 이면에 있는 콘크리트의 히드라 248
사회적 공장과 잉여의 동력으로서 메트로폴리스 257
간주곡 — 급진적인 도시들: 부정적인 지표 대 긍정적인 지표 260
집합적 상징자본 그리고 공통적인 것의 비대칭들 263
예술적 생산양식 268
문화 공장의 배치들 274
창조적으로 되지 않기: 메트로폴리스의 표면에서 이루어지는 언어적 게임들 279
사보타주의 문법과 공통적인 것의 제도 282

4장 머리 둘 달린 이미지 292
상상계의 올바른 마조히즘

동물혼
動物魂

신경학과 시각적 무의식의 세속화 293

머리 둘 달린 이미지: 상상계의 자율을 문제 삼기 293
"허구는 신경학의 한 분야이다." 300
'척수 고속도로 위의 뉴런적 도상들' 305
'전쟁의 잠재적인 성적 특징' 314
"포르노는 사회 변화를 위한 강력한 촉매이다." 321
감각들의 비관주의, 신경들의 낙관주의: 들뢰즈의 프란시스 베이컨 327
첫 번째 명확화: 코드 밀실공포증과 주체의 결핍 333
두 번째 명확화: 바이오디지털리즘과 잘못된 유기체론 336
'이미지들의 문명'과 포르노의 세속화 345

나는 보고 싶다! 전쟁 포르노에 대항하는 전쟁 펑크를. 355

(평화 행동주의의) 싱긋 웃는 원숭이들 355
문명들의 비디오충돌 360
전지구적 정신을 위한 동물 서사들 363
디지털 아나키: 영상폰 대 제국 366
전쟁 포르노: 전쟁 상상계의 성적 내용 367
상상계의 초기화 371

동물혼
動物魂

전쟁 펑크: "나는 보고 싶다!" 376

리비도적 기생체들: 인터넷 포르노와 기계적 초과 379

디아제팜에 의존하는 포르노와 비물질노동의 테크노병리학 380
포르노의 열역학 385
욕망의 엔트로피와 기계들의 네겐트로피 389
시간의 결정들을 축적하는 소용돌이들 395
리비도적 기생체와 리비도적 잉여의 축적 399

부록: 도시 카니발리즘 선언 (베를린 선언) 402

비츠케 마스·맛떼오 파스퀴넬리

참고문헌 417
맛떼오 파스퀴넬리 저작 목록 431
옮긴이 후기 432
인명 찾아보기 434
용어 찾아보기 436
그림 1. 비물질적 기생체의 다이어그램 123
그림 2. 혁신의 S형 곡선 214

혼이 크면 클수록 동물성은 그만큼 더 크다.

네덜란드 속담[1]

서문

무엇이 공통적인 것the common을 구성하는가? 내가 디지털 공유지와 문화 산업의 어두운 측면들을 탐구하고 있을 때, 2008년에 일어난 금융위기의 **동물혼**[2]에 대한 인식이 실제로 정치적 논쟁의 지평이 되었다. 공유지의 **동물혼**을 연구하자는 생각이 현실적으로 제

---

1. 이 유명한 속담은 아마도 유대인 문화에 기원을 두고 있을 것이다. 『탈무드』의 초막절 부 52a를 참고하라. "위대한 인간일수록 그의 예쩨르 하라(악의 성향)도 크다."
2. [옮긴이] 'animal spirit(s)'은 맥락에 따라 '동물혼'과 '야성적 충동'으로 구분하여 옮겼다. 경제를 움직이는 보이지 않는 인간적 충동을 케인스는 'animal spirits'라는 용어로 규정했다. 국내에 케인스의 책과 이론이 소개되면서 이 용어는 '야성적 충동'으로 받아들여져 사용되어 왔다. 케인스주의적인 의미에서 사용된 경우 '야성적 충동'으로 옮겼다. 케인스에게 'animal spirit(s)'는 경제를 추동하는 불확실한 힘이지만 다스려져야 할 대상으로 인식된다. 파스퀴넬리는 바로 케인스의 이 개념을 전용하여 그것에서 다중의 이미지를 이끌어낸다. 그는 'animal spirit(s)'를 우리(cage) 안에 갇혀 통제되고 순화되어야 할 부정적인 힘이 아니라 역사를 추동하는 살아 있는 힘으로 인식하고자 한다. 이러한 저자의 문제의식을 살려 케인스주의적인 맥락이 아닌 한 모두 '동물혼'으로 옮겼다. 이와 관련하여 'animal body'는 '동물몸'으로, 'animal force'는 '동물력'으로 옮겼다.

기된 것은 몇 년 전이었는데, 그때 주가지수에 관심을 보이던 전 세계 미디어스케이프3는 전쟁 테러리즘의 포르노에서 양분을 취했다. 하지만 미디어 네트워크들의 이면에서 싸움을 벌이고 있는 비합리적인 공포와 힘들 forces은 비판적인 사상가들과 정치 활동가들의 조명을 전혀 받지 못했고, 더욱 구체적으로 말하자면, 경제 흐름의 생산적인 구성 요소로 고려되지 못했다. 존 메이너드 케인스는 이전에 '야성적 충동'을 주식시장에 영향을 미치고 경기순환에 작용을 가하는, 정확하게 예측할 수 없는 인간적 충동으로 정의했다.4 마찬가지로 빠올로 비르노5도 최근 저작에서 (국민국가에서 오늘날의 디지털 네트워크들에 이르는) 모든 제도들이 어떻게 인류의 공격적인 본능의 확장을 나타내는지를 강조했다.6 이러한 독해에 따르면 언어

---

3. [옮긴이] 미디어스케이프(mediascape)는 인도의 문화인류학자 아르준 아파두라이(Arjun Appadurai, 1949~)가 처음 사용한 용어로 "정보들을 생산하고 퍼뜨릴 수 있는 전자적 장치들의 배분(신문, 잡지, TV 방송국, 그리고 영화 제작 스튜디오)과 이런 미디어에 의해 생산된 세계의 이미지들"을 가리킨다. 보다 넓게는 미디어가 세계에 미치는 영향, 미디어가 가져오는 사회적·정치적·문화적 풍경의 변화 등을 의미한다. 아르준 아파두라이, 『고삐 풀린 현대성』, 차원현 외 옮김, 현실문화연구, 2004, 65쪽 참조.
4. John M. Keynes, *The General Theory of Employment, Interest and Money* (London:Macmillan, 1936) [존 메이너드 케인즈, 『고용, 이자 및 화폐의 일반이론』, 조순 옮김, 비봉출판사, 2007].
5. [옮긴이] 빠올로 비르노(Paolo Virno, 1952~)는 이탈리아의 철학자, 기호학자이며 자율주의적 맑스주의의 주요 사상가 중 한 명으로 현재 로마대학 교수이다. 1970년대 이탈리아의 다양한 혁명 운동에 참여했으며 1979년 네그리 등과 함께 〈붉은 여단〉의 구성원이라는 혐의를 받고 1982~87년까지 수감생활을 하였다. 『현재의 기억 — 역사적 시간에 관한 시론』(1999), 『엑소더스의 실행』(2002), 마이클 하트와 공동편역한 『이탈리아의 급진 사상』(1996) 등 다수의 저서가 있으며 한국어로 번역된 저서로는 『다중』(갈무리, 2004)이 있다.
6. Paolo Virno, 'So-called "evil" and criticism of the state' in:*Multitude Between*

와 문화는 공통적인 것의 토대(네트워킹)뿐만 아니라, 적대와 카오스의 새로운 장(낫워킹7) 역시 형성한다.[8]

자유문화[9]의 운동장이 오늘날 크리에이티브 커먼즈[CC 10] 같은 저작권(의 난해한 법률 용어)에 의거해서만 찬양되고 보호되는 한편, 갈등의 거대한 동물우화집이 새로운 문화 공장 뒤편에서 전파되고 있다. 이 책에서 나는 이러한 현상들에 대한 모든 반동적인 입장을 멀리하면서, **동물혼**이 어떻게 오늘날의 다중 개념에 속하는지, 그리고 어떻게 **공통적인 것의 생산**을 긍정적으로 자극하는지 탐색한다. 현재의 정치적 조건이 되어 버린 주식시장에 특유한, 가치의

Innovation and Negation (Los Angeles:Semiotexte, 2008); 이탈리아어 원본:'Il cosiddetto 《male》 e la critica dello Stato' *Forme di vita*, no. 4 (Rome:Derive Approdi, 2005).

7. [옮긴이] 네트워킹(networking)과 대비하여 언어와 문화가 인지자본주의 시대에 가져올 수 있는 또 다른 측면의 영향을 고려하여 만든 신조어. 한 예로 직장에서의 SNS 사용이 일의 능률을 저해하고 각종 기밀 유출을 용이하게 한다고 비판하는 사람들은 'social networking'에 대해서 'social notworking'이라는 용어를 사용한다.

8. 또 다음 저작도 참고하라. Geert Lovink, 'The Principles of Notworking', inaugural speech, Hogeschool van Amsterdam, 2005. Web:www.hva.nl/lectoraten/documenten/ol09-050224-lovink.pdf.

9. [옮긴이] 자유문화(free culture)는 창조적 저작물을 인터넷이나 그 밖의 매체를 통해 자유롭게 배포하고 자유롭게 수정하자는 사회 운동을 가리킨다. 크리에이티브 커먼즈가 대표적인 단체이며, '자유문화'라는 말은 이 단체를 창립한 로렌스 레식이 2004년 인터넷에 출간한 책의 제목이기도 하다.

10. [옮긴이] 크리에이티브 커먼즈(Creative Commons, CC)는 저작권의 부분적 공유를 목적으로 2001년에 만들어진 비영리 기관이다. 이 기관에서 2002년 12월 16일에 만든 저작권 라이선스가 바로 크리에이티브 커먼즈 라이선스다. 음역하지 않고 뜻을 새기면 "창조적 공유지"라는 의미가 된다. 저자는 CC 라이선스 혹은 CC 운동을 뜻할 때는 이 단어를 대문자 Creative Commons로 쓰고, CC를 포함하지만 저작권 공유 운동으로 국한되지 않는 의미의 "창조적 공유지"를 뜻할 때는 이 단어를 소문자로 쓰는 것 같다. 따라서 이 단어가 대문자로 쓰인 경우 "크리에이티브 커먼즈"로 음역하고 소문자로 쓰인 경우에는 "창조적 공유지"라고 옮겼다.

'창조적 파괴'에 맞서 공유지를 재규정하는 것은 필요할 뿐만 아니라 절박한 일이다.11 수요와 공급이라는 낯익은 주문呪文 외에, 가치의 완전히 상상적인 조작은 오늘날 금융 게임의 핵심적인 구성 요소이다.12 도시 및 네트워크의 다중들이 이 가치화 게임에 개입하여 가치 생산의 허술한 사슬을 압도하는 공통적인 힘power을 회복한다면 어떤 일이 일어날까?

　　공통적인 것은 독립적인 영역이 아니다. 공통적인 것은 가치 및 생산 법칙에 둘러싸이고 그러한 법칙들에 의해 정의되는 힘들forces의 장場 속으로 들어가는 역동적인 대상이다. 예컨대, (IBM에

---

11. 경제학자 조셉 슘페터는 근본적 혁신을 수반하는 변형 과정을 서술하기 위해 '창조적 파괴'라는 용어를 보급하여 사용했다. 자본주의에 대한 슘페터의 시각에 따르면, 기업가에 의한 혁신적인 참가(entry)가 장기간의 경제성장을 유지한 힘이었다. 설령 그러한 참가가 어느 정도의 독점 권력을 향유한 기존 회사들의 가치를 파괴했다 하더라도 말이다. Joseph Schumpeter, *Capitalism, Socialism and Democracy* (New York:Harper & Brothers, 1942) [조지프 슘페터, 『자본주의, 사회주의, 민주주의』, 변상진 옮김, 한길사, 2011].
12. 펠릭스 가따리 역시 주식시장에 관해 말하면서 이와 같은 점에 주목했다. "경제적 기호화는 집단적인 심리 요인들에 의존하게 된다." Félix Guattari, *Chaosmose* (Paris:Galilée, 1992); 영어판 : *Chaosmosis:An Ethico-Aesthetic Paradigm* (Bloomington:Indiana University Press, 1995) [펠릭스 가타리, 『카오스모제』, 윤수종 옮김, 동문선, 2003]. 주식시장의 언어적 혼에 대한 탁월한 분석은 다음 글도 보라. Christian Marazzi, *Capitale e linguaggio. Dalla New Economy all'economia di guerra* (Rome:Derive Approdi, 2002); 영어판:*Capital and Language:From the New Economy to the War Economy* (New York:Semiotexte, 2008) [크리스티안 마라찌, 『자본과 언어—신경제에서 전쟁경제로』, 서창현 옮김, 갈무리, 2013]. 주식시장과 정보 흐름의 관계에 대해서는 다음을 보라. Ned Rossiter, 'The Art of Day Trading' in:*Organized Networks:Media Theory, Creative Labour, New Institutions* (Rotterdam/Amsterdam:NAi Publishers/Institute of Network Cultures, 2006).

서 마이스페이스[13]에 이르는) 네트워크 경제와 커뮤니케이션 독점의 새로운 기생적 형태들은 어떠한 형태의 대단히 충격적인 인클로저[14]나 지적 재산권[15]이라는 엄격한 제도regime를 부과하지 않고도, 자유문화Free Culture가 제공하는 풍부한 자원을 손쉽게 활용할 수 있다. 이 책은 우아하고 피상적인 정치적 가식假飾을 폭로하기 위해 유령, 즉 지난 10년 동안 미디어 문화, 예술비평, 급진적 행동주의activism 그리고 학계를 지배해 왔던 분리의 하위 종교sub-religion of separation를 추적한다.[16] 이 책의 장들은 자율적인 영역들이나 착한 경제virtuous economies로 개념화되고 찬양되었던 세 개의 상이한, 그러나 인접한 영역들을 시사한다. [첫째] 디지털 네트워크들과 소위

---

13. [옮긴이] 마이스페이스(Myspace)는 전 세계 29개국에 2억 명 이상의 회원을 보유하고 있는 소셜 네트워킹 웹사이트이다. 웹상에서 인간관계를 맺고 사회활동을 할 수 있는 인적 네트워크 서비스로, 국내의 싸이월드와 기능이 유사하다.
14. [옮긴이] 인클로저(enclosure)는 '울타리치기'로 번역되기도 한다. 자본주의 태동기 유럽에서 영주나 대지주가 목양업이나 대규모 농업을 하기 위하여 공유지에 울타리를 쳐 사유지로 만들면서 농민들을 몰아낸 과정을 가리킨다. 여기에서는 자본의 전 지구적인 토지 및 자원 수탈을 포괄하여 지칭하는 것으로 보인다. 다음 두 권의 책이 인클로저에 대한 입체적인 이해에 도움을 준다. 실비아 페데리치의 『캘리번과 마녀 ― 여성, 신체, 그리고 시초축적』(갈무리, 2011) 그리고 피터 라인보우의 『마그나 카르타 선언 ― 모두를 위한 자유권들과 커먼즈』(갈무리, 2012).
15. [옮긴이] 'property/properties'는 맥락에 따라 '재산, 재산권, 소유, 소유권' 등으로 옮겼다. 예를 들어 'private property'는 '사적 소유'로, 'intelligent property'는 '지적 재산(권)'으로 옮겼다. 명확하게 의미를 확정하기 어려운 경우 '소유[권]' 등으로 옮겼다.
16. 보다 일반적인 의미에서, 조르조 아감벤은 이 인류학적인 분리 기계가 스펙터클 자본주의의 핵심에 존재하는 것으로, 그리고 동물로부터 인류의 삶정치적인 분리 이면에 존재하는 것으로 이해했다. Giorgio Agamben, *L'aperto. L'uomo e l'animale* (Turin:Bollati Boringhieri, 2002); 영어판:*The Open:Man and Animal* (Stanford:Stanford University Press, 2004).

자유문화, [둘째] 문화 산업과 유럽의 '창조도시'[17], [셋째] 지적 청교도주의에 의해 중화되는 전쟁 테러리즘과 인터넷 포르노의 미디어 스케이프.

미디어 영역들의 이러한 분리는 일단의 포스트모던 사상가들이 면밀하게 검토했으며, 문화 이론(특히 예술비평 분야)에서 광범하게 채택하고 있다. 여기에서 장 보드리야르와 슬라보예 지젝 같은 저자들은, 코드의 감옥 안에서 모든 잠재적인 정치적 행위를 봉쇄하고 있는 전형적인 서양식 언어 물신주의의 징후로 간주될 수 있을 것이다. 이러한 감금 속에서 모든 저항 행위는 지배이데올로기를 숙명적으로 강화하는 것으로 여겨져 억제된다. 제국도 질병을 앓고 있지만, 포스트모더니즘 또한 기묘한 밀실공포증에 걸려 있다. 하지만 이러한 비판을 행하는 것이 지나간 옛 시절의 유물론으로 천진난만하게 복귀하는 것을 의미하진 않는다. 이것은 오히려 물질적인 것과 비물질적인 것, 생물학적인 것과 디지털적인 것, 욕망과 상상계 사이의 간극에 존재하는 마찰과 갈등 들을 조명하는 것을 목표로 한다. 각각의 분리 영역은 그 자신의 고유한 언어들을 갈고 닦는다. 네트워크 경제의 회로들에서는 **디지털리즘**과 **자유문화주의**를, 문화 산업과 새로운 도시 정책에 대해서는 **창조성**이라는 과대광고를, '전쟁 포르노'와 '인터넷 포르노'에 대해서는 히스테리적인 **좌익 청교도주의**를 갈고 닦는다. 각각의 영역은 그 자신의 특수한 종류의 비

---

17. [옮긴이] 1990년대 중반 이후 새로운 도시 재생 및 발전 전략으로 부상한 '창조경제' 패러다임 중의 하나로 이 책에서 주요하게 비판되는 개념들 중 하나이다.

대칭적 갈등을 은폐한다. 조르조 아감벤이 제시한 것처럼, 이러한 은폐된 분리들을 세속화하는 것이 도래할 정치 세대들의 정치적 과제라는 것은 의심의 여지가 없다.[18]

결정적으로, 분리된 이 세 영역들은 세 가지 형태의 공유지와 공연장적coextensive이다. 여기에서 이 공유지의 영광스러운 자율에는 다음 세 가지의 개념적 야수들이 늘 붙어 따라다니며 기생한다. 디지털 공유지의 기업적 기생체[19], '창조도시' 이면의 젠트리피케이션[20] 히드라, 전쟁 포르노의 미디어스케이프를 지배하는 권력과 욕망의 머리 둘 달린 독수리가 그것들이다. 이 동물우화집은 미디어 정치와 급진적 미학을 위한 비변증법적 모델을 제출할 목적으로

---

18. Giorgio Agamben, *Profanazioni* (Rome : Nottetempo, 2005); 영어판 : *Profanations* (New York : Zone Books, 2007) [조르조 아감벤, 『세속화 예찬 — 정치 미학을 위한 10개의 노트』, 김상운 옮김, 난장, 2010, 135쪽].
19. [옮긴이] 'parasite'를 옮겼다. 이 단어는 '식객, 기식자, 기생충 같은 존재, 기생생물, 기생충의 의미를 갖는다. 이 책에서는 특정한 '벌레, 동물, 인간'의 개별적이고 구체적인 의미보다는 '기생 관계에 놓이는 존재 일반'을 가리킨다고 보아 '기생체'로 옮겼다. 이와 관련하여 국내에 이미 소개된 미셸 세르의 책 제목도 개념과 의미의 일관된 사용을 위해, 주석에서 한국어판을 언급할 때는 『기식자』, 그 외에는 모두 『기생체』로 옮겼다.
20. [옮긴이] 젠트리(gentry)는 영국 귀족층과 독립 자영농민 계층인 요먼리 사이의 중상류층을 일컫던 말이다. 따라서 젠트리피케이션(gentrification)을 직역하면 중산계층화인데, 도시학에서는 특정 지역(특히 과거에는 별반 관심을 갖지 못했던 저소득층 지역)에 재개발이 벌어지면서 기존 주민들이 임대료 상승으로 더이상 그 지역에 살 수 없게 되고, 지역 특유의 문화가 상실되는 현상을 가리킨다. 현대 한국 사회에서 젠트리피케이션은 항상 진행중이다. 서울의 홍대, 용산 등이 최근의 사례들이며, 1900년대 후반 한국사회의 철거민 투쟁도 젠트리피케이션에 맞선 싸움의 역사로 읽을 수 있다. 주로 뉴욕의 사례를 다루고 있지만 한국과 공명하는 지점이 많은 이와 사부로 코소의 뉴욕 3부작 『뉴욕열전』(갈무리, 2010), 『유체도시를 구축하라!』(갈무리, 2011), 『죽음의 도시, 생명의 거리』(갈무리, 2013)가 젠트리피케이션에 대한 흥미로운 분석을 제시한다.

시작되었다. 특히 이러한 야수들은 **시뮬라크라**[21]와 **상징적 코드**[22] 같은, 포스트모더니즘의 이항적 추상들을 대체하기 위한 새로운 **삶 형태적**biomorphic 개념들을 표상한다. 게다가 이 야수들이 반드시 사악한 창조물들인 것은 아니다. 이들과의 동맹은 급진적인 사유의 밝혀지지 않은 비밀이다. 예컨대, 기생체는 자유 소프트웨어와 미디어 기업과의 전술적 동맹을 폭로한다. 히드라는 문화 산업 안에서 이루어지는 노동의 대립적이고 경쟁적인 본성을 드러낸다. 머리 둘 달린 독수리는 모든 정치적 상상계를 속이는 권력과 욕망의 물신주의를 구체화한 것이다. 그것들은 모두 신고전주의적neo-archaic 자본주의 시대를 위한 최초의 동물우화집의 구성 요소가 되며, 바라건대 **새로운 정치적 동물** 세대에게 영감을 불어넣을 수 있을 것이다.

이 책은 가파른 미디어스케이프를 따라 여행하는 일종의 직선적인 단테Dante풍의 여행을 시도한다. 이 여행은 **디지털리즘과 순진한 또래집단 협력**peer cooperation이라는 인식론적 고원에서 [출발하여] 창조산업[23]이라는 자애로운 전체주의 이면에 있는 메트로폴리

---

21. [옮긴이] 여기에서는 포스트모더니즘적인 의미, 즉 보드리야르적인 의미로 사용되었다. 플라톤 철학에 기원을 둔 이 말은 본질이나 이데아와 대조되는 가짜 복사물을 뜻한다. 보드리야르는 원본이 없는 동일한 복제물의 의미로 시뮬라크라를 사용한다. 그는 이 개념을 포스트모더니즘 문화 분석에 활용하는데, 그에 따르면 대중 매체는 끊임없이 시뮬라크라를 만들어내어 현실을 압도하며, 현실을 압도하는 이러한 가상현실을 하이퍼리얼리티라고 한다. 현실보다 더 현실적인 재현, 원본보다 더 원본 같은 시뮬라크라가 바로 하이퍼리얼리티다.
22. [옮긴이] 상징적 코드란 독자가 상징적 의미를 구축하는 것을 지배하는 코드를 말한다.
23. [옮긴이] 창조산업이란 지식과 정보를 생성하고 개발하는 것과 관련된 경제 활동 범위를 일컫는 용어이다. 존 호킨스, 리처드 플로리다에 의해 정립된 개념이다.

스의 파충류 같은[비열한] 무의식을 거쳐 인터넷 포르노와 전쟁 포르노의 지하세계로 깊숙이 들어가서 외관상 순결한 디지털 식민화의 어두운 측면들을 밝혀내는 여행이 될 것이다. 옛 독일계 유대인 속담에 다음과 같은 것이 있다. "혼[24]이 크면 클수록 동물성은 그만큼 더 크다." 모든 비물질적 공유지는 물질적 기초, 특히 **생물학적 지반**을 갖는다. 나는 **에너지적 무의식**energetic unconscious이라는 개념을 통해 미디어 이론을 위한 새로운 정치 지형을 탐구하면서, 생물권biosphere의 시대정신(에너지 위기, 기후 변화, 지구 온난화)을 미디어스케이프의 배belly 속에 통합해 볼 것이다. 과학기술을 이런 식으로 에너지와 관련하여 해석하면 네트워크를 두 개의 내적 좌표들 — (디지털) 코드와 (욕망하는) 흐름들 — 의 변증법으로 축소[환원]하고 중화시키는 미디어 연구의 지배적 패러다임과 충돌하게 된다. 이 패러다임과 달리 나는 모든 체계는 그 체계를 작동시키는 에너지의 외적 초과에 의해 정의되어야 한다고 주장할 것이다. 마찬가지로, "소비를 줄이라"는 근엄한 명령은 생산의 자본주의적 핵심을 문제 삼기 전까지는 효과적이지 못한 상태로 계속 남아 있게 될 것이다. 코드와 흐름 사이에는 욕망과 경제적 잉여에 대한 일종의 디스토피아적 시각이 도입된다.

그렇다면, 공유지를 생산하는 **창조적** 행위란 무엇인가? 널리

---

24. [옮긴이] 이 책에서 soul은 "영혼"으로, spirit은 "혼"으로, spiritus phantasticus는 "환상적인 혼"으로, pneuma는 "영"으로, mind는 "정신"으로 번역어를 통일했다. 인용문의 한국어판을 참조한 경우에도 별도의 표시가 없는 한 위 원칙을 따라 옮겼으며, 맥락을 고려하여 번역어를 원칙과 다르게 선택한 경우에는 원어를 삽입했다.

퍼진 믿음에 따르면, 창조성은 당연히 '착하고' 순결한 것으로, 에너지가 들지 않는 것으로, 타협이나 갈등의 때가 묻지 않아 마찰이 없는 것으로 간주된다. 자유문화와 네트워크의 부^富를 지지하는 사람들이 공유하는 유명한 슬로건은 "정보는 비경쟁적이다."²⁵이다. 그러나 실제로, 컴퓨터 화면 너머에서, 불안정 노동자들과 프리랜서들은 자유노동과 경쟁이 어떻게 그들의 일상적인 삶을 더욱더 집어삼키고 있는지 경험하고 있다.²⁶ 디지털 공유지는 유사^{pseudo} 공유지, 즉 생산의 물질적 토대로부터 분리된 관념적인 공간이 되어 버렸다. 여기에서 잉여가치와 착취는 고결하게 삭제된다. 사실, '디지털 복제 시대'는 보다 일반적인 의미에서, 비물질적 공유지와 경쟁 둘 다를 가속화시켜 왔다. 예컨대 전지구적 금융화와 그 불안한 파생상품들이 가능해진 것도 디지털화에 의해서이다. 그러므로 "정보는 비경쟁적이다."라는 슬로건에는 도플갱어²⁷가 존재한다. 즉 한편에서는 정보의 축적이 투기^{投機}를 키우고 다른 한편에서는 새로운 소통이 독점을 키운다. 새로운 공유지가 단지 크리에이티브 커먼즈 라이선스^{CCL} 같은 형식적인 견지에서 세워진다면 이러한 공유지는 무너지기 쉽다. 이 책은 그러한 공유지에 대한 보다 강력한 정치적 정의^定

---

25. Yochai Benkler, *The Wealth of Networks : How Social Production Transforms Markets and Freedom* (New Haven : Yale University Press, 2006).
26. Tiziana Terranova, 'Free Labor : Producing Culture for the Digital Economy', in : *Network Culture : Politics for the Information Age* (London : Pluto Press, 2004). Web : www.electronicbookreview.com/thread/technocapitalism/voluntary.
27. [옮긴이] 도플갱어란 독일어로 '이중으로 돌아다니는 자'를 뜻한다. 영어의 Double(복제)과 의미가 통한다. 여기에서는 하나의 사물, 또는 대상이 지니고 있는 두 가지 대비되는 속성을 가리키는 것으로 보인다.

※를 내리려고 노력하며, 특히 문화자본의 더욱 폭넓은 물질적 충격과 그 파급 효과들을 고찰한다.

유럽의 스카이라인을 가로질러 부상하고 있는 덧없는 창조도시들은 문화의 집단적 공장을 기업과 부동산 투기에 통합하기 위한 최근의 시도이다. 예술적 생산양식은 유럽 도시들의 경제를 자극했지만, 그것은 문화생산 그 자체를 위해서라기보다는 젠트리피케이션을 위한 것이었다.[28] 하지만 이러한 [예술적 생산양식에 입각한] 비판은 문화경제의 악의적인 본성을 애석해하지 않는다. 그와 반대로, 활기찬 문화적 풍경은 오로지 가치 생성의 사슬을 역전시킴으로써만 만들어질 수 있다. 이 책은 '창조성' 개념을 경제적 올바름correctness 너머로 정당하게 확장하면서 사보타주가 어떻게 **창조적인 것으로** 그리고 동시에 생산적인 것으로 이해될 수 있는지 설명한다. 포드주의의 낡은 박물관에 맞서 공유지에 대한 역동적이고 투쟁적인 정의가 제출된다. 신자유주의는 모든 사람들에게 가치의 사보타주를 가르친 최초의 체제였다. 포스트모던 어법 안에서는 바로 이 사보타주가 불가능한 것으로 간주된다(여기에서는 사보타주 행위가 지배체제를 강화하게 될 것으로 생각된다). 그와 반대로 안또니오 네그리는 사보타주를 1970년대 사회투쟁들이 일어났던 시기에 나타난 **자기가치화** 형태로 이해한다.[29] 마찬가지로 광적이고 불

---

28. 예술적 생산양식 개념은 다음 저작 속에 소개되어 있다. Sharon Zukin, *Loft Living: Culture and Capital in Urban Change* (Baltimore: Johns Hopkins University Press, 1982).

29. Antonio Negri, *Il dominio e il sabotaggio. Sul metodo marxista della trasformazione sociale* (Milan: Feltrinelli, 1977); 영어판: 'Dominion and Sabotage: On

합리한 주식시장이 형성한 역동적인 세계체제에서는 창조적 파괴의 힘power이 오늘날의 다중과 공통적인 것에 속하는 것으로 이해되어야 한다.

---

the Marxist Method of Social Transformation', in : Antonio Negri, *Books for Burning : Between Civil War and Democracy in 1970s Italy* (London/New York : Verso, 2005) [안토니오 네그리, 『지배와 사보타지』, 윤수종 옮김, 중원문화, 2012; 자기가치화 개념에 대한 보다 자세한 설명은 조정환의 『아우또노미아』(갈무리, 2003) 중에서 「제2장 가치화의 두 계열」을 참조하라 — 옮긴이].

1장
동물혼
개념적 동물우화집

제국의 질병들

교외민들은 폭력을 꿈꾼다. 그들은 활기 없는 자신의 집에서 잠든 채, 호의적인 쇼핑몰에 몸을 숨긴 채, 자신들을 깨워서 보다 열정적인 세계 속으로 이끌어 갈 악몽을 참을성 있게 기다리고 있다.

— 제임스 발라드, 『천국』

침몰하는 런던 : 일상적인 문화생활의 정신병리학

몽상적인 그림 한 점, 내부의 9·11 : 런던의 문화 협회들은 중산계급 폭도들의 초현실적인 공격을 받고 있다. 국가의 집합적 상상계 collective imaginary의 후견인들인 국립 영화 극장이 전소되고 BBC가 약탈당한다. 블랙 유머를 통해 발라드는 소설 『밀레니엄의 사람들』에서 쁘띠부르주아의 시민 봉기를 묘사한다.[1] 히스로 공항이 별난 테러리스트들의 표적이 되고, 그들은 또한 '잔학 행위'의 죄를 범

---

1. James G. Ballard, *Millennium People* (London : Flamingo, 2003).

한 진부한 캣쇼2를 급습한다. "우리 중산계급들은 새로운 프롤레타리아다."라고 폭도들 중 한 사람이 주장한다. 런던은 공허에 맞서는 게릴라 전투의 소용돌이 속에서 습격당한다.

허구의 바깥에서 볼 때, 발라드의 도시적 정신병리학은 오늘날의 서구 문화에 대한 통찰력 있는 사례에 해당한다. 밀레니엄의 전환이 일어나고 10년 뒤, 서구 자본주의의 문명화된 과거의 거대 엔진이 침몰하고 있다. 영국 파운드는 가치 절하되고, 융자 위기가 은행과 부동산에 영향을 미치고 있으며, 석유와 식량 가격이 오르고 있다. 미국 대륙[의 역사]에 연결된 그림엽서 속에서 런던은 다수의 이주노동자들의 그림으로 표현되어 있다. 그들은 그 금융 도시의 경계에서 탁하면서도 역한 공기를 호흡하면서, 음산한 고딕 풍의 포스터 아래에서 초조해 하고 있다. 제3세계의 도시 주변인들이 영연방의 안마당에서 늘어나고 있다. 그러는 동안, 월가의 베테랑들과 『이코노미스트』는 엘리트 경연진들에게 실질적인 조언을 제공한다. 시골로 이사하라, 농장을 구매하라, 음식을 비축하라, 권총을 장전하라, 야만인들에 대비하라.3 도시 온난화civil warming는 지구 온

---

2. [옮긴이] 캣쇼(cat show)는 일정한 품종 기준을 거친 고양이들이 경연을 벌이는 행사를 말한다.
3. *The Economist*, 22 March 2008: "바톤 빅스는 자신의 책 『부, 전쟁 그리고 지혜』에서, 투자자들이 세계의 종말에 대한 보험으로 '통행로에서 멀리 떨어진, 그렇지만 신속하고 쉽게 도달할 수 있는 어딘가에 농장이나 목장'을 소유해야 한다고 제안한다. …… 그러나 심지어 전쟁과 시민 소요를 피할 수 있다는 가정 하에, 빅스 씨의 조언은 여전히 일정 정도 장점을 가지고 있다. 결국 농지는 수년 간의 침체기를 거친 후에 회복된 농산물 가격 덕분에 갑자기 다시 유행할 것이다. 농산물 가격은 단기간 내 하락할 수도 있지만, 그럼에도 불구하고 바이오연료와의 경쟁과 아시아로부터의 수요 증가는 값싼 식품의 시대가 끝났음을 의미할 수도 있다. 부동산 관리인인 나이

난화의 바람과 함께 불어온다. 탈산업화는 과잉[상태]에 이르렀으며, 디지털 인류는 자연의 옛 상태를 다시 회복한다. 1930년대에 케인스는 주식시장의 배후에서 투쟁하고 경기순환을 압박하는 비합리적이고 예측 불가능한 힘들을 **야성적 충동**4으로 정의했다. 가연

트 프랭크에 따르면, 영국의 농지 가격은 지난해보다 25% 상승했다. 탈산업 경제의 몰락에 대한 최선의 방지책이 농업적인 과거로의 회귀가 되는 것으로 판명난다면 이는 멋진 아이러니가 될 것이다."

Barton Biggs, *Wealth, War and Wisdom* (New York:Wiley, 2008), p. 332. "또 다른 훨씬 소규모의 분산 전략은 통행로에서 멀리 떨어진, 그렇지만 신속하고 쉽게 도달할 수 있는 어딘가에 농장이나 목장을 소유하는 것이 될 것이다. 그 전략을 보험증권으로 생각하라. 경제 선진국의 부자들에게 농장은 훌륭한 다각화[방법]이며 십중팔구 뛰어난 장기 투자이다. 아마도 그 판매 가격은 순자산의 5%에 이를 것이다. 식량을 생산하는 토지에 대한 관리는 인류의 기본적인 본능이며, 토지소유주들은 [토지] 소유에 대한 인식만으로도 상당한 정신적 만족을 누리는 것으로 보인다. 석양 속에서 술 한 잔을 마시고 들판과 소들을 바라보는 것처럼 성취감을 맛볼 만한 일들은 많지 않다. …… 문명화된 기반기설이 붕괴할 가능성을 가정해야 한다. 당신의 안전한 천국은 자급자족할 수 있어야 하고 여러 종류의 식량을 재배할 수 있어야 한다. 그곳에는 씨앗, 비료, 통조림 음식, 포도주, 의약품, 옷가지들 등등이 풍부해야 한다. …… 미국과 유럽이라 해도 법과 질서가 일시적으로 완전히 붕괴된다면 폭동과 반란의 순간들이 발생할 수 있을 것이다. 몇 회전[의 폭동과 반란이 지나간] 후에, 교섭에 나서는 도적들의 우두머리들은 십중팔구 약탈하기가 더 쉬운 농장들이 있다고 말하는 강력한 설득자가 될 것이다. 도적들은 겁쟁이가 되는 경향이 있다. 반복해서 말하건대 역사는 부자가 거의 언제나 너무 현실에 안주한다는 것을 암시한다. 왜냐하면 그들은 사태가 나빠지기 시작하면 곤경에서 벗어나 재산을 빼돌릴 수 있는 시간이 있으리라는 환상을 품고 있기 때문이다. 그러한 일은 결코 일어나지 않는다. 사건은 사람이 기대하는 것보다 훨씬 빨리 움직이며, 야만인들은 우리가 탈출하기 전에 우리 머리 꼭대기에 서 있다."

4. Keynes, *The General Theory of Employment, Interest and Money*, pp. 161~162 [케인즈, 『고용, 이자 및 화폐의 일반이론』, 189쪽]. "투기로 말미암은 불안전성을 떠나서도, 우리의 적극적인 활동의 대부분은, 그것이 도덕적인 것이건 쾌락주의적인 것이건 또는 경제적인 것이건 간에, 수학적 기대치에 의존하는 것보다는 오히려 자생적인 낙관에 의존한다는 인간성의 특징으로 말미암은 불안전성이 또 있는 것이다. 장래의 긴 세월에 걸쳐 그 완전한 결과가 나오는 어떤 적극적인 일을 행하고자 하는 우리의 결의의 대부분은, 추측건대, 오직 야성적 충동 — 불활동보다는 오히려 활동

성 화석[연료]들을 두고 다투는 키메라들과 전쟁들, 걷잡을 수 없는 동양의 경제들과 서양의 다운쉬프팅5 사이에서, 이들 야수적 힘들은 신고전주의적 세계에서 다시 떠오르고 있다.

시애틀 이후의 운동6에 대한 서사들과 주제들이 망각되면서, 급진 이론은 임박한 도시 온난화에 어떻게 대응하는가? 어느 서점에 가보아도 지난 10년 동안 집단의식에서 점진적인 변화가 있었음을 알 수 있다. 과학기술과 네트워크 이슈들이 에너지와 환경으로 대체되었다(전쟁이 여전히 시종일관 배경을 이루고 있었다). 세계화를 둘러싼 담론은 속도를 늦추었다. 그 주된 이유는 석유 위기로 인해 신자유주의적 패러다임이 에너지의 패러다임으로 이동했기 때

을 하려는 자생적인 충동 – 의 결과로 이루어질 수 있을 뿐이며, 수량적인 이익에 수량적인 확률을 곱하여 얻은 가중평균의 소산으로 이루어지는 것은 아니다."

5. [옮긴이] 다운쉬프팅은 개인들이 비정상적일 정도의 물질주의의 경쟁 사회를 벗어나기 위해, 그리고 그러한 경쟁에 수반될 수 있는 스트레스, 초과근무, 심리적 지출에서 벗어나기 위해 보다 단순한 생활을 해 나가는 사회적 행위나 경향이다. 다운쉬프팅은 여가와 노동 간의 개선된 균형을 찾는 것을 강조하며, 또한 경제적 성공에 온통 마음을 다 바쳐 추구하는 것이 아닌 개인적인 성취와 관계 형성에 삶의 목표들을 집중할 것을 강조한다. 하나의 개념으로서 다운쉬프팅은 간소한 생활과 많은 특징들을 공유하지만, 하나의 대안적 형태로서 개인적인 안락함의 수준에서의 적절한 변화와 집중을 강조한다는 점에서 그것과 구별된다. 1990년대, 이 새로운 형태의 간소한 생활은 주류 언론에 등장하기 시작했으며, 산업 사회들, 특히 미국, 영국, 뉴질랜드, 호주 등에서 살아가는 주민들에게 계속해서 인기를 얻었다.
6. [옮긴이] 1999년 11월, 5만여 명의 시위대가 세계무역기구(WTO) 각료회의 개막식을 지연시키기 위해 시애틀에 모여들었다. 이것은 전세계 80여 개국 1,300여 단체가 모인 전 지구적인 시위였다. 이 시위는 기업 중심의 신자유주의적 세계화에 대한 거대한 저항의 벽이었다. 시애틀 운동은 반자본주의/반세계화 운동을 태동시킨 모멘트로 평가받는다. 참여의 폭, 시위의 양상, 지배계급의 대응, 투쟁 과정에서의 결속, 시위를 통한 WTO의 회담 저지 등에서 이제까지와는 다른 양상을 보여주었기 때문이다. 시애틀 이후의 반세계화 운동을 저자는 'post-Seattle movement'로 규정하고 있는 것으로 보인다.

문이다. 많은 활동가들에게 세계화가 비록 추상적이긴 해도 악의 최고 화신化身이었다면, 에너지의 히스테리는 특별한 묵시록적 청교도주의와 (전형적인 영미의) 금욕을 강화하면서 일종의 내부 참호로 이동한다. 반세계화 저항은 부정적 방식으로 정의된 탄소 발자국 운동이 된다. 이는 금욕주의적 행위인 '소비 줄이기'를 포함한다. 오직 좀 더 대륙적이고 남미적인 정치 전통만이 (예컨대 하트와 네그리의 『제국』에서 발견되는 것처럼) 아직도 **자율**과 **생산**이라는 단어를 함께 사용한다. 환경주의에서 종종 일어났던 것처럼, 에너지 관련 서사는 사회의 여러 갈등들을 교체하고 사회 갈등에 대한 관심을 다른 곳으로 대체 및 전환하는 기능을 하기 시작한다. 이러한 경향을 둘러싼 급진적 지식계급의 흥분에도 불구하고, 에너지에 초점을 맞추는 것은, 파악할 수도 대항할 수도 없는 전지구적 상부구조에 대한 일종의 운명론에 다시 빠져드는 것으로 보인다.

운명론과 금욕주의에서 벗어난 급진적 지식계급으로부터 어떤 비판적인 대응이 제공되고 있는가? 어쩌면 '일상생활의 정신병리학'이 마침내 문화적, 지적, 학문적 담론 자체에 적용되어야 하는 것인지도 모른다. 예를 들어, 슬라보예 지젝의 사유가, 그가 기꺼이 서구의 문화 코드에 적용하는 그와 같은 종류의 메타언어적 정신분석과 대면해야 한다면 어떤 일이 일어날까? 지젝은 여기에서 다음과 같은 담론, 즉 정확히 "상징적 코드 속에 존재하는 것이 바로 '악'이다."라고 말하기 위해 정치에서 경제에 이르는 모든 것에 대한 정신언어학적 비판을 이끌어 내는 마음 든든한 포스트모더니즘적 담론의 한 사례로 받아들여질 수 있다. 라캉이 예전에 무의식을 언어처럼 구조화된 것으로 기술했던 것과 꼭 마찬가지로 지젝은 다의적인equivocal 이해방식을 전지구적 상상계7에 적용한다. 지젝은 '집단적 무의식'을 하나의 언어로, 즉 어떠한 부정적이고 모순적인 긴장을 문법의 평면 위에 투사하는 언어로 간주한다. 이러한 입장의 직접적인 심리정치적 결과는 어떠한 잠재적인 [정치적] 참여도 허용하지 않는, 그렇지만 저서 목록들과 참고문헌들에 관한 지속적인 경제의 운영을 용이하게 하는 코드 밀실공포증이다. 이것은 다수의 대학 학부에 매우 공통적인 분위기이다. 『불꽃의 인새니테리움』에서 미국 대중문화의 괴기성을 조사한 마크 데리의 연구를 따르자면, 오늘날의 급진적 사유에는 이와 유사한 분석이 필요하다. 게다가, 발라드의 말을 상기하자면, 정신병리학은 잠재적으로 좋은 것이다.

처음의 질문으로 돌아가 보자. 무엇이 언어 게임과 에너지 운명론 외에 전지구적인 도시 온난화에 대한 대응이 될 수 있는가? 이것은 소위 급진적 정설을 보호하는 문제case가 아니라 오늘날의 혼들spirits 배후에 있는 물질적 힘들과 사회주체들을 확인하는 문제이다(예를 들어, 여기에서 포스트모더니스트들은 욕망들과 사회주체들이 항상 하나의 구성construction이며, 그저 하나의 이데올로기적

---

7. [옮긴이] 자크 라캉(Jacques Lacan)은 프로이트의 초자아, 자아, 무의식 개념과의 관련을 고려하면서 정신분석에서 세 가지 영역, 즉, 상상계, 상징계, 실재계를 설정한다. 상상계는 자기 자신과 타인을 아직 구별하지 못하는 유아기적 인식세계이며, 상징계는 무의식이 언어와 문화로 질서 지어진 세계이다. 상징계에서 자아가 형성되기 시작한다. 상상계와 상징계를 묶어주는 것이 실재계이며, 여기에서 의사소통과 사회로의 진입이 시작된다.

효과라고 말할 것이다. 또한 다음과 같이 말할 것이다. 우리는 욕망하지 않고, 욕망한다고 믿는다. 악순환에 빠져 있는 바로 이러한 이데올로기적 구성물들 등등을 통해서 말이다.). 무엇이 대코드^{Code}의 정신병리학의 배후에 있는 실재적인 열정들^{passions}인가? 무엇이 제국의 열정들에 맞서는 건강한 정신병리학인가? 이 대결의 두 힘들은 언어 게임에 선점된 열정 없는 사유에 의해 혼란스러워진다. 런던 및 '창조'도시들과는 전혀 달리, 새로운 정치적 열정들은 제국의 간극들에서 숨을 쉬고 있다. 그러는 동안, "교외민들은 폭력을 꿈꾼다."

현대 권태의 원리: 징후로서의 예술계

급진 이론가들과 마찬가지로 수많은 예술가들은 19세기의 체재들^{formats}을 쇠퇴시키는 과정에서 새로운 생각들을 필사적으로 밀어붙임으로써 새로운 정치적 참여예술을 주조하는 데 관심을 가지고 있다. 하지만 예술적 실천을 철저하게 정치적 행동으로 강제로 바꾸는 것보다는 예술 자체를 하나의 사회적 징후로 개념화하는 것이 보다 흥미롭고 급진적인 것이 될 수 있을 것이다. 결국 어떤 행위가 고독한 현역 작가나 작품의 필사적인 노력들에 초점을 맞추지 않고, 전체 예술계를 맥락 속에 설정하는 것보다 더 정치적인가? 어떠한 우상 파괴나 순진한 반미학적 성명서도 필요하지 않다. 네오이즘8과 **예술 파업**의 계절은 지나갔다. 예술계를 보다 광범한 사회적 본능들의 표면처럼 무의식적인 것으로 고찰해야 할 시간이다. 지젝식의 징후의 '기호학적 제국주의'를 역전시키면서 말이다.

오늘날, 예술의 **사회적** 좌표들은 근본적으로 다시 사유될 필요가 있다. 21세기의 출발점에서, '대중들에게 창조성을'creativity to masses[이라는 슬로건]에 의거한 모든 아방가르드 유토피아는 완전히 극복되었다. 벤야민의 '기술 복제 시대의 예술 작품'을 뛰어넘어, 사회는 이제 '사회적 복제 시대의 예술가들'9을 환영한다. 의미의 엔트로피는 예술과 함께 광고 및 상품들에도 영향을 미친다. 하지만 에너지가 전통적인 체재formats를 떠날 때, 에너지는 예측 불가능한 방식으로 다른 곳의 표면에 떠오른다. 오늘날 미학적 충격은 미술관에서 오는 것이 아니라 어두운 미디어스케이프에서 온다. 그것은 사회적 창조성이 창조산업들과 제도적 문화정책들에 의해 대규모로 세속화되고 무력하게 되었기 때문이다. 바깥에서 보면, 예술계와 문화 산업의 병합은 제국의 먹구름 뒤편에서 고요히 쌓여 있어 무해한 것처럼 보이지만, 눈에 띄지 않는 강력한 힘들이 일상생활의 디

---

8. [옮긴이] 네오이즘은 패러디적인 '주의'(~ism)이다. 예술 행위의 특별한 하위문화적 네트워크와 미디어 실험주의자들을 가리키며, 보다 일반적으로는 실천적인 언더그라운드 철학을 가리킨다. 집단적으로 공유된 필명, 정체성, 익살, 역설, 표절, 위조품 들을 가지고 작업하며, 범주화와 역사화를 약화시키기 위해 다양한 모순적 정의들을 창조했다.
9. [옮긴이] 'artists in the age of their social reproducibility'를 옮겼다. 벤야민의 '기술 복제 시대의 예술작품'을 패러디한 표현으로 '자기[를 사회적으로] 복제[할 수 있는] 시대의 예술가들'의 뉘앙스로 읽으면 좋을 것 같다. 문화 산업의 사회적 토대가 확대되면서 예술가들에 대한 아우라가 사라지고 모두가 창조적인 예술가로 복제되는 시대를 가리킨다.

지털 화면들 위에 쉽사리 모습을 드러낸다.

　독일의 연구 집단인 〈BAVO〉는 자신들의 책 『오늘날의 문화 행동주의』에서 '역사의 종말 이후의 예술적 저항'에 대해 물으며, 몇몇 의심스러운 결론들에도 불구하고, 현재의 예술 현장에 대한 정밀한 정치적 설명을 제공한다.10 본질적으로, 그들은 전형적인 포스트모던 논리에 따라 정치적 참여 예술이 이중구속의 희생자라고 주장한다. 지배 체제를 직접적으로 문제 삼지 말고 비판적이 되라고 요청받지만, '비판 예술'은 참여적이 되자마자 전혀 '비판적이지' 않다고 비난받는다는 것이다. 여기에서 〈BAVO〉는 '예술의 안전한 천국'과 '작은 창조적 행위들을 위한 사회의 하찮은 요구'에서 벗어날 수 있는 유일한 출구인 과잉-동일시 over-identification 전략을 제출한다. 이 과잉-동일시 개념은 예측 가능한 반대 입장을 구체화하는 대신, 어떠한 관습적인 응답을 위한 여지를 남기지 않는 초현실주의적 미메시스11 속에서 지배세력의 언어와 상상계를 모방하기 위해 작동한다.

　한편으로, 〈BAVO〉는 오늘날의 '참여' 예술의 경계를 측량하고, 그 예술에 'NGO 예술'이라는 효과적인 이름표를 붙인다. NGO 예술은 사회적 불의를 수용하여 미학화하는 예술이다. 하지만 모

---

10. BAVO(ed.), *Cultural Activism Today. The Art of Over-identification* (Rotterdam: Episode Publishers, 2007).
11. [옮긴이] 미메시스(mimesis)는 모방이라는 뜻으로 고대 철학에서 현대 미학과 철학에 이르기까지 서양 지성사에서, 특히 미학에서 중심적인 개념 중 하나이다. 예컨대 플라톤은 개별 사물은 참된 실재인 이데아의 모방이기 때문에 이데아보다 낮은 차원이라고 하였고 예술도 모방이라는 이유로 멸시하였다.

든 실재적인 정치 이슈들을 제거하는 기능을 하는 희생에 대한 물신을 통해 그렇게 한다("정치는 안 돼요, 오직 희생자들만 돼요.").

'국경 없는 예술.' 이러한 휴머니즘적 조직들과 함께, 이 예술 실천들은 다음과 같은 생각, 즉 수많은 당면의 긴급한 필요들을 고려해 볼 때, 순수예술 성명서들, 거대한 정치적 선언들이나 도덕적 분노의 숭고한 표현들은 합당하지 않다는 생각을 공유한다. 그 대신 필요한 것은, 사회적으로 혜택을 받지 못한 사람들과 공동체들이 자신들이 직면하고 있는 문제들을 해결하는 데 도움을 주는 직접적인, 구체적인, 예술적인 개입들이다.[12]

다른 한편으로, ⟨BAVO⟩에 따르면 산티아고 시에라[13] 같은 유명한 예술계 인물들은 냉소적인 예술가의 화신이지만, 이들의 도발은 신자유주의적 합의를 지지하는 기능을 한다.[14] 예컨대, [홍보] 카탈로

---

12. 같은 책, p. 23.
13. [옮긴이] 산티아고 시에라(Santiago Sierra, 1966~)는 멕시코에서 주로 활동 중인 스페인 태생의 유명 예술가로, 현대 자본주의의 부조리와 폭력들을 냉소적인 시선으로 바라보는 도발적인 작품으로 찬사와 비난을 동시에 받는다. 한 예로 2006년 독일에서 자동차 배기가스를 전시실에 가득 채우고 관객들에게 산소마스크를 쓰고 입장하도록 하는 '홀로코스트 아트'를 선보였다가 유대인 가스실을 연상시킨다는 비난을 받았고 결국 유대인들의 항의로 조기 철수했다.
14. "산티아고 시에라는 도발적인 행위로 알려져 있다. 여기에는 체첸 난민들을 마분지로 된 상자 속에서 생활하도록 벌주는 것, 등에 문신을 할 특권을 위해 쿠바 젊은이들에게 돈을 주는 것, 유럽인들처럼 보이게 하기 위해 아프리카인들의 머리를 금발로 염색하는 것, 그리고 10명의 이라크 이주노동자들에게 단열 발포제를 뿌리는 것 등이 포함된다." 출처: 'We Make Money Not Art', www.we-make-money-not-art.com/archives/2006/03/holocaust-insta.php, accessed August 2008.

그들에는 시에라가 행위[예술]들과 설치[예술]들을 통해 사회경제적 불평등을 조명하는 것으로 선전되지만, 〈BAVO〉는 다음과 같은 점에 주목한다. "시에라는 한 사람의 진정한 자본가처럼, 그저 주저앉아, 아무것도 하지 않은 채, 몇 장의 사진을 찍고, 날품팔이의 희생으로 발생한 잉여가치를 소비했다."[15] 더욱이, 이러한 비판은 렘 콜하스[16]의 건축을 자본주의에 대한 무비판적 과잉-동일시로 바라보는 벨기에 이론가 디에테르 레사게[17]의 시각과 공명한다. 프라다[18]와 급진적 실용주의 사이에서 활동한 콜하스는 유럽 좌파 내에서 신자유주의 대중화와 시장지향적 사유에 기여해 왔다. 레사게는 이제 이것이 그를 하나의 아이콘과 같은 것으로까지 끌어올렸다고 같은 책에서 진술한다.[19]

정치적으로 올바른 NGO 예술과 **도발의 예술**이라는 쌍둥이와도 같은 이러한 양극 사이에서, 〈BAVO〉는 유일한 탈출구로서 과잉-동일시 전략을 제출한다. 이 전략은 슬로베니아 아방가르드 그룹들인 〈라이바흐〉와 (더 정확하게는 **역-아방가르드**[20]라고 정의할

---

15. BAVO, *Cultural Activism*, p. 6.
16. [옮긴이] 렘 콜하스(Rem Koolhaas, 1944 ~)는 네덜란드의 스타 건축가이다. 그가 설계한 건물로는 보르도 하우스, 네덜란드 국립미술관, 프랑스의 콩그레스포, 북경의 국영방송본사가 있고 국내에는 서울대 미술관이 있다.
17. [옮긴이] 디에테르 레사게(Dieter Lesage, 1966~)는 벨기에의 철학자이자 비평가이다.
18. [옮긴이] 프라다는 의류, 가죽 액세서리, 신발 및 가방 등 명품으로 특화된 이탈리아 패션브랜드.
19. Dieter Lesage, 'Cultural Resignation Today : On Over-Identification and Overstatement', in BAVO, *Cultural Activism*, p. 89.
20. 다음을 보라. Inke Arns, *Avantgarde in the Rearview Mirror : On the Paradigm*

수 있는) 〈신슬로베니아 예술가〉(이하 〈NSK〉)에 의해 활용되어 왔으며, 지젝은 이 전략을 「〈라이바흐〉와 〈NSK〉가 파시스트들이 아닌 이유」[21]라는 논문에서 개념화했다. 〈라이바흐〉 예술가들은 키치적인 전체주의적 미학으로 새로운 세계 질서를 아이러니하게 '찬양'한 것으로 유명하다. 지배코드에 대한 과잉-동일시는 또한 루터 블리셋[22] 같은 또 다른 '90년대' 프로젝트, 그리고 더욱 최근의 것으로는, 〈예스맨〉에 근원을 두는 것으로 여겨진다(〈예스맨〉은 세계화 시대에 〈BAVO〉가 제시하는 가장 성공적인 사례이다).[23] 어떤 시각에서 볼 때, 급진적 비판과 '참여예술'의 밀실공포적 영역에서 벗어나는 그들의 탈출 전략은 바로 그 라캉주의적 해결책 – (이데올로기를 무엇보다도 하나의 **언어**로 받아들이는 것을 의미하는) 이데올로기에 대한 **언어적** 비판 – 을 포함한다.

무엇보다 중요한 혐의는 라캉과 지젝이 훨씬 더 억압적인 매트릭스 안에 좌절감을 끌어들이면서 질병을 악화시킨다는 것이다.

Shifts of Reception of the Avantgarde in (ex) Yugoslavia and Russia from the 80s to the Present(Ljubljana:Maska, 2006).
21. Slavoj Žižek, 'Why are Laibach and NSK not Fascists?', *M'ARS*, vol. 3-4 (Ljubljana:Moderna Galerija, 1993).
22. [옮긴이] '루터 블리셋'(Luther Blissett)은 1994년 여름부터 유럽 전역에서 수백만 명의 예술가들과 사회 활동가들이 비공식적으로 채택하고 공유한 '공개적 명성', 즉 다중 사용 필명이다. 더 자세한 내용은 이 책 374쪽 각주 126번을 참조하라.
23. 다음을 보라. http://en.wikipedia.org/wiki/The_Yes_Men. [〈예스맨〉은 이고르 베이모스(Igor Vamos)와 자크 서빈(Jacques Servin)이 만든 2인조 문화방해운동(cultural jamming) 그룹과 그들의 지지자들을 지칭한다.(문화방해운동에 대해서는 이 책 233쪽 각주 62번을 참조하라.) 이들은 유명기관이나 대기업의 대변인, 고위직을 사칭하여 인터뷰를 하기도 하고, WTO나 『뉴욕 타임스』 같은 유명한 단체들의 가짜 웹사이트를 만들어 활동하는 것으로 유명하다. — 옮긴이]

〈BAVO〉가 추적한 다이어그램은 역설적이게도 지배적인 언어를 반복할 수 있으며, 아무런 실질적인 균열을 일으키지 못할 수 있다. 두 번째 단계는 계속해서 빠져 있다. 이데올로기적 속임수들이 과잉-동일시를 통해 인식되고 전복된다면, 문화 산업 자체를 유지하는 경제 모델에 대한 비판은 무엇인가? 과잉-동일시를 기동하는 실재적인 힘들은 어디에 있는가? 지배코드에 대한 사보타주는 물질적 결과를 얻을 때에만 효과가 있다. 보팔 대참사 20주년인 2004년 12월 3일, 미디어를 활용한 〈예스맨〉의 다우케미컬 반대 퍼포먼스는 단 몇 시간 만에 프랑크푸르트 증권거래소에서 20억 달러의 [보고된] 주식 손실을 만들어 내었다(TV 뉴스는 보팔 지역의 의료에 120억 달러의 투자를 약속하는 허위 인터뷰를 보도했다).[24]

현대 예술 실천의 엔트로피 고리loop는 아직도 이전의 포드주의적 체제의 유물들에 포획되어 있는 모든 학문 분야의 운명이다. 게다가 생산양식에서 일어난 변형들은 노동, 정치, 지식인의 고전적인 구분을 복잡하게 했으며, 그러한 구분을 확대했다. 빠올로 비르

---

[24]. 다음을 보라. http://en.wikipedia.org/wiki/The_Yes_Men#Dow_Chemical. [보팔 대참사는 1984년 인도 마디아프라데시 주 보팔시의 살충제 공장인 미국 유니언카바이드사에서 유독가스(메틸이소시안) 누출로 일어난 환경재난 사건이다. 이 사고로 2천 8백여 명의 주민이 죽었고 20만 명 이상의 피해자가 발생했지만 피해자들은 적절한 보상을 받지 못했다. 미국 종합 화학업체인 다우케미컬이 2001년에 유니언카바이드사를 인수했고, 유니언카바이드사의 자산과 채무가 모두 다우케미컬에 귀속되었다. 〈예스맨〉의 앤디 비클바움은 다우케미컬 사의 대변인인 것처럼 가장하여 BBC 방송국 뉴스에 출현했다. 그는 다우케미컬 사가 보팔대참사에 대한 책임을 지기 위해 유니언카바이드 사를 매각하고 그 수익금 120억 달러를 피해자 의료지원 등에 사용하겠다는 내용을 발표했다. 그의 발언으로 23분만에 다우케미컬 주가가 4.24 퍼센트 하락했고, 그 결과 다우케미컬 사에 일시적으로 2억 달러 손실이 발생했다. 발표가 허위였음이 밝혀진 이후 주가는 회복되었다고 한다. ─ 옮긴이]

노가 한나 아렌트[25]를 좇아 『다중』에서 관찰하고 있는 바처럼, 이러한 범주들은 이미 와해되었지만, 이들의 잔여적 힘residual force은 여전히 활기를 띠고 수많은 제도들과 학문 분야들을 가로지르며 반항하고 있다.

순수한 지적 활동, 정치적 행위, 노동을 가르던 경계선은 해체되었다. 나는 특히 소위 포스트포드주의적 노동의 세계가 정치적 행위의 무수히 많은 전형적 특징들을 흡수했다고 주장할 것이다. 그리고 정치와 노동의 이러한 융합이 현대적 다중의 특징적인 생김새를 결정한다.[26]

비르노의 말을 바꾸어 우리는 지식과 소통에 기초한 새로운 생산 형태들(지식경제, 인지자본주의, 네트워크 사회 등등의 다양한 용어를 붙일 수 있는)이 노동, 정치, 예술을 하나의 통일된 행위로 혼성화하고 통합했다고 말할 수 있을 것이다. 오늘날 노동하거나, 정치를 하거나 창조를 하기 위해서는 다양한 능력competences이 필요하다. 따라서 정치 기술이 노동과 결합하는 것과 마찬가지로 미학적

---

25. [옮긴이] 한나 아렌트(Hanna Arendt, 1906~1975)는 독일 태생의 유대인 철학사상가이다. 1, 2차 세계대전 등 세계사적 사건을 두루 겪으며 전체주의에 대해 통렬히 비판했다. 저서로 『인간의 조건』(한길사, 1996) 등이 있다.
26. Paolo Virno, *A Grammar of the Multitude. For an Analysis of Contemporary Forms of Life* (Los Angeles/New York : Semiotext(e), 2004), pp. 50~51 [빠올로 비르노, 『다중 ― 현대의 삶 형태에 관한 분석을 위하여』, 김상운 옮김, 갈무리, 2004, 82쪽].

인 또는 예술적인 역량들 역시 노동을 통해 포섭된다.

> 사실 오늘날 정치적 행위는 불행하게도 노동이라는 경험의 불필요한 복제물처럼 보인다. 이것은 설령 기형적이고 전제적인 방식이라고 하더라도, 노동이라는 경험이 정치적 행위의 몇몇 구조적인 특징들을 포섭해 버렸기 때문이다. …… 현대적 생산이 정치적 실천의 몇 가지 구조적 특징을 포함한다는 것은 포스트포드주의적 다중이 오늘날 왜 **탈정치화된** 다중으로 보이게 되는지를 이해하는 데 도움을 준다. (임금노동이 **임금노동인 한**) 임금노동의 세계에 이미 너무 많은 정치가 존재하기 때문에 그와 같은 정치는 계속해서 자율적인 존엄을 향유할 수 없다.[27]

정치와 마찬가지로 예술의 역할은 그 의미를 상실했다. 스펙터클 사회[28]와 오늘날의 생산력들은 어떠한 예술적 진술보다 훨씬 더 미적이고, 욕망적이며, 우상파괴적이다. 창조적 상상력은 오래 전에 – 처음에는 20세기 초 아방가르드에 의해, 이후에는 전후 대중문화,

---

27. 같은 책 [84~85쪽].
28. [옮긴이] '스펙터클 사회'는 프랑스의 상황주의 사상가 기 드보르(Guy Debord)가 1967년 출간한 『스펙타클의 사회』(현실문화연구, 1996)를 통해 정립된 용어다. 스펙터클은 사전적 의미처럼 단순히 이미지들의 집합, 광경, 장관을 의미하는 것이 아니라 현대인들을 눈 멀게 하는 상품자본주의 그 자체로 파악된다. 스펙터클은 사람들의 삶 속에 스며 있다. 그것은 사회적 관계이며, 실재를 능가하는 실재이며, 사람들은 수동적인 구경꾼으로 만드는 자본의 가장 큰 무기이다. "현대적 생산조건이 지배하는 모든 사회들에서 삶 전체는 스펙터클들의 거대한 축적물로 나타나고 직접적으로 삶에 속했던 모든 것은 표상으로 물러난다."(『스펙터클의 사회』, 10쪽)

1960년대의 반문화[대항문화]와 1970년대의 펑크 같은 하위문화적 운동들을 통해서 – 미술관에서 미디어스케이프로 이주했다. 그 결과 어떠한 제도, 정치정당 또는 박물관보다도 생산의 영역에는 더 많은 **정치**(집단적인 행위의 의미에서)와 **예술**(미학적 행위의 의미에서)이 존재한다. 예술품에 대한 내파적인implosive 개념적 분석을 영속화하지 않고 이러한 딜레마에서 탈출하는 것은, 욕망하는 자본주의, 창조산업들 그리고 집합적 상상계에 대한 정치적 비판을 수행하기 위해 예술의 제도적 영역 **바깥**으로 이동하는 것을 내포한다.

비르노는 예술계를 그 모든 보수적이고 진보적인 변이체들 속으로 유혹하는 과잉-동일시 경향에 대한 정반대의 이해방식을 제공한다. 포스트포드주의가 상당 부분 핵심적인 과학기술의 발전을 통해 확립되었다면, 이러한 변동은 또한 처음부터 사회운동들 – '노동거부', 독립 미디어, 반문화[대항문화]의 다양한 생활양식들 – 을 통해 전개된 혁신적이고 혁명적인 경향들의 흡수를 수반했다. 달리 말해, 이행은 '다중의 **일반지성**'을 흡수하는 것을 통해 작동했다. 비르노에 따르면, 이러한 점에서 포스트포드주의는 "사회주의적 경험의 몇몇 측면들을 자신만의 방식으로 통합하고 다시 서술했다." 즉 노동시간의 해방, 국민국가의 위기, 차이의 물신화 등등. 포스트포드주의는 결국 '자본의 코뮤니즘'을 실현했다.

1980년대와 1990년대 동안 서구에서 일어난 사회체제의 변신은 바로 '**자본의 코뮤니즘**'이라는 표현으로 잘 요약될 수 있다. 이것이 의미하는 바는 자본주의적인 주도권이, 잠재적인 코뮤니즘을 위한 확고한 현실주의를 보장했던 물질적이고 문화적인 제반 조건들을 자신의 이익을 위해 조직한다는 것이다.[29]

포스트포드주의에 대한 이러한 해석은 이론적 담론과 예술 실천에 의해 추구되는 신자유주의와의 내적 과잉-동일시와 외적 쌍둥이에 해당한다. 이러한 견지에서 볼 때, '자본의 코뮤니즘'이 명백하게 집합적 상상계에 의존한다면, 전술적인 과잉-동일시는 그와 반대로 그러한 단계에서 벗어나는 어떠한 탈출 전략도 개시하지 못하는 것으로 보인다. 포스트오뻬라이스트[30]와 포스트모던적 접근법의 핵심적인 차이는 정확히 언어 개념에 존재한다. 비르노가 보기에 언어는 하나의 생산수단이 되었다. 지젝이 보기에 언어는 지배이데올로기의 상징 질서를 반복한다. 다시 한 번 말하자면, 이것이 생산의 악마들과 재현[대의]의 천사들 사이의 오래된 투쟁이다.

---

29. 같은 책, p. 110, thesis 10 [189쪽].
30. [옮긴이] 오뻬라이스모(operaismo)는 1960~70년대 이탈리아에서 발전한 맑스주의의 흐름이다. 이탈리아어로 opera는 노동을 의미하고, operaio는 노동자이기 때문에 오뻬라이스모를 '노동자주의'로 옮기기도 한다. 이들은 자본주의의 역사, 동학에 있어서 노동계급의 중요성과 중심성을 강조한다. 주요 이론가들로 마리오 트론띠, 안또니오 네그리, 쎄르지오 볼로냐 등이 있고, 『붉은 노트』, 『노동계급』 등의 잡지를 중심으로 전개되었다. 오뻬라이스모 경향의 핵심적인 내용들은 이후 네그리와 하트 등의 자율주의 흐름으로 계승되었는데, 파스퀴넬리는 이 책에서 이 자율주의 경향을 포스트오뻬라이스모라고 부르는 것으로 보인다. 더 자세한 내용은 조정환의 『아우또노미아』(갈무리, 2003)의 1장과 7장 여러 곳, 423~9쪽과 475쪽 용어사전의 내용을 참조하라.

급진적으로 올바른: 행동주의의 무의식적인 청교도주의

비판이론과 예술이 모두, 앞선 포드주의의 체재들(이데올로기와 예술품 각각)을 따른다면, 오늘날의 행동주의 역시 그와 다르지 않다. 시애틀 이후의 전지구적 운동들과 사회 포럼들은 처음에는 낡은 정치정당들과 주요 기업들의 수직적인 구조들에 맞서는 수평적인 민주주의의 사례로 환영받았지만, 점점 사회민주주의 국가들의 상류사회가 고상하게 지원하는 NGO 같은 세계 수뇌 회의들로 귀결되는 대의적 모델이 재도입되었다. 이러한 포럼들은 그들이 반대하는 대의[재현]와 구별되는 어떠한 새로운 종류의 기관^{agency}도 발달시키지 못했다. 디에테르 레사게는 전지구적 도시들과 전지구적 운동들에 대한 통찰력 있는 한 논문에서, '전투적 여행주의'를 비판한다. 전투적 여행주의는 반세계화 운동이 마땅히 해야 할 일 — 전지구적 도시들에서 전지구적 자본을 표적으로 삼기 — 을 하지 않고 (하일리겐담[31]에서 열린 G8처럼) 최첨단의 리조트에서 일어나는 스펙터클한 사건들을 따라다닌다.

국가 및 정부의 수장들이 하일리겐담의 호텔에 도착하지 못하도록 비행장을 애써 포위할 정도로 반세계화주의자들이 용감하다면…… 그렇다면 왜 그들은 중개인들이 일을 하지 못하도록 막

---

31. [옮긴이] 하일리겐담은 '성스런 제방'의 뜻을 지니고 있는, 독일 최북단 발트해 연안의 휴양도시다. 2007년 G8(선진 7개국+러시아) 정상회담이 열렸고 회담에 반대하는 대규모 시위가 있었다.

기 위해 증권 거래소를 포위하려고 시도하지 않을까? 반세계화 주의자들은 하일리겐담에는 볼일이 없다. [있어야 할 곳은] 프랑크푸르트다. 어리석기는![32]

은행과 증권 거래소를 직접 목표로 삼아 1999년 6월 18일 런던과 그 밖의 도시들에서 이루어진 자본주의 반대 카니발의 멋진 출발을 제외하고, 대안 세계화 운동들이 금융자본의 실재적인 **생산 기반시설**infrastructure에 대한 명확한 이념을 가져본 적은 결코 없었다.[33] 그래서 그 운동들이 호소력을 잃게 되었던 것은 놀랄 일이 아

---

32. Dieter Lesage, 'Global Cities and Anti-Globalist Resistance', in BAVO (ed.), *Urban Politics Now : Re-Imagining Democracy in the Neoliberal City*.
33. 자본[주의]에 반대하는 카니발은 1999년 6월 18일에 시작되었다. 그 날은 독일 쾰른에서 열리는 제25차 G8 정상회담에 맞춘 국제적인 항의의 날이었다. 카니발은 1980년의 도시 [기능] 정지 시위와 〈글로벌 거리 파티〉(Global Street Party)[1998년 프라하를 비롯한 전 세계 10여개 도시에서 일어난 반세계화 운동을 가리킨다. 동물 실험과 환경 파괴에 대한 항의가 이루어졌다. – 옮긴이]에서 영감을 얻은 것이었다. 이들은 1998년 영국의 버밍햄에서 열린 24차 G8 정상회담과 같은 시간에 일어났다. 집회의 슬로건은 "**우리의 저항은 자본과 마찬가지로 초국적이다.**"였다. …… 런던에서는 아침에 한낮의 자율적인 행위들을 위해 계획된 대규모의 행진이 있었다. 여타의 행위들 중에 〈크리티컬 매스〉(Critical Mass)의 자전거 타기는 혼잡한 시간대의 런던 도시의 교통 상황을 마비시켰다. 무기거래에 반대하는 캠페인은 '다이-인'으로 로이드 은행을 폐쇄시켰다. …… 2시와 3시 사이에 행진들이 집중됐으며 어림잡아 5천 명의 사람들이 런던국제금융선물거래소(LIFFE)를 뒤덮었다. 소화전을 터뜨렸으며 …… LIFFE로 들어가는 낮은 출입구를 벽돌로 막았다. '세계화 경제가 아닌 세계화 **생태론**', 그리고 17세기의 디거스 운동의 제라드 윈스탠리의 말에서 따온 '**지구는 모두를 위한 공통적인 것의 보고(寶庫)**'라는 기치가 내걸렸다. 스프레이 낙서로 메시지들이 도배되었고, CCTV 카메라들은 먹통이 되었다. …… 이른 오후에 소규모 그룹의 시위대들이 캐논브릿지 빌딩을 부수고 들어와 접수구를 박살내고 LIFFE 거래소에 접근하려고 시도했으나, 승강기 위에서 백병전으로 맞서는 LIFFE 거래소 직원들에 의해 저지당했다. http://en.wikipedia.org/wiki/Carnival_Against_Capitalism. [〈크리티컬 매스〉는 특별한 지도자나 회원이 없는 전 세계적이고 대중적인 자전거 타기 운동이

니다. 비르노라면 아마도, 대의적 운동들을 매력적인 대안으로 간주할 수 있는 새로운 생산형태들 속에 더 많은 **행동주의**activism와 **상상력**이 존재한다고 말할 것이다. '다중'의 이러한 조직된 형태들의 정신병리(학)적 평형은 제국의 악을 지속적으로 고발하는 '불평의 기술', 즉 좀처럼 날카로운 분석이 뒷받침되지 않는 심리mentality에 의해 보장된다. 세계적인 활동가들은 적절한 경제 이론을 아직도 결여하고 있다. 예를 들어 노암 촘스키라는 인물은 **경제 모델 없는 아나키즘**의 전형을 보여준다. 흥미로운 것은 비르노가 다음 쪽수들에서 소개하는 보다 최근의 저작에서 촘스키를 인류의 '자연적인 선함' – 제국의 악에 의해 끊임없이 억압된다고 여겨지는 어떤 성향 – 을 순수하게 믿는 주창자로 받아들인다는 것이다. 여기에서 기묘한 수렴이 일어난다. '자연적인 선함'에 대한 청교도적인 입장이 경제적 다이어그램의 결여와 융합된다. 잉여가치와 리비도적 잉여는 전지구적 행동주의의 지평에서 함께 삭제된다.

편집증적이고 반동적인 권력power 개념은 모든 사유 학파나 정치 운동에 영향을 미칠 수 있다. 이것은 또한 '삶정치' 용어의 남용을 보면 분명해진다. 학자들은 예술의 구시대적이고 순진한 **장치**disposif에서부터 악성 거대조직인 문화 산업에 이르는, 권력의 끊임없이 편재하는 **응고물**concretions을 고발하기 위해 이 용어를 사용한다. 권력에 대한 편집증적인 설명은 실제로 보다 깊은 **반잉여**anti-surplus 심리와 무의식적인 청교도주의를 은폐할 수 있다. 정치적 상

며, '다이-인'은 죽은 듯이 드러눕는 시위 행동이다. – 옮긴이]

상계라는 유혹적인 계보학을 이용해 프로테스탄트 윤리와 영미 행동주의 정신spirit 사이의 연계를 의심하는 것이 그렇게 불합리한 일은 아닐 것이다. 이는 종교적인 금욕주의와 자본주의의 발흥 사이의 연계에 대한 막스 베버의 영향력 있는 주장과 비견된다. 신화와 신체 규율[훈육]을 위한 라틴-가톨릭적 강박[망상]이 존재하는 것과 마찬가지로 청교도주의로 향하는 영국 프로테스탄트적 성향이 존재한다. 따라서 자유주의적 담론의 정치적으로 올바른politically correct 자세와 유사한, **급진적으로 올바른**radically correct 입장은 끊임없이 (예컨대 심층 생태학34에서 반포르노 등등에 이르는 다양한 영역의 관심사들에 청교도적 의제를 기입하면서) 행동주의 안에서 작동하는 것 같다. 전투적 청교도주의의 이러한 도식은 프랑스 68 운동의 좌익 그룹들이 지닌 혁명적인 **의식적 태도**들에 내재하는 파시즘적인 **잠재의식적 투사들**investments에 대한 들뢰즈·가따리의 설명에 비견된다.35 행동주의의 이러한 반잉여 형태들은 역설적이게도 인간에게서 **동물몸**을 제거하려는 시도들로 이해될 수 있다. 하지만 실제로 현학적인 삶[정치적 경제는 동물몸의 바로 그 살을 가로질러 기능적으로 설치될 수 있었다.

---

34. [옮긴이] 심층 생태학(deep ecology)은 노르웨이 철학자 네스에 의해 주창된 개념이다. 생태계 위기의 근본 원인이 모든 가치를 인간적 측면에서 평가하고, 자연을 인간의 욕망을 충족시키기 위한 자원으로 파악하는 인간 중심적 세계관에 있다고 본다. 생태계 위기를 근본적으로 해결하기 위해서는 개인적, 사회적 관행을 바꾸는 정도로는 부족하고 생태 중심적 세계관으로 전환되어야 한다고 주장한다.
35. Gilles Deleuze and Félix Guattari, *Anti-Oedipus: Capitalism and Schizophrenia* (Minneapolis: University of Minnesota Press, 1983) [질 들뢰즈·펠릭스 가타리, 『앙띠 오이디푸스 — 자본주의와 정신분열증』, 최명관 옮김, 민음사, 2000].

동물몸의 제거와 새로운 공유지

우리는 어떤 사물[동물 또는 인간]을 그것의 형태에 의해서, 그것의 기관들이나 그것의 기능들에 의해서 정의하지도 않고, 그것을 주체로서도 정의하지 않을 것이다. 우리는 그 사물을 그것이 실행할 수 있는 정도[변용]에 의해서 정의하게 될 것이다.
— 들뢰즈, 『스피노자:실천 철학』[36]

'동물몸'의 제거는 현대의 문화적 풍경 전반을 타진打診하기 위한, 특히 경제의 **동물혼**이 미디어스케이프와 문화생산의 새로운 공장들의 뒤편에서 어떻게 다른 형태들로 다시 떠오르는지 고찰하기 위한 예비적인 가설이다. 따라서 인간 본성의 동물적 측면이라는 문제는 급진 문화 및 지배 담론 양자의 비판적 마디로 고려되어야 한다. 동물몸은 오늘날 과학기술 물신주의와 디지털 소외 전반에서 자신의 본능적 힘들을 드러내며, 그 정치학은 평화 행동주의와 반포르노 십자군에 반대한다. **동물혼** 개념은 이론, 예술, 행동주의라는 세 개의 헛된 고리들의 실종된 기반을 보완해 준다. 하지만 그렇다 해도 그 개념이 '자연의 선한 상태'라는 관념론적 개념을 포함하는 것은 아니다. 반대로, 동물혼 개념은, 비르노가 다음 절에서 제시하는 것처럼, 인류의 양가적이고 갈등적conflictive인 본능을 인정한다. 그 결과 이 개념은 비물질적이고 문화적인 생산의 **삶형태적 무의식** — 모든 과학기술 환경 아래를 흐르고 있는 잉여 및 초과 에너지들의 생리학, 또한 자본주의 축적의 새로운 인지적이고 리비도적인 양식

---

36. [한국어판] 질 들뢰즈, 『스피노자의 철학』, 박기순 옮김, 민음사, 1999, 188~189쪽.

들 이면에서 작동하고 있는 본능적이고 '불합리한' 힘들 — 을 드러낸다. 동물몸은 마침내 그 신체의 모든 변이들 — 인지적, 정동적, 리비도적, 신체적 [변이들] 속에서 기술되는 다중들의 **생산적 엔진**이다. 이것이 잉여생산, 사회갈등, 리비도적 초과, 정치적 열정을 단일한 지형에 결합하는 방법이다.

일반적인 의미에서, 동물몸은 산 노동의 또 다른 이름이다. 그것은 선진 자본주의의 기생적 경제를 먹여 살리는 사회적 신체, 대중매체 및 문화생산의 성애화된 무의식이다. 그러나 또한 신보수주의적인 다중의 어두운 측면이기도 하다. 지적 담론이 그 야수[산 노동]에 대해 무지한 상태로 있는 동안, 자본주의는 그것으로부터 곧바로 돈을 흡수하고 제국은 동물적 에너지를 자신의 **제국적 경호** imperial guard의 힘으로 전환한다. 들뢰즈와 가따리가 편집증적인 '스펙터클 사회'를 이 사회의 정신분열적 본성에 따라 고쳐 썼던 것과 마찬가지로, 오늘날 새로운 『계몽의 변증법』이 문화적 '진보'와 급진적 사유의 그늘들을 밝혀주기 위해 필요하다. 과학기술, 문화 산업들, 미디어 상상계 등 이들의 무의식은 다시 개념화될 필요가 있다. (자연적 충동들의 긍정적 힘들은 때때로 역설적으로 [부정적인 것으로] 묘사되기 때문에) 부정적인 것에 대한 이러한 고찰은 여기에서 작은 동물우화집의 개념적인 형상들을 제공한다. 일상의 미디어스케이프 속에서 드러나는 권력 및 욕망의 머리 둘 달린 독수리, 네트워크 공유지와 디지털 생산의 기생체, 메트로폴리스의 경제 속에서 자유롭게 움직이고 있는 언어 및 문화 산업들의 갈등적 히드라가 그러한 형상들이다.

동물혼의 다이어그램은 삶권력의 반대이다. 모든 정치적·경제적 힘들은 아래로부터 비롯된다. 탈인간적 또는 사이보그적 시각들은 여기에 기명記名되지 않는다. 새로운 미디어스케이프에 친숙해지고 그 장치들을 익숙하게 다루기 위해 과학기술을 통해 삶을 모방하는 것이 더 이상 필요하지 않다. 과학기술은 이미 **삶형태적**이다. 이와 달리 새로운 문화적 감수성은 (다시 에너지적 묵시록의 먹구름에 짓눌린) 과학기술 이면의 삶을 명명하고 발견하려고 시도할 것이며, 디지털 네트워크들, 문화 산업들, 집합적 상상계의 이면에 있는 공통적인 문제를 확인하려고 시도할 것이다. 다중의 혼spirits은 평온하지 않다. 동물혼의 개념화가 결정적인 이유는 새로운 공유지를 둘러싼 담론이 지배적이며 추상적이기 때문이다. 크리에이티브 커먼즈, 자유 소프트웨어, 위키피디아, 그리고 여타의 지식 공유를 위한 웹 플랫폼들의 성공은 누가 보더라도 명백하다. 그러나 동시에 웹 이용자들의 일상적인 '자유노동'이 새로운 미디어 기업들에 의해 착취당하고 있다는 인식이 떠오르고 있다. 포스트오뻬라이스모 이론에 의해 대중화된 표현을 사용하자면, [이는] '다중의 일반지성'이 착취당하고 있다는 것이다. 하지만 문제가 되고 있는 것은 정확히, 집단지성의 이러한 보다 양가적인 측면들이다. 그러한 그들들은 생산력들 그리고 국가 기구들과 뒤얽히며, **문화**와 **지성**은 인지적 행위라기보다는 본능적인 화신들이다.

자율주의적 맑스주의는 시골 공동체의 삶과 경제에 견고하게 묶여 있는 역사적인 영어 개념인 공유지보다는 '공통적인 것'the common이라는 개념을 사용하기를 선호한다. (시골 공동체에서 공유지 개념은 보다 유기적이고 실용적인 의미를 지니고 있었다.) 농담 삼아 말하자면, 공유지의 최초의 정의는 동물을 포함했던 것으로 보이는데, '창조적 공유지'라는 오늘날의 개념은 비물질적인 것과 **탈동물적인** 것에 강조점을 둘 뿐이다. 의미심장한 것은, 공통적인 것(또는 **공유지**)이 오직 노동, 고통, 위험risk, 폐기물, 갈등을 통해서만 구성된다는 것이다. 예를 들어, 공통적인 것은 제3세계에서 조립되고 폐기되는 컴퓨터들의 지원을 받는 서방의 '비물질적인 공유지'의 발흥과 함께 구성된다. 정치적이고 리비도적인 시각에서 볼 때, 동물혼은 디지털 네트워크들과의 관계 속에서 발전하는 이러한 고도의 추상적이고 불만스러운frustrating 공통적인 것the common의 개념에 의해 잠을 깬다. 공통적인 것에 대한 정밀한 이해는 언제나, 공통적인 것을 생산하는 실재의 물리적인 힘들과 공통적인 것을 둘러싸고 있는 물질적인 경제에 연결되어 있어야 한다. 이전의 **생물학적 단계**에서 나온 이러한 잔여적 힘들은 **디지털 진화**에 의해 철저하게 '문명화되지' 않기 때문에 다시 나타난다.

이전에 보다 견고하거나 안정적인 경제에 의해 억제되었던 사회적 적대들이 경제 위기를 통해 폭발하는 것과 꼭 마찬가지로, 새로운 **동물혼**은 인지자본주의의 경기 후퇴에 의해, 그리고 에너지 위기에 의해, 하지만 그와 아울러 급진적 사유의 실패에 의해서도 역시 해방된다. 추상적이고 마찰 없는 공유지 개념은 모든 종류의 정치 단체를 위한 일반적인 패러다임으로 받아들여진다. 공유지라는 불명료한 실재를 되찾는 것은 동물력animal force이 자본주의의, 아니 더 나아가 새로운 파시즘의 어두운 재료가 되기 전에 생산적인 동물력을 회복하는 것을 의미한다. 따라서 데모크라시[민주주의, 민중-정치]democracy는 **데몬크라시[악마-정치]demoncracy**로, 즉 공통적인 것을 다스리기 위한 자연적 본능들의 양가성을 긍정하는 정치로 대체되어야 한다.

다중의 어두운 측면

우리의 문화에서, 다른 모든 갈등들을 관장하는
결정적인 정치 갈등은 인간의 동물성과 인간성 사이의 갈등이다.
말하자면 그 기원에 있어서 서구의 정치학은 또한 삶정치학이기도 하다.

— 조르조 아감벤[37]

세상에 개방적인 동물

국제적인 논쟁을 불러일으켰던 비르노의 영향력 있는 책인 『다중』에서 포스트포드주의는 지식과 소통이 서구 경제에서 차지하는 지배적인 역할을 통해 이해되었다. 다른 한편에서, 두 번째 책인 『혁신과 부정 사이의 다중』은 다음과 같은 추가적인 단계를 기록한다. 즉 언어 및 문화 생산의 핵 그 자체는 인간의 (자기파괴적)

---

37. Giorgio Agamben, *The Open: Man and Animal* (Stanford: Stanford University Press, 2004), p. 80.

본능들의 확장으로 주조된다. 이 논문들은 여러 방식으로 자연 상태를 둘러싼 근대적 논쟁의 속편續篇을 제시하는데, 기계들과 디지털 장치들이 포화상태를 이룬 세계와 관련된 디스토피아적이고 미래주의적인 관점에서 그렇게 한다. 상이한 문화적 위도들에서 출현하는 네트워크와 다중은 21세기 정치사상의 주요 개념들로 서로 조우한다. 여기에서 다중의 '악마적' 차원이라는 이슈는 새로운 정치 제도들에 영향을 미칠 뿐만 아니라 특히 비물질적이고 디지털적인 영역들로 흔히 분류되는 새로운 생산형태들에도 역시 영향을 미친다. 비르노의 혁신적인 설명에 따르면, 일반지성과 비물질적 생산은 그것들의 삶형태적 직조를 드러내기 시작한다.

> 마치 비밀스런 여행자처럼 적어도 정치 제도 이론의 흔적을 갖지 않는 인간 본성에 관한 객관적인 고찰이란 존재하지 않는다. …… 그리고 그 역도 마찬가지다. 호모 사피엔스를 다른 동물 종들과 구별 짓는 특색들에 대한 이런저런 묘사를 감출 수 없는 가설로 상정하지 않는 명실상부한 정치 제도의 이론 역시 존재하지 않는다.[38]

비르노는 이러한 말들로써 오늘날의 급진 사상이 정치 문법의 한 가운데에 인간 본성의 문제, 특히 사악한 본성의 문제를 다시 배치할

---

38. Virno, 'So-called "evil" and criticism of the state'. 이탈리아어 원본: Virno, 'Il cosiddetto 《male》 e la critica dello Stato', p. 9~35.

것을 강력히 요구한다. 비르노는 예상치 못한 방식으로, 다중과 다중의 디지털 동료들에게 위안을 주는 수사학에 토대를 둔 정치 논쟁에 매우 기이한 개입을 시도한다. 네트워크들, 공유지 그리고 집단적인 지식의 진보적인 운명보다는 양가적이고 무법적인unruly 동물적 본성이 정치 담론의 핵심으로 자리 잡는다. 전통적으로, 이 지반은 자유주의 사상과 소위 급진주의 사상 모두로부터 제거되었다.

비르노는 (발터 벤야민, 조르조 아감벤 그리고 기타 현대 철학자들처럼) 칼 슈미트의 보수적 사상에 의거해서, 정치적 스펙트럼 전반에서 어떻게 '악'이 이슈가 되는지 설명한다. 슈미트는 1932년 나치의 시각에서 다음과 같이 언명했다. "국가와 정부에 관한 급진주의는 인간의 본성이 선하다는 근본적인 믿음에 비례하여 성장한다."39 정치적 스펙트럼의 또 다른 측면에서, 비르노는 노엄 촘스키를 인류의 '자연적인 선함' – 국가 기구로부터 끊임없이 억압을 받을 수밖에 없는 – 을 믿는 가장 중요한 사례로 든다.

인간이 상호이해와 상호인정에 전념하는 온순한 동물이라면, 훈육[규율]적이고 강압적인 제도들을 만들 필요는 결코 없었을 것이다. 슈미트에 따르자면, 자유주의자들, 아나키스트들, 그리고 공산주의자들에 의해 다양한 강도로 전개된 국가 비판은, 우리

---

39. Carl Schmitt, 'Der Begriff des Politischen', 1927, in:*Archiv für Sozialwissenschaften und Sozialpolitik*, 1927. 영어판:*The Concept of the Political* (Chicago:University of Chicago Press, 1996), p. 61 [칼 슈미트, 『정치적인 것의 개념』, 김효전·정태호 옮김, 살림, 2012].

인간 종들의 '자연적인 선함'이라는 편파적인 생각에 의해 힘을 얻는다. 오늘날 이러한 경향의 신뢰할 만한 사례는 노엄 촘스키의 자유주의적인 정치 입장에서 분명히 볼 수 있다. 촘스키는 경탄할 만한 끈기를 가지고 중앙 권력 기구의 붕괴를 지지한다. 그는 이 기구가 구어口語의 태생적 창조성, 즉 공고한 위계제가 없는 자치를 인간 공동체에 보장해 줄 수 있는 종種 특유의 자격에 굴욕감을 안겨준다고 비난한다.[40]

비르노는 희생주의와 좌익 정치 입장들의 일차원적 형태들을 비판하는 과정에서 프로이트의 보수적인 인류학과도 대립한다. 코뮤니즘에 대한 프로이트의 '심리학적' 비판에 따르면, 사적 소유의 폐지는 인간에 내재하는 공격성 때문에 문제의 뿌리를 결코 제거하지 못할 것이다. 라틴어에 이런 말이 있다. "인간은 인간에게 늑대이다."Homo homini lupus.

> 공산주의자들은 인류를 악에서 구하는 길을 발견했다고 믿고 있다. 인간은 전적으로 선하고 이웃에 호의를 갖고 있지만 사적 소유 제도가 인간의 본성을 타락시켰다는 것이 그들의 주장이다.……사적 소유를 폐지하면, 인간의 공격 본능이 이용하는 도구 하나를 빼앗을 수 있다. 그 도구는 가장 강력하지는 않지만, 상당히 강력한 것은 분명하다. 그러나 사적 소유를 폐지해도, 공

---

40. Virno, 'So-called "evil" and criticism of the state', p. 13.

격 본능이 악용하는 힘과 영향력의 차이를 바꿀 수는 없고, 공격 본능의 본질을 바꿀 수도 없다.[41]

그렇지만, 이어지는 절들에서 더 명확해지는 것처럼, 사적 소유의 폐지가 공통적인 것의 긍정적인 생산으로 대체된다면, 프로이트의 비판은 뒤집어질 수 있을 것이다. 어쨌든, 비르노는 촘스키에 대립되는 프로이트와 슈미트 사이에서 균형을 잡으면서 현대 급진 사상의 한가운데에서 코페르니쿠스적 전환을 시도한다. '악'의 권위주의적 억압과 '선'에 대한 자유주의적 믿음 사이에서, 오직 다중의 어두운 측면에 대한 인정만이 국가와 자본주의에 맞서는 진정한 '급진주의'를 수립할 수 있다.

'국가를 향한' 그리고 자본주의적 생산수단을 향한 '적대적 급진주의'는 인간들의 본성적 온순함을 당연한 것으로 여기는 대신, 규정되지 않으며 잠재적인 (그래서 또한 위험한) 인간이라는 동물의 '문제적인' 기질을 완전히 인정하는 가운데 그 자신의 확실한 근거를 구축할 수 있다. '정치적 의사 결정의 독점'에 대한, 그리고 일반적으로는, 반복을 강제하는 기능을 그 자신의 법률로 가지고 있는 제도들에 대한 비판은 인간이 "본성상 악하다"는 결

---

41. Sigmund Freud, *Civilization and Its Discontents* (New York: W.W. Norton & Company, 1989), pp. 70~71, 초판은 1930년 독일에서 *Das Unbehagen in der Kultur*라는 제목으로 출간되었다. [지크문트 프로이트, 『문명 속의 불만』, 김석희 옮김, 열린책들, 2011, 291쪽].

론에 확고하게 서 있어야 한다.[42]

비르노는 인류 내부의 이러한 내재적인 시민적 갈등의 무수한 사례들에 의해 고무된, 비극적이지만 동시에 긍정적인 시각 – 감각의 비관론에 대립하는 신경의 낙관론 – 을 전개한다. 인간은 (하이데거가 상기시켜 주는 바와 같이) '세상에 개방적인 동물'이다. 그래서 그 결과 호기심이 있고 창조적일 뿐만 아니라 혼란스러우며 **갈등적**conflictive이다. 비르노는 모든 분야에서 이루어지는 (다음 절들에서 **비물질 내전**이라고 소개되는) 위신과 명예를 위한 싸움이 인류의 본능적 본성의 표현이라고 언급한다.

비르노는 두 번째의 결정적인 전환에서 문화 영역 자체(즉 계몽주의 그리고 창조성에 대한 모든 근대적인 기념비적 개념들)를 자연적인 공격성의 확장이라고 정의한다. 인간을 그 자신의 본능으로부터 보호한다고 여겨지는 것은 그 반대의 효과를 낳을 수 있고 [오히려] 그 본능들을 증폭할 수 있다. 사실이 그렇다. 혼이 크면 클수록 동물성은 그만큼 더 크다. 물론 합리성과 문명 사이의 관계는 예상되는 것처럼 결코 선형적이지 않다. 특히 합리성과 전체주의 사이의 불륜liaison은 21세기의 집단 수용소에서 명확한 증거를 찾을 수 있다.

하지만, 실질적인 양가성을 보여 주는 것이 바로 이 내재적인

---

42. Virno, 'So-called "evil" and criticism of the state', p. 16 (번역은 인용자).

innate 생물학적 장치인 문화이다. 문화는 위험을 제거한다. 하지만 다른 사례들에서 문화는 위험의 계기들을 증폭하고 다양화한다. …… 그렇지만 문화 자체가 이러한 유연성과 우유부단함의 표현이기 때문에, 자신이 [본성에 대한] 방어 기제를 제공해야 하는 그러한 본성의 완전한 전개를 동시에 촉진한다.[43]

이것은 전도된, 그리고 보다 불길한 형태의 『계몽의 변증법』이다. 문화 산업은 아도르노와 호르크하이머가 관찰한 것처럼,[44] 단순히 '계몽 이데올로기로의 후퇴'를 수반할 수 있을 뿐만 아니라 그와 반대로 인간의 **동물혼**의 연속적인 확장을 만들어 낼 수 있다. "언어는 (하버마스와 태평스러운 철학자들이 우리를 안심시키는 것처럼) 동일한 생물종 내의 공격성을 완화시키기는커녕 이러한 공격성을 대단히 급진적으로 만든다."[45]

흥미롭게도 비르노에게 혁신은 인간의 선천적인 공격성에 직접적으로 연결된다. 기본 에너지들의 단계에서, 공격성, 혁신 그리고 혁명은 모두 동일한 원천을 공유한다. 뿐만 아니라 이 원천은 국가 권력을 먹여 살리는 것과 동일한 원천이다. 이것은 '창조경제'[46]와

---

43. 같은 책, p. 18.
44. Max Horkheimer and Theodor W. Adorno, *Dialectic of Enlightenment* (Stanford:Stanford University Press, 2002) [막스 호르크하이머·테오도르 아도르노, 『계몽의 변증법』, 김유동 옮김, 문학과지성사, 2001].
45. Virno, 'So-called "evil" and criticism of the state', p. 19.
46. [옮긴이] '창조경제'는 영국의 경영전략가인 존 호킨스가 2001년 펴낸 책『창조경제』에서 처음 사용한 말이다. 그는 "창조경제란 새로운 아이디어, 즉 창의력으로 제조업과 서비스업, 유통업, 엔터테인먼트산업 등에 활력을 불어넣는 것"이라고 정의했다.

'창조도시'라는 통상적인 맥 빠진 찬사에 비교되는 흥미롭고도 기묘한 가설이다.

> 우리 [인간] 종의 위험성은 혁신적인 행위들, 다시 말해, 관습들과 고정된 규범들을 수정할 수 있는 혁신적인 행위들을 수행해 내기 위한 역량만큼이나 광범위하다. 우리가 과도한 충동, 언어적 부정, 그 자신의 사활적인 맥락으로부터의 '분리'에 대해 이야기하건, 또는 가능한 것의 양상에 대해 이야기하건, 우리가 일거에, 권력 및 고문 남용의 전제들에 대해 이야기하고 있다는 것은 아주 분명히 명확한 일이다. 우리는 똑같은 방식으로, 노동자 평의회나 기타 민주주의적인 조직체들의 발명을 위해 고려해야 하는 필요조건들에 대해 이야기한다. 이 조직들은 **친밀감 없는 우정**이라는 전형적으로 정치적인 열정에 기초하고 있다.[47]

비물질노동과 일반지성에 대한, 특히 영미 학계 내부의 지나치게 단순하고 이론적으로 불합리한 다수의 해석들 이후, 비르노는 마침내 이러한 개념들의 미몽(迷夢)에서 벗어나게 해 주는 차원을 제공한다. 집단지성은 인간의 양가적인 외골격이다. 즉 **공통적인 것의 제도들**을 위한 토대임과 동시에 인류의 자연적인 공격성의 확장이다. 비르

리처드 플로리다는 창조경제 시대에는 지식과 창조성에 의한 부의 창출이 경제성장의 원천이라고 주장했다. 2012년 한국의 대통령에 당선된 박근혜가 창조경제를 경제 목표로 제시했다.
47. 같은 책, p. 20.

노는 정치의 머리 둘 달린 본성이라고 부를 수 있는 것의 그림을 제시하는데, 여기에서 생물학적 악은 제도적 선의 일부이며 로고스는 언제나 자신의 특별한 오만(휴브리스)과 함께 여행을 떠난다. 삶정치biopolitics는 여기에서 다시 더 어두운 **동물정치**zoopolitics로 불린다. 비오스bios에 대한 권력이 아니라 정치 자체의 이면에 있는 조에zoe에 대한 권력[48]. (니체와 들뢰즈의 유물론에서 중요한 언어를 사용하자면) 에너지학이 미학을 대체한다. 하지만 비르노는 다중의 '내적 갈등'을 기술하기 위해 '사막에서의 불평불만'[49]을 인용하는 것을 선호한다. 유대인이 엑소더스를 하는 동안, "결속의 연대는 약화된다. 옛날의 억압에 대한 향수는 커져가고, 동료 탈옥수에 대한 존경은 별안간 증오로 변하고, 폭력과 우상 숭배가 흘러넘친다."

비르노의 입장은 매우 디스토피아적이다. '급진주의'가 효력을 발휘하기 위해서는 위험과 혁신, 폭력과 혁명, 악과 의식 사이의 결합을 관리해야 한다. 이러한 책임을 포기하는 것은 권위주의 세력이 장악하고 있는 장을 떠난다는 것을 의미한다. 비르노는 신중한 평가를 통해, 촘스키적이고 포스트구조주의적인 접근법들이 '언어

---

[48]. [옮긴이] 비오스(bios)와 조에(zoe)는 고대 그리스에서 생명을 나타내는 단어들이었고 오늘날 라틴어 계통의 언어들에 '삶', '생명'을 의미하는 어근으로 남아 있다. 예컨대 아리스토텔레스는 단순히 살아 있음(생물학적 삶)을 조에로, 가치 있는 삶을 비오스로 구별하고 조에에서 비오스로의 도약이 '좋은 삶에 대한 추구' 과정이기 때문에 중요하다고 보았다. 현대사상가 아감벤의 삶정치학 또한 비오스와 조에의 구분을 둘러싸고 전개된다.

[49]. [옮긴이] '사막에서의 불평불만'은 성경의 '출애굽기'에 나오는 내용이다. 모세의 인도로 이집트를 탈출한 유대인들이 상황이 악화되자 모세에게 불평불만을 늘어놓았던 상황을 가리킨다.

적 동물의 (자기)파괴적 충동들'의 기억을 제거한 책임이 있다고 인식한다.

촘스키에서 프랑스 포스트구조주의에 이르는 현대의 비판적 사상은 변증법적 도식을 극복하려고 노력해 왔다. 이 변증법적 도식에 따른다면 언어적 동물의 (자기)파괴적 충동들은 국가의 종합을 반복해서 강화하고 완전하게 할 운명에 놓일 것이었다. 이 사유 학파는 자신의 지평으로부터 변증법과 아울러 그러한 (자기)파괴적 충동들의 바로 그 기억을 삭제하는 것이 편리하다는 것을 알았다. 이렇게 해서 현대의 비판적 사유는 슈미트의 진단을 확증하는 위험에 빠진다. "국가에 적대적인 급진주의는 인간 본성의 근본적 선함에 대한 믿음과 함께 똑같이 성장한다."[50]

이러한 접근법은 현대의 비판적 사유를 곤경에 처하게 했다. 그에 반해 비르노는 "부정적인 것을 무효로 하는 대신, 심지어 변증법적 맷돌에서 탈출하기 위해서라도, 부정적인 것에 대한 비변증법적 이해를 발전시키는 것이 필요하다."[51]고 제안한다. 인간 본성에 대한 반관념론적 이해는 부정적인 것을 부정negation보다는 '유동ambivalence[양가성], 진동oscillation, 섭동perturbing'의 형태 속에서 구축할 것이다.[52] 하지만, 비르노가 인간 동물의 양가성으로 기술한 것

---

50. 같은 책, p. 22 (번역은 인용자).
51. 같은 책.
52. 같은 책.

은 힘들의 뚜렷한 비대칭으로 강력하게 그리고 보다 엄밀하게 긍정될 것이다. 모든 양가성은 결국 자신의 애매한 상태를 벗어나 딱딱한 응고물이 된다. 그것은 정확한 방향을 취한다. 양가성은 오래 지속되지 않는다.

신흥 지식기반 경제와 새로운 사회운동으로 인해 근대 국가와 '정치적 의사 결정의 독점'이 위기에 빠진 이후, 비르노는 국가형태 외부에서 어떤 새로운 제도들이 상상될 수 있는지 묻는다. '과잉 충동'을 자기 자신에 대한 하나의 해독제로, 하나의 긍정적인 힘으로 바꾸는 것이 어떻게 가능할까?[53] 다중에 주입할 해독제 문제는 자유주의자들과 급진주의의 비밀스런 청교도에게는 고려 사항이 아니다. 그들은 '인간 동물의 위험한 문제적 본성'[54]에 관심이 없다. 그와 반대로 비르노는 '자연 상태를 벗어나는 것의 불가능성'을 언명한다. 문화와 정치는 본능적 충동들로부터 분리될 수 없다는 것이다. 비르노가 이전에 다중을 '민중'의 일차원적 개념과 관련하여 적대 속의 정치적 주체라고 인정했다면, 여기에서 다중은 양가적이고 모순적인 형태, 즉 민주주의에 대립하는 민주주의로서 나타난다.

다중에 대해 홉스는 그것이 시민 국가[상태] 내부에서 자연 상태가 단순히 역류한 것이라고 비방했다. 오늘날 이 다중은 정치적

---

53. 같은 책, p. 23.
54. 같은 책, p. 26. "나는 이미, 자유주의적 정치 이론들이 권위주의적 정치 이론들과 구분되지 않는다고 반복해서 이야기했는데, 그것은 이 이론들이 인간 동물의 위험한 '문제적 본성'을 인정하지 않기 때문이다."

실존의 근본적인 형태를 구성한다. 다중은 더 이상 부차적인 괄호가 아니라, 안정적인 존재방식이다. 근대 국가가 쇠약해지고, '정치적 의사 결정의 독점'이 좌절되는 시기에는 사회조직의 모든 측면에서, 대의 민주주의의 회로들을 피하는 (그리고 심지어 때때로 방해하는) 경향이 있는 다수의 개인들이 훨씬 더 효과적이다. 이것은 때로는 공격적이고, 때로는 통일된, 그러나 결코 '민중' ─ 홉스에 따르면 '단일한 의지를 지닌, 어떤 면에서 **일자인**' 사람들(홉스, 『시민론』55) ─ 의 개념으로 환원될 수 없는 복수성이다. 어떤 때는 공격적이고, 어떤 때는 통일되는, 지적 협력을 이루기 쉬운, 그렇지만 또한 분파들 사이에서 전쟁을 일으키는 경향이 있는, 독이 되기도 하고 해독제가 되기도 하는 이러한 것이 다중이다.56

이전의 상술詳述들과 비교해 볼 때, 여기에서 다중은, 자연적 충동들과 문명화된 언어에 의해 동시에 형성되는 현재顯在적이고 잠재적인 내용들에 의해 관통되는, 일종의 삶형태적 무의식을 드러낸다. 비르노는 『다중』에서 원래 맑스로부터 물려받았지만 '다중의 제도들'(산업 시대의 노동자 평의회에서 오늘날의 네트워크들에 이르는 모든 자율주의적 조직 형태)을 위한 기초로서 다시 상상된 **일반지**

---

55. [한국어판] 토마스 홉스, 『시민론 ─ 정부와 사회에 관한 철학적 기초』, 이준호 옮김, 서광사, 2013.
56. 같은 책, p. 40 (번역은 인용자).

성 개념을 통해 이 사회적 범주를 통일하려고 시도했다.[57] 비르노가 여전히 집단지성을 하나의 통일적 토대로 바라보는 시각을 좋아한다면, 그것은 오직 더욱 양가적인 개념인 카테콘 katechon [58]의 맥락 속에서이다.

> 사도 바울이 『데살로니가 전서』의 두 번째 서한에서 사용하고 이후 보수적인 교의 속에서 빈번히 언급되는 이 그리스 단어는 '억제하는 것' — 즉 완전한 파괴를 반복해서 늦추는 힘 — 을 의미한다. 내가 보기에 카테콘 개념은 제의적 관례의 정치적 함축과 함께, 더 이상 국가와 관계없는 제도들의 구조와 의무들을 정의하는 데 중대한 기여를 한다. 소위 이 '악'을 제거하지 않고 악을 억제하는 힘이라는 생각은······ 엑소더스의 반독재적 antimonopolistic 정치학의 틀에 포함된다.[59]

이탈리아 철학자 로베르토 에스포지토가 『면역』에서 설명하고 있는 것처럼, 카테콘은 "악을 가두고, 악을 유지하고, 악을 악 자체 내부에 억류하며······ 악을 접대하고 악의 바로 그 필연성을 악의 바로 그 현전에 묶어둘 정도로 악을 환대함으로써 악을 억제한다."[60]

---

57. 같은 책, p. 42.
58. [옮긴이] 카테콘(katechon)은 그리스어로 '억제하는 것', 또는 '억제하는 사람'에서 유래한 말로, 이후 정치철학 개념으로 발전한 성서 용어이다.
59. 같은 책, p. 45.
60. Roberto Esposito, *Immunitas. Protezione e negazione della vita* (Milan: Einaudi, 2002), p. 116.

카테콘은 어느 정도까지 하늘과 땅, 자유와 억압 모두를 동시에 주시하고 지키는 힘, 권력의 머리 둘 달린 독수리의 모방으로 묘사될 수 있는가? 카테콘의 분자적 모델은 포스트모던적 비관론, 청교도적 급진주의, 네트워크 자본주의의 흐름들을 관통하는 길로 채택될 수 있을 것인가? 카테콘은 인류학의 은거지까지 내려가 스펙터클한 사회에 대항할 수 있는 욕망의 '올바른 마조히즘'이 될 수 있는가?

'다중의 제도들'을 위한 모델을 제출한다고 해서, 비르노의 결론이 특히 뉴올리언즈에서 일어난 허리케인 카트리나와 같은 사건들 ― 사회적 평형으로부터 갑자기 뒤바뀌는 사회적civil 내파 ― 에 비추어 볼 때 승리주의[61]적인 것은 아니다. 비르노는 마침내 다중이 가장 불안정한 동물, 즉 자기파괴적 본능들과 자기조직화 형태들 ― **갈등으로서의 언어와 제도로서의 언어** ― 에 의해 교차되는, 그렇지만 두 극들 사이에서 일종의 포스트모던적 결정 불가능성에 의해 분절되는 갈등적 히드라라고 선언한다(이 동요가 잉여가치와 권력의 축적 형태들을 언제 그리고 어떻게 유발하는지는 다소간 불명확한 채로 남아 있다).

현대의 다중이 자신의 내부에 구어口語의 다음과 같은 이중적인 윤리적 가치의 돌출을 반영하는 것은 매우 분명하다. 위험의 돌출과 그 위험을 억제하는 힘, 근본적인 악과 마귀를 쫓는 수단이 그것이다. 다중은 구어와 마찬가지로 평형을 상실하는 위험한

---

61. [옮긴이] 승리주의는 천상의 성스러운 영광을 강조하는 성서 용어이다.

상태임과 동시에 적절한 억제책이다. 사막에서의 불평불만과 공동의 자치, (자기)파괴와 카테콘…… 현대의 다중은 국가 주권으로부터 탈출하는 과정에서 호모 사피엔스에 대한 두 개의 유명한 아리스토텔레스의 정의들 — 언어적 동물과 정치적 동물 — 사이의 연결을 육안으로 볼 수 있게 해 준다.[62]

따라서 현대의 다중은 언어적이고 정치적인 외골격을 통해, 그러나 언제나 불안정하고 일시적인 카테콘으로서 모습을 드러내는 위험한 동물이다.

우리는 비르노에게서 어떤 교훈을 배울 수 있는가? 첫째, 문화 및 정치의 무의식은 인간 동물의 자연적 공격성에 뿌리를 두고 있다. '인간은 본성상 악하다.' 둘째, 어떠한 급진주의도 인류의 자연적인 선함에 대한 청교도적 믿음을 기초로 수립될 수 없다. 촘스키처럼 우리에게 위안을 주는 입장들은 다중의 어두운 측면에는 군림하면서 모든 권위주의적 경향에 대해서는 무능하다. 셋째, 문화와 언어, 계몽주의 그리고 새로 조직된 네트워크들은 갈등들을 해결하기는커녕, 그러한 갈등들을 과격화하고 악화시킬 수 있다. '창조경제'와 인터넷 문화는 삶형태적 무의식뿐만 아니라 또한 문명화된 지성의 확장으로서 떠오른다. 넷째, '언어적 동물의 (자기)파괴적 충동들'은 오직 '다중의 제도들'에 의해서만 통제되고 억제될 수 있다. 카테콘은 권력의 현재顯在적이고 잠재적인 내용을 포착하고, 자

---

62. 같은 책, p. 65.

기의 독을 백신으로 바꾸어 누그러뜨릴 수 있는 이러한 머리 둘 달린 존재의 모델이다. 다섯째, 카테콘은 욕망의 수사학과 대비되는 것으로서, 머리 둘 달린 윤리의 분자적인 다이어그램(급진적인 청교도주의와 욕망하는 자본주의 사이에 위치한 **올바른 마조히즘**)이 될 수 있다. 결론적으로 다중의 양가성은 스스로 해결될 수 있는 어떤 것이다. 동물혼이란 결국 어느 한 쪽의 불확실성으로 향하는 경향이 있다. 결정이라는 것은 언제든 내려져야 하니까 말이다.

비르노는 현대의 정치적 동물들에 대한 동물우화집을 위한 일반적 구조를 제공해 준다. 동물우화집은 인간 동물을 조사하기 위한 덜 변증법적이고 보다 유기적인 장르를 의미할 수 있다. 예를 들어, 비르노의 권력과 욕망의 양가성은 머리 둘 달린 존재 ─ 역사적으로 본다면, 제국적 권력의 머리 둘 달린 독수리 ─ 라는 가상적인 역설적 형상에 의해 묘사될 수도 있다. 이와 마찬가지로 비르노의 갈등적인 인간 본성은 문화 산업에서 비물질노동의 **갈등적 히드라**로 모습을 드러낸다. 이 작은 동물우화집은 나중에 또 다른 비변증법적 유기체 ─ 미셸 세르[63]의 작업 속에서 개념화된 기생체 ─ 와 함께 확대될 것이다. 그러기 전에 휴머니즘적 전통 내부에서 동물 형상의

---

[63] [옮긴이] 미셸 세르(Michel Serres, 1930~)는 프랑스의 철학자, 작가이다. 가스통 바슐라르를 잇는 프랑스 인식론계의 거장으로 여겨진다. 그는 과학에 대한 하나의 유일한 서술만이 특권적인 것으로 여겨지지 않는, 메타언어에 의존하지 않는, 과학의 철학(philosophy of science)을 목표로 한다. 브뤼노 라투르, 스티븐 코너 등에게 커다란 영향을 미쳤다. 현재 스탠포드 대학교 교수로 재직 중이다. 국내에는 『헤르메스』(민음사, 2009), 『사랑할 때 우리는 동물이 되는가?』(민음인, 2006), 『천사들의 전설』(그린비, 2008), 그리고 이 책 『동물혼』에서 자주 인용되는 대표작 『기식자』(동물선, 2002)가 번역, 소개되었다.

역할을 회복하는 것이 필요하다.

머리 둘 달린 신의 회복

정치 제도들의 지하에 대한 비르노의 탐구는, 인간 영혼이 포획되어 있는 것으로 생각되었던 물질세계에 대해 그노시즘[64]이 유지했던 갈등 관계와 궤를 같이 한다. 기독교의 절대 지배가 이루어진 초기 세기들에서, 그노시즘은 이단적 유물론을 표명하는 것을 의미했으며, 기독교 다중들의 신념에 반하는 지식에 대한 비교秘敎적이고 엘리트주의적인 숭배를 발달시켰다. 조르주 바타유는 '방탕한 그노시스 분파'가 비천함 baseness에 대한 모호한 요구를 만족시키기 위해 성적 의식儀式에 전념했다는 가설을 제시했다. 그의 말에 따르면, "전반적으로 그노시즘이 무엇보다도 어둠에 대한 불길한 사랑, 외설스럽고 무법적인 집정관들을 향한, 솔라애스 solar ass의 머리를 향한 기괴한 취향을 드러내지 않는다고 믿기는 힘들다."[65] 그노시즘 우주론에서 집정관들은 물질의 어두운 obscure 힘을 관장하도록 정해진 조물주('창조주 신')의 하인들이었다. 바타유는 계속해

---

64. [옮긴이] 그노시즘(Gnosticism)은 '영지주의'라고도 하며 1~3세기에 유행했던 사상으로 기독교와 다양한 이교 교리가 혼합된 모습이었다.
65. 솔라애스는 바타유가 파리의 메달 박물관의 부적들에 조각되어 있는 것을 발견한 동물 머리를 한 수많은 신들 중의 하나였다. Georges Bataille, 'Base Materialism and Gnosticism', in: *Visions of Excess: Selected Writings 1927-1939* (Minneapolis: University of Minnesota Press, 1985), p. 48.

서 다음과 같이 이야기한다.

> 사실상, 물질 개념을 그노시즘의 중심사상으로 간주하는 것은 가능하다. 물질은 암흑으로서의, 그리고 악으로서의 그 자신의 영원한 자율적인 실존을 갖는 능동적인 원리이다. 여기에서 암흑은 단순히 빛의 결여가 아니라 이 결여에 의해 드러나는 괴물스러운 집정관들이 될 것이다. 그리고 악은 선의 결여가 아니라 창조적인 행위가 될 것이다. 이 개념은 완전히 일원론적인 헬레니즘 정신spirit의 바로 그 원리와 도무지 양립할 수 없었다. 헬레니즘 정신의 지배적인 경향은 물질과 악이란 우월한 원리들이 타락한 것이라고 보았다.[66]

동물 머리를 한 신들, 특히 머리 없는 존재 형상에 대한 유물론적 숭배는 1936년에 발간된 리뷰 저널인 바타유 자신의 『아세팔』 *Acéphale*의 근원적인 영감이다(선언문에는 이렇게 쓰여 있다. "인간은 감옥을 탈옥한 사형수처럼 자신의 머리로부터 탈옥했다.")[67] 놀랍게도, 바타유 자신이 그의 논문 「기저 유물론[68]과 그노시즘」에서 밝히고 있는 것처럼, 애초의 머리 없는 신은 실제로는 머리가 둘이

---

66. 같은 책, p. 47.
67. Georges Bataille, 'The Sacred Conspiracy', in *Vision of Excess*, p. 181; 원본은 Bataille, 'La conjuration sacrée', in : *OEuvres complètes, Vol. I* (Paris : Gallimard, 1970), p. 445.
68. [옮긴이] 기저 유물론(Base Materialism)은 조르주 바타유가 일체의 신학을 무너뜨릴 새로운 유물론으로 설정한 개념이다.

었다. 이것은 이집트 신인 베스Bes(가정, 어머니와 아이들의 수호자, 그리고 나중에는 삶, 음악, 춤, 섹스 등 쾌락의 수호자) 속에서 확인되며, '두 마리 동물의 머리들 아래에 있는 머리 없는 신'의 불명확한 형상으로 이해된다. 아감벤이 자신의 책 『열림』에서 바타유와 그의 입문자들에 대해 관찰한 바와 같이, "머리 없는 존재는 그 특권적인 경험들 속에서 잠깐 힐끗 보더라도 인간도 신도 아닐 것이다. 그렇다고 동물은 결코 될 수 없을 것이다." 바타유의 어두운 유물론이 비르노의 양가적인 본능들보다 한층 더 나아간다면, 아감벤은 그럼에도 불구하고 바타유의 초과excess의 철학의 뿌리에서 동물이라는 실종된 주체를 확인한다. 머리 둘 달린 동물은 바타유에 의해 목이 잘렸다.

아감벤은 『열림』에서 인간과 동물의 분리된 운명들을 재결합하고자 한다. 아감벤은 휴머니즘의 '인류학적 기계'의 역사를 인간과 동물을 가르는 '분리의 신비'mysterium disiunctionis의 역사라고 쓴다. 아감벤은 인간 본성 개념은 언제나 문제적이라고 지적한다. 생명life이라는 용어가 서양의 전통에서 결코 엄밀하게 정의된 적은 없지만, 구약성서에서 근대 유전학에 이르기까지 '끊임없이 분절되고 분리되어' 왔기 때문이라는 것이다.[69] 그와 반대로, 결국 우리가 신성神

---

69. 같은 책, p. 13: "우리 문화에서 '생명' 개념에 대한 계보학적 연구를 착수하려는 모든 사람에게 가장 유익한 관찰들 중의 하나는 그 개념이 결코 그 자체로 정의되지 않는다는 점이다. 그렇지만 결정되지 않는 채로 남아 있는 이것(생명)은 (철학, 신학, 정치학, 그리고 – 오직 이후의 – 의학과 생물학처럼 겉으로 보기에 거리가 먼 영역들 속에서 결정적인 전략적 기능을 삶에 투자하는) 일련의 중간 휴지들과 대립들을 통해 몇 번이고 반복해서 분절되고 분리된다. 즉 모든 일은 우리의 문화에서 생명이 마치 규정될 수 없고, 바로 이러한 이유로 끊임없이 분절되고 분리될 수밖에 없는 것처럼

生이나 로고스로부터 분리되는 것은 언제나 우리가 [우리] 내부의 동물과 맺는 관계에 의해 비가시적으로 결정된다. 동일한 교훈은 어떠한 생기론도 동물 없이는 사유될 수 없다는 것을 증명한다.

> 우리의 문화에서 인간은 언제나 신체와 영혼의, 살아 있는 것과 로고스의, 자연적(이거나 동물적)인 요소와 초자연적이거나 사회적으로 신성한 요소의 분절과 결합으로 사유되어 왔다. 그 대신 우리는 인간이 이러한 두 가지 요소들의 부조화의 결과인 것으로 생각하는 법을 배워야 한다. 그리고 결합의 형이상학적 신비가 아니라 오히려 분리의 실천적이고 정치적인 신비를 연구해야 한다. …… 그리고 어쩌면 우리가 신성한 것과 맺는 관계들의 가장 빛나는 영역은 어떤 점에서 동물과 우리를 분리시키는 더 어두운 것에 의존할는지도 모른다.[70]

영혼을 **동물혼**과 확실하게 분리해서 신의 영역을 확립하기 위해서는 일종의 신학적 장치가 필요했다. 푸코가 『지식의 의지』[71]에서 상기해 주는 바와 같이, 이후 교회에 의해 신앙고백 기법이 도입되면서 내적[정신] 생활과 상상력의 공간 역시 권력의 개입(20세기에 정신분석이라는 세속적인 가면 아래 지속되고 있는 전통)을 향해 활짝 열렸다. 아감벤의 삶정치학에서 볼 때, 근대 국가 장치는 주민 통

발생한다."
70. 같은 책, p. 16.
71. [한국어판] 미셸 푸코, 『성의 역사 1 — 지식의 의지』, 이규현 옮김, 나남출판, 2010.

치에 대한 자신의 초점을 훈육[규율]과 법이라는 보다 전통적인 분야들에 두기보다는 **벌거벗은 삶**에 둔다. 삶권력은 종교적 권력에 의해 시작된 인위적인 기법들을 사용하면서 신체와 정신의 **동물적 삶**(폭력적인 본능들, 성적 충동들, 성애적 환상들)을 주의 깊게 관리하기 시작했다. 아감벤은, 종교와 이데올로기 같은 전통적인 문화 형태들이 퇴색한 이후 통치의 중심이 곧바로 '인간의 동물성'과 그 '생리학'으로 이동한다고 말한다.

> 이러한 퇴색에 직면했을 때, 아직도 어떤 진지함을 유지하는 것으로 보이는 유일한 과제는 생리학적 생명이라는, 즉 인간의 바로 그 동물성이라는 부담의 수용, 그리고 '완전한 관리'이다. 게놈, 전지구적 경제, 그리고 휴머니즘적 이데올로기는 탈역사적 인류가 자기 자신의 철학을 인류의 마지막, 비정치적 명령으로서 받아들이는 것처럼 보이는 이러한 과정의 세 가지 통일된 면모들이다.[72]

푸코의 삶정치학에 대한 오늘날의 모든 설명들 속에서, 동물적 본성은 어떠한 정치적 이해방식으로부터도 멀어지거나 동물의 권리라는 우리^{cage} 속에서 보호된다. 오늘날의 삶정치적 권력이 인간의 **휴머니즘적 개념**에 기초한다면, 아감벤은 우리에게 인간의 이면에 **동물**의 종교적이고 정치적인 문제가 존재한다는 것을 상기시킨다.

---

72. 같은 책, p. 77.

"우리의 문화에서, 모든 다른 갈등을 관장하는 결정적인 정치적 갈등은 인간의 동물성과 인간성 사이의 갈등이다."[73] 하지만 **동물혼**을 현대의 **삶정치적 기계**와 구분하는 것이 정말 필요할까? 아감벤은 (예컨대 **휴머니즘**을 **동물주의**로 대체함으로써) 한층 더 신화적인 기계를 부양하는 것보다 궁극적으로 동물-인간 분리를 유지하는 것이 낫다고 믿는다.

> 하지만 여기에서 그것은 더 이상 인간적이지도 동물적이지도 않은 새로운 창조물의 외형들을 추적하려고 시도하는 문제가 아니다. 그러한 외형들은 다른 것과 마찬가지로 신화적으로 될 위험이 있을 것이다. 이미 살펴보았듯이 우리의 문화에서 인간은 항상 동물과 인간의 동시적인 분할과 분절의 결과였다. 여기에서 이러한 [분할과 분절] 작업의 두 용어들 중의 하나[동물 또는 인간] 또한 문제 상황에 놓여 있었다. 우리의 인간 개념을 좌우하는 기계를 작동하지 않도록 만드는 것은 더 이상 새로운 분절들, 즉 더 확실하면서도 더 효과적인 분절들을 찾는 것을 의미하는 것이 아니다. 그것은 오히려 핵심적인 공허, 즉 인간과 동물을 분리하는 — 인간 내부의 — 틈을 보여 주는 것을 의미하며, 그리고 이러한 공허 안에 있는 우리 자신을 위험에 빠뜨리는 것을 의미한다. 중지의 중지, 동물과 인간 모두의 안식일.[74]

---

73. 같은 책, p. 80.
74. 같은 책, p. 92.

또 다른 **욕망하는 부활** 속에서 **동물혼**을 찬양하는 대신, 통상적인 권력의 매트릭스에 저항하는 그러한 자연적 본능들을 응축하는 데에 동물 형상이 역사적으로 어떻게 활용되어 왔는지 살펴보는 것이 더욱 흥미로운 일이다. 심화된 **동물주의**, 즉 (종종 동물 권리 이데올로기가 기능하는 것처럼) 좌절되고 소외된 에너지들을 응축하기 위한 동물신화를 수립하는 대신, 자연적 본능들이 어떻게 과학기술 기반의 보다 비물질적인 형태들 속에서조차 현대 생산의 물질적 토대의 일부를 이루는지 연구하는 것이 더욱 유용하다. 바타유가 참수해 버린 머리 둘 달린 집정관은 동물과 인간의 분리를 중지하는 것에 의해 부활될 수 있다.

나치즘의 비극이 보여 주는 것처럼, 삶정치학의 '이성'reason은 그것[삶정치학]이 필경 대면하고 지배하는 것과 같은 어두운 물질로 만들어진다. 보다 일반적으로 말해, 테크노크라시의 합리성은 이것[테크노크라시]이 관리해야 하는 대중들의 본능적 충동들만큼이나 동물적이다. 삶정치라는 잘 알려진 패러다임은 비생물학적인 권력 개념보다는 **동물학적인** 기원까지 소급 추적되어야 한다. 아감벤에게 삶정치는 근대의 기술의학적 확장에 이를 때까지 수천 년간 비오스bios를 분절하고 분리하는 과정을 계속한다. 하지만 삶권력의 모든 조직화 이면에서 동물적 생리학이 숨을 쉬면서 초조해 한다. 푸코는 서구 섹슈얼리티의 구성과 통제에 정확히 초점을 맞추는 삶정치 개념을 도입했다. **포획의 국가 장치**보다는, **동물혼의 자율적이고 생산적인 힘**을 강조하는 것이 중요하다. 인간 동물의, 그 리비도적이고 감정적이며 정신병리학적 경제의 생리학과 신경학은 소위 선진자본주의 시대에 하나의 복잡한 전쟁터가 되었다. 중세의 동물우화집과 유사하게, 동물이라는 표상은 이러한 조건을 설명해 준다. 어쩌면 지금은 21세기가, 예전에 르네상스기에 그랬던 것처럼, 동물적 본성을 가지고 자신의 부채를 청산할 때인지도 모른다. 이에 대해 푸코는 『광기의 역사』에서 다음과 같이 지적하고 있다.

> 르네상스 초기에 동물성과의 관계들은 역전된다. 야수는 자유로워진다. 야수는 전설과 도덕적 삽화의 세계에서 벗어나 그 자신의 환상적 본성을 획득하게 된다. 그리고 이러한 놀랄 만한 전도 때문에 이제는 동물이 인간을 숨어서 노리고 인간을 포획하며 그 자신의 진실을 인간에게 보여준다. 광란의 상상력 속에서 만들어진 있음직하지 않은 동물들이 인간의 비밀스러운 본성이 된다.[75]

---

75. Michel Foucault, 'Animality and Insanity', in:*Madness and Civilization* (New York:Vintage, 1973) [미셸 푸코, 『광기의 역사』, 이규현 옮김, 나남출판, 2003, 71쪽].

공유지의 개념적 동물우화집

공간과 사이버공간의 통제. 과거에 공해(公海)의 통제가
— 그리고 국제 통상의 보호가 — 전지구적 권력들을 규정했다 할지라도,
미래에는 새로운 '국제적인 공유지'의 통제가 세계 권력의 관문이 될 것이다.
자신의 이익, 또는 우주나 '정보권'에서 동맹국들의 이익을 보호할 수 없는 미국은
전지구적인 정치적 리더십을 발휘하는 것이 어렵다는 것을 알게 될 것이다.

—「새로운 미국 세기를 위한 프로젝트」, 2000[76]

개념적 동물우화집

밀레니엄 전환 이후의 10년의 시대정신spirit of the time을 숙고해 보면, 에너지 자원을 둘러싼 히스테리들이 전쟁과 테러리즘의 유령들을 대체했음을 알 수 있다. 이 망령들은 제 스스로 수년 전에 이

---

76. Project for the New American Century, 'Rebuilding America's Defenses: Strategy, Forces and Resources', report, September 2000, 51. 다음 웹사이트에서 확인해 볼 수 있다: www.newamericancentury.org.

미 네트워크 문화의 유토피아적 충동들과 반세계화 운동을 침몰시켰었다. 기계 시대 이후, 그리고 새로운 네트워크 정보권infosphere의 길들이기domestication 이후, 지구 온난화에서 피크오일77과 식량가격 투기에 이르는 사건들의 국면은 서구 국가들로 하여금 그들의 부와 기반시설들의 생태학적이고 생물학적인 전제들을 다시 고찰하도록 강제하고 있다. 이 실용주의적 각성은 테크노광신자들과 심화된 묵시록―기계적 초과 이후 산 에너지의 재출현―의 헛된 예언자들 모두를 추방한다. 하지만 이 에너지는 배후에서 그러한 기계적 엔진들에 유기적 사료를 공급해 오고 있었다. 포드주의적 공장들의 '욕망하는 흐름들'과 디지털 포스트포드주의의 네트워크 확장을 넘어 결국엔 유한한 에너지가, 대면해야 할 디스토피아가 된다. 탈산업화 이후, 금욕주의적 모토인 '소비를 줄이라'를 내건 '녹색' 행동주의에 의해 정치적으로 뒷받침을 받는, **탈에너지화** 그리고 긴축 과정이 도래한다. 하지만, 다운쉬프팅이 현재의 생산양식을 직접적으로 문제 삼지 않으면서 반동적인 생활양식을 계속해서 조장하는 한, 자연적 에너지들과 동물력이 갖는 정치적 역할은 은폐된 채로 남아 있게 될 것이다. 다운쉬프팅과 달리, **동물혼** 개념은 이러한

---

77. [옮긴이] 피크오일(peak oil) 또는 '석유 생산 정점'은 석유 생산량이 급증하였다가 정점에 도달한 후 급감하는 현상이다. 유전 개발 속도가 석유 소비량에 필적하지 못하거나, 정유시설에 대한 투자부족, 전쟁 등으로 발생한다. 피크오일이 일어나면 석유의 증가된 수요에 비해 공급이 매우 부족해져서, 유가 폭등이나 석유분쟁이 발생하고 전세계적으로 매우 심각한 에너지난이 생긴다. 미국의 지질학자 킹 허버트가 1956년에 도입한 개념으로 그는 석유의 생산량이 '허버트의 곡선'이라고 불리는 종 모양의 곡선을 따라 움직일 것이라고 예상했다. 1971년 미국의 '피크오일'이 허버트의 곡선을 따라 움직였다.

사태에 대해 두려워하지 않거나 적극적인 시각에서 영감을 얻고 있다. 발라드의 최초의 예언적인 소설 『물에 빠진 세계』(1962년에 출간됨)를 보면, 태양 방사선이 극지방의 만년설을 녹게 하고 지구의 온도를 상승시키는 원인이 되었으며, 북유럽과 아메리카 대륙의 도시들을 열대 석호[78]들에 잠기게 했다. 하지만 주인공은 낡은 세계의 종말에 불안해하기는커녕, 그 낡은 세계를 대체하기 위해 도래한 자연에 황홀해하고 고무된다.

여전히 과학기술적 환경 또는 계몽주의 변증법에 의해 영향을 받은 개념들로 오늘날의 시대를 표현하는 대신, 우리는 중세 시대의 동물우화집을 통해 우리 내부에서 해방된 기이한^{uncanny} 동물성을 대면함으로써 도움을 얻을 수 있다. 오늘날의 다중에게서 발견되는 데몬크라시에 대한 기초적인 동물우화집은 지금까지 소개된 혹사당한^{ground} 에너지들을 필두로 묘사될 수 있다. 비르노가 묘사한, 인간이라는 동물의 본능적 본성은 상이한 형태들로 모습을 드러낸다. 그 양가성은 처음에는, 권력, 전쟁 그리고 지배를 위한 물신으로서, 동시에 스펙터클한 사회의 폭력적이고 포르노적인 특징들 속에서, 욕망의 모순적인 본성으로부터 출현한다. 양가성은 제도적이고 전복적인 힘들, 즉 권력과 향유, 리바이어던과 다중을 동시에 쥐고 있는 제국의 머리 둘 달린 독수리로 나타난다. 자연적 본능들이 집단적인 언어 및 문화의 영역을 침공할 때, 그 본능들은

---

78. [옮긴이] 석호는 사취(砂嘴)·사주(砂洲)·연안주(沿岸洲) 등에 의해 바다와 격리된 호수이다.

다중 내부에서 일어나는 일종의 **비물질적인 시민적 갈등**이 되고, 비명을 지르며 서로를 먹어치우는 머리들을 가진 **갈등적 히드라**의 형상으로 설명될 수 있다.

하지만 이러한 양가성과 갈등 개념에 의존하는 것은 포스트모던적 상대주의의 한 형태로 보일 수 있다. 포스트모던 상대주의에서 정치적 결정들을 서로 구별하기란 도무지 불가능하다. 그와 반대로, 이러한 양가성은 결코 균형을 이루지 못하고 언제나 비대칭적이다. 잉여와 에너지의 화살은 한 방향으로 움직이지 양 방향으로 움직이지 않는다. 권력, 생산 및 잉여가치 축적의 구조는 결코 이항적이지 않고 삼항적이다. 예컨대 미셸 세르라면 이렇게 이야기 할 것이다. 지식 경제와 물질 경제 사이에는 언제나 비등가적인 방식으로 에너지와 잉여를 교환하는 **기생체**가 존재한다고 말이다. 새로운 문화적이고 과학기술적인 공유지의 소위 '자율'은 물질적 작업을 수행하는 사람들이 치르고 얻은 대가이다. 생물학적인 지층, 에너지적인 지층, 기술적인 지층, 문화적인 지층 들은 (확장된 유물론을 활용하자면) 언제나 서로 기생하는 관계에 놓인다.[79] 한 부분이 다른 부분들로부터 자율성을 갖는다는 것은 쉬운 일이 아니다.

---

[79]. 이 지층들은 들뢰즈와 가따리가 『천 개의 고원』에서 바닷가재의 형상에서 고무된 '지질학적' 패러다임을 가지고 제안한 것처럼 평탄한 **이중적 분절**들을 구성하지 않는다! 실제로 바닷가재의 집게발은 자연적으로 비대칭적이다. 다음을 보라. Gilles Deleuze and Félix Guattari, *A Thousand Plateaus*, 영역자 Brian Massumi (London : Continuum, 2004) [질 들뢰즈·펠릭스 가타리, 『천 개의 고원』, 김재인 옮김, 새물결, 2001]. 들뢰즈와 가따리에게서 영감을 받은 **지층의 유물론**에 대한 확대된 설명으로는 다음을 보라. Manuel DeLanda, *A Thousand Years of Nonlinear History* (New York : Zone Books, 1997).

권력과 욕망의 머리 둘 달린 독수리, 언어의 갈등적 히드라 그리고 공유지의 기생체는 모두 신고전주의적 자본주의 시대를 위한 기본적인 동물우화집을 구성하는 요소들이다. 이것들은 아마 새로운 **정치적 동물들**의 세대를 그려낼 수 있을 것이다. 이때 청교도적인 충동이 자율의 안락한 꿈을 위해 **동물혼**을 질식시키지는 못할 것이다.

머리 둘 달린 독수리 : 권력과 욕망의 양가성

비르노는 진정한 **급진주의**가 인류나 사회운동들이 본성적으로 선하다는 믿음에 기초해서는 안 된다고 주장한다. 급진주의가 악에 분노하고 분개할 리 없다는 것이다. 그와 반대로 급진주의는 [악의] 독을 자신의 해독제로 취함으로써 대응해야 한다. 모습을 드러내는 머리 둘 달린 형상은 마침내 신비스러운 **머리 둘 달린 독수리**를 생포하여 그와 대면한다. 머리 둘 달린 독수리는 수세기에 걸쳐 권력의 오랜 상징이었다. 비잔틴 제국 이래, 머리 둘 달린 독수리는 동과 서, 천상과 지상을 동시에 바라보는, 물질과 혼, 세속적인 세계와 종교적인 세계 간의 화해의 기호였다. 머리 둘 달린 독수리는 권력이 어떻게 정의상 그 대립물을 포함하는지 보여준다. 그 외면상의 **긍정적인** 제도의 원천은 또한 **부정적인** 것의 힘, 즉 다중들의 '악'이다. 머리 둘 달린 독수리는 스피노자와 라이히의 다음 질문 앞에 선다. 대중들은 왜 스스로 억압받기를 원하는가? 머리 둘 달린 독수리는 권력 및 권력의 어두운 측면(즉, 권력이 발휘하는 권능의 실재 원천)의 대중적인 이미지를 나타낸다.

악의 파르마콘[80]을 다중 속으로 주입하는 것은 포스트포드주의 패러다임의 파열로 해석될 수 있다. 포스트오뻬라이스모는 이러한 사태[전개]를 전통적으로, 언어, 지식, 통신 과학기술들에 기초한 생산양식으로 묘사했다. 포스트구조주의, 오뻬라이스모, 68운동의 추진력 등은 생산에 대한 **자율주의적** 개념을 토대로 해서 포드주의 패러다임으로부터의 단절을 자극했다. 오늘날, 지식 경제와 네트워크 사회 내부의 인식론적 단절을 (제한된) 욕망과 (제한된) 에너지에 대한 디스토피아적 이해방식에 의해 고찰하는 것이 가능할까? 고립되거나 독립적인 영역들인 과학기술, 새로운 공유지 그리고 집합적 상상계를 분할하는 포스트모던의 난국들과 이 **변증법적 대칭**들을 넘어 움직이는 것이 가능할까?

혁명적 투사들investments에 대한 들뢰즈와 가따리의 분석(일부 좌파 그룹들의 무의식적인 파시즘에 대해 다룬 『앙띠 오이디푸스』에서 그들의 주석들)은 정치적 욕망의 양가성에 대한 최초의 위상학topologies 중의 하나였다. 따라서 〈BAVO〉가 묘사한 과잉-동일시 전략은 오직 (지젝이 지배코드 속에서 확인할 수 있는 모든 **언어의 양가성 이전의**) 이러한 **욕망의 양가성** 때문에 가능하다. 폭력적 본능들과 합리적 힘들로 이루어진 욕망의 머리 둘 달린 야수는 **동물혼**

---

80. [옮긴이] '파르마콘'(pharmakon)은 고대 그리스에서 사용되었던 단어로, '약'과 '독', 해로운 것과 유익한 것이라는 상반된 의미를 동시에 가지고 있었다.

에 대한 핵심적인 정의들 중의 하나, 즉 집단적인 주체성들의 생물학적이고 동물학적인 토대를 나타낸다. 이러한 정의에 따르면, 과학기술, 경제, 문화 영역은 자연적인 공격성의 **삶형태적 확장**으로 기술될 수 있다. 따라서 비르노의 독창적인 기여는 다중의 양가적인 본성과 관계될 뿐만 아니라 그와 아울러 문화생산의 **삶형태적 무의식**을 드러낸다. 인간 본성의 폭력적 충동들은, 비르노를 넘어 움직이면서, 오늘날 집합적 상상계의 뒤편에서 작동하는 잠재적인 성적 내용 속에서 분명하게 드러나고 있다. (최근의 사례들을 살펴보자면, 9·11 관음증에서 아부 그라이브 스캔들에 이르는) 전쟁의 포르노적 상상계는 종 보존 본능들이 어떻게 생식[복제] 충동이라는 동일한 지반에 뿌리박고 있는지 보여준다. 종 본능의 구체화인 전쟁과 정치는 이제 지하의 리비도에 의해 자연스럽게 횡단된다. 발라드가 말한 것처럼 전쟁은 욕망의 머리 둘 달린 본성을 드러낸다. "전쟁은 우리에게 혐오감을 주기는커녕 우리를 매료시킨다."

공유지의 기생체: 동맹과 사보타주

비르노는 인간 본성의 '선'과 국가 기구의 '악' 사이의 이항 대립에 대한 믿음을 비판한다. 그는 모든 정치적 및 문화적 제도들이 어떻게 인간 종의 갈등적 본능들을 동시에 해소, 확대, 증폭하는지 주목한다. 하지만 이 '양가성'은 또 하나의 이항 대립이 아니라 사실상 매우 비대칭적이고 모순적인 힘들의 결과이다. 자연의 양가성은 결코 대칭적이지 않다. 잉여가치와 에너지, 욕망과 권력, 착취와 축적의 화살은 언제나 한 방향으로만 날아가, 삼항 벡터를 형성한다. 청교도적 급진주의가 또한 견딜 수 없는 것은 자신의 이항적 세계를 방해하는 삼항 요소이다.

미셸 세르는 **기생체**라는 개념적 형상으로 보편적인 삶의 비대칭성을 포착한다. 세르는 자신의 영향력 있는 책 『기생체』 전체에서, 유기체들 간 에너지 교환이 어떻게 전체적으로 결코 평등하지 않으며, 다른 유기체로부터 에너지와 잉여를 훔치는 기생체를 항상 필요로 하는지 기술한다.[81] 이런 전제로부터 그는 경제와 생태에 대해 전반적으로 새로운 개념을 내세운다. 이 개념은 보다 엄밀한 방향으로 비르노의 **삶형태주의**를 확장한 것이다. 머리 둘 달린 독수리가 정치 제도들의 토대로서 틀을 잡는 데 유용하다면, 기생체는 경제와 과학기술의 비대칭성들을 위한 분자적 모델을 제공한다. 특히 기생체 개념은 디지털 공유지와 네트워크 협력이라는 최근의 유토피아에 대한 비판의 역할을 한다. 세르는 (자본주의에 대한 어떠한 **자연주의적 정당화도** 피하면서) 경제, 지식, 과학기술의 생물학적 뿌리들을 미생물의 수준까지 내려가 기술함으로써 비르노의 시각을 확장한다. 이러한 변동은 '역전된 의인화'로 묘사된다. 비르노에게서 언어와 문화가 자연적 본능들의 공격적 차원이 된다면, 세르에게서 언어와 문화는 삶의 **기생적 차원**의 발명이자 확장이다. 세르는

---

81. Michel Serres, *Le parasite* (Paris:Grasset, 1980). 영어판:*The Parasite* (Baltimore : Johns Hopkins University Press, 1982) [미셸 세르, 『기식자』, 김웅권 옮김, 동문선, 2002].

"기생체는 인공두뇌학을 발명한다."고 논쟁적으로 결론을 내린다.

세르는 바타유와 동일한 생기론을 공유하지만 경제의 상이한 지층들 사이의 비대칭적 관계들 ― 물질적인 것과 비물질적인 것, 생물학적인 것과 기호학적인 것, 경제적인 것과 미디어적인 것 사이의 마찰 ― 을 이해하기 위한 시의적절한 모델을 제공해 준다. 기생체라는 유기적 모델은 다음 장에서 미디어 생태학에 대한 새로운 (유기적인) 이해라는 핵심적인 개념으로 다루어지고 있다. 사실상 세르는 인공두뇌학(과 그것의 확장인 네트워크)을 기생적 먹이사슬의 최근의 발현으로서 예언적으로 도입한다. 이와 유사한 장면, 즉 인지노동의 기생체가 정치적 투기장[정계]에 들어갈 때, (일반지성을 적대적 주체로 바꾸는 자기조직화를 목표로 하는) 다중 개념에는 어떤 일이 일어나는가? 네트워크 기반이 흡혈 촉수를 가진 생물로 표현될 때 자유문화, 디지털 공유지, 피어투피어[P2P][82] 패러다임들에는 무슨 일이 일어나는가? 기호적인 것과 사회적인 것, 과학기술적인 것과 생물학적인 것, 물질적인 것과 비물질적인 것 사이에 첨예한 비대칭이 재도입되어야 한다.

세르의 디스토피아적 삶형태주의는 새로운 디지털 공유지가 새로운 정치적·경제적 자율 공간이라는 널리 퍼져 있는 찬양과 관련하여 건전한 회의론을 고취한다. 자본주의의 **기생체되기**는 부동산, 석유, 식량뿐만 아니라 기반시설들과, 소통, 협력, 지식의 **새로운**

---

82. [옮긴이] 'peer to peer'에서 peer는 동료라는 의미이다. 검색엔진 등을 통해 정보를 내려받는 수직적 방식과 달리 인터넷에서 개인과 개인이 직접 수평적으로 연결되어 파일을 공유하는 방식을 가리킨다. 흔히 'P2P'로 쓰인다.

공유지에 대해서도 역시 금융적 술수를 부림으로써 시장을 부패시키는, 투기와 지대^{rent}의 신흥 체제이다. 지대의 경제는 공유지의 또 다른 측면, 즉 특히 접근이 자유로운 디지털 공유지 자원에 저장되어 있는 다중의 산 노동을 착취하는 침묵의 기생체가 되어가고 있다. 하지만, 기생체의 신진대사를 기술하는 것은 또한 정치적 행동의 새로운 좌표를 암시한다. 디지털 및 네트워크 아방가르드가 지난 수십 년 간 제시했던 정치적 모델들은 진정한 정치적 자율의 한 사례라기보다는 **기생체와의 동맹**의 한 부류로 기술될 수 있다. 세르는 이와 유사하게 인류의 역사를 기생체와의 영원한 동맹으로 그려낸다. 그것은 기생체들이 인간 건강에 반드시 해롭지만은 않기 때문이라는 것이다. (효모와 박테리아 같은 미생물 덕분에 얻는) 빵과 포도주 같은 발효 식품의 발견에서부터 (사회의 잉여 생산을 요구하고 관리하는) 종교적이고 관료적인 특권 계급의 신비들에 이르기까지, 기생체와의 동맹은 사회 토대의 일부이며 때로는 사회의 물질적 복지^{wellbeing}의 일부이다. 예컨대, 자유[83] 소프트웨어 개발자의 네트워크와 (보다 많은 하드웨어를 팔기 위해 자유 소프트웨어를 채택하는) IBM 같은 회사들 간의 관계는 오직 기생 미생물과의 전술적 동맹이라는 술어로 기술될 수 있다.

(우리 몸의 멋진 손님인 기생 미생물과의 평형과 마찬가지로) 기생체는 숙주와의 일종의 평형을 나타낼 수도 있지만 또한 근본

---

83. [옮긴이] 원문은 free이다. 맥락상 '무료'라고 옮길 수 있지만, 전체 글의 맥락에서 필자가 'free'에 일관된 의미를 부여하는 것을 고려하여 대부분 '자유' 또는 '자유로운'으로 옮겼다.

적인 착취와 투기의 형태를 나타낼 수도 있다(인간 자신이 자연이라는 왕국 자원들의 주요 기생체이다!). 하지만, 기생체 모델은 에너지의 정밀한 교환의 벡터를 보여준다. 그리고 바로 이런 이유로 이러한 교환에 대한 잠재적인 사보타주의 입장도 보여준다. 기생체는 전술적 동맹에서 전략적 사보타주로 이동하는 또 하나의, 정치적으로 양가적인 다이어그램이다. 새로운 공유지에 대한 가치 축적의 사보타주는 특히, 오늘날 투기적인 지대의 익명적이고 비인간적인 차원에 맞서 새로운 공유지를 보호하는 데 진정으로 효과적일 다중들의 유일한 정치적 행위이다.

언어의 히드라 : 문화의 삶형태적 무의식

본능적 충동들이 집단적인 언어와 문화를 오염시키면, 이 충동들은 다중에서 흘러나온 물질적이고 비물질적인 '시민적' 갈등 속에서 소리 지르며 서로를 먹어치우는 머리들을 가진 **갈등적 히드라**로 모습을 나타낸다. 오늘날의 (자유 소프트웨어에서부터 이러한 은유들을 예술적으로 활용하는 크리에이티브 커먼즈에 이르는) '자유문화' 운동은 인간 및 **네트워크들**의 '자연적인 선함'에 대한 믿음의 한 사례로 받아들여질 수 있다. "정보는 비경쟁적이다."라는 말이 자유문화 운동의 지지자들 사이에서 인기를 끌고 있다. 이 말에서 유토피아적인 비경쟁 사회의 윤곽선이 도출되고 설명된다. 이러한 설명과 달리, 임시직 노동자, 프리랜서, 활동가 들의 노동조건을 고찰해 보면, 경쟁과 사회적 고통이 정보 생산 전반에 걸쳐 얼마나 확대되어 있는지 알 수 있다.

비물질 내전immaterial civil war의 히드라는 아이디어들의 경제가 사회 전체를 가로질러 확대될 때 출현한다. 이 히드라는 '사회적 복제 시대의 예술가들'의 현상과 집단지성의 엔트로피적 쇠퇴에 연결되어 있다. 비물질적 갈등은, 지식 공유와 디지털 공유지에 대한 모든 수사修辭에도 불구하고, 지적 노동자들 사이에서는 일반적인 것이다. 그것은 준거의 경제, 기한들의 경쟁, 축제 선정을 위한 경쟁과 축제 자체들 사이의 경쟁, 활동가들 사이의 시기 어린 그리고 의심하는 태도들에 대한 학계와 예술계 내부의 잘 알려진 적대에서 증명된다. 비물질 내전은 스펙터클의 사회 — 브랜드들, 팝스타들, 도구들, 장치들, 또는 포맷들과 프로토콜들에 대한 보드리야르식 잔인한 정글 — 의 무대를 둘러싼 부단한 투쟁이다. 비물질적인 착취는 불안정 노동자들의 일상적인 삶, 자신들의 삶이 **노동하도록 강제 당함**으로써 기호 자본이 생산된다는 것을 완전히 알고 있는, 특히 청년 세대들의 일상적인 삶이다. 비물질 내전 개념은 근대의 상품에 둘러싸인 사회적 관계들의 폭발을 기술한다. 이탈리아 경제학자 룰라니가 지적한 것처럼, 복제reproducibility가 자유롭고 속도가 차이의 결정적인 표지가 될 때 지식 경제의 영역에는 훨씬 많은 경쟁이 존재한다. 공통적인 것의 구성은 어떻게 인지적인 시민적 갈등의 맥락 속에서 다시 고찰될 수 있을까? 인지자본주의의 착취 형태 속에서 비물질적인 시민적 갈등을 물질적인 계급 갈등으로 '구성'하는 것은 긴급한 정치적 문제이다. 비물질 내전은 코그니타리아트[84]에서 '창조계급'에 이르는 새로운 사회 주체들의 구성이라는 문제에 도전한다. 오직 공통적인 것에 대한 생산적인 정의만이 새로운 주체성들의 프로필을 판독할 수 있다. 비물질 내전의 거울에는 공통적인 것의 생산이 비친다.

공유지에 대한 새로운 이론 속의 또 다른 중요한 단계는 공유지의 유형학에 대한 유물론적 지도이다. 공유지를 둘러싼 담론이 수많은 추상과 수사修辭에 의해 특히 시달리기 때문이다. 비물질적인 생산수단을 쓸모없는 추상들로부터 궁극적으로 구원하기 위해서는 **미디어의 지질학과 문화의 생물학**이 요구된다. 새로운 공유지의 환경은 『비선형적 역사의 천 년』에서 개진된 마누엘 데란다[85]의 새로운 유물론과 그에게 최초로 영감을 준 원천인 들뢰즈와 가따리가 『천 개의 고원』에서 도입한 바로 그 **지층의 지질학**에서 촉발된, 세 개의 좌표를 따라 기술될 수 있다.[86] 이 세 좌표는 **지층, 공유지, 마찰**들이다. 들뢰즈와 가따리는 지층을 다음과 같이 규정했다.

---

84. [옮긴이] '인지'를 뜻하는 'cogni'와 프롤레타리아트의 'tariat'를 합친 조어이다. 인지노동자를 뜻한다.
85. [옮긴이] 마누엘 데란다(Manuel De Landa, 1952~)는 멕시코 출신의 철학자, 예술가, 실험영화 작가로, 1975년 이래로 뉴욕에서 활동하고 있다. 스위스 유럽공동대학원에서 현대철학과 현대과학을 가르치고 있으며 펜실베니아 디자인 대학 등 여러 대학에서 강의하고 있다. 질 들뢰즈와 펠릭스 가따리의 이론뿐만 아니라, 현대과학, 군사학, 언어학, 경제학, 진화론, 카오스이론, 자기조직화 문제, 인공지능, 건축 등 다양한 분야에 대한 저술활동을 하고 있다. 한국어로 번역된 저서로 『강도의 과학과 잠재성의 철학 ― 잠재성에서 현실성으로』(그린비, 2011)가 있다.
86. DeLanda, *A Thousand Years of Nonlinear History*.

지층은 지구의 신체 위에서 빽빽해지는 현상으로, 분자적인 동시에 그램분자적이다. 가령 축적, 응결, 침전, 습곡 같은 것이 그것이다. 지층은 '대帶', '집게' 또는 '분절'이다. 전통적으로 대략 세 가지 지층이 구분된다. 물리화학적인 지층, 유기체 지층, 인간형태의 지층이 그것이다. …… 지층들은 매우 유동적이다. 하나의 지층은 항상 다른 지층의 기층substratum 역할을 하거나 다른 지층과 충돌할 수 있으며, 진화적 질서와는 무관하다. 또한 특히 두 지층 사이에 또는 지층들이 둘로 나뉠 때 사이지층 현상들이, 즉 코드 변환, 환경의 변화, 혼합 등이 나타난다. ……[그렇다면] 어떠한 운동, 어떠한 자극이 지층(웃지층metastrata) 밖으로 우리를 끌어내는가? 분명 물리화학적 지층이 물질을 모두 망라한다고 생각할 이유는 전혀 없다. 형성되지 않은 분자보다 작은 '물질'도 있는 것이다. 마찬가지로 유기체 지층이 '생명'을 전부 망라하는 것도 아니다. 유기체는 오히려 생명이 스스로를 제한하기 위해 자기와 대립시키는 존재이며, 생명은 비유기적일 때 더욱 강렬하고 더 강력한 법이다. 또한 마찬가지로 인간형태의 지층을 사방으로 넘나드는 인간의 비인간적 '되기들'도 있다.[87]

지층들. 지층들은 공유지를 구성하는 상이한 질료들이다. 가장 물질적인 것에서 가장 비물질적인 것에 이르기까지, 인간 문명의 거주

---

[87] Deleuze and Guattari, *A Thousand Plateaus*, pp. 553~554 [들뢰즈·가타리, 『천 개의 고원』, 957~959쪽].

지는 에너지적인, 생물학적인, 과학기술적인, 언어적인, 신화적인 지층들로 구성되는 도식적인 지질학으로 기술될 수 있다. 삶형태적 직관은 은유가 아니라, 데란다의 영향력 있는 개념화를 따르자면, 단순히 지질학적 형성물들로부터 도시의 건축물들에 이르기까지 탐지될 수 있는 살아 있는 질료의 다이어그램이다. 삶형태적인 것은 에너지의 흐름과 생물 자원의 경제에 따라 도시를 기술하는 방식이다. 유기체처럼, 그러나 총체성을 위한 강박 없이. 삶형태적인 것은 또한 미디어스케이프가 자신의 뚜렷한 폭력적인 언외^{言外} 의미subtext와 리비도 경제를 드러낼 때 [알 수 있는] 미디어스케이프의 집단적 무의식이다. 각각의 지층들은 (농경사회에서 산업혁명을 거쳐 현재의 인지자본주의에 이르는) 공유지의 유형학들을 포함하여 상이한 역사적 시기들, 교호적인 정치적·경제적 모델들을 재현했고 뒷받침했다.

공유지. 각각의 지층화는 '천연' 자원이다. 사유화의 힘으로서 자본주의의 역사를 잠깐 제쳐둔다면, 여기에서의 초점은 이른바 새로운 공유지의 지층들에 두어진다. 공유지에 대한 전통적인 규정이 토지의 물질적인 구획을 가로지르는 유기적 에너지와 생물 자원의 생산을 가리킨다면, 비물질적인 지층들을 개념화하기 위해 '공유지'라는 용어를 사용하는 것은 비유적이고 문제적이다. '비물질적인 공유지'의 교호적인 형태들이 이미 사유의 역사 전반에 걸쳐 상이한 개념들에 의해 설계되었다면(맑스의 **일반지성**, 하비의 **집합적 상징자본**, 부르디외의 **문화자본**, 그리고 유명한 **창조적 공유지**creative commons와 **디지털 공유지**), 이러한 다양한 가계를 통일시키기 위해서는 새로운 유형학이 요구된다.

마찰들. 상이한 지층들과 공유지 사이에는 비대칭적인 현상들 또는 전이들이 존재한다. 공유지의 '자연적인 선함'에 대한 신념은 마찰 없는 체계를 믿는다. 이 체계에서 각각의 지층들은 자율적으로 성장할 수 있고, 다른 지층들에 적극적으로 영향을 미칠 수 있다. 즉 지식 공유와 네트워크 협력은 마침내 물질적인 맥락들 속에서 재화의 협력과 공유를 낳을 것이다. 하지만, 인지자본주의 이론들이 보여준 것처럼, 공통적인 것의 본성은 매우 양가적이며, 지대를 통해 쉽게 착취될 수 있다. 구조적 마찰은 언제나 교환, 에너지(특히 잉여가치)의 축적이나 낭비dissipation를 수반한다. 이 비대칭은 이윤, 지대, 투기의 좌표이지만 또한 정치적 저항과 사보타주의 좌표이기도 하다. 질료와 인간 활동의 지층화는 비대칭적인 형태들과 마찰들을 따라 끊임없이 축적되고, 기생되고, 사보타주되는 산 에너지에 의해 교차된다. 공통적인 것의 역사는 산 에너지의 잉여의 역사이다. 문화적 공유지와 디지털 네트워크들의 삶형태적 무의식은 여전히 근본적으로 에너지의 법칙이다.

2장
공유지의 기생체

디지털리즘과 '자유문화'의 경제

기생체는 새로운 것을 창안한다. 기생체는 에너지를 가로채고, 그것에 대한 대가를 정보로 지불한다. 그는 구운 고기를 가로채고, 그것에 대한 대가를 이야기로 지불한다. 이 두 경우는 새로운 계약서를 쓰는 두 가지 방식이다. 그는 부당한 계약을 체결하고, 오랜 균형 관계에 새로운 결산을 한다. 그는 저 비이성적인 날까지 하나의 논리를 말하고, 새로운 인식론, 균형의 또 다른 이론을 말한다. 그는 사물들의 질서, 고체적이고 기체적인 사물들의 상태를 대각선 방향으로 가로지른다. 그는 정보를 평가한다. 아니, 그보다 목소리와 달콤한 말 아래에서 정보를 발견한다. 그는 숨결과 바람 속에서 혼을 발견한다. 그는 인공두뇌학을 창안한다.

미셸 세르, 『기생체』[1]

결산을 해보자. 최초에 생산이 있다. 그래서 기름 짜는 방앗간, 버터 제조소, 돼지고깃집, 치즈 제조소가 있다. 나는 **생산한다**는 말이 무엇을 의미하는지 알고 싶다. 생산을 재생산이라 부르는 사람들은 자신의 일을 쉽게 만든다. 우리의 세계는 모방자들과 반복자들로 가득 차 있다. 그것은 이들에게 행운과 영광을 한껏 안겨 준다. 작곡하는 것보다는 연주하는 것이 나은 일이며, 자신의 고유한 업적을 창조하는 것보다는 이미 이루어진 공유에 대한 하나의 의견을 유지하는 것이 나은 일이다. 근대의 질병은 새로운 것이 **복제품** 속에 난파하는 것이고, 지성이 동질적인 것의 향유 속에 난파하는 것이다. 생산은 아마 드물 것이다. 그것은 그것을 곧바로 평범하게 만드는 기생체들을 유인한다. 일어나지 않을 듯한 예기치 않은 생산은 정보로 과도하게 넘쳐난다. 그것에는 언제나 즉각적으로 기생체가 따라붙는다.

미셸 세르, 『기생체』[2]

기계들의 생물권
기생체에 들어가다

기계들의 산 에너지와 잉여

과학기술의 뒤에는 언제나 에너지 – 산 에너지의 잉여 – 가 존재한다. '미디어 생태학'을 구성하는 '유물론적 에너지들'에 대한 소수의 연구들에도 불구하고, 미디어 이론은 오늘날 대개, 어느 정도 거리가 있는 우주, 또는 별세계와도 같은 디지털 기계들의 과학이다.[3] 디지털적인 것은 결국, 지식 전체를 조직하고 배열하는 것을 목표로 하는 헤게모니적인 메타모델이 되었다. '새로운 미디어의 언어'는 분절되었고 소프트웨어는 마침내 소프트웨어 연구[4]의 대상이

---

1. [옮긴이] 세르, 『기식자』, 68쪽.
2. [옮긴이] 같은 책, 15쪽.
3. 예를 들어 다음을 보라. Matthew Fuller, *Media Ecologies: Materialist Energies in Art and Technoculture* (Cambridge: MIT Press, 2005).
4. [옮긴이] '소프트웨어 연구'(Software Studies)는 소프트웨어 시스템들과 그것의 사회

되었다. 그럼에도 불구하고, 미디어 경제에 대한 에너지적 이해는 이러한 이론적 추세, 즉 미디어의 외부에 대한 초점이 결여되어 있다. 그것은 미디어들이 내부의 언어들과 내생적인endogenic 범주들을 통해서만 기술되는 경향이 있기 때문이다. 이것은 단순히 다음과 같은 고전적인 맥루언식 입장이 아니다. "인간이 도구를 만들고, 그 다음에는 도구가 인간을 만든다." 디지털 식민화가 이루어지고 나서 10여 년이 지난 뒤, 우리의 도구들은 이제 스스로를 기술하기 위한 그들만의 내적인 언어들을 부과하기 시작했다. 미디어에 대해 에너지적 해석을 한다는 것은, 기계를 횡단하는 외부 에너지들에 대한 묘사, 특히 잉여에 대한 새로운 개념을 제공한다는 것을 의미한다. 모든 체계는 그것[체계]를 작동하는 에너지의 초과에 의해 정의되어야 한다. 여기에서 잉여는 가장 유동적이고 거친 상태에 놓여 있는 과학기술과 관련된 모든 유형의 에너지의 일반 형태로 이해된다. 전기, 데이터, 정보, 소통, 지식, 형상물[5], 화폐, 노동, 욕망 등이 그것들이다.

하지만 잉여를 단순히 약한 형태의 욕망 철학으로 잘못 이해하는 것을 피하기 위해서는 중요한 해명이 필요하다. 우리가 미디어 연구의 한 측면에서 새로운 디지털 코드 언어학자들을 만난다면,

---

적·문화적 효과들을 연구하는 분야이다.
5. [옮긴이] 이 책에서 'image'는 '이미지'로, 'imagery'는 '형상물'로, 'imaginary'는 '상상계'로 번역어를 통일했다. 'imagery'는 '이미지가 물질로 된 것'을 의미하는 것으로 보이고, 'imaginary'는 정신분석학적 용어로 쓰임새가 굳어진 것으로 보여 위와 같은 원칙을 따랐다. 맥락을 고려하여 원칙과 다르게 번역한 경우에는 원어를 표기했다.

우리는 [미디어 연구의] 다른 측면에서 네트워크를 '흐름들의 공간'[6]으로 예찬하는 사회학자들과 조우한다. **코드**와 **흐름** ― 본질적으로 미디어와 네트워크들을 둘러싼 논쟁은 이 두 가지 개념들 간의 변증법으로 요약될 수 있다. [이것은] 현대 철학의 입장에서 보자면 다음과 같은 용어, 즉 **재현**과 **생산**을 상기시킨다. 코드 개념은 집단지성에 대한 근대적 인식과 시뮬레이션에 대한 포스트모더니즘적 숭배의 뒤를 이은 것이다(영화 〈매트릭스〉를 생각해 보라. 영화에서 보드리야르는 해커들의 철학자로 나온다). 반대로 흐름 개념은 프랑스의 포스트구조주의, 특히 들뢰즈와 가따리 철학의 서자이다(마뉴엘 카스텔이 원래 도시 이론의 시각에서 '흐름들의 공간'을 정의했다는 사실에도 불구하고 말이다).[7] **흐름**은 ― 코드처럼 ― 선형적

---

6. '흐름들의 공간'은 마뉴엘 카스텔이 1989년에 자신의 책 『정보도시』(한울아카데미, 2008)에서 소개한 개념으로서, 물리적 근접성 없이 동시성과 실재-시간 상호작용을 가능하게 하는 새로운 유형의 공간을 의미한다. 카스텔은 2001년에 다음과 같이 쓰고 있다. "흐름들의 공간은 …… 전기적인 회로들과 신속한 수송 통로들을 토대로 해서, 공유된 기능들과 의미들을 둘러싼 먼 거리의 장소들을 연결하면서 장소들의 공간에 구현되어 있는 경험의 논리를 고립시키고 제압한다." 'Informationalism and the Network Society', in: Pekka Himanen, *The Hacker Ethic and the Spirit of the Information Age* (New York: Random House, 2001), pp. 155~178 [페커 히매넌 외, 『해커, 디지털시대의 장인들』, 신현승 옮김, 세종서적, 2002].
7. "나는 앞 장에서 우리 사회가 다음과 같은 흐름들로 구성된다고 주장하였다. 예컨대 자본의 흐름, 정보의 흐름, 과학기술의 흐름, 조직적 상호작용의 흐름, 이미지·소리·상징의 흐름이 그러하다. 흐름이란 단순히 사회조직의 한 요소로 치부될 수 있는 것이 아니라, 우리의 경제적, 정치적, 상징적 생활을 지배하는 과정의 표현이다. …… 그러므로 나는 네트워크 사회를 지배, 형성하는 사회적 실천에 맞는 특유한 새로운 공간 형태가 존재한다는 사고를 제안하려 한다. 흐름의 공간은 흐름을 통해 작동하는 시간을 공유하는 사회적 실천의 물질적 조직이다. 나는 흐름을, 사회의 경제적·정치적·상징적 구조 하에서 사회 행위자의 물리적으로 분리된 지위들 간에 목적적이고 반복적이며 프로그램 가능한 상호작용이나 교환의 연속으로 이해한다." Manuel

인 확장의 무한하고 추상적인 공간이 된다. 흐름은 스피노자 존재론의 저급한 형태이다. 하지만 코드와 흐름 사이에는 잉여가 존재한다. 잉여는 에너지의 초과이지만 또한 에너지의 축적이기도 하다. 가장 중요한 것은, 잉여가 언제나 비대칭, 마찰, 갈등을 함축한다는 것이다.

잉여에 대한 새로운 해석 또는 현대적인 개정이 필요하다. 잉여 개념의 표준적인 전통과 같은 것이 존재한다고 말할 수 있다면, 맑스와 바타유가 제공한 고전적인 정의들에 부합하는 독해[가 필요하다]. 근대의 사유에서, 잉여 개념은 (에너지, 욕망, 생의 약동의 초과에서처럼) 생기론 그리고 (노동자로부터 추출되어 자본화된 잉여가치에서처럼) 맑스주의와 관련이 있다. 하지만 잉여의 일반적인 형상은 단순히, 기계를 횡단하는 상이한 형태의 에너지를 가리킬 수 있다. 흐름 개념과 반대로 잉여 개념은 [잉여의] 소비, 축적 또는 희생과 결코 분리될 수 없다. 잉여는 하나의 고립된 긍정적인 과정이기보다는 자신의 부정을 포함한다. 에너지의 잉여는 영원히 흐르지 못한다. 잉여는 생명[삶]처럼 일시적이며 사라진다. 들뢰즈와 가따리의 욕망 철학에 대한 학문적인 해석이 아직도 네트워크 사회를 무한한 흐름들의 공간으로 이상화하는 데에 사용되고 있다면, 오늘날 이 에너지 잉여의 디스토피아적 실재를 해명하는 것이 절대적으로 필요하다.

Castells, *The Rise of the Network Society, The Information Age : Economy, Society and Culture*, Vol. I (Cambridge, MA/Oxford : Blackwell, 1996), p. 412 [마뉴엘 카스텔, 『네트워크 사회의 도래』, 김묵한 외 옮김, 한울아카데미, 2008, 536쪽].

바타유는 『저주의 몫』에서 사회를, 새로운 형태의 국가와 경제로 끊임없이 다시 환생하고 있는 초과 excess 에너지들의 관리[경영]로 묘사했다.8 그의 시각에서 볼 때, 우리는 오늘날의 미디어스케이프조차 자연 에너지들의 부산물에 의해 추동되는 생태계로 이해할 수 있다. 미디어는 사실 야생의 서식지로서, 이것의 취약 지구 underbelly에는 매일 엄청난 분량의 포르노가 돌아다니며, 이것의 표면은 지정학적 전투를 위한 전쟁터가 된다. 미디어는 경제적·사회적 갈등들을 형성하는 것과 동일한 초과 에너지에 의해 조장된다. 그러나 이 미디어 에너지 잉여가 효과적으로 기술되어 온 적이 있는가? 그렇지 않다면, 에너지에 대한 어떠한 이해방식이 미디어 비평의 전통들에 의해 무의식적으로 이용되고 있는가? 바타유를 미디어스케이프 답사를 위한 완벽한 가이드로 삼을 수도 있지만, 그러기 위해서는 그의 사유를 무력하게 하기 위해 작동해 왔던 **학문적 소비**academic expenditure**와 여가 하위문화들**leisure subcultures로부터 그를 구출해 내야 한다. 사실상, 세계를 바라보는 바타유의 시각이 만만한 것은 아니다. 바타유는 살아 있는 유기체가, 정상적인 삶을 유지하기 위해 필요한 것보다 더 많은 에너지를 표출했다고 일관되게 주장했다.

식물과 동물이 초과를 정상적으로 처분하지 않았다면 성장도 번식도 가능하지 않았을 것이다. 에너지의 소비를 요구하는 생명

---

8. Georges Batailles, *The Accursed Share*, Vol. I (New York: Zone, 1988) [조르주 바타이유, 『저주의 몫』, 조한경 옮김, 문학동네, 2000].

의 화학적 작용은 잉여의 수익자이자 창조자인데, 이것이 생명의 대원칙이다.9

에너지의 초과(또는 사회의 경우에는 부)는 집단적인 성장을 지향하지만, 체계가 더 이상 성장할 수 없다면, 그 초과는 '영광스럽게든 재앙을 부르면서든'10 소비될 운명에 놓여 있다. 오늘날의 에너지 생산, 소비, 희생에서 과학기술의 역할은 무엇인가? 오늘날 잉여 이론의 직분place은 무엇이며, 이러한 관심사들concerns을 명료화할 수 있는 급진적인 사상가들은 누구인가?

컴퓨터 화면에서 눈을 떼 시야를 사회 전체로 확장해 보면 이 사태는 광막한 성운星雲처럼 보인다. 잉여와 시뮬라크라의 관계는 폭이 넓다. 미디어의 일반 경제는 이윤, 자본, 잉여가치의 흐름 등의 축적 속에 침잠해 있다. 또한 에너지 소비와 위기, 미디어 폭력과 인터넷 포르노, 온라인 노동의 착취와 디지털 소외, 대량의 파일공유와 블로그 엔트로피 등에도 침잠해 있다. **과학기술적 계약**technological contract에는 복합적인 어두운 측면들이 존재하지만, 이것들은 오늘날의 희석된 미디어 논쟁 속에서는 실종된 링크들처럼 보인다.11 심지어 현대의 급진적인 사유는 통제 불가능한 에너지들을

---

9. Georges Batailles, *La part maudite* (Paris : Minuit, 1949). 영어판 : *The Accursed Share* Vol. I (New York : Zone, 1988) p. 27 [조르주 바타이유, 『저주의 몫』, 조한경 옮김, 문학동네, 2000, 67쪽].
10. 같은 책, p. 21 [62쪽].
11. 루소의 사회계약에서 영감을 얻은 **과학기술적 계약**이라는 생각은 우리가 과학기술적인 인공물들을 가지고 서명하는 무의식적이고 암묵적인 협정을 의미한다. 과학기

위한 여지가 전혀 없이, 실재에 대한 묘사와 분석을 수용하는 것을 선호한다. 이러한 분명한 이유 때문에, 바타유의 '일반 경제' 개념은 전통적인 경제 법칙들을 넘어서는 힘들의 광범위한 장場을 고려하기 위한 이론적 틀로서 유용하다. 화폐, 노동자, 상품 등의 유동들 fluxes은 양적 관점만으로 분석되어서는 안 된다. 바타유는 실물경제 이면의 생산적 힘들[생산력들]을 인식했지만, 신낭만주의적이거나 보수적인 모든 생기론을 피하기 위해 그것들을 '생화학적 에너지'라고 기술했다. 미디어를 디지털 매트릭스 안의 추상적인 운명으로부터 떼어놓을 때, 소통은 이러한 생화학적 패러다임의 신진대사 속에 다시 삽입될 수 있다. '세컨드라이프'[12]는 존재하지 않으며, 자율적인 사이버공간도 존재하지 않는다. 모든 기계들은 비오스 bios에 속한다. 자동차의 기계적인 외골격을 보자. 자동차가 달리기 위해서는 아직도 생물학적 에너지, 즉 화석 연료가 필요하다. **생화학적 에너지 또는 산 에너지는 미디어의 예측할 수 없는 비대**肥大**를 해명하는 반**反**분석적인 개념이다.** (선한) 생기론과 맑스주의의 거리를 좁히기 위해서는, 그리고 모든 자연적인 관념론과 단절하기 위해서는 산 **노동**에서처럼 산 **에너지**[개념이 필요하다].

산 에너지 개념은 **삶정치**에 대한 지극히 단순한 독해들(푸코에 대한 과도한-푸코주의적 해석들)로부터, 특히 삶의 모든 형태들

술적 계약은 결코 논의되지 않고 문화적으로 정교화되는 과학기술을 둘러싼 '공모'와 합의이다.
12. [옮긴이] 세컨드 라이프(Second Life)는 2003년에 린든 랩이 개발한 인터넷 기반의 가상 세계를 말한다.

을 권력의 편집증적 구체화와 동일시하는 접근법들로부터 방어되어야 한다. 더욱 중요한 것은, 산 에너지가 바이오아트bioart 13라는 최근의 추세, 즉 삶을 유전적인 디지털 코드로 환원하는 지배적인 과학기술적 패러다임을 순진하게 뒷받침하는 신흥 분야로부터 방어되어야 한다는 것이다. 학계와 예술계는 정말로, 삶과 과학기술이 대중적인 유전자 과학기술의 틀 아래에서 DNA 작업을 통해 점진적으로 또는 아슬아슬하게 합체될 수 있다고 생각한다. 흥미로운 것은, 여기에서 삶이라는 단어가 항상 코드(로고스)를 가리키지 결코 에너지(내 해석에 따르자면 비오스bios)를 가리키는 것이 아니라는 것이다. 삶이 일단의 명령에 포획되어 있기 때문에, 급진적 사유는 **부활한 디지털 과학주의**의 새장을 벗어날 수 없다. '살이 된 데이터'는 예술적이면서도 동시에 신자유주의적인 지적 신조이다.14 이러한 주장은 신과학주의와 반계몽주의 양자를 피하기 위해 다음과 같이 역전되어야 한다. 살은 어떻게 데이터를 생산하기 시작하

---

13. [옮긴이] 바이오아트(BioArt)는 사람들의 생체 조직, 박테리아, 살아 있는 유기체들, 생명 과정들과 함께 작업하는 예술 실천이다. 예술품들은 (생명공학, 조직배양, 그리고 복제 같은 과학기술들을 포함하는) 과학적 과정들을 통해 연구실, 갤러리, 또는 예술가의 작업장 등에서 생산된다. 바이오아트의 범위에 대해 몇몇 예술가들은 엄격하게 '삶형태들'에 한정된 것으로 여기지만, 다른 예술가들은 현대 의학과 생물학적 연구의 이미지를 사용하는 예술을 포함하며, 바이오아트가 생명과학의 바로 그 특징에 의해 제기되는 모순 또는 맹점을 다룰 것을 요구한다. '바이오아트'라는 말은 1997년 〈타임 캡슐〉이라는 예술품과 관련하여 에두아르도 카츠가 만든 말이었다. 이 말이 조 데이비스 같은 개척자들과 〈심바이오티카〉(SymbioticA)의 예술가들의 작품들을 통해 20세기 말에 시작되었지만, 바이오아트는 21세기 초에 광범위하게 실천되었다.
14. 다음을 보라. Robert Mitchell and Phillip Thurtle (eds.), *Data Made Flesh : Embodying Information* (New York : Routledge, 2004).

는가? 인간 진화는 어떻게 디지털적인 것을 포함하는가? 기계들의 산 에너지는 어디에서 흐르는가? 기계들의 '일반 경제', 그리고 아마도 미디어 문화와 예술을 위한 새로운 탐구 분야를 시작하기 위해서는 몇 가지 기본적인 질문들이 필요하다.

보다 엄밀하게 말해, 우리는 어떤 종류의 잉여를 기대하고 있는가? 에너지의 잉여, 리비도의 잉여, 가치의 잉여, 화폐의 잉여 아니면 정보의 잉여? 기계들은 에너지 잉여를 축적하기도 하고 소비하기도 하는, 잉여를 변형하기도 하고 낭비하기도 하는 체계들이다. 대안적인 미디어 담론에 따르면, 바타유는 일종의 **디지털 포틀래치**[15](디지털 사본들의 격렬하지만 궁극적으로는 무익한 대량 복제)를 정당화하기 위해 거론될 수 있을 뿐이었다. 그와 반대로 우리는 그의 일반 경제 이론을 따라 에너지가 어떻게 기계들 내부에 남아 다수의 장치들을 횡단하고 부양하는지 현실적으로 인정해야 한다. 바타유는 『저주의 몫』에서 노동과 과학기술을, 에너지를 축적하고 종의 고양된 재생산을 위한 조건들을 제공하는 삶의 확장으로 간주한다. "자연에서 나무의 가지나 새의 날개가 그렇듯이", 과학기술은 [사람들이] 거주할 수 있는 새로운 공간을 열어준다.[16] 우

---

15. [옮긴이] 포틀래치(potlatch)는 북미 인디언 치누크족 말로 '소비한다'라는 의미이다. 자녀의 탄생, 장례, 지위 계승식 등 각종 공동체 의식(儀式)에 사람들을 초대해 여는 잔치였다. 연회는 족장이나 우두머리 계층이 여는 경우가 많았고 참석한 손님들은 음식과 선물을 제공 받았다. 포틀래치는 주최자의 사회적 지위를 확인하는 방식이었을 뿐 아니라 주최자의 재물을 공동체 구성원들에게 재분배함으로써 인디언 경제의 빈부 격차를 해소하는 방식이기도 했다. 현대에는 거대 기업들이 이익의 일부를 사회에 환원하는 것을 지칭할 때 '포틀래치'라는 말을 쓴다.
16. Batailles, *The Accursed Share*, p. 36 [바타이유, 『저주의 몫』, 76쪽]. "노동과 기술

연의 일치인지, 바타유의 저작과 같은 시기에, 인류학자 앙드레 르
르와 구랑이 생물학적 진화를 기술적 발전을 위한 한 모델로 간주
하기 시작했다.[17] 베르나르 스티글러가 상기해 주는 바와 같이, **인류
발생**anthropogenesis은 일종의 '동물과학기술 결정론'[18] 속에서 필연적
으로 **기술발생**technogenesis을 함축한다. 그러나 그 이상의 것이 존재
한다. 과학기술은 삶의 시뮬라크라의 이중 운동, 즉 생산과 낭비를
수반한다. 하지만 초기 산업화의 기름칠을 한 엔진에서부터 최근의
개인 미디어의 무균적인 최소 디자인에 이르기까지, 과학기술의 살
아 있는 물질성이 '기계 연구'에 의해 제거되었다고 말해야 한다. 이
물질성은 단지 인간 리비도의 무의식적인 일상의 동료가 되었다.

정보 과학기술들 그리고 특히 디지털 네트워크들이 미디어스
케이프와 정보계에 들어갈 때 무슨 일이 일어나는가? 진정 디지털

이 인간의 번식을 위해 열어준 공간은 생명으로 채워져야 할 문자 그대로의 공간은
아니다. 인간의 활동은 가처분 에너지 자원을 엄청나게 증대함으로써 세계를 변화
시킨다."

17. 다음을 보라. André Leroi-Gourhan, *L'Homme et la matière* (Paris: Albin Michel, 1943) 그리고 *Milieu et techniques* (Paris: Albin Michel, 1945). 들뢰즈와 가따리는 그에 대해 다음과 같이 상기한다. "르루와-구랑은 생물학적 진화 일반을 기술적 진화의 모델로 삼아 과학기술적 생명론을 최대한 밀고 나갔다. 그에 따르면 온갖 특이성과 표현의 특질을 가진 보편적 경향이 기술적 환경과 내부 환경들을 가로지르고 있으며, 다시 이러한 환경이 제각각 드러내고 선별하고 통일시키고 수용하는 특이성과 표현의 특질에 따라 이 보편적인 경향을 굴절시키거나 분화시킨다. 변화하는 기계적 문은 다양한 배치물들을 발명하는 한편 이들 배치물들은 가변적인 문들을 발명한다." Deleuze and Guattari, *A Thousand Plateaus*, p. 499 [들뢰즈·가따리, 『천 개의 고원』, 782쪽].

18. Bernard Stiegler, *La technique et le temps, 1: La faute d'Epiméthée* (Paris: Galilée, 1994). 영어판: *Technics and Time, 1: The Fault of Epimetheus* (Palo Alto: Stanford University Press, 1998).

기계들은 어떤 종류의 에너지를 실현하는가? 그저 바타유가 염두에 두고 있던 고전적인 과학기술들 같은 생화학적 에너지의 심화된 확장? 내 가설은 디지털 기계들이 **기계류** machinic phylum의 분명한 분기라는 것이다. 기호학적이고 생물학적인 영역들은 진화의 두 가지 상이한 지층들을 나타내고, 디지털 기계는 아날로그 과학기술들보다 더 진전된 분기를 나타낸다. 기호학적 흐름들의 에너지는 물질적이고 경제적인 흐름들의 에너지와 동등하지 않다. 아날로그로부터 디지털 지층이 분리된 것은 부드러운 이행이 아니었다. 디지털 과학기술은 아날로그 세계에서 완전히 실종되고 있던 강렬한 규모의 심도와 메타모델 언어를 개발했다.[19] 정치적 관점에서 볼 때, 그러한 분리는 디지털적인 것을 곧바로 사회적인 것으로 번역하려는 모든 시도가 부분적인 효과들과 혼동, 그것도 아니라면 재앙을 낳을 뿐이라는 것을 의미한다. 물론 두 영역들은 상호작용한다. 그러나 디지털 문화를 표현할 때 흔히 사용하는 대칭적이고 반사적인 방식으로는 아니다. 이 이데올로기는 **디지털리즘**으로 소개될 것이다.

---

19. 과학소설(SF)은 **사이버펑크**와 **스팀펑크**라는 두 장르와는 반대로 디지털-아날로그 짝의 상이한 진화들을 탐색해 왔다. [사이버펑크와 스팀펑크는 1980년대 이후 유행하기 시작한 과학소설의 갈래들이다. 사이버펑크는 주로 후기 고도 정보기술 사회를 배경으로 하며 발달된 과학기술과 이에 따른 사회적 병폐, 부조리, 계급 갈등 등을 소재로 하는 것이 많다. 스팀펑크는 컴퓨터 대신 증기기관이 등장하는 과학소설의 종류이다. 19세기 빅토리아 시대의 영국이나 산업혁명기를 다룬 것이 많다. ― 옮긴이]

미셸 세르와 인공두뇌학적 기생체

에너지는 항상 한 방향으로 흐른다. 네트워크 사회라는 시나리오에 익숙한 사람들, 그리고 그것을 **흐름들의 공간**이라고 예찬하는 것에 익숙한 사람들에게는 시뮬라크라의 생태계를 따라 바타유와 함께 하는 탐험이 유용하다. 이 탐험을 통해 자본주의의 디스토피아적 본성을 재발견할 수 있을 것이다. 바타유에게, 경제 잉여는 순전히, 리비도적 시뮬라크라, 쾌락, 희생과 연관되어 있다. 하지만 무한한 유동들과 이것들의 '영광스러운 지출' 사이에는 여전히 잉여의 축적을 위한 특정한 설명 모델이 빠져 있다. 미셸 세르는 프랑스 생기론의 저류底流에 동조하면서, 기생체의 개념적 형상 속에서 보편적인 생명의 비대칭을 포착한다. 세르는 영향력 있는 책 『기생체』에서 유기체들 간의 에너지의 교환이 어떻게, 결코 동등한 것이 아니라 에너지를 훔치고 다른 유기체를 먹이로 하는 기생체에 의해 항상 구성되는지를 묘사한다. 세르는 이러한 기본적인 전제로부터, 새로운 보편 경제를 확립한다. "기생적 관계는 상호 주체적이다. 그것은 우리의 관계를 구성하는 원자이다. 이 점을 죽음과 태양처럼 똑바로 보도록 하자. 이 충격은 우리 모두에게 타격을 가한다."[20]

세포적 디스토피아.cellular dystopia 컴퓨터 시대의 여명에서(『기생체』는 1980년에 처음으로 출간되었다), 기생체 개념은 이항적인 에너지 모델을 기반으로 하는 모든 사유 형태들에 대한 유물론적

---

20. Serres, *Le parasite*. 영어판 : *The Parasite*, p. 8 [세르, 『기식자』, 22쪽].

비판의 개척자가 된다. 세르에게 기본적인 연계는 언제나 삼항적으로서, 다른 둘에 영향을 미치는 세 번째 요소를 필요로 한다. 특이하게도, 세르의 '반도체'는 연산을 수행하는 대신 에너지를 훔친다.

> 인간은 다른 인간에게 이_蝨[기생충]다. 따라서 인간은 다른 인간에게는 숙주이다. 흐름은 한 방향으로만 가지, 결코 다른 방향으로 가지 않는다. 나는 이러한 반도체적 현상, 이러한 밸브, 이러한 단순한 화살, 방향의 역전이 일어나지 않는 이러한 관계를 '기생적'이라고 부른다.[21]

에너지 초과의 차원은 관찰의 지점에 따라 긍정적일 수도 있고 부정적일 수도 있다. 바타유가 생산 이후의 에너지의 지출을 확인한다면, 세르는 축적이 시작된 이후 어떻게 '남용'이 항상 작동해 왔는지 설명한다. "남용 abuse은 사용 use 이후에 나타난다."라는 맑스의 함축과 함께, 남용가치는 사용가치와 교환가치 양자보다 앞서 도입된다. 세르의 에너지 분석학의 용어에 따르자면, "그것은 오직 한 방향으로만 되어 있는 화살이다." 유기체들, 동물들, 인간들을 관통하는 자연적인 연속체 속에 에너지를 흡수하고 집약하는 비대칭적인 화살. "기생체는 기생체에 기생한다."라고 그의 주문_{呪文}은 반복된다.
 1980년대 초반, 기생체는 들뢰즈와 가따리의 욕망하는 기계들의 디스토피아적 형태 같은 외양을 띠었다. 잉여의 무한한 착취

---

21. 같은 책, p. 5 [16~17쪽].

는 욕망의 무한한 생산에 대한 대응물로 정립된다. 기생체는 자연, 사회, 경제, 과학기술의 변칙적인 분자적 측면이다. 세르가 『기생체』를 '악의 책'이라고 기술함에도 불구하고, 『기생체』는 사실 인간 실존에 대해 상당히 차분한 설명을 펼친다. 세르는 생태계와 환경의 기생적 위계의 맨 꼭대기에 인간을 둔다. 한편 사회 자체는 기생체들의 은밀한 내전內戰 내부에 새겨진다.

> 역사는 인간이 보편적인 기생체라는 사실을, 즉 인간을 둘러싼 모든 것들이 접대 공간이라는 사실을 숨기고 있다. 식물들과 동물들은 [접대의 의미에서 볼 때] 언제나 인간의 주인[숙주]들이다. 언제나 인간은 필연적으로 그들에게는 손님이다. [인간은] 언제나 취하기만 하지 결코 보답하는 일이 없다. 그는 자연 전체가 문제될 때, 교환과 증여의 논리를 자신에게 유리하게 왜곡시킨다. 자신의 동료들이 관련될 때에도 그는 계속해서 그렇게 할 뿐만 아니라 인간의 기생체가 되고자 한다. 그의 동료 또한 인간의 기생체가 되고자 한다. 이로부터 경쟁이 비롯된다.[22]

세르는 사회와 경제를 자연력들의 확장으로 기술한다. 세르의 용어는 사실 과학기술적 은유들보다는 생생한 형상들을 선호한다. 세르는 집단적인 것과 기생 미생물 양자의 리바이어던을 인정하면서 동물형태적zoomorphic 민주주의를 도입한다. 세르의 철학은 '신인동

---

22. 같은 책, p. 24 [49쪽].

형설 뒤집기'와 '사회의 구성원들을 위한 유기적 모델'을 제안하는 것에 정향되어 있다. 그러나 자연주의적 향수를 통한 새로운 총체성을 조장하지는 않는다.

> 우리는 서로에게 기생하며 기생체들 사이에서 살아간다. 기생체들이 우리의 환경을 구성한다고 말해도 전혀 과언이 아니다. 우리는 이른바 집단적인 그 검은 상자 속에서 살고 있다. 우리는 그것의 곁에서, 그것의 위에서, 그것의 안에서 살고 있다. 그것에 하나의 동물 형태가 부여되는 경우도 있었다. 리바이어던이 그것이다. 분명 우리는 야수적인bestial 무언가 속에 있다. 분명하게 말하면, 이 무언가는 집단의 구성원을 조직하는 모델을 말한다. 그것은 우리의 주인[숙주]인가? 나는 알지 못한다. 그러나 나는 우리가 그 속에 있다는 것을 안다. 그리고 그 안이 캄캄하다는 것도.[23]

결국, 우리는 순수한 기생적 삶이라는 전지구적인 사태에 대면하게 되었는가? 어쨌든 세르에게 기생체는 어떠한 선천적인 정치적 함축들을 지니지 않은 다소 기술적인 또는 중립적인 개념이다. 기생체들은 생명을 생산한다. "모든 것은 발효하고, 부패하고, 변한다." 인류에 대한 그의 역사 서술 속에서, '기생체들과의 연대'는 인류발생의 과정과 문명사의 한 구성 요소가 되는 것으로 이해된다(예컨대, 식품 가공과 보건의 측면에서 그렇다. 빵과 술은 좋은 기생체들에 의

---

23. 같은 책, p. 10 [25쪽].

해 발효되고 정제된다. 이러한 사실은 근대 과학에서 광범하게 수용되고 있다). 유기체들과의 공생은 복잡한 관계이다. 세르는 내부 식민지화endo-colonization가 어떤 점에서 인간과 자연이 맺는 관계의 공통적인 실천인지를 밝힌다.

우리가 동물들과 맺는 관계는 더욱 흥미롭다. 나는 우리가 식용하는 동물들을 말하는 것이다. 우리는 송아지, 어린양, 황소, 영양, 꿩, 뇌조를 매우 즐겨하지만, 그것들의 가죽을 썩게 내버려두지 않는다. 우리는 가죽옷을 입고, 깃털로 장식을 한다. 우리는 중국인들에게서 보듯이 찌꺼기 하나도 낭비하지 않고 오리를 먹어치운다. 또는 우리 서양에서 보듯이, 꼬리도 귀도 빼놓지 않고 돼지를 먹어치운다. 심지어 우리는 그것들의 가죽 속에, 그것들의 깃털 속에, 혹은 그것들의 빳빳한 털 속에 들어간다. 옷을 입은 인간들은 자신들이 무자비하게 비워 낸 동물들의 내부 속에서 살고 있다. 나는 이 점을 식물들에 대해서도 말할 수 있을 것이다. 우리는 쌀, 밀, 사과, 기막힌 가지나 부드러운 민들레를 먹지만 비단, 아마, 면사를 짜고 있다. 따라서 우리는 동물만큼이나 식물들 속에서 기거하고 있다. 우리는 기생체이고, 그래서 옷을 입고 있는 것이다. 신들이 성막^{聖幕} 속에서 기거했듯이, 우리는 가죽 텐트 속에 살고 있다. 옷을 입고, 치장을 한 기막힌 인간을 보라. 인간은 자신의 숙주가 지녔던 고유한 껍질을 보여준다(이는

과거에도 마찬가지다).[24]

기계들과의 공생 역시 복잡하다. 세르는 바타유와 동일한 생기론을 공유하지만, 물질적인 것과 비물질적인 것의 관계, 생물학적인 것과 기호학적인 것의 관계, 경제와 미디어의 관계에 대한 혁명적인 시간 모델을 추가적으로 제공한다. 기생체의 유기적 모델은 또한 미디어 생태계에 대한 새로운 (유기적인) 이해방식의 핵심 개념으로 받아들여진다.[25] 사실상, 세르는 예언적으로 인공두뇌학(과 그것의 확장인 네트워크)을 기생적 먹이사슬의 마지막 단계가 실현된 것으로서 제시했다.

기생체는 새로운 것을 창안한다. 기생체는 에너지를 가로채고, 그것에 대한 대가를 정보로 지불한다. 그는 구운 고기를 가로채고, 그것에 대한 대가를 이야기로 지불한다. 이 두 경우는 새로운 계약서를 쓰는 두 가지 방식이다. 그는 부당한 계약을 체결하고, 오랜 균형 관계에 새로운 결산을 한다. 그는 저 비이성적인 날까지 하나의 논리를 말하고, 새로운 인식론, 균형의 또 다른 이론을 말한다. 그는 사물들의 질서, 고체적이고 기체적인 사물들

---

24. 같은 책 [24~25쪽].
25. 주시 파리카는 '기생적 미디어 분석'의 한 사례를 제공하지만, 단지 '네트워크 생활의 (비유기적인) 방식들'에만 초점을 맞춘다. 다음을 보라. Jussi Parikka, 'Contagion and Repetition:On the Viral Logic of Network Culture', *Ephemera:Theory and Politics in Organisation* 7.2 (2007), pp. 287~308. Web:www.ephemeraweb.org/journal/7-2/7-2parikka.pdf

의 상태를 대각선 방향으로 가로지른다. 그는 정보를 평가한다. 아니, 그보다 목소리와 달콤한 말 아래에서 정보를 발견한다. 그는 숨결과 바람 속에서 혼을 발견한다. 그는 인공두뇌학을 창안한다.[26]

'정보 혁명'을 수십 년 동안의 참된 해방 운동으로 표현하고 나면, 그것의 기생적 측면을 인정하는 것은 매우 어려워진다. 게다가 세르는 동일한 기생적 모델을 지적 노동과 네트워크 자체에 적용한다 (테크네techné 는 로고스의 기만적인 본성이 확장된 것이기 때문이다). "인공두뇌학은 더욱더 복잡해지며 연쇄를 이루고, 이어서 네트워크를 이룬다. 그러나 그것은 정보의 도둑질에 토대를 두며, 이는 단순한 현상이다."[27]

세르가 말하는 지적 생산과 물질적 생산의 기회주의적 관계가 전통주의적인 것처럼 들릴 수도 있지만, 네그리와 라짜라토가 '지적 노동의 헤게모니'를 기술하기 시작할 때조차도 대중 지성에 대한 자본의 착취적 차원은 의심할 여지없이 분명한 것이었다.[28] 오늘날, (디지털 네트워크들과 비물질노동의 공생으로 해석될 수 있는) 비물질적 기생체는 고질적인 것이 되었다. 모두가 지적이고 인공두뇌학적인 기생체를 실어 나르고 있다. 그렇다면 지적 노동의 기생

---

26. Serres, *The Parasite*, p. 36 [세르, 『기식자』, 68쪽].
27. 같은 책, p. 37 [70쪽].
28. Maurizio Lazzarato and Antonio Negri, 'Travail immatériel et subjectivité', *Futur Antérieur* no. 6, Summer 1991, Paris.

체가 정치적 투기장arena에 들어갈 때, 지적 노동을 적대적인 주체로 [바꾸는] 자기조직화를 목표로 하는 다중 개념에는 어떤 일이 일어나는가? 네트워크 기반시설 자체가 흡혈적인 촉수를 가진 동물로 묘사될 때 자유문화, 디지털 공유지, P2P 패러다임에는 어떤 일이 일어나는가? 이러한 시각에서 볼 때, 최종적으로 필요한 것은 기호적 수준과 사회적 수준, 과학기술적 수준과 생물학적 수준 사이에, 즉 물질적인 것과 비물질적인 것 사이에 첨예한 비대칭성을 재도입하는 것이다. 네트워크 과학기술이 새로운 사회정치학적 형태로 인정되어야 한다면, 이것은 비대칭적이고 디스토피아적인 경제와 맺는 역동적이고 전술적인 동맹의 기초 위에서만 이루어질 수 있을 뿐이다.

기생체는 기계들과 생명[체] 사이의 에너지적인 관계를 재정향한다. 소통의 역사를 하나의 운동 속에서 재진술하려는 노력도 없이 미디어는 [그동안] 특정한 재귀적 모델들, 즉 정보 채널, 신체 보철, 모방 장치, 욕망하는 기계, 가상 세계, 자율적인 장치, 그리고 더욱 최근에는 협력적이고 사회적인 네트워크 등에 의해 관례적으로 기술되어 왔다. 사이버펑크 및 사이보그 하위문화(각각 온라인 및 오프라인의 혼성적 유기체들)는 새로운 테크노-다중들의 독립신화들을 나타냈지만, 그것들의 디스토피아적이고 기생적인 본성은 진보적인 과학기술 물신주의를 통해 점차 제거되었다. 들뢰즈와 가따리의 욕망하는 기계 개념이 비록 생기론과 기계론 양자에 맞서 생물권의 기계적 식민화에 대한 엄밀한 개념을 나타낸다 할지라도, 이 개념 역시 동일한 운명에 처했다. 그리고 기계에 대한 이항적 재현은 이러한 경향에 따라 미디어 예술가 군단과 학계에 의해 오늘날에도 여전히 유지되고 있다. 나는 사이보그의 이항적 모델이 처음부터 미디어 문화의 실재적인 언외[言外] 의미임을 강조하고 싶다. 그것이 이항적인 것은 사이보그 개념이 궁극적으로 에너지의 이항적 교환을 통해 종합되기 때문이다. 문제는 인간 중심주의와 기술 물신주의를 영구화하는 것이 아니라, 잉여에 대한 어떠한 이해방식이 이러한 미디어 모델 속에 무의식적으로 새겨지는지를 밝히는 것이다. 사이보그의 태초의 형상은 과학기술을 통해 교환되는 생화학적 에너지에 대한 어떠한 경제적 이해방식도 제공하지 않는다. 네트워크의 기생적 차원을 이해하기 위해서는 『천 개의 고원』에서 개진된 들뢰즈와 가따리의 **포획 장치**를 참고하는 것이 보다 유용하다. 이 개념에서 잉여는 지대, 이윤, 세금의 '삼위일체 공식'에 따라 추출된다. 하지만 기술적 기계들의 3세대 역시 기계적 **노예화**와 **사회적 예속**이라는 그 자신의 독특한 형태들을 따라 전개된다.[29] "동력 기계가 기술적 기계의 2세대를 구성했다면, 인공두뇌학과 정보 기계들은 전면적인 노예화 체제를 재구축하는 3세대를 형성한다."[30]

들뢰즈와 가따리는 [『천 개의 고원』보다] 10년 전에 『앙띠 오이디푸스』에서 잉여가치의 세 가지 유형, 즉 코드 잉여, 흐름 잉여, 기계적 잉여를 소개했다. 특히 기계적 잉여는 (인간, 도구, 동물 등등으로 자유롭게 구성된) 기계적 아상블라주에 의해 추출되는 잉여이다.

---

29. Deleuze and Guattari, *A Thousand Plateaus*, p. 490 [들뢰즈·가따리, 『천 개의 고원』, 876쪽].
30. 같은 책, p. 505 [878쪽].

세르의 장점은 이 개념적 요소들을 또 다른 멋진 방식인 기생체로 요약한다는 것이다.

'기계적' 교양의 30년이 지났으니, 디스토피아적인 기계의 동물학을 향한 움직임이 수립되어야 한다. 들뢰즈와 가따리의 사유가 단순하게 기계적인 언어나 아카데믹한 절차적 지식이 되는 것을 막기 위해서라도 말이다. 하지만 디지털 문화를 위한 이 새로운 '동물' 모델은, 삶[생명]을 다룰 때마다 지배적인 도구상자가 되었던 유전학의 조합 모델과 싸우기 위해서도 역시 필요하다. 들뢰즈와 가따리의 지질학과 형태발생에 대한 데란다의 새로운 유물론을 좇아 더 많은 노력이 새로운 유기체론에 집중되어야 한다.[31] 부분적이거나 개방적인 유기체론은 (내가 에너지의 물질성에 맞서는 코드의 숭배라고 정의하는) 디지털리즘의 지배에 맞서 배치되는 기계들의 세계에 대한 정동적 접근으로서 필요하다. 유기체론은 새로운 생기론을 의미하는 것이 아니라, 잉여, 엔트로피, 네겐트로피[32]의 불안정한 주기들에 의해 추동되는 디스토피아적 실재에 대한 승인을 의미한다. 자본, 기계, 유기체 들은 잉여를 양성할 필요가 있다. 자연적인 또는

---

31. 『천 개의 고원』의 3부 「도덕의 지질학」, 주석 10을 보라. "지층들은 매우 유동적이다. 하나의 지층은 항상 다른 지층의 기층 역할을 하거나 다른 지층과 충돌할 수 있으며, 진화적 질서와는 무관하다. 또한 특히 두 지층 사이에 또는 지층들이 둘로 나뉠 때 사이지층 현상들이, 즉 코드 변환, 환경의 변화, 혼합 등이 나타난다." [같은 책, 958쪽] 또한 다음을 보라. Manuel DeLanda, *A Thousand Years of Nonlinear History*.
32. [옮긴이] 네겐트로피는 슈뢰딩거가 사용한 용어로서, 엔트로피의 반대 개념이다. 엔트로피가 감소하는 방향으로서, 혼돈 상태에서 질서 상태로의 방향으로 질서를 갖추는 데 사용된 에너지를 말한다.

인공적인 생태계는 결코 관대하지 않다. 생태계를 가로지르는 비대칭적인 화살, 즉 정치적 장을 분할하는 비대칭적 긴장이 항상 존재한다.

비물질적 기생체라는 개념적 형상을 통해 나는 과학기술적이고 기호적인 영역에서 이루어지는 비오스bios의 변형과 축적을 기술하고 싶다. 물질 에너지와 경제 잉여는 새로운 기호-과학기술들에 의해 단순히 흡수되거나 소비되지 않는다. 이들은 또한 기계적 네트워크의 특정한 노드들을 위해 재배치된다. 자연적인 삶형태처럼, 비물질적 기생체는 효과적으로 움직이며, 자신이 작동하기 위해 축적하는 것보다 더 적은 에너지를 소비한다. 비물질적 흐름은 연속적인 교환과 서로 다른 영역들 사이의 아상블라주를 통해 물질적 에너지들에서 잉여를 추출한다. 전기는 데이터로, 데이터는 소통으로, 소통은 욕망으로, 욕망은 화폐로, 화폐는 지식으로, 지식은 과학기술 등등으로 바뀐다. 미디어 경제는 상이한 층들의 공생이며, 수평적·수직적 교환들의 연속[체]이지만, 순수하게 협력적인 교환에 기초한 평평한 시장은 분명 아니다.

비물질적 기생체는 처음에는 스펙터클한 장치로서 기능한다. 비물질적 기생체는 허구의 세계를 시뮬레이션하면서, 협력적인 환경을 구축하면서 또는 단순히 소통 채널들을 제공하면서, 자신의 숙주와 공생한다. 기생체에 대한 생물학적 정의가 결정적인 이유는, 그러한 정의가 언제나 **동맹[친화]** 및 **비적대 관계**를 함축하기 때문이다. 기생체는 흡혈귀가 아니라 공생자이다. 이러한 점에서, 기계와 인간의 관계는 상호 욕망의 관계이며, 유혹과 물신주의의 관계이다. 마찬가지로, 비물질적 기생체의 경제조차 직접적인 착취와 이윤 강탈에 기초하지 않는다. 그와 반대로, 경제적 지대는 신진대사의 지배적인 형태가 된다. 비물질적 기생체는 언제나 다양한 과^{family}에 속하며, 서로 다른 종류의 서식지에서 생존할 수 있다. 예를 들어 기생체의 촉수는 메트로폴리스('창조도시'라는 과대광고를 통한 부동산 투기), 미디어스케이프(물질적 기반시설들과 온라인 공간 독점들을 둘러싼 지대), 소프트웨어 산업(독점적인 하드웨어를 판매하기 위한 자유 소프트웨어 활용), 지식경제(지적 재산 소득), 금융시장들(집단행위에 대한 증권 거래 투기), 그리고 수많은 다른 잠재적 공간들을 자극한다.

비물질적 기생체의 다이어그램

비물질적 기생체의 다이어그램은 단순히 힘들의 지형학이 아니라 에너지와 잉여의 경제적 균형이다. 비물질적 기생체(그림 1에 묘사된 것처럼, 더 정확히 말하자면 **디지털 기생체**)는 기호학적 영역을 생물학적 영역에 연결하는 과학기술 기반시설을 통해 잉여를 추출하는 배치^{dispositif}이다. 비물질적 기생체 개념은 디지털 영역의 자율에 반대되는 것으로 생각된다. 유물론적이고 구성주의적인 방식으로 개념들을 효과적으로 기술했던 들뢰즈와 가따리의 언어를 빌리자면, 우리는 비물질적 기생체가 디지털 생활과 일상생활 사이의 **배치**^{agencement}, 즉 기호적, 과학기술적, 생물학적 공간을 관통하는 기구apparatus라고 말할 수 있을 것이다. 이 틈 사이의 유기체의 특정한 서식지를 기술하기 위해 **물질적-비물질적 대립**[1]이 도입되어야 한다. 그러나 실제로, 이 대립은 보다 복잡한 지층화를 단순화하는 기능을 한다. 미디어 생태계는 기호적, 과학기술적, 생물학적 계층layers들로 구성된다. 그리고 그 아래는 에너지와 관련된 그리고 비유기적인 하층으로 구성된다(이와 마찬가지로 컴퓨터 네트워크 프로토콜들조차 계층들의 지층화를 토대로 하는 건축물을 갖는다).33 이러한 지층들 간의 에너지 교환은 결코 대칭적이지도 유동적이지도 않다. 예를 들어, 디지털 미디어를 통한 기호적 생산은 물질적 생산 자체와 비교해 소량의 생체에너지를 소비한다. 사실상, 실제로 에너지를 소비하고 잉여를 할당하는 것은 과학기술 기반시설의 물질적 하층이다. 여기에서 가장 많은 양의 에너지가 교환된다(그리고 육체적 노동과 상품뿐만 아니라 화폐도 교환된다).[4] 온라인 경제는 부단히 오프라인 잉여가치를 관리한다.

    인간과 동물은 동일한 에너지, 즉 과학기술을 추동하는 동일한 에너지를 섭취한다. 그것들을 동일한 과학기술적 수준에 유지시켜 주는 소급적retroactive 용어를 사용하자면, 인간과 동물은 **생물학적 기계들**이다.[2] 생물학적 기계들은 '습성'習性, wet 에너지34, 즉 산 노

---

33. 인터넷 트래픽을 비가시적으로 흘러가는 TCP/IP 프로토콜은 전통적으로 다음과 같은 계층에 기초하고 있다. 물리적 계층, 데이터링크 계층, 네트워크 계층, 전송 계층, 세션 계층, 표현 계층, 응용 계층이 그것이다. 다음을 보라. http://en.wikipedia.org/wiki/OSI_model
34. [옮긴이] 소프트웨어와 하드웨어에 비해 인간의 두뇌를 'wet-ware'라 표현하듯이, 'wet energy'는 생물체(특히 인간)의 두뇌가 산출해 내는 에너지를 가리키는 것으로 보인다.

동을 포함하는 산 에너지의 생산과 소비를 나타낸다. 마찬가지로, 지적 노동은 산 노동으로 간주될 수 있는데, 그 이유는 지적 노동이 신체와 에너지가 생산되는 것을 필요로 하기 때문이다. 그러나 디지털 미디어가 임계점을 만나게 되면, 인류학적 변동이 일어난다. 비물질노동은 소프트웨어와 디지털 소통에 대한 고착, 즉 **코드 물신주의**로 규정될 수 있는 복합체가 된다. 이 개념은 상품 물신주의의 최종적 화신化身으로, 그리고 (암호화를 위한 해커들의 인지적 향유와 같은) 디지털 생활의 급진적인 측면들 이면의 리비도적 엔진으로 가설적으로 제기된다.35 소프트웨어 프로그램들은 실제로 유기체들과 기계들의 시뮬레이션이다. 이러한 의미에서, 그것들은 **디지털 기계들**[3]이다. 비록 그것들이 비물질적인 것으로 간주되고, 직접적으로 교환되는 생체에너지가 아닌 데이터를 다룬다 할지라도 말이다. 그것들은 자유롭고 무한한 정보 복제를 통해 가상적 매트릭스 안에 일종의 허구적 경제를 수립한다. 코드 물신주의의 자기준거적인 영역 내부에서 이 온라인 경제는 완전히 부드럽고 대칭적인 것으로 표상되거나, 사회적 맥락 속으로 전위轉位될 때에는 평등하고 민주적인 것으로 표상된다. 그와 반대로 실재적 에너지(그리고 사회적 지위들)의 미분differential은 언제나 컴퓨터들의 하드웨어 계층 그리고 과학기술적인 기반시설을 통해 교환된다.[4]

디지털리즘은 우선, 인터넷 기반 소통이 모든 착취 형태로부터

---

35. Himanen, *The Hacker Ethic and the Spirit of the Information Age* [히매넌 외, 『해커, 디지털시대의 장인들』].

자유로울 수 있으며 평등한 또래집단 사회를 향해 자연스럽게 진화할 것이라는 널리 퍼진 신념을 가리키는 기본적인 명칭이다. 경제적 견지에서 볼 때, 디지털리즘의 옹호자들은 '에너지를 사용하지 않는'energy-free 디지털 생산이 에너지를 많이 소비하는 energy-expensive 물질적 생산양식에 영향을 미칠 수 있을 것이라고 믿는다. 디지털리즘은 자유 소프트웨어 지지자들, 크리에이티브 커먼즈 계획, 오픈소스에 고무된 예술계, 인터넷 기반의 행동주의 형태들 등과 같은 수많은 오늘날의 하위문화들 전반에 걸쳐 다양한 정도로 존속하는 태도들에 해당하는 포괄적인 말이다. 디지털리즘의 패러다임에서, **또래집단 생산**[36] 개념은 핵심적인 역할을 한다. 네트워크의 각각의 노드들은 사실상 다른 노드들과 동일한 권력을 갖는다. 디지털리즘은 동일한 기초 위에서 생산하고 교환하는 노드들의 수평적인 민주주의라는 네트워크에 대한 신념을 고수한다. 세르가 이미 보여준 것처럼, 또래집단 생산이 추상적인 **이항적 모델**을 함축한다면 생산은 항상 **삼항적 모델**을 따른다.[5] 이항적 네트워크 모델에서는, 두 개의 노드들이 대칭적인 방식으로 생산도 하고 교환도 하기 때문에, 잉여의 여지나 [잉여에 대한] 설명이 존재할 수 없다. 그 대신,

---

36. [옮긴이] 또래집단 생산(peer production)은 공유된 산출물들을 생산하기 위해 함께 모인 개인들의 자기 조직적 커뮤니티들에 의존하여 재화와 서비스를 생산하는 방식이다. 콘텐츠는 해당 분야의 유급 전문가나 숙련자보다는 일반 대중에 의해 생산된다. 이러한 커뮤니티 안에서는 수많은 사람들의 노력이 조화를 이루어 의미 있는 기획들을 만들어 낸다. 정보화 시대, 특히 인터넷은 또래집단 생산 과정에 협력적 가능성들을 제공해 주었고, 또래집단 생산은 오늘날 지배적이고도 중요한 정보 생산양식이 되었다. 자유 소프트웨어와 오픈소스 소프트웨어가 현대적인 또래집단 생산 과정의 대표적인 두 가지 사례이다.

명확한 비대칭이 삼항 모델의 핵심 기관이다. 현실 경제에서는 생산된 잉여가 언제나 존재하는데, 그것은 교환이 분자적 규모에서는 절대 평등하지 않기 때문이다. 삼항 모델은 초과, 엔트로피, 네겐트로피에 부단히 지배당하는, 세르의 기생체 다이어그램이며 자연의 법칙이다. 네트워크들의 '사회주의'는 삼항 생태계의 비대칭을 관리한 이후에야 수립될 수 있을 뿐이지 이항적 회로의 추상을 통해서 그것을 제거하는 것으로는 수립될 수 없다.

결국, **비물질적 기생체**[6]는 (화폐나 리비도 투자뿐만 아니라 노동의 형태로) 에너지 잉여를 추출하는 기호적, 과학기술적, 생물학적 지층들의 아상블라주이다. 비물질적 기생체는 물질적 기반시설을 통해 기능하며 또 다른 경제적 실체(주로 사기업들, 그러나 때로는 여타의 이용자들이나 국가 기구들)에게 잉여를 할당한다. 경제적 관점에서 볼 때, 이러한 기생적 역학은 (노동으로부터의) 직접적인 이윤을 통한 잉여의 추출이 아니라 과학기술 기반시설에 적용된, 또는 지배적인 시장 점유를 기초로 한 독점 지대를 통한 잉여의 추출을 가리킨다.[7] 디지털 기생체는 과학기술적 지대의 특수한 경우이다. 인터넷 생활과 심지어는 소위 디지털 공유지를 관리하는 물질적 기반시설들에 응용된 새로운 독점들. 네트워크 과학기술들의 이면에 있는 기생 경제에 대한 의식은 새로운 **유물론** 그 이상도 그 이하도 아니다. 그렇지만, **디지털리즘**과 **유물론** 이 두 용어들이 손쉬운 이항 대립을 이루는 것은 아니다. 유물론적 시각은 비물질-물질 관계의 비대칭성과 **잉여**의 화살을 특히 중시한다. 유물론은 비물질적 층위의 현전과 영향을 함축함으로써 **메타유물론**의 이름을 가

그림 1. 비물질적 기생체의 다이어그램

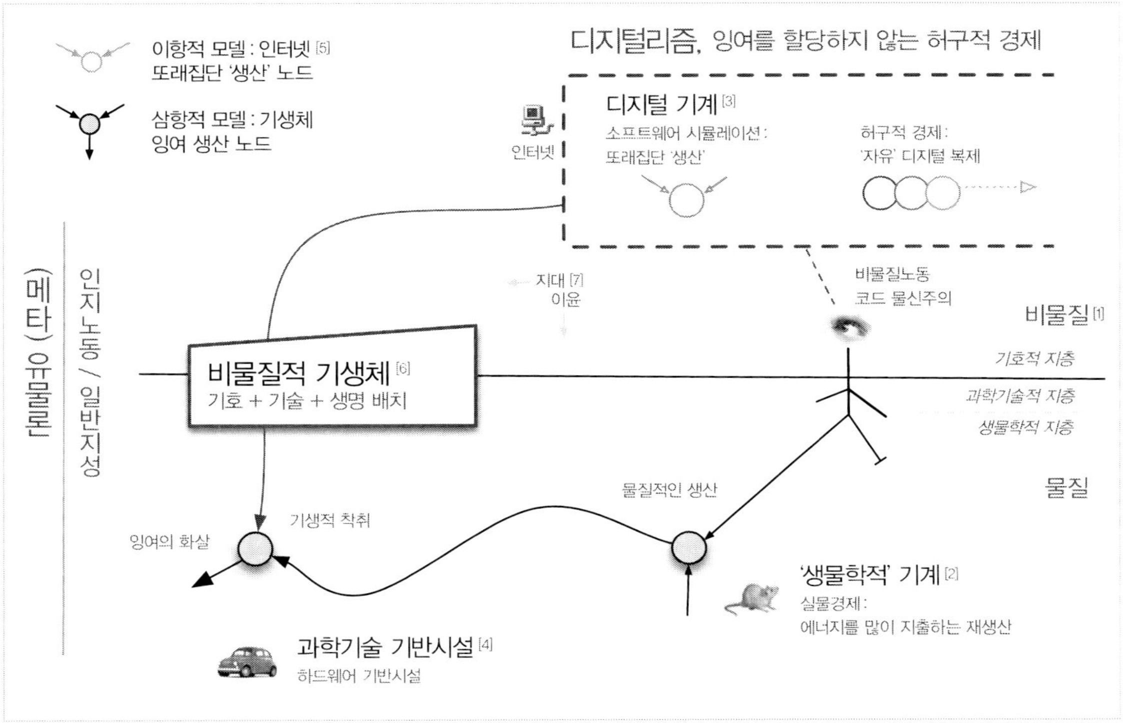

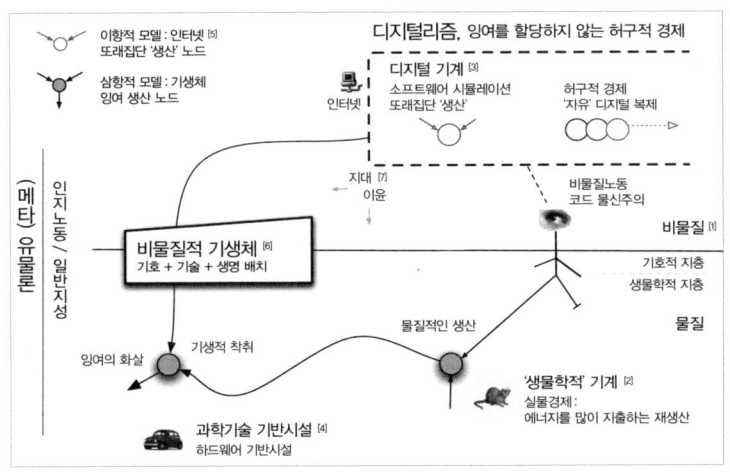

그림 1. 비물질적 기생체의 다이어그램

질 수 있다. 반면에 디지털리즘은 물질성에 대한 정보적인 것의 서열과 우선성을 주장한다.

과학기술적 기생주의의 실제 사례는 2000년대 초반 음악 산업의 위기, 즉 P2P 네트워크들을 통한 음악 파일의 대규모 공유가 초래한 상황이다. 여기에서 디지털 생산의 경제적 효과는 [다음처럼] 분명하다. 전지구적 규모의 '공정한 사용'은 이제 지적 재산 소득의 축적을 약화시켰다. 보다 정확히 말하자면, 인터넷을 통한 파일 공유는 음악 미디어 자체(CD)의 판매를 떨어뜨렸지만, 그와 동시에 MP3 플레이어와 아이팟 같은 개인 미디어를 소유하는 신세대를 길러냈다. 경제적 이해관계는 지적 재산권보다는 물리적 미디어와 기반시설의 독점을 둘러싸고 재조직되었다. P2P 네트워크들이 음악 산업을 약화시켰을 수도 있지만, 잉여가 새로운 형태의 하드웨어를 생산하거나 인터넷 접속을 지배하는 회사들을 위해 재배정되었다. 이것은 IT를 기반으로 하는 경제에서, 공통적인 공간과 공유 자원들(이러한 자원들의 법적 또는 불법적 지위는 주요 기업들에게는 결정적인 요인이 아니다)의 기생적 착취를 기반으로 하는 경제로의 이행을 나타낸다. 더욱이, 인지적 생산물과 그 물질적 미디어 사이의 이러한 관계는 다른 경우들에 광범위하게 응용될 수 있으며, 이는 경제적 지대와 인지자본주의를 다루는 다음 절에서 보다 분명해질 것이다.

간주곡 ─ 기호의 소용돌이 속 보드리야르

보드리야르와 미디어 연구는 치명적인 관계이며, 또한 특수한 전통의 급진적 사유(사실상 좌익 기호적嗜好的 37 사유)가 지니고 있는 취약한 특징들의 좋은 사례이다. 잉여이론의 비판적인 측면들을 일관되게 상세히 기록하기 위해서는 2000년대의 디지털 문화를 다른 문화적 맥락 속에서 일어난 정보 혁명에 대한 평가reception와 비교하는 것이 유용할 것이다. 생산의 (그리고 함축적으로는 잉여의) 지반을 제거하는 것은 초기 포스트모던적 사유의 발전에서, 특히 장 보드리야르의 작업에서 결정적인 역할을 했다. 보드리야르의 이론

---

37. [옮긴이] 'radical-chic'은 원래 진보적 이념을 자신의 사회적 지위와 명성을 위해 이용하는 상류층 사람들을 가리키기 위해 톰 울프가 사용한 용어이다. 여기에서는 이들이 진보 이념을 기호품으로 소모하고 있다는 점에서 '좌익 기호적'이라고 옮겼다.

적 모델은 1970년대 초반 사용가치, 교환가치, '생산 이데올로기'라는 맑스주의 개념들에 대한 비판으로 시작되었다. 실제로 보드리야르는 방송 TV 체제를 유일한 실존적·정치적 지평으로 받아들임으로써 가치 이론을 다시 쓰려고 시도했다. 맑스로부터 출발했던 보드리야르의 묵시록적 소명은 1980년대 초반에 부각되어 폭발적인 반응을 얻었다. 그가 출간한 책 제목들에서 우리는 하나의 궤적을 명확히 볼 수 있다. 『기호의 정치경제학 비판』(1972), 『생산의 거울』(1973), 『상징적 교환과 죽음』(1976), 『유혹』(1979), 『시뮬라크라와 시뮬레이션』(1981), 『치명적 전략들』(1983).[38]

여전히 1960년대의 분위기에 영향을 받은 초기 보드리야르는 상품의 기호적 가치에 사로잡혔다. 그래서 그는 경제적 가치를 기호들의 제국 아래에서 숙명적으로 순수한 기호적 의미, 그리하여 1980년대의 긴 겨울을 준비하는 순수한 유령이 될 운명에 놓인 것으로 해석했다. 맑스의 산업 생산 모델은 상품의 비물질적인 것 되기를 해독(解讀)하는 데 더 이상 적절하지 않다고 하여 묵살되었다. 잉여가 통상적으로 기호, 미디어, 상품 또는 공장을 통해 순환하는 반면, 보드리야르는 뿌리 없는 인공적인 꽃으로서의 가치를, 즉 가치를 구성하는 잉여가 없는 의미로서의 가치를 추출하였다. 그의 생각과는 달리 가치는 비물질적일 뿐만 아니라 언제나 초과라는

---

38. [옮긴이] 위에서 언급된 책들 중 국내에 번역, 소개된 것들은 다음과 같다. 『기호의 정치경제학 비판』(이규현 옮김, 문학과지성사, 1998), 『생산의 거울』(배영달 옮김, 백의, 1994), 『시뮬라시옹』(하태환 옮김, 민음사, 2001), 『유혹에 대하여』(배영달 옮김, 백의, 2002).

보다 일반적인 생태계를 가로질러 잉여에 연결된다. 가치는 기호와 잉여 사이에서 창출된다. 하지만 보드리야르는 『기호의 정치경제학 비판』에서 다음과 같이 이야기한다.

> 상품이 직접 의미 작용의 효력을 띨 수 있는 것은 기호의 구조가 상품의 핵심 자체에 자리 잡고 있기 때문이다. 게다가 상품이 '전언'과 함의로서가 아니라 다름 아닌 자체의 형식에 의해 온전한 미디어로서, 사회적인 교환 전체를 지배하는 소통 체계로서 정립되기 때문이다. 기호 형식, 곧 상품이 가치 교환의 질서를 바로잡는 코드인 것처럼 말이다.[39]

상품들 자체가 미디어가 되었다. (그러나 그 과정 역시 또 다른 방향을 따랐다. 매스 미디어의 새로운 에피스테메가 매스 미디어를 찬양하고 가치를 매기는 낡은 정치 사유의 영혼에 스며들었다.) 매스 미디어는 자신의 주변에 고도로 물질적인 경제를 투사하지만, 보드리야르의 해석은 순전히 비물질적인 노선을 따랐다. 상품들이 가상의 잉여가치를 투사할 뿐이라는 것이다. 에너지, 전기, 욕망, 노동 또는 신체들의 어떠한 흐름들도 관련이 없다. 물질적 잉여가 이런 식으로 네트워크 사회가 발생하기 오래 전에 그리고 (컴퓨터 화

---

[39]. Jean Baudrillard, *Pour une Critique de l'économie politique du signe* (Paris: Gallimard, 1972). 영어판 *For a Critique of the Political Economy of the Sign* (Saint Louis, MO: Telos Press, 1981), 146 [장 보드리야르, 『기호의 정치경제학 비판』, 이규현 옮김, 문학과지성사, 1998, 162쪽].

면보다는 TV 화면이 지배적인) 다른 미디어 체제 아래에서 말살되었다는 사실은 급진적 사유가 과학기술 및 그것의 강박관념과 맺는 난해한 관계에 대한 무언가를 보여준다.

하지만 보드리야르는 잉여의 이 '무의식적인 제거'의 정반대 측면을 보여준다. 분산된 협력의 정치적으로 올바르고 평온한 고원이 아니라 증대된 시뮬라크라의 숙명적인 묵시록을 말이다. 보드리야르의 이론은 물질적 생산이라는 밸러스트[40]를 버리고 초실재hyperreality의 영역을 향해 출발한다. 기호의 의미화, 시뮬레이션, 가치화의 힘은 말 그대로 자신이 정박한 계류장에서 벗어나 완전히 자기준거적인 경제가 된다. 디지털주의자들과 마찬가지로 보드리야르는 생산 기계와의 모든 연결들을 포기하고 기호의 인식론적gnostic 유혹을 받아들인다. 시뮬라크라와 보드리야르의 관계는 디지털 코드와 자유문화의 관계와 같다. 『상징적 교환과 죽음』에서 시뮬라크라의 경제적 혁명은 다음과 같이 기술되어 있다.

하나의 혁명이 이 '고전적인' 가치의 경제를 종식시킨다. 이것은 상품 형태를 넘어 가치를 그 가장 급진적인 형태로 확장하는 혁명이다. …… 생산, 의미화, 정동, 물질substance, 역사 등의 지시내용들referentials은 사라졌다. 그리고 실리utility라는 일종의 부담으로 그것[가치]을 묶어둠으로써 신호 추sign weight를 제공한 '실재' 내용물들의 모든 균등화, 요컨대 재현적 등가물로서의 그것의

---

40. [옮긴이] '밸러스트'(ballast)는 선체를 물속에 더 잠기게 하여 항해를 안전하게 할 목적으로 화물 이외에 싣는 중량물을 말한다.

형태는 사라졌다. 이 모든 것은 가치의 다른 단계에 의해, 즉 일반화된 소통적이고 조합적인 시뮬레이션인, 완전한 상대성의 단계에 의해 초월된다.

이것은 지금부터 기호들이 실재적인 것과 상호작용 없이 오직 그들 가운데에서만 교환될 것이라는 점에서 시뮬레이션을 의미한다(그리고 이것은 그것들의 부드러운 작동을 위한 조건이 된다). 기호의 해방. 무언가를 지시해야만 했을지도 모를 모든 '고풍스런' 의무로부터 해방되었기 때문에, 이전의 결정적 등가물의 역할을 계승하는 구조적이거나 결합적인 활동을 위해 마침내 기호가 자유로워진다.[41]

보드리야르는 새로운 문화경제의 마찰들과 불균형들을 탐지하는 대신 시스템에 대한 멋스러운 시체애호에 탐닉한다. 자본이 자본 자신의 위기의 원인이라고 보았던 특정 시기의 맑스처럼, 보드리야르는 자본을 시뮬라크라의 우주 이면에서 [작동하는] 제1의 힘이자 유일무이한 동력으로 간주한다. 가치는 완전히 가상적으로 되고, 사회적 주체들을 위한 행위자 agency는 제거되며 모든 정치적 행위는 '결정불가능한 채로' 사라진다.

이 모든 것을 종식시키는 것은 혁명이 아니라 자본 자신이다. 자본은 생산양식을 통해 사회적 결정을 파괴하고 상품 형태를 가

---

41. Jean Baudrillard, *L'Échange symbolique et la mort* (Paris: Gallimard, 1976). 영어판: *Symbolic Exchange and Death* (Palo Alto: Stanford University Press, 1988).

치의 구조적 형태로 바꾼다. 그리고 시스템의 현재 전략을 결정하는 것은 자본이다. 이 역사적이고 사회적인 변화는 모든 단계에서 관찰할 수 있다. 따라서 시뮬레이션의 시대는 과거에는 모순적이거나 변증법적이었던 대립적인 용어들의 호환성에 의해 모든 곳에서 시작된다. 모든 곳에서 동일한 '시뮬라크라의 발생'이 일어난다. 양식상의 미와 추의 호환성. 정치에서 좌와 우의 호환성. 모든 미디어 메시지에서 진실과 허위의 호환성. 대상들의 단계에서 유용한 것과 무용한 것의 호환성. 의미의 모든 단계에서의 자연과 문화의 호환성. 가치의 모든 위대한 인간주의적 준거들은, 즉 도덕적·미학적·실천적 판단이 이룬 문명의 모든 가치들은 우리의 이미지와 기호의 체계에서 사라진다. 모든 것이 결정 불가능하게 된다. 이것이 코드의 지배가 이룬 특징적인 결과이다. 코드의 지배는 모든 곳에서 중화와 무차별의 원칙에 의거한다.[42]

보드리야르의 애처로운 결론은 이제 잘 알려져 있다. 시뮬라크라의 정치적 지평은 논리적으로, 오직 사회적 묵시록이나 자살로 끝날 수밖에 없다. 코드의 밀실 공포증에는 다른 가능한 출구 전략이 없다.

그렇다면 3차 시뮬레이션에 반대하기 위해 최소한 평등한 복잡성 게임을 하는 것이 필요한가? 시스템 자체보다 더 임의적인 전복적 이론이나 실천이 존재하는가? 미결정된 전복, 이것은 혁명

---

42. 같은 책.

과 정치경제학의 관계처럼 코드의 질서와 관계가 있는가? 우리는 DNA와 싸울 수 있는가? 분명 계급투쟁의 일격으로써는 아닐 것이다. 우리는 현행의 제3의 질서를 뛰어넘는, 결정과 비결정을 뛰어넘는 훨씬 더 고차원의 논리적 (또는 비논리적) 질서의 시뮬라크라를 창조할 수 있는가? 만약 그렇다면 그것들은 여전히 시뮬레이션들일 것인가? 어쩌면 오직 죽음, 즉 죽음의 가역성만이 코드보다 상위의 질서일 것이다.[43]

물질성의 죽음은 기호라는 추상적 권력의 효과이다. 시뮬라크라가 화폐와 상품 형태 속에 이미 현전하는 가상 현실화의 확장이라면, 정치적 대응은 새로운 질서와 낡은 질서 간의 갈등을 강조하는 것이 되어야 한다. 더 거대한 추상화의 '고도의 논리'를 추구하기보다는 새로운 기호경제의 기생적 관계들과 비대칭들을 인식하는 것이 되어야 한다. 역사 전반에 걸쳐 잉여는 여전히 유연하게 물질적이며, 가끔 비물질적 기호들을 통해 조직된다. 보드리야르는 예기치 않은 때에 기호들의 혁신적인 경제를 밝혀주었지만, 결국에는 저 유혹의 소용돌이 속으로 빨려 들어갔다. 그러한 치명적인 유혹의 결과들은 오늘날에도 여전히 볼 수 있다.

---

43. 같은 책.

디지털리즘

미디어 문화의 난국

살이 코드가 된다

디지털리즘은 일종의 근대적이고 인류평등주의적이며 저급한 인식gnosis이다. 여기에서 지식의 종교가 디지털 네트워크 및 그 코드의 계몽주의적인 숭배로 대체되어 왔다. 예를 들어 에릭 데이비스[44]는 자신의 책 『테크그노시스』에서 정보사회의 이 신비로운 저류低流를 폭넓게 기록했다.[45] 일종의 횡단면처럼 디지털리즘의 독

---

44. [옮긴이] 에릭 데이비스(Erik Davis, 1967~)는 캘리포니아 태생의 북미 작가이며, 사회역사 및 문화 비평가이자 강사이다. 그의 작업의 중요한 부문들이 미디어 비평과 과학기술 비평을 포함하고 있지만, 그 범위는 예술, 종교, 과학, 과학기술의 광범한 사회사를 포함하여 여타의 분과들에까지 걸쳐 있다. 가장 최근에 출간된 연구는 캘리포니아에서의 유토피아 운동들의 역사에 초점을 맞추고 있다. 더 자세한 내용은 『하이테크네』(시공사, 2004) 참조.
45. Erik Davis, *Techgnosis : Myth, Magic, Mysticism in the Age of Information* (London : Serpent's Tail, 1999).

특한 경제적 신조는 권력의 핵심 기구(캘리포니아 이데올로기) 및 정치활동가의 커뮤니티들(자유문화의 지지자들) 모두에서 다수의 추종자들을 가지고 있다.[46] 특히, 디지털리즘의 이론적·정치적 배치 deployment는 로렌스 레식[47]과 요차이 벤클러[48] 같은 신세대 사상가들의 연구를 통해 추적해 볼 수 있다. 여기에서 몇 가지 일반적인 특성이나 특징들을 예상해 보기 위해 요약하는 것이 유용할 것이다.

존재론적으로 볼 때, 디지털리즘의 기술-패러다임은 기호적·생물학적 영역들이 서로 평행하게 또는 거울에 비친 듯 위치해 있다고 믿는다. 그 결과, 디지털적인 것은 오프라인 세계를 (일종의 구글 같은) 보편적인 디지털화의 유토피아로 쉽게 만들 수 있다.[49] 물질적 사건은 번역되어 비물질적 평면 위에 사상寫像될 수 있으며, 역으로 비물질적인 것이 물질성 속에 쉽게 구현될 수 있다. 이 두 번째 이동, 즉 용이한 변이變移는 전통적으로 이성중심주의의 용어들

---

46. Richard Barbrook and Andy Cameron, 'The Californian Ideology', *Science as Culture*, no. 26, volume 6, part 1, 1996, 44~72. Web : www.hrc.wmin.ac.uk/theory-californianideology-main.html.
47. [옮긴이] 로렌스 레식(Lawrence Lessig, 1961~)은 하버드 대학교 로스쿨의 교수이자 사회운동가이다. 정치적으로 진보적인 성향을 지닌 것으로 평가받지만 보수적으로 알려진 시카고 대학교의 교수이자 판사인 리처드 앨런 포스너의 사무관으로 있었던 적도 있다. 전공은 헌법학 및 사이버 법학이다. 저작권의 확대를 비판하면서 자유문화(Free Culture)라는 개념을 주창하고, 자유 소프트웨어 운동을 지지한다. 또한, 〈자유 소프트웨어 재단〉과 본인이 설립한 크리에이티브 커먼즈의 이사를 맡고 있기도 하다. 소프트웨어의 특허가 오픈 소스와 혁신의 위협이 된다고 주장한다.
48. [옮긴이] 요차이 벤클러(Yochai Benkler, 1964~)는 이스라엘계 미국인으로 법학 교수이자 저술가이다. 커뮤니케이션 이론 분야의 세계적 석학으로 알려져 있다.
49. 구글의 유명한 기업 미션에는 다음과 같이 적혀 있다. "구글의 사명은 온 세상의 정보를 조직하여 그것을 어디에서든[보편적으로] 접근할 수 있도록 만들고 유용하게 만드는 것이다." 다음을 보라. www.google.com/corporate.

로 기술되는 천 년간의 오해(세상에 가해지는 신성한 언어의 힘)의 이행移行이다. 경제적으로 볼 때, 디지털리즘은 이러한 에너지를 거의 사용하지 않는energy-free 데이터의 디지털 복제가 에너지가 많이 드는energy-expensive 물질적 생산에 영향을 미칠 수 있고, 결국에는 물질적 생산을 인계받아 사회변화를 촉발할 수 있다고 말한다. '피어투피어P2P 사회'라는 생각은 온라인의 자유로운 협력free cooperation에 의해 좌우되는 것으로 여겨지는 이러한 선순환에 의거하고 있다. 분명, 디지털 프로그래밍은 모든 통신 과학기술을 탈물질화할 수 있고, 낡은 미디어 형태들을 재조직(편지를 전자메일이 대체하는 등)할 수 있지만, 생물자원biomass 생산과 특히 그 잉여 경제에 쉽게 영향을 미칠 수는 없다. 정치적으로 볼 때, 디지털리즘은 상호 증여 사회를 믿는다. 인터넷은 어떠한 착취로부터도 실질적으로virtually 자유로운 것으로 여겨지며, 자연스럽게 민주적 평형과 자연적인 협력을 향하는 경향이 있다고 여겨진다. 여기에서 디지털리즘은 오프라인 노동이 온라인 세계를 떠받치고 있다는 것(모든 디지털 분할에 앞서는 계급 분할)을 인정하지 않는, 현실과 유리된 정치학으로 작용한다. 생태적으로 볼 때, 디지털리즘은 낡은 포드주의적 산업 생산양식이 야기한 공해에 맞서 환경 친화적이고 무배출 시스템을 갖춘 기계로 자신을 홍보하지만, 그럼에도 불구하고 세컨드라이프에 사는 아바타는 평균적인 브라질인보다 더 많은 전기를 소비하는 것으로 평가받고 있다.[50]

---

50. Nicholas Carr, 'Avatars consume as much electricity as Brazilians', *Rough type* (5

맑스가 『자본론』의 서두에서 상품 물신주의를 강조했던 것과 마찬가지로 코드 물신주의는 네트워크 경제의 토대로 간주되어야 한다. 실제로 모든 전통은 드보르에서 보드리야르에 이르는 미디어 철학자들을 자극한 맑스에 대한 기초적인 독해에 기원을 두고 있다. 그렇지만 오늘날 코드 물신주의는 대안적인 사유와 신자유주의적인 담론 모두에 의해서 공유되고 있다. "신은 기계다."라는 케빈 켈리의 디지털리즘적인 선언은 다음과 같은 요점들을 뚜렷하게 표명하였다.[51] 계산computation은 모든 것들을 기술할 수 있고, 모든 것들은 계산될 수 있으며, 모든 계산은 하나라는 것이다. 그와 동시에 코드는 모든 가상 세계의 DNA이고, 비물질노동의 실체이며, 지적 재산의 전쟁터이고, 프로그래머들의 집단지성을 위한 연료이다. 코드는 상품에 대한 맑스의 최초의 예견들을 훨씬 뛰어넘어 움직이는 일종의 지적 사물이다.

인간의 눈에는 물건들 사이의 관계라는 환상적인 형태로 나타나지만 그것은 사실상 인간들 사이의 특정한 사회적 관계에 지나지 않는다. 그러므로 그 유례를 찾아보기 위해서 우리는 몽롱한 종교 세계로 들어가 보지 않으면 안 된다. 거기에서는 인간 두뇌의 산물들이 스스로의 생명을 가진 자립적인 인물로 등장하여

December 2006), www.roughtype.com/archives/2006/12/avatars_consume.php.
51. 순수한 디지털리즘 신조의 응축에 대해서는 다음을 보라. Kevin Kelly, 'God Is the Machine', *Wired* 10.12, December 2002. Web : www.wired.com/wired/archive/10.12/holytech.html.

그들 자신의 사이 그리고 인간과의 사이에서 일정한 관계를 맺고 있다.[52]

사실상, 코드는 상품 형태보다 더 효과적으로 노동자들 사이의 생산적 관계를 나타냄과 동시에 그 관계를 조종한다. 언어 및 기계 형태인 코드는 근본적으로 관계적이며 (보드리야르가 이미 관찰한 바와 같이) 그 자신의 허구적 경제를 쉽게 수립할 수 있다. 19세기의 상품 물신주의는, 상품의 물질성이 효과적으로 제거됨으로써, 21세기의 코드 환등幻燈이 되었다. 앞에서 언급한 유사 종교적인 전통에 따라, 코드 물신주의는 물질 생산에 대해 말Word이 지고하다는 신조를 다시 구체화한다.

디지털리즘은 사회갈등이 아닌 과학기술 혁명에 의해 영향을 받은 정치적 모델들 중 하나이다. 이에 대해 맥루언은 반복적으로 다음과 같이 진술했다. "인간이 도구를 만들고, 그 다음에는 도구가 인간을 만든다."[53] 인터넷은 원래 1960년대 미국 대항문화의 정치적 꿈들에 의해 발동된 것이었다. 오늘날 포스트 오뻬라이스모의 전통에 따르면, 네트워크는 제국의 형태임과 동시에 다중의 자기조직화를 위한 도구이다.[54] 하지만 영미 문화에서 우리는 다만 정치

---

52. Karl Marx, *Kapital. Kritik der politischen Ökonomie*, Vol. 1 (1867); 영어판: *Capital:A Critique of Political Economy*, Vol. 1 (London:Penguin, 1981) [K. 마르크스, 『자본론』 I(상), 김수행 옮김, 비봉출판사, 1992, 92쪽].
53. 1943년 10월 28일 런던의 하원 의사당에서 윈스턴 처칠이 한 연설에서 따옴. "우리는 건물을 만들고, 그 다음에는 건물이 우리를 만든다."
54. 다음을 보라. Antonio Negri and Michael Hardt, *Multitude:War and Democracy*

에 대해 과학기술이 단연 으뜸이라는 확신을 발견할 뿐이다. 활동가들이 오늘날 자유 소프트웨어 모델을 전통적인 제품에 적용하고 'GPL 사회'[55]와 'P2P 생산'[56]에 대해 이야기한다면, 이것은 과학기술적인 것과 사회적인 것의 순수한 대칭성을 믿은 결과이다.

이러한 의미에서, 자유문화의 정의定義는 디지털 파일들의 자유로운 복제를 둘러싼 근본적인 정치적 의제를 수립했던 모든 하위문화들을 한데 모은다. 시작은 1984년 제1회 해커 회의에서 스튜어트 브랜드가 제시한, "정보는 자유로워지기를 원한다."라는 슬로건이었다. (흥미롭게도, 애초의 성명서는 맥락 속에 훨씬 더 미묘한 의미를 포함하고 있었다. "한편으로 정보는 비싸지기를 원한다. 그것은 정보가 매우 가치 있기 때문이다. 적절한 장소에서 적절한 정보는 진정 우리의 삶을 변화시킨다. 다른 한편 정보는 자유로워지기를 원한다. 그것은 정보를 생산해 내는 비용이 언제나 점점 더 낮아지고 있기 때문이다. 그래서 우리는 서로 대립하며 투쟁하는 두 가지 요소를 모두 가지고 있다.")[57] 이후, 지하의 해커들이 자유 소프트웨어 운동을 북돋웠으며, 다음과 같은 일련의 키워드들이 생

---

in the Age of Empire (New York : Penguin, 2004) [안토니오 네그리·마이클 하트, 『다중 — 제국이 지배하는 시대의 전쟁과 민주주의』, 조정환·정남영·서창현 옮김, 세종서적, 2008]; 그리고 Rossiter, *Organized Networks*.

55. "GPL 사회는 사회의 형성을 의미한다. 이것은 자유 소프트웨어의 발전 원리에 기반하고 있다." Project Oekonux definition, www.oekonux.org.
56. 다음을 보라. Michel Bauwens, 'The Political Economy of Peer Production', *Ctheory* (12 June 2005), www.ctheory.net/articles.aspx?id=499.
57. 다음을 보라. Roger Clarke, 'Information Wants to be Free', 24 February 2000, web document : www.anu.edu.au/people/Roger.Clarke/II/IWtbF.html.

산되었다. 오픈소스, 오픈 콘텐츠, 증여 경제, 디지털 공유지, 자유로운 협력, 지식 공유, 그리고 오픈소스 아키텍쳐, 오픈소스 아트 같은 DIY 이형태들. 자유문화 역시 크리에이티브 커먼즈 계획의 창립자인 로렌스 레식이 지은 유명한 책의 제목이다.[58] 하지만, 디지털 영역 내부에서 이루어지는 자유 소프트웨어 운동의 사회적 가치와 중대한 전투들에 초점을 맞추기보다, 궁극적으로 다루어야 할 것은 이 패러다임을 오프라인에 적용할 수 있는 가능성이다.

여전히 인구에 회자되는 다음과 같은 속담이 있다. 말이 살이 된다. 종교적 무의식은 현대의 과학기술적 신조의 이면에서 작동하는 것처럼 보인다. 플로리언 크래머는 『살이 된 말』이란 책에서 유대교, 기독교, 피타고라스학파, 신비주의, 비전 신앙에 속하는 서구의 오랜 전통 속에 존재하는 코드 문화의 계보학을 분명하게 밝힌다.[59] 하지만 세르가 제시하는 바와 같이, 옛말은 그 은폐된 차원이나 이면을 밝히기 위해 다음과 같이 역전되어야 한다. 살이 코드가 된다. 지식 자체가 살의 기생 전략이다. 혼은 동물에서 비롯된다. 살이 먼저고 로고스가 나중이다. 디지털의 꿈속에 디지털적인 것은 하나도 없다. 전지구적 경제의 그물망에 걸린 '자유로운' 정보의 모든 비트는 망각된 쌍둥이 같은 그 자신의 마이크로노예를 데리고 다닌다.

---

58. Lawrence Lessig, *Free Culture: How Big Media Uses Technology and the Law to Lock Down Culture and Control Creativity* (New York: Penguin, 2004) [로렌스 레식, 『자유문화 – 인터넷 시대의 창작과 저작권 문제』, 이주명 옮김, 필맥, 2005].
59. Florian Cramer, *Words Made Flesh: Code, Culture, Imagination* (Rotterdam: Piet Zwart Institute, 2005).

자유문화의 이데올로기

자유문화와 크리에이티브 커먼즈는 2000년대의 첫 10년 동안 진보적 제도들과 행동주의적 대항문화 양자를 위한 두 개의 주요한 키워드들이다. **자유문화주의**에 대한 문헌은 방대하고, 보통 다음과 같은 두 개의 전선으로 구분된다. 자유주의적인 지지자들과 신자유주의적인 보수적 비판가들이.[60] 로렌스 레식의 『자유문화』가 선언문이라면, 앤드루 킨의 『인터넷 원숭이들의 세상』은 반동적인 응답이다.[61] 하지만 또 다른 관점에서 보면, 자유문화주의에 대한 문헌은 **잉여**의 논점을 통해, 그리고 비가시적이거나 인정받지 못한 채로 있는 기저의 잉여가치 모델을 통해 비판적으로 고찰할 수 있다. 스톨만과 레식 같은 주요 저자들에서 출발한다면 근본적인 질문은 다음과 같은 것이 될 것이다. 잉여 생산은 소위 자유 사회의 어디에 존재하는가? 자유 사회는 잉여의 모순들에서 해방된 사회인가? 자유 소프트웨어와 자유문화를 위한 모든 전투는 생산보다는 **재산권** 논점들을 둘러싸고 이루어져 왔다. 하지만 좀 더 면밀히 고찰해 보면, 잉여의 유령들은 언제나 지속적인 관심사로 다시 출현

---

60. 디지털리즘과 자유문화주의에 대한 온당한 비판은 별도의 책에서 다룰 가치가 있다. 이 경향 그리고 단순화된 정치 모델들에 대한 또 다른 사례가 바로 에벤 모글렌의 다음 글이다. Eben Moglen, 'The dotCommunist Manifesto', January 2003. Web: moglen.law.columbia.edu.
61. Andrew Keen, *The Cult of the Amateur: How Today's Internet is Killing Our Culture* (London: Nicholas Brealey Publishing, 2007) [앤드루 킨, 『인터넷 원숭이들의 세상 – 구글, 유튜브, 위키피디아』, 박행웅 옮김, 한울, 2010].

한다. 레식은 『자유문화』에서 영미의 권리에 의거하는 담론의 맥락 속에서 크리에이티브 커먼즈 계획을 명료화한다. 여기에서 **자유 언론**free speech은 **자유 시장**free market의 권리들과 직접적으로 관련되어 있다.

> 우리는 '자유문화'의 전통으로부터 생겨났다. 내가 '자유문화'라고 말할 때 '자유'free란 자유 소프트웨어 운동의 창시자[리처드 스톨먼]의 말을 빌리자면, '공짜로 마실 수 있는 맥주'라는 표현에서의 '공짜/무료'free가 아니라 자유 언론, 자유 시장, 자유 무역, 자유 기업, 자유 의지, 자유 선거와 같은 표현에서의 '자유'와 같은 뜻이다.[62]

레식은 책 전체에서 암묵적으로, 문화의 보편적인 디지털화(즉 **디지털리즘**)라는 신조를 채택한다. 이 '자유로운' 복제를 가능하게 하는 인터넷 기반시설은 결코 문제시되지 않으며, '과도기적 과학기술'이라는 용어에 의해, 생활의 심화된 디지털화를 향한 운동으로 간주된다.[63] 레식은 카피레프트와 해커 문화에서 영감을 얻으며, 특히 리처드 스톨만의 창의적인 논문 「자유 소프트웨어, 자유 사회」를 인용한다.[64] 스톨만이 주로 소프트웨어에 주의를 기울인다면, 레식

---

62. [옮긴이] 레식, 『자유문화』, 10쪽.
63. Lessig, *Free Culture*, p. 297 [레식, 『자유문화』, 449쪽].
64. Richard M. Stallman, *Free Software, Free Society : Selected Essays of Richard M. Stallman* (GNU Press, 2002). Web : www.gnu.org/doc/book13.html.

은 자신의 패러다임을 문화적 가공물들의 전체 스펙트럼으로 확대한다. 달리 말해, 소프트웨어는 보편적인 정치 모델로 개념화된다. 그의 책은 현행 저작권 체제에 대한 유용한 비판을 제공하지만, 또한 디지털 미디어의 포괄적 자유를 위한 일종의 변명을 의미하기도 한다. 적어도 레식이 흥미롭게도 책의 결론에 이르러 결국 모든 자유주의자들을 위한 거악a great evil을 언급하기 전까지는 말이다. 과세taxation65가 그것이다. 디지털 해일이 음악 및 영화 산업을 위기에 빠뜨린 이후 자유문화를 합법화하기 위한 실천적인 경제 모델을 탐색하기 위해, 레식은 창조적인 작업을 수행한 사람들을 위한 대안적인 보상 시스템을 제공해야 한다.66 따라서 그는 콘텐츠 산업의 재정적인 곤경을 해결하기 위해 원래 하버드 대학의 법학 교수 윌리엄 피셔가 내놓은 제안을 수정하였고, 이후 『지켜야 할 약속들』에서 [이 제안을] 확대했다.

그의 계획 아래 디지털 전송이 가능한 모든 콘텐츠에는 디지털 워터마크67가 표시될 것이다.[1] …… 콘텐츠에 [디지털 워터마크가] 표시되면, 기업가들은 각 콘텐츠의 수많은 아이템들이 어떻게 배포되었는지를 추적하기 위한 체계들을 개발할 것이다.[2] 이러한 숫자들에 의거해서, 이제 예술가들은 보상을 받게 될 것이

---

65. Lessig, *Free Culture*, p. 301 [레식, 『자유문화』, 454~455쪽].
66. 다음을 보라. www.crosscommons.org/acs.html, cyber.law.harvard.edu/media/scenario4, en.wikipedia.org/wiki/Alternative_Compensation_System.
67. [옮긴이] 워터마크는 사진, 동영상, 문서 등 디지털 데이터에 저작권 정보 같은 비밀 정보를 삽입하여 관리하는 기술이다.

다.[3] 그 보상은 적절한 세금을 제하고[4] 지불될 것이다.[68]

'자유문화의 전통'으로 인한 미디어 산업 위기의 해결책이 새로운 형태의 과세라는 점은 기묘한 역설로 들린다. 인터넷 다운로드 및 그 요금을 추적하는 것은 미국 같은 신자유주의 나라들에는 매우 이례적으로 강력한 중앙집중적인 공적 개입을 수반할 것이다. 이러한 시스템은, 예컨대 스칸디나비아의 사회민주주의 내에서만 현실적으로 상상될 수 있을 뿐이다. 한편, 또 다른 부분에서는 이러한 딜레마를 보다 명백하게 논의하지만, 보다 확장된 인터넷을 확보하기 위해 결국 지적 재산권이 희생되어야 한다는 의견이 제시된다. 여기에서 레식의 직관은 (자본주의를 위해서는) 올바르다. 그는 시장이 새로운 독점들과 새로운 유형의 지대를 확립하기 위한 자기발생적인 공간을 필요로 한다는 점을 알고 있다. 역동적인 공간이 게으른 저작권 체제보다 더 중요하다. 레식은 도발적으로 다음과 같이 묻는다.

① 95퍼센트 안전하면서 규모가 X인 시장을 창출하는 과학기술과 ② 50퍼센트만 안전하지만 X의 다섯 배 규모인 시장을 창출

---

68. William Fisher, *Promises to Keep : Technology, Law, and the Future of Entertainment* (Palo Alto : Stanford University Press, 2004). 특히 6장을 보라. 'An Alternative Compensation System'. Web : cyber.law.harvard.edu/people/tfisher/PTKChapter6.pdf; 또한 다음을 보라. William Fisher, 'Digital Music : Problems and Possibilities' (last revised : 10 October 2000). Web : www.law.harvard.edu/faculty/tfisher/Music.html.

하는 과학기술 중 어느 쪽이 더 나은 것일까? 과학기술의 안전도가 더 낮으면 허가되지 않은 파일공유가 더 많아질 수 있지만 훨씬 더 큰 규모의 허가된 파일공유의 시장을 창출할 가능성이 높다. 가장 중요한 것은 인터넷을 파괴하지 않으면서 예술가들에 대한 보상을 보장하는 일이다.[69]

'인터넷을 파괴하지 않으면서' – 새로운 개척지를 보호하는 것이 다른 모든 것보다 최우선이라는 것이다. 이러한 점에서 크리에이티브 커먼즈 라이선스[CCL]는 시장의 새로운 공간을 확대하고 개선하는 데 도움을 준다. 그래서 존 페리 발로우는 다음과 같이 말하고 있다. "아이디어에서는 명성이 재산^{fortune}이다. 그리고 어느 것도 당신의 작업을 기꺼이 자유롭게 배포할 군중보다 더 빠르게 당신을 유명하게 만들어 주지 않는다."[70] 디지털리즘의 마찰 없는 공간은, 그 정치적 열망에도 불구하고 실제로는 훨씬 더 경쟁적인 사태를 향해 속도를 높인다. 이러한 시각에서 볼 때, 벤클러가 『네트워크의 부』에서 "정보는 비경쟁적이다."라고 주장하는 것은 틀렸다.[71] 정보의 비경쟁성은 **자유문화주의**의 또 하나의 중요한 가정이다. 레식과 벤클러는 모두 자유로운 디지털 복제가 경쟁이 아니라 협력을 불러올 것으로 가정한다. 물론 경쟁자는 디지털 사본들에 의해

---

69. Lessig, *Free Culture*, p. 303 [레식, 『자유문화』, 458쪽].
70. John Perry Barlow, 'The Next Economy of Ideas', *Wired* 8.10, October 2000. Web:www.wired.com/wired/archive/8.10/download.html.
71. Yochai Benkler, *The Wealth of Networks*. Web:www.benkler.org.

서가 아니라, 그러한 사본들이 실물 경제, 물질적인 맥락들, 그리고 제한된 자원들과 일으키는 마찰에 의해서 생산된다. 예를 들어, 관심attention은 음악 같은 모든 종류의 '인지 상품'의 소비에 결정적이지만, 그러한 관심은 제한된 물질적 자원이다. 디지털 대성공은 인간의 '가동시간'uptime이라는 매우 작은 창문에 접근해야 할 때 경쟁이 된다. 벤클러는 자신의 책에서 '또래집단 생산'이 새로운 사회적 부의 원천이라고 예찬하지만, 실제로는 손쉬운 **비물질적 복제**를 언급할 뿐이다. 예상대로, 자유 소프트웨어와 위키피디아가 '사회적 생산'의 주요한 사례로 반복적으로 인용된다(다시 말하지만, 이러한 규정은 오직 **온라인** '사회적 생산'만을 포함한다). 책 전체에 걸쳐, 물질성은 우편엽서의 값싼 홀로그램 이미지의 3D 효과처럼 배경으로만 남아 있다.

창조적 반反-공유지에 맞서

2000년대 중반, 최초의 밀월 시기가 지난 뒤 크리에이티브 커먼즈 계획은 점증하는 비판, 특히 급진적인 유럽 미디어 문화로부터 비판에 직면하기 시작했다. 이 시기의 기사들을 살펴보면, 진보 진영에서 즉각적으로 두 가닥의 비판을 식별할 수 있다. 크리에이티브 커먼즈의 제한들(비영리, 동일조건변경허락 등등)에 맞서 실재적인 공통성의 제도[화]를 주장하는 사람들 그리고 크리에이티브 커먼즈와 전지구적 자본주의의 공모를 지적하(고 IP 도메인의 이면에서 일어나는 노동 착취, 가치 축적, 사회적 갈등을 강조하)는 사람들이 그것이다. 첫 번째 경향의 사례로서, 코드 이론가 플로리안 크래머는 자신의 논문 「크리에이티브 커먼즈에 얽힌 오해」에서 심층적이고 전면적인 분석을 제공한다.

> 크리에이티브 커먼즈 라이선스 아래에서 무엇인가를 이용할 수 있다고 말하는 것은 실제로는 아무 의미가 없다. …… 반대들이 상당하며 핵심적인 것은 다음과 같은 점들이다. 크리에이티브 커먼즈 라이선스들은 파편화되어 있고, 사용자들에게 부여된 자유들과 권리들에 대한 최소한의 공통 표준을 규정하지 않거나 심지어는 자유로운 특허들의 기준을 전혀 충족시키지 못한다는 점, 그리고 자유 소프트웨어와 오픈소스 운동과 달리, 이 크리에이티브 커먼즈 라이선스들이 저작권 소유자들의 권리를 청중들에게 제공하기보다는 그 권리를 유보하는 철학을 따른다는 것이다.[72]

베를린에 근거를 둔 네오이즘 사상가 안나 니무스(일명 디미트리 클라이네르와 조안느 리차드슨)는 크리에이티브 커먼즈가 실재적인 공통이 출현하기 위한 규정적인 조건들을 제공해 주지 않는다고 주장하는 크래머에 동의한다. 니무스에 따르면, 크리에이티브 커먼즈 라이선스는 오직 생산자들을 보호한다. 반면 그에 비해 소

---

72. Florian Cramer, 'The Creative Common Misunderstanding', 2006. Web : www.nettime.org/Lists-Archives/nettime-l-0610/msg00025.html.

비자의 권리들은 규정되어 있지 않다. "크리에이티브 커먼즈는 생산자-통제를 부정하기는커녕 합법화하고 생산자와 소비자의 구별을 폐지하기는커녕 강화한다. 크리에이티브 커먼즈는 생산자들이, 공통적인 재화에서 사용가치나 교환가치를 창출할 가능성을 소비자들에게 제공해 주지 않도록 하는 법적 틀을 확대한다."[73] 니무스는 소비자들이 (자유 소프트웨어 재단에 의해 보호받는 모델에서처럼) 공통적인 재화로부터 사용가치를 생산해 낼 수 있는, 하지만 더욱 중요하게는 - 상업적 이용의 자유를 의미하는 - 교환가치 역시 생산해 낼 수 있는 완전한 자유를 지지한다. 니무스가 보기에, 공유지는 단순히 그것의 생산자들이나 또는 수동적인 소비자들에 의해서가 아니라 생산적인 소비자들에 의해서 규정된다. 니무스는 크리에이티브 커먼즈 라이선스들이 생산성을 향해 공유지를 개방하는 것이 아니라 다양한 제한들을 통해 공유지를 제약한다고 주장한다. 요컨대, 크리에이티브 커먼즈 라이선스들은 '창조적 반反공유지'Creative Anti-Commons가 된다.

공공 영역[퍼블릭 도메인], 반저작권, 카피레프트[74]는 모두, 누구

---

73. Anna Nimus (alias Dmytri Kleiner and Joanne Richardson), 'Copyright, Copyleft & the Creative Anti-Commons', December 2006. Web : subsol.c3.hu/subsol_2/contributors0/nimustext.html; and www.nettime.org/Lists-Archives/nettime-l-0612/msg00024.html.
74. [옮긴이] 공공영역(public domain) 또는 '퍼블릭 도메인'은 저작권이 소멸되어 누구든지 어떠한 방법이나 목적으로도 자유로이 수정, 사용할 수 있는 저작물을 가리킨다. 반저작권(anticopyright)은 저작권법에 대한 전면적이거나 부분적인 반대를 가리킨다. 반저작권을 주장하는 사람들의 핵심 주장 중 하나는 저작권이 사회

라도 자유롭게 이용할 수 있는 공유지, 비소유의 공유된 공간을 창출하려는 시도들이다. …… 반대로 크리에이티브 커먼즈는 비소유적으로, 문화적으로 공유되는 자원을 창출하기 위해 재산 소유(저작권 법)의 체제를 활용하려는 시도이다. 문화적 재화들이 뒤섞여 있는 크리에이티브 커먼즈의 자루는 공동으로 열리지 않는데, 그러한 재화들의 사용을 허용하느냐 거절하느냐 하는 것은 개별 저자들의 선택이기 때문이다. 크리에이티브 커먼즈는 사실상, 의도적인 현혹적 이름 아래에서 자본주의적인 사유화 논리를 유포하는 반反공유지anti-commons이다.[75]

니무스는 반저작권 지하 조직의 역사적 변형으로부터 진화한 흥미로운 **계급 구성**을 지적한다. "지적 재산권에 반대하는 사람들은 전위 예술가들, SF 잡지 제작자들, 급진적 음악가들, 하위문화적 과격파 그룹들 가운데에서 풍부한 역사를 가지고 있다. 오늘날 지적 재산권에 대한 싸움은 법률가들, 교수들, 정부의 관리들에 의해 선도되고 있다."[76] 이 세력들이 저작권 자체의 개념을 문제 삼지 않고 오히려 사적 소유를 공적 영역으로 끌어들이려고 시도하는 크리에이티브 커먼즈의 바로 그 틀을 통해 자본주의에 흡수되어 왔다.

에 무익하며, 창조성을 착취하여 소수에게 부를 집중시킨다는 것이다. 카피레프트(copyleft)는 독점적인 의미의 저작권에 반대하면서, 저작권에 기반해 사용을 제한하는 것이 아니라, 저작권을 기반으로 정보 공유를 보장하는 라이선스이다.
75. 같은 책.
76. 같은 책.

지적 재산권의 폐지를 위한 운동으로 시작한 것이 소유자들의 특허를 최적화하는 운동이 되었다. 거의 예고도 없이, 한때 급진파들, 해커들, 해적들의 매우 위협적인 운동이었던 것이 이제는 개량주의자들, 수정주의자들, 그리고 자본주의 옹호론자들의 영역이 되었다. 자본은 위협을 받으면 자신에 대한 반대를 흡수한다.[77]

(더 폭넓은 경향의 한 사례로 받아들여지는) 니무스와 크래머의 비판들은 모두, 최소한 이러한 텍스트들 속에서는 여전히 자유주의적 전통에 가깝다. 이들은 지적 재산권 체제(저작권, 카피레프트, 크리에이티브 커먼즈 등 어떤 형태이건) 이면의 잉여가치 추출과 미시경제적 힘들에 대해서는 어떠한 설명도 하지 않는다. 이와 달리, 자유 소프트웨어, 크리에이티브 커먼즈와 여타의 **디지털만의 공통주의**digital-only commonism 형태들에 대한 자율주의적 맑스주의 진영의 비판이 존재한다. 예를 들어, 정치 활동가 마틴 하디는 "FLOSS[자유 오픈소스소프트웨어]가 현재, 지구의 공간을 매끄럽게 하기 위한 여행 속에서 바이러스처럼 퍼지는 것으로 보이는 자유에 대한 각별히 미국적인 시각에 머문다."[78]고 생각한다. 하디는, FLOSS가 자신이 생산력들과 맺는 관계 또는 자신이 자본에게 포획되는 방식을 결코 문제 삼지 않는다는 바로 그 이유 때문에 FLOSS를 비판한다.

---

77. 같은 책.
78. Martin Hardie, 'Floss and the "Crisis":Foreigner in a Free Land?', *Sarai Reader 04 Crisis/Media* (Amsterdam-New Delhi:Sarai, 2004). Web:www.sarai.net/publications/readers/04-crisis-media/51martin_hardie.pdf.

FLOSS의 논리는 단지, 우리가 결코 착취당하지 않거나 다른 사람의 명령에 복종하지 않아도 되는, 기업가의 자유를 위한 새로운 공간을 약속하는 것 같다. '저작권 자유'에만 초점을 맞추면 장벽 없는 전지구적 공장 내부에서 작동하는 가치화 과정에 대한 고찰을 할 수 없게 된다. …… FLOSS는 다소 '비역사적인' 자유의 형태처럼 보이는데, FLOSS의 논리가 그 특별한 계보학을, 어떠한 물질적이거나 역사적인 또는 생산적인 힘들이 아니라 기초적인 법적 원리라는 초월적이고 상존하는 개념 내부에 위치 짓는다는 점에서 그렇다.[79]

니무스에 비해 하디는 IP 전투 뒤편에서 이루어지는 **계급 구성**을 더 광범한 전지구적 **기업 구성**corporate composition으로 확장한다. 크리에이티브 커먼즈와 자유 소프트웨어 이면의 실재적 세력들은 단순히 개혁적 법률가들과 NGO들의 신세대에 속하는 것이 아니라, 특별히 ITC[미국 국제무역위원회] 기업들에 속한다. 이들 기업들의 사업은 자유로운 개발가들의 확산된 '장벽 없는 공장'에 의존한다.

FSF[자유 소프트웨어재단]의 법률 고문인 에벤 모글렌은 그들이 GPL[제너럴퍼블릭라이선스][80] 성공의 관건으로 생각하는 것에 대

---

79. Martin Hardie, 'Change of the Century: Free Software and the Positive Possibility', *Mute*, 9 January 2006. Web: www.metamute.org/en/Change-of-the-Century-Free-Software-and-the-Positive-Possibility.
80. [옮긴이] GPL(General Public Licence)은 〈자유 소프트웨어 재단〉(OSF)에서 만든 라이선스로 소프트웨어에 적용된다. 주된 내용은 다음과 같다. ① 컴퓨터 프로그램

해 논평을 했다. 그는 GPL과 관련하여 적대적인 상황이 발생하지 않는 것이 부분적으로는 그 소프트웨어를 사용하는 거대 조직들이 '자유 소프트웨어로부터 얻는 혜택을 이해하는' 정보 과학기술 체계들을 구축하는 주요 참가자들이기 때문이라는 점을 인정한다. 이러한 시각에서 볼 때, GPL 법률의 명백한 힘은 법적 원칙이나 자유로부터가 아니라 ITC 경제에 관련된 주요 기업들이 네트워크화된 환경 속에서 발생하는 혁신과 생산에 의존한다는 바로 그 사실로부터 지지를 받는다. 거대 기업들은 장벽 없는 공장의 실존에 의존하며, GPL 법률의 명백한 힘은 이러한 환경 속에서 그러한 공장을 도구화한 결과이다.[81]

자율적인 공유지라는 전술적인 개념은 크리에이티브 커먼즈라는 정치적 모델에 대한 과도한 찬양과 더욱 일반적으로는 **디지털리즘**을 향한 극단적인 경향에 반대하는 이러한 새로운 경향들을 요약하는 것으로 생각할 수 있다. 가설적인 도식이나 잠재적인 매핑 mapping[지도 작성]을 제공하기 위해 자율적인 공유지는 1) 수동적이고 개인적인 소비뿐만 아니라 (개별 노동자들에 의한 상업적 활용을 포함하여) 공통적인 재화의 생산적 활용을 허용하고, 2) 전지구

을 어떤 목적으로든 사용할 수 있다. ② 컴퓨터 프로그램의 복사본을 언제나 프로그램의 코드와 함께 판매 또는 무료로 배포해야 한다. ③ 컴퓨터 프로그램의 소스코드를 용도에 따라 변경할 수 있다. ④ 변경된 컴퓨터 프로그램 역시 프로그램의 코드와 함께 자유로이 배포해야 한다. ⑤ 변경된 컴퓨터 프로그램도 똑같은 라이선스를 취해야 한다.
81. 같은 책.

적 경제 내부의 공유지의 역할과 **연루**를 문제 삼으며 거대 회사들의 착취로부터 공통적인 재화를 구출하고, 3) 비물질적인 공유지와 물질적인 공유지 간의 **비대칭성**을 인식하고 물질적 생산에 가해지는 비물질적인 축적의 영향(예컨대 리눅스를 활용하는 IBM)을 인식하며, 4) 공유지를 역동적으로 구축되고 방어되어야 하는 혼성적 공간으로 간주한다. 나중에 분명해지겠지만, 새로운 공유지(디지털 또는 그 밖의 것)는 전술적이고 맥락적인 실재entity로서, 힘들의 복합적인 매트릭스로 기술되어야지, 그저 마찰 없는 자유의 추상적인 공간으로 기술되어서는 안 된다.

자율적인 공유지를 향하여

자유문화에 대한 수많은 비판들에는 노동의 물질성 및 일상적인 경제와의 더 많은 마찰을 향한 욕망에 의해 추동되는 유형有形의 공유지를 위한 직접적인 호소가 존재한다. 하지만 일관된 공유지를 위한 모든 호소들 중에서 오직 카피파레프트[82] 라이선스에 대

---

82. [옮긴이] 카피파레프트(copyfarleft)는 디미트리 클라이너가 제시한 개념으로 직역하면 '더 나아간 카피레프트'의 의미를 갖는다. 클라이너는 크리에이티브 커먼즈나 카피레프트 같은 기존의 반저작권, 대안저작권 운동들이 불충분하다고 비판한다. 그는 하나의 라이선스가 모든 사용자에게 동일하게 적용되어서는 안 되며 계급에 따라 다른 규칙들이 적용되어야 한다고 본다. 노동자 소유 혹은 공유지 기반 생산 형태에서 노동하는 사람들을 위한 규칙과, 사유재산을 소유하고 노동자를 고용하는 사람들을 위한 규칙, 임금노동을 하는 사람들을 위한 규칙이 각기 달라야 한다는 것이다. 이로써 생산자들은 노동생산물의 가치를 보장 받게 되고, 사유재산 소

한 디미트리 클라이너의 생각만이 갈등의 핵을 실용적 제안으로 변형하여 자유문화의 무미건조한 패러다임을 깨뜨리고자 시도한다. 클라이너는 자신의 논문 「카피파레프트와 카피저스트라이트」에서 어떠한 디지털 분배보다 더 중대하고 결정적인 **재산 분배**에 주목하는 것에서 시작한다. 세계 인구의 10퍼센트가 전지구적 자산의 85퍼센트를 소유하고 있는 것에 반해 대다수의 사람들은 거의 아무것도 소유하지 못하고 있다는 것이다.[83] 유산계급의 이러한 물질적 지배는 현실적으로 비물질적 자산에 대한 저작권 통제의 결과로 확대된다. 그리하여 디지털 대상들은 소유되고 통제되고 거래될 수 있다. 예를 들어 음악의 경우, 지적 재산권은 오늘날 음악가들에게보다 소유자 유산 계급에게 더 중요하다. 마찬가지로 문화 생산자들은 종종 작가로서 자신의 권리들과 함께 그들 자신의 작업들에 대한 통제권을 양도할 수밖에 없다. 지적 재산권이 거대 기업에 의해 축적되게 되면 그것은 음악가의 수중에 있는 지적 재산권과 더 이상 동일한 것이 아니다.[84] 하지만, 많은 경우에 디지털 공유지는 예술가들을 위한 더 나은 환경을 제공해 주지 않는다. 작가들

유자들이 임금노동자를 고용해 이윤을 취하는 것이 불가능해지게 된다. 예컨대 카피파레프트 라이선스 하에서 노동자 소유의 협동조합은 공유자원을 자유롭게 재생산, 배포, 수정할 수 있지만 사기업의 공유자원에의 접근은 제한된다.

83. Dmytri Kleiner, 'Copyfarleft and Copyjustright', *Mute*, 18 July 2007. Web:www.metamute.org/en/Copyfarleft-and-Copyjustright.

84. 이것은 들뢰즈와 가따리의 다음과 같은 문장을 바꾸어 표현한 것이다. "봉급생활자의 호주머니에 들어가는 돈과 기업의 장부 속에 등기되는 돈은 같은 돈이 아니다." Deleuze and Guattari, *Anti-Oedipus*, p. 228 [들뢰즈·가타리, 『앙띠 오이디푸스』, 342쪽].

은 일반적으로, 카피레프트 해결책이 그들에게 생활을 보장해 준다는 것에 회의적이다. 결국, 인지자본주의에서 작가들의 임금 조건은 전통적인 산업 경제와 똑같은 법칙들을 따르는 것 같다. 이 점에 대해서 수많은 분별 있는 카피레프트 지지자들은 오늘날의 작가들이 개인 소득과 자유문화 모두를 보호하기 위해 따라야 하는 대안적이고 지속 가능한 경제 모델들의 충분한 목록을 제공할 준비가 되어 있다. 반면에 클라이너는 보다 일반적인 견지에서 이 문제를 바라보며, 오늘날의 자본주의 경제의 광범한 생태계에 맞서 그것을 틀 지운다. 클라이너는 지대(생산적 자산의 소유자가 무언가를 하는 것이 아니라 단지 그것을 소유하고 있다는 것에 의해 벌어들일 수 있는 수입)에 대한 리카도의 정의와 소위 '임금 철칙'에서 벗어나 '저작권 소득 철칙'을 발전시킨다.[85]

출판, 배포, 광고, 미디어 생산 등의 수단에 대한 사적 통제 체계를 통해 분명히 알 수 있는 것은, 예술가들과 여타의 모든 창조적 노동자들이 최저 생활을 할 수 있을 뿐이라는 점이다. 생화학자건 음악가건, 소프트웨어 기술자건, 또는 영화제작자건 이들은 자신들의 모든 저작권들을 이러한 권리들이 작업의 재생산 비용에 지나지 않는 어떠한 실재적인 재정적 가치를 갖기 이전에 재산권 소유자들에게 양도했다. 이것이 바로 내가 저작권 소득 철

---

85. 다음을 보라. en.wikipedia.org/wiki/Iron_law_of_wages.

칙이라고 부르는 것이다.[86]

클라이너는 저작권과 카피레프트 체제들 양자(그리고 크리에이티브 커먼즈 라이선스들 사이에 존재하는 모든 것들)가 노동자들의 소득을 지속 가능한 평균적인 필요조건 아래로 유지한다는 것을 인정한다. 특히, 카피레프트는 소프트웨어 개발자나 예술가들 어느 쪽에게도 도움이 되지 않는데, 그것은 카피레프트가 주요 기업들과 물질적 기반시설 자산들의 여러 소유주들 편에서 잉여와 지대를 재할당하기 때문이다. 크리에이티브 커먼즈 모델의 부상은 카피레프트 운동의 처음 10년 동안 대차대조표를 작성하면서, 경제적 지대의 자유문화자본 free cultural capital에 대한 예기치 않은 식민화를 불러왔다.

따라서 자유 소프트웨어 커뮤니티가 전개한 카피레프트는 대부분의 예술가들이 선택할 수 있는 옵션이 아니다. 임금 철칙이 적용되어 소프트웨어 개발자들이 소득을 벌어들인다 할지라도, 그것은 일부에 지나지 않는다. 재산 소유자들이 여전히 개발자들의 노동 생산물의 완전한 가치를 포획할 것이다. 그러므로 카피레프트는 어떠한 물질적 의미에서도 '더 좋은 사회를 만들' 수 없다. 왜냐하면 여러 부류의 노동자들이 그것을 이용할 수 없을 뿐만 아니라 카피레프트 정보의 생산자들이 창조한 추가적인 교환

---

86. Kleiner, 'Copyfarleft and Copyjustright'.

가치의 대부분이 어떤 경우에서건 물질적 재산의 소유자들에 의해 포획되기 때문이다.[87]

클라이너에 따르면, 자본은 카피레프트 운동의 에너지를 흡수하고 분자적 규모에서 지대 체계를 재도입하기 위해 엄격한 저작권 체제에서 (크리에이티브 커먼즈로 알려진) '카피저스트라이트'copy-just-right 체제로 이동하는 것이 필요했다. 마찬가지로 자본은 자유 소프트웨어 개발자들의 집단지성 전체로 지대를 확대했고, 그들을 '저작권 소득 철칙' 아래 붙들어 두었다.

따라서 자본이 소프트웨어 개발 비용을 절감하기 위해 카피레프트 소프트웨어 운동과 결합한 것과 꼭 마찬가지로, 자본은 또한 파일공유와 샘플링을 그 밖의 소유 기반 통제 시스템 속으로 통합하기 위해 저작권 반대 예술 운동과 결합하고 있는 중이다. 왜냐하면 카피레프트는 복제할 수 있는 권리를 위한 지대 추출을 허용하는 것이 아니라 (그리고 재산 소유자들이 원하는 것은 소유권 체제에 도전할 어떤 것이 아니다) 오히려 파일공유와 리믹싱 같은 실천들이 소유권 체제와 공존할 수 있도록 더 많은 범주들과 하위범주들을 창안하는 것을 허용하는 것이기 때문이다. 즉, '카피저스트라이트'copyjustright가 그것이다. 이것은 현대적인 용도에 적용할 수 있고 그러면서도 여전히 궁극적으로는 통

---

87. 같은 책.

제의 논리를 구현하고 보호할 수 있는 더 유연한 형태의 저작권인 것이다. 이것의 가장 유명한 사례가 소위 크리에이티브 커먼즈이며, 그들이 말하는 무수한 '정당한 권리'just right 라이선스이다. '일부 권리는 제한되어 있습니다.'[88]라는 이 사이트의 모토가 모든 것을 말해 주고 있다.[89]

클라이너는 다음과 같은 급진적인 입장에 도달한다. 카피레프트건, 저작권이건, 또는 카피저스트라이트이건 이러한 저작권 소득 철칙을 극복할 수 없으며 실질적 생산자들, '노동계급'에게 도움을 줄 수 없다는 것이다. 그렇다면, 그것들이 우리에게 도움을 줄 수 없는데도 우리는 왜 아직도 대안적인 지적 재산권 라이선스들에 대해 논의하고 있는 것일까? 클라이너가 제시하는 해결책은 **카피파레프트**이다. 이것은 계급 분열을 인정하고 노동자들이 다시 생산수단을 요구하는 것을 허용하는 혼성적 지위를 갖는 라이선스이다. 카피파레프트 생산물들은 무료지만, (그 밖의 노동자나 협동조합처럼) 오직 임금노동을 착취하지 않는 사람들만이 돈을 버는 데 그것들을 이용할 수 있다.

카피레프트가 어떠한 혁명적인 잠재력을 가지려면 그것은 카피

---

88. [옮긴이] CCL의 핵심적인 주장이 담긴 모토인 'Some rights reserved'를 옮겼다. 기존 저작권(copyright)의 독점적 권리를 보장하는 'All rights reserved'에 대해 저작물의 개방을 전제로 하고 원저자를 밝히도록 한 것이다.
89. 같은 책.

파레프트가 되어야 한다. 그것은 생산수단의 노동자 소유를 요구해야 한다. 이러한 것을 하기 위해 라이선스는 모든 이용자들에게 해당하는 일련의 단일한 조항들을 가질 수 없으며 오히려 상이한 계급들에게 적합한 상이한 규칙들을 가져야 한다. 구체적으로 말해 어떤 규칙들은 노동자 소유와 공유지 기반 생산 내부에서 노동하는 사람들에게 적합한 것들이며, 또 다른 규칙들은 생산에 사적 소유와 임금노동을 활용하는 사람들에게 적합한 것들이다.[90]

이 모델에 의하면, 거대한 규모로 임금노동과 사적 소유를 착취하는 사람들은 카피파레프트를 이용할 수 없지만, 일반 노동자들과 생산자들은 공동 재산에 노동을 투입함으로써 자유롭게 공유하고 이득을 볼 수 있다. 예들 들면 다음과 같다. "카피파레프트 라이선스 아래에서는 노동자 소유의 인쇄 협동조합은 그들이 원하는 대로 공통적인 재화를 자유롭게 복제, 재분배, 수정할 수 있지만, 사적 소유의 출판 회사는 자유롭게 접근하지 못할 것이다."[91] 카피파레프트는 일부 크리에이티브 커먼즈 라이선스의 지원을 받는 '비상업적' 이용과는 상당히 다른데, 그것은 이 라이선스들이 (공유지 내부의) 내적인endogenic 상업적 이용과 (공유지 외부의) 외적인exogenic 상업적 이용을 구분하지 않기 때문이다. 둘 다 금지되는 것이다. 클

---

90. 같은 책.
91. 같은 책.

라이너는 다음과 같은 비대칭성을 도입할 것을 제안한다. 외적인 자본주의적 이용을 금지하는 한편 내적인 상업적 이용은 허용되어야 한다는 것이다.

> 카피파레프트 라이선스는 공유지 기반의 상업적 이용을 허용해야 하지만 임금노동의 착취를 통해 이익을 얻을 수 있는 능력은 거부해야 한다. 카피레프트의 비상업적 접근법은 둘 다 해 내지 못한다. 이것은 공유지 기반 거래를 방해하며, 착취자들로 하여금 일부 전리품을 소위 원저자와 공유하도록 요구하는 것을 통해서만 임금 착취를 제한한다. '비상업적인'은 필수적인 내적/외적endogenic/exogenic 경계를 기술하는 적절한 방법이 아니다. 하지만 공유지 기반 생산자들이 이용할 수 있는 적절한 합법적인 틀을 제공하는 여타의 공유지 라이선스는 존재하지 않는다. 소외된 소유와 임금노동이 그 밖의 자유로운 정보 공유지의 재생산 속에 채택되지 못하도록 효과적으로 가로막는 라이선스만이 부의 분배를 바꿀 수 있다.[92]

흥미로운 것은 이것이 공유지에 대한 최초의 제도화를 올바르게 응용한 것이라는 것이다. (오늘날의 문화적 논쟁 속에서 이러한 특징을 반복하는 것이 여러 사람들에게 이상하게 들릴지라도) 공유지는 [과거에는] 엄밀히 말해 물질적 생산과 관련되었다. 공유지는

---

92. 같은 책.

특정한 공동체가 수확을 하거나 동물들을 사육하기 위해 사용한 토지였다. 누군가 그 토지에서 소를 방목하여 우유를 생산할 수 없었다면, 그것은 실재적 공유지로 간주되지 않았을 것이다. 클라이너는 그 공유지에서 돈을 벌 수 없다면 하나의 문화 작품은 공유지에 속하지 않는다고 주장한다. 그것은 여전히 사유 재산이라는 것이다.

네트워크의 빈곤

문화적 가공물 이후 디지털리즘이 새롭게 맞이한 도전은 더 말할 것도 없이 자유 소프트웨어 모델을 사회적 생산에 적용하는 것이었다. 잉여에 집중하는 것은 자유문화 외에 자유 생산의 이데올로기가 어떻게 항상 존재하는지를 다시 설명해 줄 수 있다. 티지아나 테라노바가 『네트워크 문화』에서 명확하게 설명한 것처럼, 자유 생산은 실제로 언제나 자유노동의 대규모 지출에 의해 유지된다.

증여 경제가 보다 대규모적인 디지털 경제의 하나로서 그 자체가 후기 자본주의 전체에서 이루어지는 노동력 재생산 안에서 하나의 중요한 힘이라는 점을 상기하는 것이 중요하다. '자유노동'의 공급provision은 …… 디지털 경제에서 이루어지는 가치 창출에서

근본적인 계기이다.[93]

이러한 경향을 입증할 만한 것은 요차이 벤클러의 책 『네트워크의 부』이다. 여기에서 벤클러는 "세계 경제를 바꾸고 있는" 지원병들의 인터넷 기반 P2P 반저작권 운동이 부상하는 것을 찬미한다. 그는 이것을 **사회적 생산**이라고 부른다.[94] 그의 설명에서 노동 착취, 잉여 축적, 그리고 경제적 지대는 언제나 레이더에 포착되지 않는다. 그래서 벤클러는 사회적 생산이 사업에 좋다고 주장한다. "자신의 사업 모델을 자유 소프트웨어의 출현에 적용하는 데 가장 적극적으로 관여했던 회사들 중의 하나"였던 IBM을 "훌륭한 사례"로 들어보라.[95] 이러한 이윤 폭의 또 다른 측면에서 보면, 노동자들은 위키피디아의 성공을 단순하게 향유하도록 권유를 받는다. 이러한 의미에서 디미트리 클라이너는 벤클러에 대한 리뷰의 제목을 「네트워크의 빈곤」이라고 논쟁적으로 붙였다.

> 부유한 네트워크는 가난한 행성[지구]의 맥락 내부에 존재한다. 빈곤 문제의 뿌리는 문화나 정보(둘 다 빈곤의 요인들이라고 하더라도)의 결핍에 있는 것이 아니라 재산 소유 계급들의 생산계급들에 대한 직접적인 착취에 있다. 빈곤의 원천은 재생산 비용

---

93. Tiziana Terranova, 'Free Labor: Producing Culture for the Digital Economy', Web: www.electronicbookreview.com/thread/technocapitalism/voluntary
94. Yochai Benkler, *The Wealth of Networks: How Social Production Transforms Markets and Freedom*. Web: www.benkler.org.
95. 같은 책.

이 아니라, 생산자들이 생산수단에 독립적으로 접근하지 못하도록 막음으로써 그들이 노동의 전체 생산물 이하를 임금으로 받아들이도록 강제하는, 추출된 경제적 지대이다.[96]

인용한 구절들이 보여 주려고 하는 것처럼, 핵심 이슈는 실물 경제의 비대칭들을, 디지털적인 것과 물질적 영역 사이의 한계점을, 물질적 부를 실재적 생활에 축적하고 분배하는 기생적 관계를 비판적으로 밝히는 것이다. 벤클러의 시나리오에서, 정보 공유지는 기름칠을 한 거대한 엔진을 축으로 회전하는 마찰 없는 회전목마로 나타난다. 그렇지만 이 공유지는 항상 검열을 받으며 비판을 벗어나 있다. 여기에서조차 벤클러가 계속해서 언급하는 공유지는 순수하게 디지털적인 영역들이다. 즉, 이 허구적인 공유지는 실재적인 생산적 공유지의 현실적 잠재력과 아무런 관계가 없다. 재생산 비용이 들지 않고 자유로운 디지털 사본들의 자유로운 교환이 존재한다면 물질적 재화를 확보하기 위해 교환가치를 얻는 것은 불가능하다고, 클라이너는 맑스주의적 용어들로 진술한다.

공유지 기반 또래집단 생산[97]이 어떠한 실질적인 재생산 비용이

---

96. Dmytri Kleiner, 'WOS4 : The Creative Anti-Commons and the Poverty of Networks'. Review of Wizard of OS4, Berlin. Web : www.metamute.org/en/WOS4-The-Creative-Anti-Commons-and-the-Poverty-of-Networks.
97. [옮긴이] 공유지 기반 또래집단 생산(Commons-based peer production)은 법학자이자 네트워크 이론가인 요차이 벤클러가 만든 용어다. 전통적인 위계적 조직 없이 수많은 사람들의 창조적인 에너지가, 인터넷의 도움으로 거대하고 의미 있는 프로젝트로 통합되어 나가는 새로운 사회경제적 생산 모델을 가리킨다.

들지 않는 디지털 재산으로 만들어진 공유지에만 한정된다면, 생산된 사용 가치가 어떻게 교환가치로 바뀔 수 있는가? 재생산 비용이 들지 않는 어떤 것은 자유로운 교환의 맥락 속에서 교환가치를 지닐 수 없다. 더욱이 그것이 교환가치로 전환될 수 없다면, 또래집단 생산이 어떻게 그들 자신의 생존을 위한 물질적 필요들을 획득할 수 있는가?[98]

실제로 교환가치는 존재한다. 하지만 교환가치는 물질적 기반시설 및 공유지의 가상적인 공간들(인터넷 그 자체, 우리를 둘러싼 수많은 하드웨어, 독점적인 사회적 네트워크들, 온라인 광고 등등)에 적용되는 지대^{rent}를 따라 생산된다. 클라이너에 따르면, 벤클러는 사회적 생산 개념을 통해서, 비물질적 공유지를 착취하고 그 대가로 아무것도 제공하지 않는 것에 대해, 사적 부문에 또 다른 알리바이를 제공한다.

어떤 교환가치가 정보 공유지에서 나오더라도 그 교환가치는 언제나, 공유지 바깥에 존재하는 부동산(물적 재산) 소유자들에게 취득될 것이다. 사회적 생산이 일반적인 물질적 부에 영향을 미치기 위해서는, 물리적 생산수단과 가상적 생산수단 모두 또래집단 생산을 위한 공유지 안에서 이용 가능한 재화와 서비스의 전체 시스템의 맥락 내부에서 작동해야 한다. 벤클러는 정보만의

---

98. 같은 책.

information-only 공유지라는 맥락 속에 공유지 기반 또래집단 생산이라는 이념을 설정함으로써 P2P 경제(즉 경쟁적 부문)를 제시하고 있지만, 이것은 재산 특권 경제(즉 독점 부문들)에 의한 전유를 위해 부를 창출할 수 있는 또 하나의 방법이다.

기업계에서 벤클러의 시각은 니콜라스 카의 실용주의적 예언에 의해 비판받았다. 카는 인터넷 기반 또래집단 생산이 곧 화폐화(상업화)될 거라는 관점에서 다음과 같이 예언했다. 아마추어들과 자원봉사자들은 곧 현금을 받고 콘텐츠를 생산하게 될 것이다.[99] 이제 인터넷의 기생적 차원에 대한 인식이 싹트고 있다. 이어지는 장들에서 나는 자율주의적 맑스주의의 이론적 전통에서 발전한 새로운 지대 이론이 기술–이데올로기techno-ideology의 환상을 밝히고 비물질적인 또는 과학기술적인 기생parasitism의 역할을 완전하게 이해하는 데 얼마나 유용한지를 설명할 것이다. 하지만 그렇게 하면서 우리는 디지털–만의digital-only '사회혁명'의 조장에 맑스주의가 잘못 이용될 수 있다는 점을, 그리고 급진적 사유 자체가 디지털리즘 의제를 위한 운동장이 될 수 있다는 점을 항상 기억해야 한다.

---

99. 다음 글에 실린 카의 게시물과 벤클러의 댓글을 보라. Nicholas Carr, 'Calacanis's wallet and the Web 2.0 dream', *Rough Type*, 19 July 1999. Web : www.roughtype.com/archives/2006/07/jason_calacanis.php.

세계에 들러붙은 해커에 들러붙는 기생체

매켄지 와크의 『해커 선언』은 정보 사회와 디지털 경제에 대한 맑스주의적 비판을 발전시키려는 주목할 만한 시도이다.[100] 그렇지만 와크는 여전히 디지털리즘 형식의 함정에 빠져 있다. 여기에서 **해커계급**이라는 용어는 맑스주의적 사유와 (전통적으로 특히 영미의 상황에서 어떠한 종류의 맑스주의에 대해서도 알레르기 반응을 보이는) 인터넷 기반의 노동자와 활동가 들의 새로운 자율주의적 운동들을 종합하기 위한 시도로서 도입된다. '해커계급'은 일반지성이라는 오래된 맑스주의적 개념의 계통을 잇는 비물질 노동자, 코그니타리아트, 다중 등등과 같은 모든 대륙적 용어들을 **캘리포니아 식으로**[101] 번역한 것이다. 그러므로 와크의 해커계급은 각별히, 네그리, 라짜라토나 비르노 등에서 발견할 수 있는 산 노동 또는 두뇌들의 협력보다는 **추상 능력**(새로운 아이디어들을 구상하는 능력 또는 창조적 활동)에 의해 정의된다.

모든 계급은 세상에 대한 이러한 잔인한 추상을 두려워한다. 그들의 운명[재산]fortunes은 아직 이 세상에 의존하고 있[기 때문이]다. 단 한 계급, 해커계급을 제외한 모든 계급이 그렇다. 우리는

---

100. McKenzie Wark, *A Hacker Manifesto* (Cambridge, MA : Harvard University Press, 2004). Web: www.hup.harvard.edu/catalog/warhac.html.
101. [옮긴이] 캘리포니아는 첨단기술 연구단지인 실리콘 밸리가 위치하고 있는 미국의 문화적 풍경의 중심지라고 할 수 있다. 이러한 특징을 반영한 표현으로 보인다.

추상의 해커들이다. 우리는 원 데이터로부터 해킹한 새로운 개념 [화]들, 새로운 지각[화]들, 새로운 감각[화]들을 생산한다. 우리가 해킹한 코드가 무엇이건, 그것이 프로그램 언어건, 시적 언어건, 수학이건 음악이건, 곡선이건 물감이건, 우리는 새로운 세계[들]의 추상자들이다.[102]

드보르의 『스펙타클의 사회』와 유사한 아방가르드 스타일에도 불구하고, 『해커 선언』의 이론적 핵심은 사실상 소유[권]의 위기이다. 와크는 해커계급이 이전의 어떠한 사회투쟁보다도 더 효과적으로 소유권의 문제를 다시 다룰 수 있을 것으로 생각한다. 놀랍게도 그는 물질적 소유권과 비물질적 소유권(물질적 재화나 생화학적 에너지에 관한 소유권에 대립하는 기호들과 아이디어들에 관한 소유권)을 구분하지 않는다. 와크는 암묵적으로, 디지털 데이터의 자유로운 복제가 결국 물질적 소유권 자체를 침식할 것으로 생각한다. [이와 같은 방식으로 와크의] 부드러운 soft 맑스주의는 해커계급을 규정한다. 맑스가 혁명적 해결책으로 사적 소유 폐지와 생산수단 재전유를 제안했다면, [와크의 이론에는] 고요한 반란인 증여의 제스처만이 존재한다. 증여 경제는 소유권 체제에 대한, 그리고 '벡터 vectorialist계급'(미디어 기반시설을 소유하고 있는 계급)의 권력에 대한 실재적 위협으로 제시된다. 이와 꼭 마찬가지로 P2P 네트워크들은 음악 및 영화 산업들을 침식하고 있다. 그렇지만 이러한 형태의

---

102. 같은 책, p. 2.

사보타주는 아직도 대부분 디지털적이다.

이 책의 선언 스타일은 원칙적으로 이항적 도식에 갇혀 있다. 와크는 자본주의가 이미 제3의 길을 발견했으며 수많은 사업 모델들이 이미 '증여 경제'에 기초하고 있다는 점(자유 소프트웨어에 기생하는 IBM, 무료 서비스를 제공하는 구글 등등)을 인식하지 못한다. 이와 반대로 와크는 '벡터' 계급이 여전히 반동적인 희소성 개념에 몰두하고 있으며 소유권 개념 자체가 더욱 역동적으로 다루어지는 매우 경쟁적인 환경 속에 자신들을 위치지우지 못했다고 생각한다. 와크는 맑스주의적인 구세주적 서사를 매트릭스로 몰아넣으면서, 벡터계급이 그 자신이 구축을 도왔던 '모순', 즉 인터넷에 의해 제거될 것이라고 믿는다. 다시 말해, 디지털 미디어에 의해 촉발된 욕망의 무한한 재생산(들뢰즈와 가따리가 다시 손을 내뻗었다!)은 멈출 수 없는 운명에 처해 있다.

> 정보의 생산과 분배를 위한 모든 벡터들에 대한 독점권을 획득하지 않는 한 벡터계급은 해커계급의 자유로운 생산성을 완전하게 제한할 수 없다. 해커계급은 욕망의 자유로운 생산성을 위해 훨씬 더 많은 연료를 계속해서 생산한다.[103]

책의 어떤 장에서 와크는 소유권의 문제를 잉여 개념에 연결하려고 시도한다. 여기에서조차 그는 은연중에 **디지털 잉여**만을 언급하고

---

103. 같은 책, p. 309.

비트들bits의 저비용의 1차원적 복제를 언급한다. 그는 디지털 잉여와 맑스의 잉여가치 개념 또는 바타유의 초과excess를 구분하지 않는다. 글 속에서 바타유를 언급하고 있으면서도 말이다. "지구 위의 생명의 역사는 주로 야성적 과열의 결과이다. 그 지배적 사건은 사치의 발달이며, 점점 더 버거워지는 삶형태들의 생산이다."104 바타유의 야성wild nature이 진정 네트워크를 벗어나 증대할 수 있을까? 이 책의 서두에서 언급한 것처럼 디지털 흐름의 에너지는 물질적 흐름의 에너지와 동등하지 않으며, 이러한 오해는 더 이상 유지되어서는 안 된다. 바타유에게서 에너지 초과가 경제(특히 그 어두운 측면)를 가동시킨다면, [반면에] 다수의 학자들은 과도하게 추상적인 그리하여 결국엔 비파괴적인 초과 개념을 계속해서 물신화한다.

해킹은 유용한 잉여와 쓸모없는 잉여 둘 다를 생산한다. 유용한 잉여는 필연에서 벗어난 자유의 영역을 확장하기 시작한다. 쓸모없는 잉여는 자유 자체의 잉여이며, 필연을 위한 생산에 구속받지 않는 자유로운 생산의 여백이다. 잉여 일반이 늘어나면서, 자신의 쓸모없는 몫을 확장하는 가능성 역시 늘어난다. 이것으로부터 기존의 소유 형태들을 초월하는 해킹의 가능성이 나타날 것이다.105

---

104. 같은 책, p. 300.
105. 같은 책, p. 164.

와크는 잉여의 문제, 그리고 해커계급이 조장하는 인지적이고 과학기술적인 지대의 문제를 해결하지 못하고, 일관된 정치적 패러다임을 전개하는 데 실패한다. 와크는 벡터계급과 해커계급 사이의 갈등이 실재적이라고 생각한다. 그리고 해커계급에 의해 축적된 지식, 즉 '추상'이 논쟁적인 의제라고 생각한다.[106] 하지만, 이러한 자발적 갈등은 비물질적인 수준에서 작동할 뿐이며, 디지털 영역의 바깥에서 이러한 갈등 위에 직접적으로 작동하는 물질적 기생체를 인정하지 않는다. 해커계급의 투쟁은 인터넷의 비육체적 벡터들에서 구동되는, 그리고 전지구적인 노동계급이 비용을 치르는 비디오게임처럼 보인다. 흥미롭게도, 이 지점에서 와크는 농민 및 노동계급 자신들을 위한 합법적인 정치적 모델로서 해커계급을 제시한다. 하지만 자유문화에 대한 비판을 염두에 둔다면, 디지털 공유지가 (최소한 우유, 육류, 곡물 등등을 생산했던) 최초의 공유지와 같은 수준의 부를 생산할 수도 조직할 수도 없다는 것은 분명하다.

농민계급, 노동계급, 해커계급 들이 공통으로 가지고 있는 것은, 지배계급들에 대한 복종으로부터 생산을 분리하는 것에 대한 관심이다. 지배계급들은 생산을 새로운 필수품 생산으로 바꾸고 잉여로부터 굴종을 쥐어짜낸다. 농민 및 노동계급들이 자유로운 생산에 대한 직접적인 지식 속에서 결여하고 있는 것을 해커계급은 직접적인 경험으로부터 얻는다. 해커계급이 결여하고

---

106. 같은 책, p. 127.

있는 것은 소외된 생산에 맞서는 반란이라는 역사적인 계급 기억의 깊이이다. 농민 및 노동계급들은 이것을 풍부하게 가지고 있다.107

세르와 그의 목가적인 이야기들에 따르면 농민계급이 공유지에 대한 건강한 개념을 갖춘 정치적 아방가르드로서 훨씬 더 매력적인 것으로 보인다. 더욱이, 현재의 에너지 위기 및 그와 관련된 히스테리들에 비추어 볼 때, 정보 사회는 집단적인 의제에서 그 우선권을 분명히 상실해 가고 있다. 기후 변화, 에너지 자원, 식량 생산 등은 현재의 정치적 이슈들이 되어가고 있으며, 미디어 문화는 이미 디지털이 감소하고 디스토피아가 증대하는 토대 위에서 재형성되고 있다. 어쩌면 생체에너지bioenergy가 생체코드biocode를 대체하는 중심적 패러다임이 될 수 있을 것이다. 이러한 시각에서 볼 때, 와크는 다음과 같은 철 지난 암시로 자신의 책을 시작한다. "분신[도플갱에]double이 세계를 겁주고 있다. 그것은 추상의 분신[도플갱에]이다." 디지털 추상과 경제적 신의고주의新擬古主義의 뒤편에서 이미 평행진화가 미디어 생태계의 간극들에서 발생하고 있다. 다음 절에서 나는 기생체들이 인지자본주의 아래에서 어떻게 더 강하게 성장하는지를 설명할 것이다. 실로 "세계에 들러붙은 해커들에 기생체가 들러붙고 있다."

---

107. 같은 책, p. 173.

지대
인지자본주의의 디스토피아적 기생체

지대는 새로운 이윤이다

인지자본주의는 어떤 방법으로 돈을 버는가? 잉여는 디지털 경제의 어디에서 추출되고 할당되는가? 최근의 디지털 지식인 digerati과 활동가들의 세계가 '자유' 생산과 '또래집단' 생산의 미화에 골몰하고 있다면, 현명한 경영자들은 ─ 그리고 훌륭한 맑스주의자들 역시 ─ 집단지성의 어깨 위에서 만들어진 이윤에 대해 완전히 인식하고 있다. 예를 들어, 포스트오뻬라이스모 학파는 포스트포드주의 노동자들과 디지털 다중들이 생산한 **일반지성**에 대해 디스토피아적 시각을 지니고 있다. 집단 지식의 축적은 잠재적으로 해방되고 있지만 참된 형태의 사회적 자율이 되기 전에 끊임없이 흡수된다는 것이다. 자본을 1차적인 사회적 기동력으로 인식하고 노동계급을 단순히 하나의 보철prosthesis 또는 구조적 효과로 인식하기를 선호했던 영미 맑스주의와 대조적으로, 1960년대 이래, 이탈리아 아우또노미아[108]의 존재론은 노동계급의 혁신적 힘을 항상 전면에 내세운다.[109] 이와 유사하게 **자유문화론자들**freeculturalists은 네트워크가 혁신적 힘 그 자체라고 찬양한다. 네트워크보다 우선하는 어떤 특별한 사회적 주체도 없다는 것이다. 하지만 좀 더 면밀히 분석해 보면, 네트워크 문화 자체는 지식과 교육의 사회화라는 긴 과정의 최종 단계에 속한다. 이 과정은 2차 세계대전 이후에 시작되어 포스트포드주의적 공장으로 진화했으며, 1960년대의 대항문화와 그 이후의 선구적인 해커 운동을 횡단했다. 점진적으로 구축되어 온 이 집단적이고 사회적인 과정은 이제 그 엔트로피적 전환에 도달했다. 결국, 네트워크를 기반으로 하는 협력은 자율적인 운동으로 시작했지만, 대부분의 디지털 노동자들의 생활 조건들은 개

---

108. [옮긴이] 원어 'autonomia'는 이탈리아어로 '자율'이라는 뜻이다. 안또니오 네그리를 중심으로 1970년대 이탈리아에서 발전한 자율주의적 맑스주의를 말한다. 아우또노미아와 네그리 사상에 대한 자세한 내용은 조정환, 『아우또노미아』, 갈무리 2003을 참조하라.
109. 마리오 트론띠는 자신의 세미나를 모은 책 『노동과 자본』(*Operai e capitale*)에서 (영미권에서는 '자율주의적 맑스주의'로 알려진) 이탈리아 오뻬라이스모의 토대를 놓았다. 여기에서 그는 이러한 정치적 전환을 다음과 같이 명확히 주장했다. "우리 역시 자본주의적 발전을 첫 번째에, 노동자들을 두 번째에 놓는 개념을 가지고 작업을 해 왔다. 이것은 실수였다. 이제 우리는 이 문제를 물구나무 세워, 그 극성을 바꾸고, 처음부터 다시 시작해야 한다. 그리고 그 처음은 노동계급의 계급투쟁이다. 사회적으로 발달한 자본의 단계에서 자본주의적 발전은 노동계급 투쟁들에 종속된다. 이러한 발전은 그러한 투쟁들을 뒤따라 일어난다. 그리고 투쟁들이 앞장서면 자본 자체의 재생산의 정치적 메커니즘들은 이에 조응해야 한다." Mario Tronti, 'Lenin in England', in: *Red Notes* (eds.), *Working Class Autonomy and the Crisis: Italian Marxist Texts of the Theory and Practice of a Class Movement, 1964~79* (London: Red Notes/CSE Books, 1979). 원래의 출처는 다음과 같다. 'Lenin in Inghilterra' in: Mario Tronti, *Operai e capitale* (Turin: Einaudi, 1966).

선되지 못했다. 예를 들어, 온라인 '자유노동'이 '네트워크의 부'보다 훨씬 더 지배적인 것처럼 보인다. 잉여가 네트워크들을 통해 어떻게 분배되는지 그리고 누가 그로부터 이득을 보는지 명확하게 이해하기 위해서는 더 깊은 통찰이 필요하다.

전통적인 경제학과 (자유문화 및 또래집단 생산 옹호자들이 따르는) 새로운 도식들은 디지털 경제에 대해 단지 부분적인 이해만을 할 수 있도록 해 준다. 왜냐하면 이것들은 소위 네트워크 형태의 기교와 자율에 초점을 맞추기 때문이다. 하지만, 최근 포스트오뻬라이스모가 제출한 지대 이론은 훨씬 더 명확한 시각에서 인지자본주의의 기생적 차원을 밝혀준다. 자율주의적 맑스주의는 (제국, 다중, 비물질노동, 삶정치적 생산 등등과 같은) 후기 자본주의에 해당하는 정치적 개념들의 새로운 도구상자로 명성을 얻기 시작하고 있다. 네그리와 베르첼로네는 2007년 11월 『뽀쎄』라는 잡지에 실린 한 논문에서 한 단계 더 나아간다. 그들은 지대가 현대 경제의 핵심적인 메커니즘임을 규명하고 그러한 과정 속에서 드러나는 적대의 새로운 장場을 조명한다.[110] 전통적으로 자율주의적 맑스주의는 잉여의 새로운 기생적 추출 모델보다는 (포스트포드주의의 진화에 뒤이은) 노동조건들의 변형들에 초점을 맞추어 왔다. 고전적인 경제 이론에서 지대는 이윤과 구분된다. 지대는 소유자가 단지 자산을 소유하고 있음으로써 벌어들일 수 있는 기생적 소득이

---

110. Antonio Negri and Carlo Vercellone, 'Il rapporto capitale/lavoro nel capitalismo cognitivo', *Posse*, 'La classe a venire', November 2007. Web:www.posseweb.net/spip.php?article17.

며 전통적으로 토지 재산과 연관되어 있다. 그와 달리 이윤은 **생산적인 것**으로 여겨지며, (상품가치와 노동자로부터) 잉여를 생산하고 추출할 수 있는 자본의 능력과 연관되어 있다. 베르첼로네는 이전 연구에서 다음과 같이 설명한다.

> 리카도의 정치경제학에서 유래된 맑스주의 이론 내에 만연하는 견해에 따르면, 지대는 전자본주의적 유산이며 자본 축적의 진보적 운동을 막는 방해물이다. 이러한 전제에 따르면, 실재적이고 순수하며 능률적인 자본주의는 지대 없는 자본주의이다.[111]

베르첼로네는 현대 경제의 핵심적 특징으로 이윤의 지대화를 강조함으로써 '선량한 생산적 자본주의'라는 생각을 비판한다. 과학기술적 혁신이라는 과대광고와 '창조경제'를 벗어나 전체 자본주의는 지하의 기생적 자연을 만들어 내고 있다. 따라서 베르첼로네는 다음과 같이 인지자본주의의 본성에 적합한 슬로건을 제공한다. "지대는 새로운 이윤이다." 지대가 기생적인 것은 그것이 고전적인 이윤의 선분과 직각으로 만나기 때문이다. 기생은 어원적으로 "다른 사람의 식탁에서 먹는 것"을 의미한다. 즉 직접적인 방법이 아닌 은밀한 방식으로 잉여를 빨아들이는 것을 의미한다. 우리가 컴퓨터

---

111. Carlo Vercellone, 'La nuova articolazione salario, rendita, profitto nel capitalismo cognitivo', *Posse*, 'Potere Precario', 2006; 영어판: 영역자 Arianna Bove, 'The new articulation of wages, rent and profit in cognitive capitalism', Web: www.generation-online.org/c/fc_rent2.htm.

앞에서 자유롭게 생산할 때마다 누군가가 우리의 지갑에 손을 넣는다.

포스트오뻬라이스모는 맑스의 일반지성 개념을 개선함으로써 지대 이론을 발달시켰다. 맑스에게서 일반지성이 기계라는 고정자본에 구현되었다면, 오늘날 가치를 생산하는 지식은 공장의 경계들을 뛰어넘는 두뇌들의 분산된 협력 속에 뿌리를 두고 있다. 이윤과 포드주의 공장의 관계는 지대와 확산된 '사회적 공장'의 관계와 같다.[112] 베르첼로네는 정보혁명 및 네트워크 사회 이론과 달리, 노동의 변동이 ICT[113]의 과학기술 결정론에 의해서는 설명될 수 없다고 주장한다. ICT의 힘power은 자본주의의 생기론적 힘force이 아닌 모든 과학기술에 앞서는 지식의 사회적 네트워크들에 기원을 둔다. 인지자본주의는 기생체의 형태로 이후에 나타난다. 인지자본주의는 사회 지식을 종속시키고 그것[사회 지식]의 해방적 잠재력을 억제한다. 지대는 공유지의 또 다른 측면이다. 지대는 예전에는 공통적인 토지에 드리워졌지만, 오늘날에는 네트워크 공유지에 드리워진다.

이윤의 지대되기는 경영 구조들과 인지노동자의 변형을 의미한다. 자본의 자동화가 협력의 자동화와 나란히 성장해 온 것은 놀라운 일이 아니다. 경영자들이 이제 점점 더 금융적이고 투기적인 업무들을 다룬다면, 노동자들은 분산된 관리를 담당한다. 이러한

---

112. '사회적 공장'은 오뻬라이스모의 또 하나의 핵심적인 개념이다. 다음을 보라. Tronti, *Operai e capitale*.
113. [옮긴이] 글쓴이는 ICT에 대해 따로 설명을 하고 있지 않지만, 맥락으로 보아, 정보 통신 기술(Information & Communication Technology)을 가리키는 것 같다.

진화 속에서 '코그니타리아트'는 두 개의 경향으로 나누어진다. 한편에서는, 고급 기술을 갖춘 인지노동자들이 '자본 지대의 관리들 functionaries'이 되고, 스톡옵션(부분적으로 노동자를 자기 자본 자체 내로 흡수하는 기생적 임금 유형)을 통해 이 체계 내부에 흡수된다.[114] 다른 한편으로는, 대다수의 노동자들은 자신의 기술이 점점 풍부한 지식이 되어감에도 불구하고 생활 조건의 몰락 déclassement 에 직면한다. 신新경제가 낮은 급료의 단조로운 일들 Mcjobs을 더 많이 생산한 것은 이상한 일이 아니다. 임시직 노동자들은 '네트워크의 부'가 증대됨에 따라 급격히 늘어나고 있다. 생산은 사회적이 되었지만, 임금은 여전히 소득에 이르는 유일한 길인 노동의 우리 cage 에 포획되어 있다. 그 결과 소득의 정체와 노동의 불안정화가 일어나는 한편, 지대는 병렬적 수준에서 에너지를 축적한다. 이 모델은 인터넷 회사와 그 **노동자** workforce에게 쉽게 적용될 수 있다. 여기에서 이용자들은 콘텐츠 생산과 웹 경영을 책임지는 지위에 놓이지만, 어떠한 이윤도 공유하지 못한다. 예를 들어 구글 같은 주요 기업들은 애드센스나 애드워즈[115] 등의 서비스를 통해 이용자들이

---

114. 모든 노동자는 그들의 저축이 주식 거래에 투자되기 시작하면서부터 투기적인 지대에 흡수되었다. 이에 대해 크리스티안 마라찌는 자신의 책 『자본과 언어』에서 명확하게 설명했다. 여기에서 신경제 거품 자체는 1970년대에 시작된 가계 저축의 **금융화**와 직접적으로 연결된다. 다음을 보라. Marazzi, *Capital and Language* [마라찌, 『자본과 언어』].

115. [옮긴이] 애드워즈(Adwords)와 애드센스(Adsense)는 구글이 제공하는 광고 서비스로 구글 수익의 주요 원천이다.(2012년 구글이 광고로 번 수익은 425억 달러에 달한다.) 우선 광고주들이 애드워즈에 가입하면 구글 웹사이트와 ask.com, netscape 같은 구글 제휴 사이트에 광고가 게재되며, 애드센스에 가입한 일반 웹사이트들에도 광고가 게재된다. 구글은 클릭수, 조회수 등에 따라 광고주들에게 요금을 부과

생산한 콘텐츠의 관심 경제로 돈을 번다. 구글은 미세한 1차원적 기생체처럼 웹사이트들에 침투하는 광고를 위한 가벼운 기반시설을 제공하여, 어떠한 콘텐츠도 생산하지 않고 이윤을 추출한다. 물론 그러한 가치의 작은 부분은 이용자에게 분배되고, 구글 프로그래머들은 더욱 복잡한 알고리즘을 개발하는 대가로 스톡옵션을 받는다. 이렇게 우리는 인정 많은 기생체의 배 속에 놓여 있는 것이다. 어느 정도, 그것은 여전히 동정적이며 온정주의적이다.

이러한 착종 상황에서 네그리와 베르첼로네는 이윤, 지대, 임금이라는 맑스의 삼위일체 도식의 최종적 붕괴를 주장한다. 그들에게 지대는 일반지성의 시대에 나타나는 자본과 노동 간의 새로운 적대이다. 따라서 지대 이론은 결국 후기 자본주의의 현실적 다양체에 연결되고 그것의 분자적 가치화 전략들에 연결되는데, 그것은 금융, 부동산, 지식, 임금 등등과 관련하여 작동하는 이질적인 종류의 지대가 존재하기 때문이다. 더욱이 네그리와 하트가 『제국』에서 윤곽을 그린 '비물질노동의 출현'에 따르면, 인지노동은 이런 가치화 과정의 핵심에 놓여 있으며, 그 결과 인지노동은 자본주의적 생산 메커니즘을 더욱 쉽게 깨뜨릴 수 있다.[116] 하지만 이러한 개념

한다. 애드센스에는 광고를 자신의 사이트에 게재하여 돈을 벌기를 원하는 웹사이트 소유자들이 가입한다. 웹사이트 소유자가 애드센스에 가입하면, 구글은 그 웹사이트를 분석하여 그 사이트와 관련성이 높은 광고가 자동으로 사이트에 게재되게 한다. 웹사이트 방문자가 광고를 클릭하거나 링크가 제공하는 컨텐츠를 다운받으면 구글이 애드워즈 가입자로부터 돈을 받아 일부를 애드센스 가입자에게 나눠준다.
116. Michael Hardt and Antonio Negri, *Empire* (Cambridge, MA : Harvard University Press, 2000) [안토니오 네그리·마이클 하트, 『제국』, 윤수종 옮김, 이학사, 2001].

적 노선에 따르면, 다중 개념은 자기의 노동력에 의해 확고하게 지탱되고 있지만, 자기 방어 전략은 거의 지니고 있지 못하다. 지대 이론은 결국 가치 축적의 관점에서 새로운 장의 갈등과 사보타주를 조명하는데, 이것이 새로운 공유지를 생산하고 보호하는 데 결정적으로 된다.

지대는 공유지의 다른 면이다

만약 가치화의 중심축이 인지자본주의 내의 '지대를 통한 공유지의 수탈'이라면, 핵심적인 경향은 분명 공통적인 지식이 상품으로 변형되는 것이다. 네그리와 베르첼로네의 입장에서 볼 때, 이것은 더 강력한 지적 재산권 체제를 위한 지속적인 압력을 설명해 준다. 저작권은 공유지를 수탈하고 인위적인 희소성을 재도입하기 위한 지대의 전략적 진화들 중의 하나인 것이다. 부동산과 금융 지대가 대개 핵심적인 사례들로 언급된다. 이것들은 20세기의 투기 위기에서, 그리고 역으로 복지국가의 해체에서 주요한 역할을 했다. 오늘날 다른 많은 저자들과 마찬가지로 네그리와 베르첼로네에 따르면, 투기는 지적 재산에 방향이 맞추어져 있으며, 역설적이게도 사실상 공짜로 복제되거나 복사될 수 있는 인지적 재화들에 인위적인 비용을 강제한다. 하지만 포스트포드주의적 지대는, 자본을 이용하는 다양한 방법을 갖추고 공유지의 새로운 유형과 공간을 목표로 하는 보다 진전된 전략들을 갖춘 복잡한 환경 속으로 들어간다. 이러한 전략들 대부분은 네그리와 베르첼로네의 분석의 범위를 넘어서는 것들이다.

지적 재산의 합성 사례composite case가 설명되어야 한다. 지대가 꼭 새로운 지식 인클로저들에서뿐만 아니라 공통의 인지적 공간의 착취에서도 생겨날 수 있기 때문이다. 여기에서 최초의 해명은 특허들, 저작권들, 상표들의 상이한 본성과 관련하여 입증되어야 한다. 특허들은 기계적이다. 특허들은 새로운 상품들을 생산하고 노동자를 조직하며, 다른 기계들을 통제하고 이윤을 기하급수적으로 산출하는 데 이용된다. 특허들은 기계적 지식(인지노동)의 조밀한 구체화[응결]을 나타내며, 그 결과 산업적 비밀로 유지되고 있음에 틀림없다. 그와 달리, 예컨대 음악처럼 저작권에 의해 보호되는 문화적 가공물은 가장 폭넓은 청중을 위해 복제될 수 있는 상품(비물질적 소비)이다. 이러한 가공물의 가치화는 명성名聲의 법칙을 따르며, 그리하여 그것은 가능한 한 많이 증식될 필요가 있다. 하지만 디지털 시대에 대중음악 제품들의 교환가치는 결정적인 타격을 받았는데, 이것은 증식[복제]이 통제를 벗어났기 때문이다. 음악의 지적 재산권에 대한 지대를 유지하는 것은 더 이상 쉬운 일이 아니며, 음악 산업은 자신의 전략을 바꿔 라이브 이벤트와 복제가 불가능한 실물들entities로 눈을 돌려야 했다. 아울러, 소프트웨어 프로그램들은 기계들의 비물질적으로-되기로서, 두 영역들을 모두 포함한다. 이 프로그램들은 기계적임과 동시에 쉽게 복제가 가능하지만, 작동할 수 있는 소프트웨어와 접속할 수 있는 물질세계를 필요로 한다. 특허 프로그램들은 때때로, 표준화된 새로운 독점들 또는 특수한 하드웨어 장치를 위한 지배적인 시장 지위를 확립하기 위해 '통제를 벗어나' 복제되는 처지에 놓인다. 이와 달리, 자유 소프트웨어에 대해서는, 다음과 같은 혼성 전략이 제시되어 왔다. 프로그램은 무료, 매뉴얼은 유료. 마지막으로, 상표들은 단순히 브랜드를 보호하기 위해 기능하지만, 상표들의 가치는 최대의 노출 가능성에 의존한다(이에 반해, 아방가르드 행동주의는 정확히 상표 경제의 비물질적 지대를 전복시키기 위해 메타브랜드를 발달시켜 왔다).[117]

디지털 경제에 대한 이 매우 간략한 개관을 통해 나는 물질적 조건들이 아직도 비가시적이지만 본질적인 역할을 하는 상이한 진화들과 전략들을 따라 지대의 상이한 유형들이 어떻게 특허들, 저작권들 또는 상표들로부터 각각 발생했는지를 조명할 것이다. 흥미롭게도, 정치적 전투는 **자유문화론자들**에 의해 소프트웨어 특허를 둘러싸고 벌어지지, 하드웨어 특허를 둘러싸고는 그렇게 많이 치러지지 않는다(그리고 제약 특허와 같은 '웨트웨어'wetware [118] 독점에는 동일한 압력이 가해지지 않는다). 예를 들어, 오픈소스 하드웨어는 미디어로부터 거의 아무런 관심을 받지 못한다. 사실, 스톨만 같은 디지털주의자들은 기계에 대해서는 전혀 관심이 없는데, 그는 다음과 같이 분명하게 선언했다. "자유 하드웨어 디자인에는 자유 소프트웨어에 대한 요구 같은 사회적 요구가 없다."[119] 한편, 지대는 항상

---

117. 예컨대 세르피카 나로 프로젝트를 보라. www.serpicanaro.com.
118. [옮긴이] 컴퓨터의 소프트웨어를 고안해내는 인간의 두뇌를 가리켜 'wet-ware'라고 한다.
119. Richard Stallman, 'On Free Hardware', *Linux Today*, 22 June 1999. Web:features. linuxtoday.com/stories/6993.html.

어두운 구석에 숨어 치즈를 먹어치우고 있다.

시장은 부단한 확장을 필요로 한다. 디지털 과학기술들은, 새로운 방식들로, 특히 디지털 소통과 자유로운 복제를 가능하게 하는 기반시설 위에서, 지대를 적용하기 위해 새로운 역동적 공간들과 폭넓은 네트워크들을 열어젖혔다. 새로운 지대 형태들은 점점 더, 웹 광고의 관심 경제에 대한 지대 또는 인터넷 대역폭에 대한 ICT 회사들의 지대와 같은, 이러한 재산-공유지 변증법으로부터 발생한다. 지대는 사적 소유를 넘어선다. 지대는 지식 공유지의 반대면이다. 그렇다면 누가 공유지의 적인가? 이 질문은 만약 그 대답이 소유권 또는 지대라면 현재의 정치적 이해관계stakes에 심각한 영향을 미친다. 전통적인 반저작권 운동은 단지 첫 번째 선택[소유권]으로부터만 작용하는 경향이 있다. 디지털 경제가 소유권의 현 상태를 위협하는 것처럼, 지대는 더 강력한 지적 재산권 체제를 요구하지 않고 단지 전진하여, 예컨대 자유 소프트웨어 운동 및 크리에이티브 커먼즈와 연대를 확립함으로써, 이러한 역동적 공간에 적응한다. 지대는 하나의 흐름에 대한 지대가 되며, 속도 변인의 '소유권'이 된다. 금융 시장들은 가치의 이러한 가상화virtualization의 가장 급진적인 사례다. 증권거래 회로에서, 화폐는 미래 사건들의 화폐화monetization를 향한 자신의 기호적 본성을 가속화한다.[120] 베르첼로네가 이윤의 지대되기를 인식했다면, 나는 다음과 같은 의견을 제

---

120. 선물계약에서의 시간의 금융화와 파생상품의 이상 발달을 보라. 마라찌는 금융의 가상화를 언어와 집단적 신념의 창조적 힘에 연결시킨다. Marazzi, *Capital and Language* [마라찌, 『자본과 언어』].

시한다. 소유권은 유동적으로 되어 가고 있고, 독점들은 일시적으로 되어가고 있으며, 지대는 속도 변인과 역동적인 공간들 위에서 생겨나고 있다고 말이다. 더욱 복잡한 매트릭스가 그곳으로부터 출현하고 있다.

인지자본주의의 4차원

디지털 혁명은 비물질적 사물들의 복제를 더욱 쉽고 빠르게, 그리고 거의 자유롭게 만들었다. 하지만, 이탈리아의 경제학자 엔조 룰라니[121]가 지적하는 바처럼, 인지자본주의에서 "소유의 논리는 사라지지는 않지만 유포의 법칙에 복종해야 한다."[122] 지적 재산권(그리하여 지대)은 더 이상 공간과 사물들에 기초하지 않고, 시간과 속도에 기초한다. 저작권 외에도, 지대를 추출하기 위한 또 다른 양식들이 다수 존재한다. 룰라니는 자신의 책 『지식 경제』에서, 손쉽게 복제 가능한 인지적 생산물들이 어떻게 일정 정도의 통제나 소유권을 유지하기 위해 유포 과정을 직접 거쳐야 하는지 논의

---

121. [옮긴이] 엔조 룰라니(Enzo Rullani)는 이탈리아의 경제학자로 베니스의 카포스카리 대학교에서 기업 전략, 경제학, 지식 경영 등을 가르치는 교수로 재직중이다.
122. Antonella Corsani and Enzo Rullani, 'Production de connaissance et valeur dans le postfordisme', *Multitudes*, no. 2, May 2000, Paris (번역은 인용자). Web : multitudes.samizdat.net/Production-de-connaissance-et.html. 이탈리아어 원본 : Yann Moulier Boutang (ed.), *L'età del capitalismo cognitivo* (Verona : Ombre Corte, 2002).

한다.[123] 엔트로피 경향이 모든 인지적 생산물에 영향을 미치기 때문에, 고정적인 독점 지대static proprietary rent에 투자하는 것은 권장되지 않는다. 실제로, 소비uses의 증식 위에서 생산되는 지대와 비밀의 독점 위에서 생산되는 지대가 존재한다. 이것들은 두 개의 대립되는 전략들이다. 전자는 음악 같은 문화 상품에 권장되고, 후자는 특허들에 권장된다. 룰라니는 자유로운 증식이 인지자본주의 내부의 사활적인 전략이며, 그래서 지식의 가치가 사라지기 쉬우며, 급속도로 쇠퇴하는 경향이 있다고 주장하고 싶어 한다. (모든 스펙터클적인, 상징적인, 정동적인, 인지적인 공간에 존재하는) 비물질적인 상품들은 의미의 강력한 엔트로피적 쇠퇴를 겪는다. 분산[확산] 곡선의 끝에는, 평범함이, 특히 오늘날의 감정 시장에서는, 밈meme[124]을 기다리고 있다. 밈은 독특하거나 특이한 경험들을 끊임없이 탐색하고 있다.

그리하여 룰라니는 종종 일반적인 용어로 기술되는 인지자본주의에 대한 광범하고 세부적인 묘사를 제공한다. 룰라니에게, (폭넓게 말하자면 모든 인지적 생산물, 예술작품, 상표, 정보에 대한)

---

123. Enzo Rullani, *Economia della conoscenza: Creatività e valore nel capitalismo delle reti*[지식 경제: 네트워크 자본주의에서 창조성과 가치](Milan: Carocci, 2004).
124. [옮긴이] 밈(meme)은 리처드 도킨스가 『이기적 유전자』(을유문화사, 2010)에서 문화의 진화를 설명하면서 처음 사용한 용어로, 한 사람이나 집단에게서 다른 사람이나 집단에게로 전달되는 생각, 믿음, 행위양식, 스타일 등을 말한다. 밈이라는 표현은 고대 그리스어에서 '모방된 것'을 의미했던 mimeme라는 단어를, 유전자를 의미하는 gene을 본따 줄인 것이다. 밈 개념을 지지하는 사람들은 유전자가 자가복제를 통해 생물학적 정보를 전달하듯이, 밈이 모방을 거쳐 뇌에서 뇌로 생각과 신념을 전달한다고 말한다.

지식의 가치는 다음과 같은 세 가지 동인들의 조합에 의해 주어진다. 지식의 수행과 응용에 의한 가치(v), 지식의 증식과 복제의 숫자(n), 그 과정에 관계하는 사람들 사이의 가치의 공유 비율(p). 수학을 조금 동원해 보면 지식의 경제적 가치는 덜 신비롭게, 다음과 같은 공식으로 실용적으로 기술된다. V = v, n, p. 지식은 스스로 추진력을 갖추게 될 때, 그리고 이 세 요소들을 모두 밀어붙일 때 성공적이게 된다. 1) 가치를 최대로 만들기, 2) 효과적으로 증식하기, 그리고 3) 생산되는 가치를 공유하기. 물론 역동적인 상황 속에서 세 가지 동인들 사이의 타협이 필수적인데, 그것은 이들이 상호 연관되어 있고 경쟁적이기 때문이다. 오직 하나만이 향상된다면 나머지들은 악화된다. 더욱이 하나의 동인을 통제하거나 가속화하거나 속도를 늦추는 데에는 세 가지 상이한 유형의 매개자들 – 해석적, 증식적, 제도적 매개자들 – 이 존재한다. 예를 들어, 크리에이티브 커먼즈 라이선스는 증식적임과 동시에 제도적인 매개자들로 간주될 수 있다. 크리에이티브 커먼즈 라이선스는 바람직하지 못한 응용으로부터 작품을 보호함으로써 가능한 한 폭넓게 작품의 활용을 확대하지만, (그런데 가치를 재할당하지 않는) 법적 제도들의 힘에 의존한다. 룰라니의 모델이 매력적인 것은, 지적 재산이 잉여를 추출하는 데에서 아무런 중심적 역할을 하지 않는다는 바로 그 이유 때문이다. 달리 말해, 지대는 지적 재산의 상이한 체제들을 따라, 세 가지 궤적들을 가로질러 전략적으로 그리고 역동적으로 적용된다. 그러므로 지식은 보다 덜 허구적인 사이버공간 속으로, 일종의 비가시적인 물질적 풍경 속으로 투사된다. 이곳에서 인지적 경쟁은 새로운 공간-시간 좌표에 의해 기술될 수 있을 뿐이다.[125] 따라서 룰라니는 자신의 모델을 3차원적인 것으로 기술하지만, 그것은 더욱 엄밀하게 얘기하자면 4차원적인 것으로 간주될 수 있을 것이다. 왜냐하면 그의 모델 또한 시간을 포함하기 때문이다. 금융시장이 변함없이 보여 주는 바처럼, 지대 가치화는 종종 시간적 간격의 특징을 지니고 있다.

인지 경제는 지식이 다만 역전 불가능하고 흩어지는[소산消散적인] 과정이라는 것만으로도 엄밀하게 시간과 관계가 있다. 지식은 시간 기록기를 구부린다. 과거의 생산 기술들은 역전 불가능하게 현재의 혁신들의 도전을 받는다. 따라서 시간은 가치화의 경기장이 된다.

> 지식의 엔트로피 쇠퇴(또는 그 소유권 통제를 상실할 기회)가 빠르면 빠를수록, 지식의 전파는 더 빨라져야 한다. …… 지식 경제의 모든 행위자들은 **시간에 맞서는 경주**에 관계되어 있으며, 여기에서는 단순히 현상을 유지하고 뒤쳐지지 않기 위해 달리기가 필수적이다.[126]

인지자본주의에서 독점적인 지대는 시간의 좌표를 따라 작동된다.

---

125. 다음 책에 제시된 바 있는 시간-공간 압축 개념도 참고하라. David Harvey, *The Condition of Postmodernity* (Oxford : Basil Blackwell, 1989) [데이비드 하비, 『포스트모더니티의 조건』, 구동회 옮김, 한울, 2008].
126. Rullani, *Economia della conoscenza*, p. 136.

최초의 지위는 독점을 확립한다. MP3 플레이어의 최초 모델, 주어진 화제에 대한 최초의 책, 소프트웨어의 최초의 버전 등등. 가치는 절묘한 타이밍의 문제이다. 너무 이르지도 너무 늦지도 않는, 적절한 속도의 보급. 지대는 유행과 유사하게 시간의 좌표를 따라 잠정적인 헤게모니를 통해 작동된다.

한편, 지식은 분배의 맥락을 바꾸며, 계속해서 [맥락의] 비물질적 공간을 변형하고 확장한다. 지식은 최초의 맥락에서 생산되고, 그러고 나서 최후의 맥락에 적용되며, 그 사이사이의 모든 점들 전반에 걸쳐 전파된다. 지식(그리고 모든 새로운 형태의 과학기술)은, 결정적 운명에 도달함에 따라 이후 식민화되고 독점화되는 새로운 사회적 공간들을 생산한다. 예를 들어, 인터넷은 그 각각이 과학기술, 소통, 상호작용, 내용의 차등적 밀도에 의해 지배되는 상이한 공간들과 흐름들의 지층화地層化다. (새로운 소프트웨어 응용, 혁신적인 상업적 서비스, 자발적인 사회적 네트워크 등등에 의해 생산되는) 이러한 다양한 영역들은 새로운 공유지뿐만 아니라 새로운 유형의 지대를 위한 경기장을 제공한다.

룰라니가 제공한 역동적 모델은, 예컨대 벤클러의 '사회적 생산'이라는 다소 소박한 개념보다 더 흥미롭기는 하지만, 급진적인 비판과 행동주의는 아직 이 모델을 활용하지 못하고 있다. 룰라니의 시각에서 볼 때, 물질적 조건들은 디지털 열광이라는 이상 발달에도 불구하고, 단순히 비물질적 생산으로 대체될 수 없다. 인지 경제가 자율적이고 고결한 공간이라는 일반적인 오해가 존재한다. 그와 반대로 룰라니는 지식이 오직 **물질적 벡터**를 통해서만 존재한다고 말한다. 교점nodal point은 지식의 자유로운 복제 가능성과 물질적인 것의 복제 불가능성 사이의 갈등을 나타낸다. 비물질적인 것은 물질적인 과정을 통해서 의미를 부여하는 한에서만 가치를 생산한다. 예를 들어, CD에 기록된 음악은 물리적으로 생산되고 소비되어야 한다. 음악을 생산하고 소비하기 위해서는 우리의 신체, 그리고 특히 우리의 시간이 필요하다. 그리고 디지털 미디어의 복제 가능성 및 P2P 네트워크들의 발달에 힘입어 CD 벡터가 탈물질화되면, 예술가의 신체는 더욱 경쟁적인 상황에 빠진다. 디지털 미디어가 경쟁을 촉발했는가 아니면 협력을 촉발했는가? 이것이 오늘날 비판적인 인터넷 이론을 위한 핵심적인 질문이다.

비물질적 기생체들의 분류

인지자본주의를 상세히 기술하기 위해서는 지대라는 비물질적 기생체들에 대한 세부적인 분류가 요구된다. 이 경우에, 분류는 단지 하나의 비유로 사용되는 것이 아니다. 왜냐하면 인지 체계는 더 거대한 형태의 생물 다양성을 끊임없이 생산하면서 살아 있는 체계들처럼 행동하는 경향이 있기 때문이다.[127] 베르첼로네가 인지적 지대를 지적 재산권(특허, 저작권, 상표)에 의해 유지되는 특수

---

[127]. 살아 있는 체계들과 인지 체계들 간의 관계에 대해서는 다음을 보라. 같은 책, p. 363.

한 추출이라고 기술하는 반면, 룰라니는 이러한 새로운 형태의 지대를 경쟁과 속도에 기초하는 상황이라고 개념화한다. 룰라니는 지대가 어떻게 지적 재산권 체제의 한계들을 뛰어넘으면서 매우 유동적이고 일시적인 미시독점들micromonopolies를 따라 역동적으로 추출될 수 있는지 설명한다.

어느 경우이든, 인지적 지대의 가능성은 엄밀히 말한다면 과학기술적 토대에 의해 결정된다. 디지털 과학기술은 오로지 가상적으로만 '자유로운' 소통, 사회화 및 협력의 새로운 공간들을 열어젖혔다. 잉여 추출은 비물질적인 '세컨드라이프'를 유지하는 데 필요한 물질적 기반시설을 통해 풍부하게 이루어진다. 과학기술적 지대는 ICT 기반시설들이 미디어, 대역폭, 프로토콜, 표준, 소프트웨어 또는 (예컨대, 마이스페이스와 페이스북 같은 최근의 사회적 네트워크들을 포함하는) 가상 세계들에 대한 독점을 확립할 때, 그러한 기반시설들에 적용된 요금이다.[128] 그러므로 과학기술적 지대는,

---

128. 기반시설적인 과학기술들에 대한 규정은 다음을 보라. Nicholas Carr, 'IT doesn't matter', Harvard Business Review, May 2003. Web:www.roughtype.com/archives/2007/01/it_doesnt_matte.php; 다음에 실려 있는 내용 역시 참고하라. Nicholas Carr, *Does IT matter? Information Technology and the Corrosion of Competitive Advantage* (Boston:Harvard Business School Press, 2004). "독점적인 과학기술들과 소위 기반시설적인 과학기술들은 구분할 필요가 있다. 독점적인 과학기술들은 단일 회사에 의해 실제적으로 또는 효과적으로 소유될 수 있다. 예를 들어, 제약회사는 어떤 계열의 약들을 위한 토대로 기능하는 특수한 화합물에 대한 특허를 보유할 수도 있다. 공업 제조업체는 경쟁업체들이 복제하기 힘든 공정 과학기술을 사용하기 위해 혁신적인 방법을 발견할 수도 있다. 소비재를 생산하는 회사는 자신의 생산물에 경쟁 브랜드보다 더 긴 저장 수명을 부여하는 새로운 포장 물질에 대한 배타적인 권리들을 획득할 수도 있다. 이러한 권리들이 보호되는 한, 독점적인 과학기술들은 회사로 하여금 경쟁업체들보다 더 높은 이윤을 거둬들이

하드웨어와 전기 등 물질적인 것에서 서버, 블로그 또는 온라인 커뮤니티를 운영하는 소프트웨어의 비물질적인 것에 이르는, 수많은 상이한 계층들로 이루어진다. 과학기술적 지대는 일반 소비와 사회적 소통에 의해, P2P 네트워크들과 (자유문화의 모든 행동주의와 더불어) '자유로운' 복제 가능성에 의해 조장된다. 과학기술적 지대는 인지적 지대와 다르다. 그것은 과학기술적 지대가 지식만이 아닌 (물질적이고 비물질적인) 공간들의 착취에 기반하고 있기 때문이다. 마찬가지로, 관심 경제는 소비자 시간-공간의 제한된 자원에 쏟아진 관심에 대한 지대로 기술될 수 있다.[129] 침투적 미디어와 스펙터클의 사회에서, 상품 가치화의 상당 부분을 관심 경제가 책임

도록 해 주는, 장기 전략 이득을 위한 토대들이 될 수 있다. 이와 대조적으로 기반시설적 과학기술들은 홀로 사용될 때보다 공유될 때 훨씬 더 많은 가치를 제공한다. …… 철도건 전신선이건 또는 발전기건 기반시설적 과학기술들의 특징들 및 경제학을 보면, 이러한 과학기술들이 광범하게 공유되고 그것들이 일반적인 산업 기반시설의 일부가 될 것이라는 점은 당연한 일이다. …… 하지만 발전의 초기 국면에서 기반시설적 과학기술은 독점적인 과학기술의 형태를 띤다. 과학기술에 대한 접근이 (물리적 한계들, 지적 재산권들, 고비용, 또는 표준의 결여 등을 통해) 제약되는 한, 회사는 경쟁업체들에 대해 이득을 얻기 위해 그 과학기술을 이용할 수 있다."

129. 허버트 사이먼은 관심 경제를 처음으로 정의내린 사람들 중의 하나였다. "정보가 흘러넘치는 세계에서, 풍부한 정보는 다른 무엇의 결핍을 의미한다. 정보가 소비하는 것이 무엇이든 그것은 부족하다. 정보가 무엇을 소비하는가 하는 것은 다소 명확하다. 정보는 그것을 수용하는 사람들의 관심을 소비한다. 이렇게 해서 풍부한 정보는 관심의 빈곤을 창출하며, 관심을 소비할 수도 있는 정보 출처들의 과잉 속에 그러한 관심들을 효율적으로 할당할 필요를 창출한다." Herbert Simon, 'Designing Organizations for an Information-Rich World', in : M. Greenberger (ed.), *Computers, Communication, and the Public Interest* (Baltimore : Johns Hopkins Press, 1971). 다음도 보라. T. Davenport and J. Beck, *The Attention Economy : Understanding the New Currency of Business* (Boston : Harvard Business School Press, 2001) [토마스 데이븐포트·존 벡, 『관심의 경제학』, 김병조 외 옮김, 21세기북스, 2006].

지고 있다. 소비자들의 관심 시간은 항상 분쟁 중에 있는 토지의 제한된 조각과 같다. 결국 과학기술적 지대는 기술-거대기생체를 유지하는 에너지 신진대사의 핵심적인 요소이다.

오늘날 신新경제의 꿈이 어떻게, 궁극적으로 닷컴 몰락으로 귀결되었던 주식시장을 지배하는 금융 지대를 위한 동인이었는지는 잘 알려져 있다. 버블은 인터넷 전역에 흘러들어간 가상적 가치화의 소용돌이를 활용했다. 소통의 새로운 공간들에 의해 만들어진 과대광고를 통해, 그리고 벼락부자들로 하여금 모든 현실적인 사업 계획을 내놓도록 만든 가속화된 경쟁을 통해서 말이다. 마찬가지로 금융화는 국내[가계] 저축에 기생하기 위해 이용된 최초의 벡터가 되었다.[130] 임금은 이제 지대 메커니즘에 의해 직접 예속된다. 노동자들에게는 봉급의 일부로 스톡옵션이 주어지는데, 이것은 어쩔 수 없이 독점 자본의 운명 속으로 노동자들을 흡수한다. 금융화 외에 토지 지대라는 근본적인 개념 역시 인지자본주의에 의해 새로워진다. 예술적 언더그라운드와 젠트리피케이션 시위 사이의 관계처럼, 부동산 투기는 분명 (데이비드 하비가 「지대의 기술art」에서 정의내린 것처럼) 주어진 물리적 장소의 '집합적 상징자본'과 관련된다.[131] 토지 지대는 토지의 희소성이 상징적 차원에 의

---

130. Marazzi, *Capital and Language* [마라찌, 『자본과 언어』, 27쪽]을 보라.
131. David Harvey, 'The art of rent : globalization and the commodification of culture', chapter in : *Spaces of Capital* (New York : Routledge, 2001). 그리고 다른 곳에도 수록되었다. 'The Art of Rent : Globalization, Monopoly, and the Commodification of Culture', in : *A World of Contradictions : Socialist Register* 2002 (London : Merlin Press, 2002). Web : socialistregister.com/recent/2002/

해 가치화되는 주요 도시 중심들에서처럼 상징자본을 통해 이윤을 남기게 되는 것이지, 더 이상 물리적 필요에 의해 그렇게 되는 것이 아니다. 오늘날 (베를린이나 바르셀로나의 경우에서처럼) 역사적인 상징자본과 (리처드 플로리다의 '창조도시' 마케팅 캠페인[132]의 경우에서처럼) 인위적인 상징자본 모두 대규모의 부동산 투기에 이용된다.

이 모든 형태의 지대는 비물질적 기생체들을 나타낸다. 기생체가 **비물질적**인 것은 공간, 시간, 소통, 상상력, 욕망이 가상적으로 확장됨에 따라 지대가 역동적으로 생산되기 때문이다. 하지만 기생체는 이중적으로 **물질적**인데, 그것은 인지적인 지대와 관심 지대의 경우 미디어와 상품들 같은 벡터들을 통해(과학기술적 지대의 경우에는 기반시설을 통해, 상징자본에 대한 투기의 경우는 부동산을 통해) 가치가 전해지기 때문이다(금융 투기는 가치의 탈물질화된 기계로서 가상적으로만 나타날 뿐인데, 그것은 그 물질적 결과들이 시간상 나중에서야 실현되기 때문이다). 과학기술의 이러한 기생적 차원에 대한 인식은 마침내 낡은 디지털리즘적 **미디어 문화**의 몰락과 기술-기생체에 대한 새로운 **디스토피아적 숭배**의 시작을 알릴 것이다.

---

harvey2002.

132. [옮긴이] 도시 발전 전략의 권위자로 알려진 리처드 플로리다는 도시의 창조성이 도시의 경쟁력을 만들어 가는 핵심 요소라고 강조하면서 도시의 브랜드[상표]를 만들 것을 강조한다. 그는 여러 국가를 돌아다니면서 도시 마케팅 전략을 역설한다. 일례로 2010년 오세훈 전 시장과 '디자인 서울'과 관련하여 '도시 마케팅'에 대해 대담을 펼친 바 있다.

머리 둘 달린 다중과 사보타주의 문법

지식 및 네트워크 패러다임들과 관련하여 출현했던 다수의 하위문화들과 정치학파들은 인지자본주의가 갈등이 들끓고 경쟁적인 상황이라는 점을 제대로 인식하지 못했다. 앞 장에서 논의한 것처럼, 빠올로 비르노는 다중의 이러한 디스토피아적인 양가성을 강조한 몇 안 되는 사상가들 중 한 사람이다. 다중의 본성은 협력적임과 동시에 공격적이다.133 자율적인 네트워크의 조직Bildung은 직접적이거나 단순하지 않다. 이에 대해 헤르트 로빙크134와 네드 로지터는 다음과 같이 말한다. "네트워크들은 다양성과 갈등(낫워킹notworking)으로 성장하는 것이지 통일성으로 성장하는 것이 아니다. 그리고 공동체 이론가들은 바로 이 점을 성찰하지 못한다."135

로빙크와 로지터가 지적하는 것처럼, 협력과 집단지성에는 그들만의 회색 지대가 존재하며, 특히 일상적인 온라인 생활을 지배

---

133. Virno, 'So-called "evil" and criticism of the state'; 이탈리아어 원본 : Virno, 'Il cosiddetto 《male》 e la critica dello Stato'.
134. [옮긴이] 헤르트 로빙크(Geert Lovink, 1959~)는 네덜란드와 스위스의 여러 대학교에서 미디어 관련 교수로 재직하고 있다. 이벤트, 출판, 공개 토론을 통해 뉴미디어 분야의 사회경제적 변화를 위한 잠재력을 탐험, 기록, 고취하는 것을 목표로 하는 〈네트워크 문화 협회〉의 설립 이사이기도 하다. 로빙크는 미디어 과학기술과 미디어 예술실천을 지배적인 정치경제 질서를 비판하는 도구로 삼는다는 '전략적 매체'(tactical media) 개념을 고안한 핵심 이론가들 중 한 명이다. 그는 '전략적 매체'가 "해커들, 예술가들, 비평가들, 기자들, 활동가들의 일시적이고 예상치 못한 동맹에 기초한 '일시적 합의지대'를 창조해 내는 도구"라고 설명한다.
135. Geert Lovink and Ned Rossiter, 'Dawn of the Organised Networks', *Fiberculture* 5 'Precarious Labour', 2005. Web : journal.fibreculture.org/issue5/lovink_rossiter.html.

하는 수동성의 맥락에서는 더 그렇다. 네트워크 사회들에 내재하는 또 다른 질병들이 존재하는 것으로 보인다. 디지털리즘 자체는 집단적인 정신에 대한 일종의 정신병리학(갈등, 마찰, 위기가 없는 평행 우주를 향한 자폐적 욕망)으로 간주될 수 있는가? '정신병리학'이라는 용어는 경멸적인 것이 아니라, 우리가 과학기술과 맺고 있는 모순적이고 유동적인 관계가 상이한 되기들 becomings에 얼마나 개방적인지 강조하기 위해 사용된다. 디지털리즘은 순수한 공간을 위한 집단적인 욕망의 승화로, 그리고 동시에 기생적인 거대기계136의 무명의 공범자로 기술될 수 있다.

부정적인 것에 대한 새로운 이론은 디지털 문화의 실종된 정치적 고리 주변에, 즉 디지털 문화와 물질성의 비연계성과 디지털 문화의 비협력적 본성 주변에 확립되어야 한다. 네트워크들과 협력이 항상 꼭 들어맞는 것은 아니다. 헤르트 로빙크와 크리스토퍼 스피어는 이에 대해 다음과 같이 보다 구체적으로 묻는다. 네트워크들은 언제 작동을 멈추는가? 사람들은 어떻게 협력을 안 하기 시작하는가? 로빙크와 스피어는 (자율주의적인 **노동거부**와 엑소더스 개념의 흔적이 남아 있는) 거부의 자유와 일하지 않을 자유를 모든 협력적인 노력의 토대로 제시한다.

> 스피어의 핵심 개념은 누구나 언제라도 협력을 해체할 자유를 가져야 한다는 것이다. …… 탈출할 수 있는 선택권은 네트워크 이

---

136. [옮긴이] 'megamachine'을 옮긴 것으로 비인간적인 과학기술 지배하의 거대 사회, 또는 초과학 기술을 뜻한다.

용자들의 주권 행동이다. 그들의 낫워킹이 우선하며, 바로 이 토대 위에 모든 온라인 활동들이 세워진다. 로그아웃하는 방법을 모르면 갇히게 된다. …… 개인적이고 집단적인 경험들을 이론화하려는 우리의 노력에서 핵심적인 것은, 협력을 거부할 자유가 반드시 있어야 한다는 인식이다. 구성적 출구 전략이 있어야 한다.[137]

자유로운 비협력은 **자유로운 협력**의 부정적인 전도된 존재론이며, 교감하는 기생체와의 관계를 드러내는 잃어버린 고리를 제공해 줄 수 있다. 더욱이 사보타주를 할 권리 역시 비협력 개념 내부에 포함되어야 한다. '불법적인' 파일공유라는 개인적이고 사적인 행위를 궁극적으로 명확히 하고자 하는 것이라면 말이다. 예컨대, 크리에이티브 커먼즈 담론은 주로, 디지털 파일공유의 **법적** 상태와 일어날 수 있는 저작권 침해에 관심을 갖는다. 거대 미디어 기업들에 영향을 미치는 지적 재산권 소득 및 자본 축적에 대한 사보타주의 **정치적** 차원은 크리에이티브 커먼즈 담론이 공공연하게 대항하기에는 너무 문제적이다. '자유' 이데올로기로 인해 혼란스러운 상황에서, 디지털 화면 시대 너머를 명확히 볼 수 있기 위해서는 새로운 도구상자가 필요하다. 협력의 적극적인 행위가 지나치게 확대되었다

---

137. Geert Lovink, 'The Principles of Notworking', Inaugural speech, Hogeschool van Amsterdam, 2005. Web: www.hva.nl/lectoraten/documenten/ol09-050224-lovink.pdf. 또한 다음을 보라. Geert Lovink, 'Out-Cooperating the Empire? Exchange with Christoph Spehr', July 2006, Web: www.networkcultures.org/geert/out-cooperating-the-empire-exchange-with-christoph-spehr.

면, 진부하게 만들어지고 중립적인 행동으로 디지털화되었다면, 사보타주에 대한 새로운 규정만이 지대의 새로운 기생체를 반영하는 정치적 공간을 가능하게 한다. 이윤이 지대의 비인격적 형태를 취했다면, 이윤의 사회적 부산물은 비물질적인 반달리즘[138]과 익명의 사보타주의 형태이다. 새로운 지대 이론은, 지대가 착취의 좌표와 형태를 광범위하게 변화시켰기 때문에 조직화 형태에 관한 어떠한 논의를 수행하기에 앞서, 새로운 저항 이론을 필요로 한다. 새로운 '사회적 공장'은 어떤 종류의 사보타주에 영향을 받는가? 인지자본주의 아래에서 경쟁은 더욱 강렬하다고 하지만, 정확히 바로 그와 동일한 이유로 사보타주가 더 쉬운데, 그것은 비물질적인 것(가치)과 물질적인 것(재화) 사이의 관계가 더 깨지기 쉽게 되었기 때문이다.

분명히 규정되지 않은 온라인 이용자인 다중은 자본과 자본의 구체적인 소득에 대항하는, 그러나 처음으로 물질적인 것과 비물질적인 것의 갈등과 함께, 매우 단순한 사보타주 문법을 배우고 있다. 최신 할리우드 초대작을 내려 받는 무의미한 행위를 자유문화라고 기술하는 것은 다소 탁상공론적인 행동주의처럼 보인다. 그것[영화를 내려 받는 일]을 할리우드 자본 축적의 사보타주라고 명명하는 것은 보다 흥미로운 시각을 열어줄 수도 있다. 하지만 급진적인 문화가 실재적 갈등들을 통해 이루어진다면, 다음과 같은 보다 직접적인 질문이 제기될 수 있다. '착한' 디지털 해적 행위[저작권

---

138. [옮긴이] 반달리즘은 문화·예술·공공 시설이나 다수가 참여할 수 있도록 공개된 문서의 내용을 훼손하거나 파괴하는 행위이다.

침해는 갈등을 낳는가, 아니면 단순히 더 많은 하드웨어와 대역폭을 판매하는가? 해적 행위는 실재적 축적에 대항하는 효과적인 모험인가 아니면 또 다른 종류의 지대 축적에 도움이 되는가? 모든 디지털 **공통주의**와 함께, 축적 역시 작동한다. 그럼에도 불구하고, 현재의 과대광고 안에는 비판적 접근이나 부정적 경향을 위한 여지가 전혀 없다. 디지털 네트워크들과 컴퓨터 기반 비물질노동의 침투적 운명은 어떠한 의미심장한 역효과를 낳을 것으로 의심받지 않는다. 아마도, 맑스가 「기계에 대한 단상」에서 지적했던 것처럼, (디지털) 기계의 광범한 지배는 단순히 자본주의적 축적 내부에 엔트로피를 가져올 수도 있을 것이다.[139] 다음과 같은 의심을 떨쳐 버릴 수가 없다. 디지털 및 지식 경제는 다중들의 일반지성의 자기조직화를 완수하는 것이 아니라 그저 자본주의의 속도를 늦추고 있는가? 두 개의 과정들이 서로에게 영향을 미치고 있을 수도 있을 것이다.

하지만 우리는 자본주의 축적의 임계점을 음악 및 영화 기업들의 인지적 지대를 벗어난 곳에서 발견할 수 있다. 앞에서 이야기한 인지적 기생체들의 분류는 상징적이고 비물질적인 지대가 어떻게 상이한 층위들에서 일상생활에 영향을 미치는가를 밝혀 준다. 예컨대, 전지구 도시들의 고향 잃은 다중들은 젠트리피케이션이 어

---

[139] Karl Marx, *Grundrisse der Kritik der Politischen Ökonomie*, 1858(unpublished). 영어판 : *Grundrisse : Foundations of the Critique of Political Economy* (Harmondsworth, UK:Penguin, 1973)[칼 맑스, 『정치경제학 비판 요강』 1~3, 김호균 옮김, 그린비, 2007].

떻게 문화 생산과 상징자본의 새로운 형태들과 관계가 있는지를 이해하기 시작하고 있다. 발라드는 『밀레니엄의 사람들』이라는 소설에서 중산계급 내에서 비롯되고 런던의 국립 영화 극장 같은 문화 제도들을 겨냥한 대중적 폭동을 예언적으로 묘사했다. 덜 허구적이고 덜 폭력적이기는 하지만, 2012 올림픽을 대비한 도시 혁신에 반대하여 오늘날 새로운 긴장들이 동부 런던에서 일어나고 있다. 최근 바르셀로나에서는, '지식 기반 사회'를 위한 22@ 계획에 따라 구 산업지역인 포블르누의 젠트리피케이션에 반대하는 의미 있는 움직임이 전개되고 있다.[140] 마찬가지로 동부 베를린에서는 미디어 슈프레 프로젝트가 문화적 지하 운동으로 널리 명성을 얻은 지역에서 거대 미디어 회사들과 '창조계급'을 끌어들이려고 노력하고 있다.[141] 따라서 안드레이 홀름의 카프카광장의 무용담은 우연이 아니다. 그는 훔볼트 대학교의 인문학 연구자로서 2008년 7월에 체포되어 독일의 젠트리피케이션에 대한 연구를 진행했다는 이유로 테러 혐의로 기소되었다.[142] 부동산 투기가 기생적 자본주의를 이끌어가는 힘들 중의 하나인 것처럼, 이러한 유형의 투쟁들과 이들의 문화적 생산과의 연계는 어떤 자유문화 의제보다도 구체적인 행동

---

140. "22@ 바르셀로나 프로젝트는 200헥타르의 포블르누의 산업 지대를 집약적인 지식 기반 활동들의 전략적 집중을 위한 현대적 공간들을 제공하는 혁신 지역으로 전환한다. 이러한 계획은 도시 쇄신 프로젝트임과 동시에 지식 기반 사회가 제기하는 도전들에 대한 대응책을 제공하는 새로운 도시 모델이기도 하다." www.22barcelona. com; accessed September 2008.
141. 다음을 보라. www.mediaspree.de.
142. 다음을 보라. en.wikipedia.org/wiki/Andrej_Holm.

지형을 밝히는 데에서 훨씬 더 흥미롭다.

상징자본과 물질적 가치화 사이의 고리는 디지털주의자들이 확인하거나 기술할 수 없는 현상을 보여 주는 징후이다. 자율적이고 생산적인 새로운 공유지의 구성은 전통적인 형태의 행동주의를 통과하지도 않는다. 그리고 분명 디지털만의 저항 방식들이나 온라인 지식 공유를 통과하지도 않는다. 공유지는 물질적인 차원들과 비물질적인 차원들의 마찰을 통해 끊임없이 조성되는 혼성적 공간으로 인식되어야 한다. 공유지가 역동적 공간이 된다면, 그 공간은 마찬가지의 역동적 방식으로 보호되어야 한다. 지대의 비물질성과 익명성으로 인해, 사보타주의 문법은 네트워크 사회와 인지자본주의 내부에 포획되어 있는 다중들의 유일한 방식일 수 있다. (사실상 매우 물질적이고 생산적인 결과물들을 갖는) 비물질적인 가치 축적의 사보타주는 지대에 대립할 수 있는 유일하게 가능한 행위이다. 그것은 새로운 공유지를 구축하고 보호할 수 있는 유일하게 가능한 행위이다.

3장

언어의 히드라

문화 산업의 삶형태적 무의식

결국 정보학, 마케팅, 디자인, 광고학 등 소통에 관한 모든 학문들이 **개념**이란 단어 자체를 장악하고, "그것은 우리 일이다. 창조적인 사람들은 바로 우리이며, 우리가 **입안자**들이다! 우리가 개념의 친구들이며 우리는 그것을 컴퓨터에 입력한다."라고 말할 지경에 이르렀다. 정보와 창조성, 개념과 기획…… 이미 이에 대한 참고문헌은 충분하다. …… 상업적 성공 여부가 비평을 대신하는 대세의 흐름에서 철학도 예외가 될 수는 없다. …… 노인에 다를 바 없는 철학이 어떻게 젊은 각료들의 대열에 끼어, 메르츠(Merz)라는 개념의 구매 형태를 규정하기 위한 소통의 일반개념 경주를 겨룰 수 있겠는가? 물론 **개념**이 서비스와 정보 기술의 사회를 지칭한다는 것을 알게 됨은 괴로운 일이다. 그러나 철학이 방약무인하고 어리석은 경쟁자들과 더 많이 부딪치면 부딪칠수록, 점점 더 자신의 핵심을 파고들고 그들과 충돌하게 될 것이며, 그럴수록 개념의 창조라는 자신의 과업을 성취하고자 하는 활력을 느끼게 될 것이다. 개념은 상품들이라기보다는 운석들이다.

질 들뢰즈와 펠릭스 가따리, 『철학이란 무엇인가?』[1]

비물질 내전

인지자본주의 내부에서 일어나는 갈등의 원형들

여기에서 우리는, 우리 모두는 인공적으로 연결된 신경계의 거대한 물리적 구조 내부에 존재한다. 비가시적이다. 우리는 그 구조를 만질 수 없다.
— 윌리엄 깁슨, 「악마 박사의 공구들 속에서」[2]

갈등은 상품이 아니다. 반대로 상품은 무엇보다도 갈등이다.
— guerrigliamarketing.it[3]

---

1. [옮긴이] 질 들뢰즈·펠릭스 가타리, 『철학이란 무엇인가』, 이정임·윤정임 옮김, 현대미학사, 1995, 20~21쪽.
2. William Gibson, 'In the visegrips of Dr. Satan (with Vannevar Bush)', talk, Vancouver Art Gallery, 2002, Web: www.williamgibsonbooks.com/archive/2003 _01_28_archive.asp.
3. 1990년대 로마를 근거지로 하는 몇몇 지하 운동 프로젝트들의 부산물로서 탄생했던 이탈리아의 어느 게릴라 마케팅 에이전시의 슬로건. www.guerrigliamarketing.it 참조. [게릴라 마케팅은 그래피티, 스티커 부착, 플래쉬 몹 등 비용이 많이 들지 않는 비전통적인 방식들을 활용한다. 군사적인 게릴라 전술을 마케팅에 응용한 것으로, 잠재적 소비자가 있는 곳이면 어디에서든 급작스럽게, 특이한 방식으로 출현하여 제품이나 아이디어를 홍보한다. — 옮긴이]

나의 창조성은 나의 갈등이다

2006년 무렵, 유럽 전역의 수많은 문화 노동자들, 예술가들, 활동가들과 연구자들의 우편함과 우편 리스트에서뿐만 아니라 세미나와 이벤트의 초청장들에서도 창조산업CI이란 용어가 나타나기 시작했다. 이러한 경향이 응결된 지점들 중 하나는 〈네트워크 문화 협회〉가 암스테르담에서 개최한 '나의 창조성'MyCreativity 회의였다.4 묵은 문제가 다시 나타난다. 이상한 것은, 처음으로 하나의 용어[창조성]가 학회의 은어들 중에서 선택되어 변화를 겪지 않은 채[원형 그대로], 대항alt 문화에 삽입되었다는 것이다. 이것은 네트워크 문화NC, 지식경제KE, 비물질노동IL, 일반지성GI 처럼 (역시 줄임말을 쓸 가치가 있을 수도 있는) 또 다른 핵심어들과 포스트-구조[주의적 용어]들post-structures에 익숙한 논쟁이다. 물론 이러한 논쟁은 대부분 자유 소프트웨어FLOSS와 크리에이티브 커먼즈(그 유명한 CC)의 헤게모니적인 두 모델이 주도했다. 이 창조산업들의 화제에서 더욱 흥미로운 것은 유럽의 단체들과 지역 도시 회의들을 강타하고 있는 리처드 플로리다의 '창조경제'라는 과대광고에 대한 반응이었다. 사실상 '창조산업' 개념은 플로리다의 '창조계급의 탈주'보다 훨씬 더 실용적이고 절제된 것이었다.5 원래, 토니 블레어가 시작한 '창

---

4. 2006년 11월 16~18일, 〈네트워크 문화 협회〉가 조직한 국제적인 창조산업 연구에 관한 회의. Web:www.networkcultures.org/mycreativity
5. Richard Florida, *The Rise of the Creative Class:And How It's Transforming Work, Leisure, Community and Everyday Life* (New York:Basic Books, 2002); 그리고 Richard Florida, *The Flight of the Creative Class:The New Global Competition*

조산업 대책위원회'가 채택한 엄밀한 1998년의 정의에는 다음과 같이 진술되어 있다. "이러한 산업들은 개인의 창조성, 기술, 재능에 기초하고 있으며, 지적 재산권의 생성과 활용을 통해 부와 직업을 창출할 수 있는 잠재력을 가지고 있다."[6] '사회적 창조성'이라는 유명한 개념은, 오늘날 창조산업과 창조경제 두 용어들이 점점 더 부분적으로 중복되긴 하지만, 그러한 규정에서 대부분 누락되었다. 몇 년 뒤, 토니 블레어는 당신들의 아이디어를 훔친 것으로 여전히 의심받는다. 그래서 창조산업과 창조경제가 어떻게 비판 이론의 무대역시 장악했는지 알아보기 위해 또 다른 뒷이야기를 해 보자.

첫째, 유럽의 '대륙적인' 계보학이 존재한다. 1944년 『계몽의 변증법』이란 책에서 아도르노와 호르크하이머는 '문화 산업'이 '대중 기만'의 한 형태라고 표현했다.[7] 이 경우에는, 유럽의 파시즘이 미국의 상품화를 위한 한 모델로 이용되었다. 나치의 전체주의에 뒤이어 대중문화라는 새로운 전체주의가 나타났다는 것이다. 1964년, 다른 지역에서는 오스트리아계 프랑스 철학자 앙드레 고르가 『노동 전략과 신자본주의』에서 (나중에 들뢰즈와 가따리의 『앙띠 오이디푸

---

for Talent (New York:Collins, 2005).

6. 문화미디어스포츠부(DCMS; Department of Culture, Media and Sport) 범주 목록은 아래 부문들에서의 생산으로 이루어져 있다. 광고, 건축, 미술과 골동품 시장, 공예, 디자인, 디자이너 패션, 영화와 비디오, 쌍방향 레저 소프트웨어, 음악, 공연예술, 출판, 소프트웨어 및 컴퓨터 서비스, TV와 라디오. www.wikipedia.org/Creative_industries.

7. Adorno and Horkheimer, *Dialektik der Aufklärung*; 영어판:*Dialectic of Enlightenment*[아도르노·호르크하이머, 『계몽의 변증법』].

스』에 인용되는) '과학적 노동자'라는 형상의 윤곽을 제시했다.8 같은 해, 아직도 포드주의 공장이라는 감옥에 맞서 싸움을 벌이고 있던 이탈리아 오뻬라이스모는 『붉은 노트』의 특별호에서 맑스의 『그룬트리세』9의 「기계에 대한 단상」과 그의 일반지성 개념을 재발견했다.10 또 다른 중요한 출처를 호명하기 위해서는 1973년에 간행된 페루치오 로시란디의 책 『노동으로서 언어와 시장』이 주목할 만한 가치가 있다.11 하지만, '지식 노동자'라는 이러한 개념들이 대중들의 인정을 받기에는 카이로스가 아직 완전하게 성숙되지 않았다. 1990년대 초반, 의심할 바 없이 포드주의가 서구 나라들에서 더 이상 헤게모니적인 생산양식이 아니게 되었을 때, 이탈리아의 포스트오뻬라이스모 사상은 비물질노동과 코그니타리아트 같은 개념들을 새롭게 출현하는 생산형태들로서, 그리고 또한 다중들의 자율적인 힘의 새롭게 출현하는 형태들로서 명료하게 표현할 수 있었다(네그리, 라짜라토, 비르노, 마라찌, 베라르디 같은 필자들의 저작들을 참고하

---

8. André Gorz, *Stratégie ouvriére et néocapitalisme* (Paris:Le Seuil, 1964); 또한 다음을 보라. Deleuze and Guattari, *L'Anti-Oedipe* [들뢰즈·가타리, 『앙띠 오이디푸스』]. 이와 같은 개념화를 유지하면서 2003년 고르는 부제가 지적하는 바대로 '지식, 가치, 자본'에 대한 텍스트인 『비물질적인 것』을 출간했다. André Gorz, *L'immatériel. Connaissance, valeur et capital* (Paris:Galilee, 2003).
9. [한국어판] 칼 마르크스, 『정치경제학 비판 요강』 1~2, 김호균 옮김, 그린비, 2007.
10. 맑스의 『그룬트리세』의 「기계에 대한 단상」은 라니에로 빤지에리가 다음의 논문에서 최초로 언급하였다. 'Plusvalore e pianificazione' 그리고 *Quaderni Rossi*, no. 4(Turin:Istituto Rodolfo Morandi, 1964)에 Renato Solmi 번역본이 수록돼 있다.
11. Ferruccio Rossi-Landi, *Il linguaggio come lavoro e come mercato* (Milan: Bompiani, 1973).

라). 오뻬라이스모는 이탈리아의 『공통의 자리』[12]와 프랑스의 『전미래』[13] 같은 잡지들을 중심으로 자신의 포스트포드주의적 전환을 이루어 냈다. 같은 시기에, 새롭게 출현하는 디지털 네트워크들에 대단히 고무된 피에르 레비는 '집단지성'과 '지능의 테크놀로지' [같은 개념들]을 발전시키고 있었다.[14] 지식에 기반을 둔 새로운 정치학과 비물질 노동자라는 새롭게 출현하는 사회적 형상의 이러한 저류底流는, 최소한 이탈리아와 프랑스에서는, 1990년대의 10년 전체를 가로질렀다. 1999년 영향력 있는 저널 『데리베 아쁘로디』*Derive Approdi*는 주로 빠올로 비르노가 집필한 '세계의 비물질적 노동자'라는 선언문을 간행했다.[15] 라짜라토의 『비물질노동』[16], 마라찌의 『자본과 정동』[17], 비

---

12. 『공통의 자리』(*Luogo Comune*)는 1990년 11월에서 1993년 6월(4호) 사이에 발간된 정치 저널이었다. 빠올로 비르노, 조르조 아감벤, 프랑코 피베르노, 안또니오 네그리, 산드로 메짜드라, 세르지오 비안끼 등이 공동 저자로 참여했다.
13. 『전 미래』는 장마리 빈센트, 데니스 베르거와 안또니오 네그리가 1990년에 창간했다(1998년까지 53호를 발행했다). http://multitudes.samizdat.net/-Archives-Futur-Anterieur-.
14. Pierre Lévy, *L'intelligence collective. Pour une anthropologie du cyberespace* (Paris:La Découverte, 1994); 영어판 :*Collective Intelligence:Mankind's Emerging World in Cyberspace* (Cambridge:Perseus, 1999) [피에르 레비, 『집단지성』, 권수경 옮김, 문학과지성사, 2002]. 다음 책도 참조하라. Pierre Lévy, *Les technologies de l'intelligence* (Paris:La Découverte, 1990) [피에르 레비, 『지능의 테크놀로지』, 강형식 외 옮김, 철학과현실사, 2000].
15. *Derive Approdi* magazine, 'Immaterial Workers of the World. Se non ora quando?', no. 18 (Rome:Derive Approdi, 1999). Web:www.deriveapprodi.org/estesa_rivista.php?id=44.
16. Maurizio Lazzarato, *Lavoro immateriale. Forme di vita e produzione di soggettività* (Verona:Ombre corte, 1997).
17. Christian Marazzi, *Il posto dei calzini. La svolta linguistica dell'economia e i suoi effetti sulla politica* (Turin:Bollati Boringhieri, 1999) [크리스티안 마라찌, 『자본과 정동』, 서창현 옮김, 갈무리, 근간].

르노의 『다중』[18] 같은 책들(여타의 책들 중에서 단연 네그리와 하트의 『제국』[19])은 포스트포드주의에 대한 지배적이고 영향력 있는 해석을 확립하는 일을 해 냈다. 2001년 이래, 비물질적 전장(戰場)의 비이론적 측면에서는, 유로메이데이[20]의 초국적인 시위가 이러한 개념들 중 일부를 활성화했고, 산 프레카리오[21]의 신성 보호 아래 불안정 노동자들과 인지노동자들을 연결하기 시작했다.

인지노동자들은 네트워커들이며 불안정 노동자들은 네트워크화되어 있다. 전자는 두뇌노동자들이며, 후자는 체인노동자[22]들

---

18. Virno, *Grammatica della moltitudine*; 영어판: *A Grammar of the Multitude*. [비르노, 『다중』].
19. Hardt and Negri, *Empire* [네그리·하트, 『제국』].
20. 유로메이데이는 대부분 서유럽에서 활동하는 페미니즘 네트워크, 반자본주의와 이주 집단 및 공동체가 일으킨, 노동 불안정에 맞서 행동하는 정치적인 날이다. 이것은 매년 5월 1일, 즉 전통적으로 전 세계 노동자의 연대를 축하하는 메이데이에 개최된다. 유로메이데이는 유럽에 살고 있는 유동 및 임시 노동자, 이주민들, 그리고 여타의 '불안정한' 사람들에 초점을 맞춤으로써 전통적인 메이데이를 '새롭게 하려는' 시도로서 장려되었다. 다음을 참조하라. www.euromayday.org.
21. "산 프레카리오는 처음에는 민간 전승의 우회로(迂廻路)로서 상상되었다. 이 전통은 형식적인 측면에서 전유됨과 동시에 내용적인 측면에서 전복된다. 산 프레카리오는, 새로운 사회적 권리를 위한 싸움에 대한 민간의 상상력에 원기를 회복시켜 줄 의도를 갖고 있는, 수탈을 당했지만 전투적인 주체들의 신화적인 수호신이다." 출처: www.chainworkers.org/sanprecario; 다음 역시 참고하라. Marcello Tarì and Ilaria Vanni, 'On the Life and Deeds of San Precario, Patron Saint of Precarious Workers and Lives', *Fiberculture*, no. 5, 2005, Australia. Web: www.fibreculture.org.
22. [옮긴이] 두뇌노동자(brainworker)는 지식 노동자, 프로그래머, 작가, 프리랜서 등 두뇌를 사용하여 문제를 해결하는 직종에 종사하는 노동자를 뜻하며, 체인[점]노동자(chainworker)는 쇼핑몰, 쇼핑센터, 대형 슈퍼마켓 등에서 일하거나 메트로폴리스의 다양한 물류업 및 판매업에 종사하는 노동자를 말한다.

이다. 전자는 유혹을 당한 뒤에 회사와 금융시장으로부터 버림 받는다. 후자는 전지구적 자본의 유동fluxes에 의해 끌려 나와 유연화된다.23

이러한 공존이 급진 좌파가 표준적 빈곤상태를 이해하는 문제틀이었다는 것은 처음부터 분명했다. 2000년대 후반, 이 모든 이론적 노력들은 대개, 특히 파리를 기반으로 하는 잡지 『뮐띠뛰드』와 이탈리아 잡지 『뽀세』가 제시한, 인지자본주의 개념을 중심으로 응축되었다. 한편, 지속적인 계획으로서, 오락 및 문화 산업(연극, 무용, TV, 영화)의 비상근[임시]intermittent 노동자들의 특수한 프랑스적 사례가 안토넬라 코르사니와 마우리치오 라짜라토에 의해 수년 동안 상세하게 분석되었다.24

둘째, 영미의 계보학이 존재한다. 인터넷 문화의 황금기 동안, ICT와 신新경제를 둘러싼 논쟁은 종종 '지식 경제' 개념에 연결되었다. 오스트리아 출생의 미국 경제학자 피터 드러커는 자신의 책 『유능한 경영진』과 『단절의 시대』에서 1960년대의 '지식 노동자'와 '지식 경제'라는 용어들을 제시했다.25 사실 프리츠 매클럽은 1962년에

---

23. Chainworkers, *Il precognitariato. L'europrecariato si é sollevato*, 12 November 2003. www.rekombinant.org/old/article.html.sid=2184. 다음 역시 참고하라. www.chainworkers.org.
24. Antonella Corsani and Maurizio Lazzarato, *Intermittents et précaires* (Paris:Editions Amsterdam, 2008).
25. Peter Drucker, *The Effective Executive* (New York:Harper & Row, 1976)[피터 드러커, 『피터 드러커의 자기경영노트』, 이재규 옮김, 한국경제신문사, 2003; 본문에서는 『유능한 경영진』으로 옮겼다 — 옮긴이]; *The Age of Discontinuity:Guidelines*

이미 '지식 산업'에 대해 기술했다.[26] 그는 지식 부문을 교육, 연구 및 개발, 매스 미디어, 정보 과학기술, 정보 서비스 등 다섯 분야로 구분했다. 그는 이러한 범주화에 기초하여 1959년 미국 GNP의 29 퍼센트가 지식 산업에서 생산되었다고 계산했다(플로리다의 통계치보다 40년이 앞서는데도 유사한 수치를 보인다).[27] '지식 사회'가 대중화된 이후, '정보 사회'라는 말이 점점 더 두드러지게 되었다. 미래학자 앨빈 토플러는 인간 사회가 정보 및 지식의 헤게모니를 향해 심대한 인류학적 전환을 이루었다는 의미로 1980년 제3의 물결이라는 개념을 소개했다.[28] 마뉴엘 카스텔도 이와 유사하게 '네트워크 사회' 개념에 앞서 '정보 자본주의'를 범주화하려고 시도했다.[29] 영미의 상황이 대륙 맑스주의의 **생산주의적**이고 **노동자주의적**인 접근법과 아무런 관련이 없는 것은 전혀 이상한 일이 아니다. 여기에

---

    to Our Changing Society (New York : Harper & Row, 1969) [피터 드러커, 『단절의 시대』, 이재규 옮김, 한국경제신문사, 2003].

26. Fritz Machlup, *The Production and Distribution of Knowledge in the United States* (Princeton : Princeton University Press, 1962). [프리츠 매클럽(Fritz Machlup, 1902~1983)은 오스트리아 태생의 미국 경제학자이다. 하버드 대학, 존스 홉킨스 대학 등에서 강의했다. 지식을 경제적 자원으로 여긴 최초의 경제학자들 중 한 명이다. — 옮긴이]

27. 다음 역시 참고하라. Christian Fuchs, *Internet and Society : Social Theory in the Information Age* (London/New York : Routledge, 2007).

28. Alvin Toffler, *The Third Wave* (New York : Morrow, 1980) [앨빈 토플러, 『제3의 물결』, 김진욱 옮김, 범우사, 1992].

29. Manuel Castells, *The Informational City. Information Technology, Economic Restructuring and the Urban-Regional Process* (Oxford, UK and Cambridge, MA : Blackwell Publishers, 1989) [마뉴엘 카스텔, 『정보도시 — 정보기술의 정치경제학』, 최병두 옮김, 한울, 2008] 그리고 Manuel Castells, *The Rise of the Network Society, The Information Age* Vol. I.[마뉴엘 카스텔, 『네트워크 사회의 도래』].

서, '정보는 자유로워지기를 원한다.'라는 모토는 이러한 전통의 완전한 구체화로 인용될 수 있을 것이다. 이 전통에서는, 지식의 **생산**보다 **자유, 권리, 재산[소유]** 등의 논점들에 더 많은 초점이 맞추어졌다. 마침내, 2001년 카피레프트를 둘러싼 논쟁은 자유 소프트웨어의 경계들을 벗어났으며, 크리에이티브 커먼즈 라이선스라는 널리 찬양되는 패러다임을 확립했다.

2002년 베스트셀러인 리처드 플로리다의 (그 자체가 논쟁적인 통계학적 증거에 기초를 둔) 『창조계급의 등장』은 곧바로 영미 논쟁의 한가운데에 모습을 드러냈지만, 이상하게도 수많은 대륙적 특성들과 관심사들을 흡수했다. 그의 모델은 처음에는 1970년대와 1980년대의 프랑스 사회학자 피에르 부르디외가 도입한 **문화자본** 개념에서 영감을 받은 것으로 보인다.[30] 이러한 의미에서 플로리다는 영미의 전통과 단절하는데, 이것은 그의 모델이 더 이상 오로지 지적 재산권에만 기초하지 않고 문화자본의 착취에 기초하고 있기 때문이다. 예컨대 이러한 의제는 사실 영국의 신자유주의적 경향보다는 문화 정책들을 펼치는 북유럽의 사회민주주의자들에 의해 유럽에서 오히려 더 많은 평가를 받는다.[31] 지금까지 이 논쟁은 다음

---

30. 다음을 참고하라. Pierre Bourdieu, 'The Forms of Capital', in: J. G. Richardson, *Handbook for Theory and Research for the Sociology of Education* (Westport, CT: Greenwood Press, 1986).
31. 다음을 참고하라. Max Nathan, 'Wrong in the Right Way? Creative Class Theory and City Economic Performance in the UK', in: Geert Lovink and Ned Rossiter (eds.), *MyCreativity Reader: A Critique of Creative Industries* (Amsterdam: Institute of Network Cultures, 2007).

의 두 가지 모델에 의해 주도되었다. 지적 재산권의 활용[착취]에 의존하는 창조산업들의 제도적 개념(대표적으로 영국)과 주어진 도시의 문화자본에 대한 전술적이고 역동적인 활용[착취]에 의존하는 창조경제의 새로운 기업 모델(이 모델은 전 세계, 그러나 북유럽에서 특히 광범하게 채택되었다)이 그것이다. 크리에이티브 커먼즈와 '또래집단 생산'의 일차원적 모델을 제외하고, 이것들은 문화사업에 대한 비판적 이해와 인지노동의 새로운 정치가 그들 나름의 경로를 발견해야 하는 주요 좌표들이다.

불안정 노동과 추상적 증여 경제를 물신화했던 시대가 지난 후, 서서히 패러다임 변동이 일어나고 있다. 메트로폴리스 문화 공장이나 전지구적인 인지자본주의 내의 자율적인 노동과 자율적인 생산으로 관심이 이동했다. 하지만, 지식 기반 생산자들의 자율적인 힘에 대한 이러한 미화는 매우 양가적이다. 심지어 활동가들 중에서도 '창조계급'의 수사학을 받아들일 때 혼동을 하는 경우가 많이 있다. 이러한 양가성의 한가운데에서 가치의 창조 그리고 - 결과적으로 - 갈등의 창조로 이해되는, 의미의 창조를 둘러싸고 새로운 인식이 나타나려고 한다. 긴급한 것은 (체인노동자들과 뒤섞이기 전의) 창조적 노동자 세대의 정치적인 재참여 re-engagement 그리고 그와 동시에, (시애틀 운동이 자신의 소득보다 전지구적인 논점들에 더 많은 관심을 가졌던 것처럼) 활동가 세대의 '경제적' 참여이다. 나의 창조성 = 나의 가치 = 나의 갈등.

인지적 주체의 공적 삶

'창조경제'에 대한 논쟁에는 누락된 측면이 많은데, 이는 인지노동 주제에 대해서도 마찬가지다. 이 절에서 나는, 가치 창출의 양상이 항상 **집단적[공동적]**이라는 점을 지적하는 데에서 시작하고 싶다. 우리는 제도적 창조성 이면의 사회적 과정들과 집단적인 욕망들의 창조적 힘에 대해 고찰할 필요가 있다. 모든 인지적 생산물이 (아이디어, 브랜드, 미디어, 가공물, 사건으로서의) **정치적 본성**을 갖는다는 점이 강조되어야 한다. 창조의 기쁨은 공통적인 것에 속한다. 기본적인 경제적 관점에서 볼 때조차도, 가치 창출의 논점을 강조하는 것은, 가치를 생산하는 데에서 차지하는 사회적 주체의 역할을 은폐하는 지배적인 모델들을 제거하는 데 유용하다. 최초의 질문은 다음과 같다. 무엇이 또는 누가 가치를 생산하는가? 대답은 이렇다. '사회적 공장'이 가치(그리고 갈등)의 가장 큰 몫을 생산하는 것이지, 단순히 웹 디자이너와 학문 연구자들 같은 새로운 계급들이 생산하는 것이 아니라는 것이다.

둘째, 우리는 **인지적 생산**의 정치적 공간이 (단순히 집단적인 것이 아니라) **경쟁적인** 것임을 분명히 해 둘 필요가 있다. 존재론적으로 볼 때 아이디어들이 부단히 서로 싸우기 때문이며, 또한 정치적으로 볼 때 인지노동자들이 점점 더 상대와의 경쟁 속에 놓여 있기 때문이다(그리고 그들의 정치적 통일은 유토피아적이기 때문이다). 여기에서, 나는 창조산업과 창조경제 내부의 노동조건들이나 신자유주의적 정책들이 아니라 비물질적 사물들의 **공적 삶**에 초점을 맞춘다. 인지적 생산물들의 본성을 세심하게 살펴본다면, 우리는 인지적 생산물들의 생산자들에 대한 어떤 것 역시 이해할 수 있을 것이다. 인지적 생산물들은 힘들의 공간 속에 놓여야 한다. 인지적 생산물들은 단지 그것들의 내포적intensive 자질들을 통해서 서술되지 않고 외부로부터 표현되어야 한다. 생산이 창조적이고 인지적이 된다면, 또는 집단적이고 사회적이 된다면, 무엇이 갈등의 새로운 좌표이며 형태들인가? 그래서 나는 인지노동자들의 **비물질 내전**이라는 시나리오를 도입한다. 창조산업과 창조경제는 이 내전이라는 정치적 공간의 작은 부분이다. 비물질 내전 개념은 사회적 갈등들이 개인적인 것 속으로 어떻게 내면화되고, 주입되고, '보안화securitized되는지' 설명해 준다. 비물질 내전은 광범한 **비물질적인 계급 갈등**의 내적 경계(사실상 삶정치적인 경계)이다.

지금까지 이것은 단선적인 사태처럼 보이지만, 참작해야 하는 회색 지대 역시 존재한다. '창조적' 태도의 대중화massification가 그것이다. "모두가 창조적이다."는 오늘날 유행하는 슬로건이다. 벤야민의 **예술 작품** 개념이 나오고 수년 뒤에, 대중 예술가는 사회 복제 시대로 진입한다. 여기에서 '창조성'은 신분 상징으로 판매된다. 벤야민에게 오늘날의 정치적 논점들은 '사회적 복제 시대의 예술가들'로 나타날 것이다. 문화 산업의 사회적 토대는 (최소한 서구 세계에서는) 점점 더 넓어지고 있으며, 새로운 사태들이 드러나고 있다. 첫 번째 시기에 문화 산업들은 (하나의 사실로서 그리고 하나의 개념으로서) 헤게모니를 쥐게 된다. 두 번째 시기에, 문화 산업들은 의미 및 생산자들의 엔트로피에 직면한다. 인터넷과 디지털 혁명 덕에,

후반기의 갈등들은 매일 중대하고 있다. 집단지성 역시 자기만의 엔트로피가 있다.

라짜라토의 타르드 읽기 : 가치의 사회적 차원

오늘날의 비판은 인지적 생산물의 공적 삶에 대한 명료한 시각을 갖지 못하고 있다. 이러한 비판은 아직도 대부분 크리에이티브 커먼즈와 자유 소프트웨어에서 가져온 은유에 의해 지배되고 있다. 그것은 가치와 **가치화**에 대한 어떤 개념도 없이 지적 전염에 대한 순전히 경제적인 시각을 지지한다. 이러한 이유로 마우리치오 라짜라토 그리고 그의 가브리엘 타르드 독해는 가치가 어떻게 사회적 욕망과 집단적인 모방에 의해 생산되는지를 설명하기 위한 더욱 역동적인 사태를 소개하는 데 유용하다. 특히, 여기에서는 『발명의 힘들』이라는 책과 「정치경제학에 맞서는 경제심리학」이라는 논문에서 다루고 있는 프랑스 사회학자 타르드[32]의 사유에 대해 라짜라토가 다시 제기하고 있는 해석들이 의미가 있다.[33]

---

32. [옮긴이] 가브리엘 타르드(Gabriel Tarde, 1843~1904)는 프랑스의 사회학자, 범죄학자, 사회심리학자이다. 에밀 뒤르켕과 함께 19세기 말 프랑스 사회학계의 대표적인 사상가였지만, 사후 오랫동안 주목받지 못하다가 1960년대 말 철학자 질 들뢰즈가 재조명하였다. 사회학이란 개인들 간의 (화학과 유사한) 심리적 상호교류에 기초한다고 보았다. 국내에 소개된 저서로는 『사회법칙』(이상률 옮김, 아카넷, 2013), 『여론과 군중』(이상률 옮김, 지도리출판사, 2012), 『모방의 법칙』(이상률 옮김, 문예출판사, 2012) 등이 있다.

33. Maurizio Lazzarato, *Puissances de l'invention : La Psychologie économique de*

그의 논의를 몇 줄로 간단히 요약하자면, 타르드의 철학이 우선 현대의 정치경제학에 도전한다는 것이다. 그것은 현대의 정치경제학이 물질적인 노동과 비물질적인 노동의 대립을 해체하고 '두뇌들 사이의 협력'을 포스트포드주의뿐만 아니라 자본주의 이전의 전통적인 사회들의 주요한 힘으로 간주하기 때문이다. 둘째, 타르드의 철학은 화폐 축적 대신 혁신을 경제의 기동력으로 평가한다. 스미스와 맑스, 그리고 슘페터는 정말 혁신을 자본주의의 내적 힘으로 이해하지 못했다. 라짜라토가 논평한 것처럼, 그들은 생산보다는 재생산에 더 많은 관심을 가지고 있었다. 셋째, 타르드는 더 이상 사용가치와 교환가치에만 기초를 두는 것이 아니라 진리-가치와 미-가치 같은 다른 종류의 가치에도 기초를 두는 새로운 가치이론을 전개한다. 라짜라토는 다음과 같이 말한다. "경제심리학이 가치들의 창출과 구성에 대한 이론이라면, 정치경제학과 맑스주의는 가치들을 측정하기 위한 이론들이다."[34]

하지만, 타르드의 가장 결정적인 통찰은 과학과 여론의 관계에 대한 것이다. 라짜라토는 이 직관을 현재 상황의 맥락과 관련짓는다. 사회적 주체의 집단적인 욕망은 곧바로 권력의 한 형태가 된

Gabriel Tarde contre l'économie politique (Paris : Les empécheurs de penser en rond, 2002); Maurizio Lazzarato, 'La psychologie économique contre l'Economie politique', *Multitudes* no. 7, 2001, Paris, web : multitudes.samizdat. net/La-Psychologie-economique-contre-l.html; 또한 다음을 참고하라. Maurizio Lazzarato : 'Invenzione e lavoro nella cooperazione tra cervelli', in : Y. Moulier Boutang (ed.), *L'età del capitalismo cognitivo*.

34. Lazzarato, 'Invenzione' (번역은 인용자).

다. 이것들은 직접적으로 **생산적이다**. 전통적인 노동형태들 속에서 활동할 때만 생산적인 것이 아니다.

> 타르드에 따르면, 모방되지 않는 (과학이나 비과학의) 발명은 사회적으로 현존하지 않는다. 발명이 모방되기 위해서는 관심을 끌고, 다른 두뇌에 대한 '정신적 유혹'의 힘을 생산하고, 사회적 소통 과정을 통해 그들의 욕망과 신념을 이동시킬 필요가 있다. ……타르드는 이 모든 작업을 관통하는 논점을 파악한다. 그것은 공중의 구성적 힘이다.[35]

인지적 대상의 가치는 그것의 모방과 유포에 연결되어 있다. 달리 말해, 그것의 가치는 두뇌들(해부학적 은유가 싫다면, 욕망들) 사이에서 이루어지는 고도의 사회적 협력의 산물이다. 타르드에게, **공중**은 '미래의 사회적 집단'이며, 포스트포드주의를 예견하면서 처음으로 가치화 장치인 매스 미디어를 통합한다. 보다 구체적으로 말하자면, 타르드는 노동계급 자체를 공통의 이해관계가 아닌 공통의 신념과 정동의 토대 위에서 더 잘 통일되는 일종의 '여론'으로 간주한다.

    타르드와 라짜라토의 연계는 역동적이고 경쟁적인 모델을 도입하는데, 여기에서 비물질적 사물들은 일종의 진화론적 환경 속

---

35. 같은 책.

에서 인지권36의 법칙 — 혁신과 모방 — 에 직면할 수밖에 없다. 타르드는 또한 혁신의 보급을 기술하기 위한 S형 곡선을 도입한 것으로 유명하다. 이것은 인지적인 디지털 공간의 지도 제작법이다. 예컨대 새로운 인터넷 이상주의자들이 완전히 원활하고 무한하며 자유로울 것으로 믿는 그러한 차원이 그것이다. 유포의 곡선은 인지적 공간을 변형시키고 마찰과 거칠기asperities를 끌어들인다.

하지만 보급의 과정은 이 수학적 그래프가 암시하는 것처럼 결코 선형적이거나 평화롭지 않다. 집단적인 규모로, 인지적 생산물은 자신의 적소適所와 자신의 궁극적인 리더십을 달성하기 위해 항상 다른 생산물들에 맞서 싸운다. 아이디어의 운명은 '두뇌들 사이의 협력'과 자유로운 증식의 디지털 영역에서조차 항상 헤게모니를 쥐어야 한다는 것이다. 아이디어들의 자연적인 환경은 실제로 홉스가 말한 자연 상태와 유사하다. "인간은 인간에게 늑대이다"라는 말은 미디어, 브랜드, 기호, 그리고 지식 경제의 모든 종류의 기호적 기계들에 적용될 수 있을 것이다. 그것[아이디어들의 환경]은 '모든 아이디어들에 대한 모든 아이디어들의' 비물질적이지만 조용하지 않은 '전쟁'이다. 라짜라토와 타르드가 모든 전통적 공장을 벗어나는 두뇌들의 협력이 차지하는 현실적 지위를 인식하기 위해 사회적 가치 창

---

36. [옮긴이] 인지권(noosphere)은 누스페어, 정신권 등으로 번역되기도 한다. 피에르 레비(Pierre Levy)가 신학자·고고학자 테야르 드 샤르댕(Pierre Teilhard de Chardin)의 말에서 가져왔다. '정신'을 뜻하는 '누'(noo)와 영역, 계를 뜻하는 '스페어'(sphere)의 합성어이다. 레비는 집단지성의 발달로 사이버 공간에서 인류통합의 세계가 만들어질 가능성이 있다고 보았고, 집단지성이 만들어 갈 세계를 누스페어라고 불렀다. 보다 폭넓게는 '인간의 지적·문화적 활동으로 현저한 변화가 일어나는 생물권'을 의미한다.

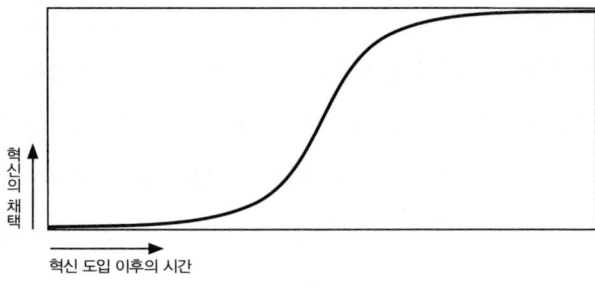

그림 2. 혁신의 S형 곡선

조를 추적한다면, 이러한 공통의 공간 그리고 인지자본주의 일반의 경쟁적인 본성은 엔조 룰라니의 작업에서 더 명확하게 나타난다.

엔조 룰라니와 '유포의 법칙'

엔조 룰라니는 안토넬라 코르사니와 더불어 **인지자본주의**[37]라는 말을 최초로 도입한 사람들 중 한 명이었다. 대부분의 사람들과 달리 그는 지식 공유의 집단적인 차원뿐만 아니라 지식 공유의 상이한 유형학에 의해서 생산되는, 그리고 그 유형학 안에서 생산되는 가치화 과정 역시 날카롭게 지적한다. 룰라니는 경쟁이 '비물질적인' 경제 영역에서도 여전히 존재한다는 (그리고 어쩌면 훨씬 더

---

37. Enzo Rullani and Luca Romano, *Il postfordismo. Idee per il capitalismo prossimo venturo* (Milan : Etaslibri, 1998); Enzo Rullani, 'La conoscenza come forza produttiva : autonomia del post-fordismo', in : L. Cillario and R. Finelli (eds.), *Capitalismo e conoscenza* (Rome : Manifesto libri, 1998); Enzo Rullani, 'Le capitalisme cognitif : du déjà vu?', *Multitudes*, no. 2, 2000, Paris.

강력하다는) 사실을 매우 분명히 한다. 『지식 경제』에서 보듯이, 룰라니는 지식에 의해 생산된 구체적 가치를 수학적 공식으로 측정하려고 시도했던 몇 안 되는 경제학자들 중의 한 사람이다.[38] 룰라니의 기본적인 교훈이 강조하는 것은 지식의 가치가 유포에 의해 증대된다는 것과, 가치를 생산하기 위해서는 순환이 적절한 방식으로 이루어져야 한다는 것이다. 룰라니는 2000년부터 저널 『뮐띠뛰드』에 실린 안토넬라 코르사니와의 인터뷰에서 다음과 같이 말한다. "지식 기반 경제는 구조적으로 공유에 입각하고 있습니다. 지식은 **채택되어야만** 가치를 생산합니다. 그리고 (그러한 포맷과 그 결과인 표준 속에서의) 응용이 **상호의존성**을 만들어냅니다."[39]

비물질적 사물들의 가치는 보급과 상호의존성에 의해 생산된다. 팝스타의 인기와 소프트웨어 프로그램의 성공 이면에는 이와 동일한 과정이 존재한다. 디지털 혁명은 비물질적 사물들의 복제를 더욱 쉽게, 더욱 빠르게, 유비쿼터스하게, 그리고 거의 자유롭게 만들었다. 하지만 룰라니가 지적하는 것처럼, "독점[소유]의 논리는 사라지지 않고 **자신을 유포의 법칙에 종속시켜야 한다.**"[40] 독점[소유] 논리의 전략들은 더 이상 생산의 공간과 사물들에 의존하지 않고, 유포의 시간과 속도에 의존한다.

---

38. Enzo Rullani, *Economia della conoscenza*.
39. Corsani and Rullani, 'Production de connaissance et valeur dans le postfordisme'. 이탈리아어 원본 : 'Produzione di conoscenza e valore nel postfordismo' (번역은 인용자). Web: multitudes.samizdat.net/Production-de-connaissance-et.html.
40. 같은 책.

지식 생산자가 여전히 이득의 일부를 유지하면서, 지식의 사용을 분배할 수 있는 방법은 다음과 같은 세 가지 형태이다. 1) 새로운 지식의 생산에서 또는 지식의 사용에 대한 활용[착취] 속에서 나타나는 속도 차이, 2) 상황에 대한 다른 이들보다 더 강력한 통제, 3) 공유의 전체 회로 내에서 지식 사용의 양태들을 제한하고 통제할 수 있는 협조와 협력의 네트워크.[41]

비물질적 상품의 가치(그렇지만 이것은 또한 옛 포드주의적 상품의 경우에도 사실이다)는 내포적이고 내재적인 요인들에 의해서만이 아니라 맥락적이고 외연적인 자질들에서 유래한다. 지식 창조의 속도 차이를 통제하는 것은 단순히, 비물질적인 영역 내부에, 협력이라는 보다 폭넓은 맥락과 네트워크 속에서 지식의 지배적인 위치를 유지하는 것을 의미한다. 아이디어들은 쉽게 증식될 수 있으며, 원저자는 그 뒤에 나타나는 (다른 사람보다 많은) 역동적인 이득을 언제나 활용[착취]할 수 있다. 지식은 물질적 뿌리를 갖는다. 예컨대, 그 맥락을 더 잘 이해해 보면, 쉽게 증식되지 않는 그 무언가가 존재한[다는 것을 알 수 있다. 그것은 아이디어의 계보학, 환경milieu의 문화와 사회사, 수년 간 축적된 비공식적 지식에 대한 것이다. [원]저자에 의해 시작된 협력의 네트워크는 귀중한 **사회적 자본**을 나타낸다. 이것이 계약, 신용, 홍보 그리고 어떤 면에서는, 거리의 평판에 대한 모든 것이다. 루치아노 비앙치아드리의 소설을 인용하는 비르노

---

41. 같은 책. pp. 396~397.

의 일반지성의 문법을 빌려 말하자면, 인지적 생산물(과 그것의 생산자)은 성공을 거두기 위해 '정치적 종류의 기술들과 소질들'을 가져야 한다.[42]

그렇다면, 어떤 특정한 아이디어는 다른 세력들과 다른 경쟁자들의 도전을 받는 역동적인 환경 속에서 가치를 생산한다는 것이 분명하다. 어떠한 아이디어라도 정글 속에서 – 끊임없는 게릴라전 상태 속에서 – 살아가며, 인지노동자들은 종종 자신들이 고안한 창조물의 운명을 따른다. 디지털 네트워크와 인지적 축적이라는 무형의[손으로 만지거나 느낄 수 없는] 경제에서 시간은 축소된다. 시간은 더 이상 가치의 척도가 아니라 단순히 경쟁의 공간일 뿐이다. 시간[을 통해 얻는] 이득은 초를 다투는 문제이다. 더욱이, 정보가 백색 소음[43]과 같아지는 매스 미디어 사회에서는, 가장 진기한 상품은 관심이다. 희소성의 경제가 관심의 결핍처럼 인지자본주의에서도 여전히 존재하며, 관심 경제라는 새로운 원리에 의해 운영된다. 모든 것이 모든 곳에서 복제될 수 있을 때, 시간은 공간보다 더욱 중요하게 된다. 흥미로운 것은, 공간이 자기가 정복하고 점령한 비물질적 영토와 가시성의 척도로서 사물의 가치 척도가 된다는 것이

---

42. Luciano Bianciardi, *La vita agra* (Milan : Rizzoli, 1962); Virno, *A Grammar of Multitude* [비르노, 『다중』]에서 재인용.
43. [옮긴이] 백색 소음(white noise)은 백색광에서 유래된 용어다. 백색광을 프리즘에 통과시키면 7개의 색을 볼 수 있듯이, 여러 높낮이의 음을 하나로 합치면 음폭이 넓은 백색 소음이 된다. 백색 소음은 빗소리, 바람소리, 사무실의 공기정화장치 소리처럼 일상적인 소리이며 사람들에게 방해를 주지 않고 오히려 다른 소음을 덮어주는 역할을 한다.

다. 차원들의 세차운동[44]이 일어나는 것이다. 포드주의에서는 공간이 경쟁의 장소이고 시간이 척도의 차원이었다면, 포스트포드주의에서는 시간이 경쟁의 장소가 되었고 공간은 성공이 측정되는 차원이 되었다.

디지털 영역에서 경쟁적 이득의 한 사례는 크리에이티브 커먼즈 라이선스로 배포된 잡지『와이어드』2004년 11월호에 포함된 CD이다. 비스티 보이즈, 데이비드 번, 질베르토 질 등 여러 사람들은 자유로운 복사, 공유, 샘플링을 위해 음악 트랙들을 기부하였다.[45]『와이어드』잡지의 신자유주의적 의도agenda들은 이러한 작업을 이해하기 위한 명확한 정치적 좌표를 제공해 준다. 사실상, 오늘날 자신들의 활동이나 작업을 카피레프트, 크리에이티브 커먼즈 라이선스 또는 P2P 네트워크상의 파일공유에 연결시키는 음악가들과 창조적 노동자들의 더욱 많은 사례들이 존재한다. 그러나 우리는 선두주자들에 대한 소식만 들을 뿐이다. 두 번째로 왔거나 늦게 도착한 사람들은 더 이상 미디어 과대광고에 적합한 참신한 존재가 아니다. 어쨌든, 크리에이티브 커먼즈의 성전聖戰을 고수하는 일은 절대로 일어나지 않는다. 크리에이티브 커먼즈는 언제나 혼성적인 전략이다. 예술가들은 시선을 사로잡고 평판을 얻기 위해 자신의 작품 일부를 공개하고 무료로 풀어놓는 것이지, 작품 전체를 그렇게 하는 것이 아니다. 또 다른 전략은 가까운 미래에 작품을 무

---

44. [옮긴이] 세차운동(precession)은 회전체의 회전축 방향이 변하는 운동이다.
45. 다음을 참고하라. www.creativecommons.org/wired.

료로 배포하는 것이다. 예컨대 바로 지금 당장이 아니라 (인지적 시장 규모에 대한 합리적인 암시를 제공하는) 몇 달의 지체를 두는 것이다. 이것은 그리 놀랄 일도 아니다. 우리는 언제나 그것이 [살아남기 위한] 경주의 일부라는 의심을 품고 있었다.

룰라니는 지식 경제에서, 그리고 특히 디지털 공유지의 병렬적인 문화권에서조차 경쟁이 어떻게 여전히 현존하는지 보여준다. 경쟁은 급진적 사유가 결코 발을 담그려 하지 않았던 분야이다. 왜냐하면 이러한 대항을 받아들이는 것은 전략적으로 모순되는 것으로 또는 정치적으로 올바르지 않은 것으로 인식되었기 때문이다. '사회적 공장들'의 이러한 분열된 상황과 분자적인 삶정치적 경쟁에서 출발하여 어떠한 통일된 정치적 주체를 재구축한다는 것은 불가능하지는 않다 하더라도 어려워 보인다. 지금까지, 인지자본주의의 배경 위에 분명하게 투사되는 유일한 정치적 주체는 공통적인 것이다. 공통적인 것은 다중 개념과 연결될 수 있는 유일하게 이해가능하고 효과적인 프로필이다. 인지자본주의 내부에서 개별적인 잉여가치가 측정하고 회수하기 어렵다면, 집단적인 축적 그리고 공통적인 것의 착취는 더 가시적인, 만져서 알 수 있는 무엇이다.

데이비드 하비와 집합적 상징자본

비물질적인 공유지에 대한 이러한 예비적인 문법에서, 타르드와 라짜라토는 가치화의 사회적 차원을 해명하는 데 유용하다. 그에 반해 룰라니는 지식의 이러한 새로운 거주지를 지칠 줄 모르는 경쟁의 공간으로 인식한다. 따라서 인지적 대상의 생활주기는 몇 가지 상이한 단계들 – 발명, 유포, 모방, 경쟁, 헤게모니, 엔트로피 – 에 맞서야 한다. 하지만, 여기에서 그리고 지식 경제에 대한 무수한 해석들 속에서 빠져 있는 것은 물질적 하층과의 관계 및 마찰이다. 데이비드 하비의 논문 「지대의 기술」은 꽤 유명한 문화적 공유지의 정치적 비대칭들을 강조하는 몇 안 되는 글들 중의 하나이다.[46] 이 저작에서 하비는 지적 재산권 체제를 통한 무형의[만질 수 없는] 생산과 실재 화폐의 축적을 연결할 뿐만 아니라, 물질적인 영역에 의한 비물질적인 영역의 **기생적 착취**를 추적한다.

핵심적인 사례는 바르셀로나다. 2000년대 초반 이곳에서 부동산 경제와 **문화자본** 동인動因 사이의 결탁은 의심할 여지가 없었다. 국제적인 브랜드로서 도시의 성공은 단순히 자연의 선물이 아니라, 오늘날 새로운 세계주의적이고 대안적인 문화에 의해 자극되는 도시의 문화적이고 사회적인 유산에 의존한다. 사실상, 상징적이지만 여전히 공통적인 자원의 이러한 집단적인 생산은 가장 먼저 부동산 투기꾼들에 의해 착취를 당한다. 젠트리피케이션 과정들의 기본적인 유형학들은 잘 알려져 있으며 다음 절에서 명확하게 설명될 것이다. 지금은 두 개의 과정들을 강조하는 것만으로도 충분할 것이다. 아래로부터의 젠트리피케이션 : 아웃사이더들은 상류층을

---

46. Harvey, 'The Art of Rent', chapter, in : *Spaces of Capital*; 그리고 'The Art of Rent', in : *A World of Contradictions : Socialist Register* 2002. Web : socialistregister.com/recent/2002/harvey2002.

유혹하는 예술가들을 끌어들인다. 아니면 위로부터의 젠트리피케이션: 너그럽고 미래지향적인 예술 기관들이 (바르셀로나의 라발의 MACBA 같은) 게토 안에 세워지고, 집값이 오른 다음 사람들이 이사를 가도록 강제한다.47 하지만 하비는 이러한 역학을 보다 일반적인 과정의 일부라고 상황을 설명한다.

하비는 독점 지대 개념을 재해석하여 그것을 문화에 적용한다. 전통적으로 경제적 지대는 토지와 관계된다. "모든 지대는 어떤 특정한 일부 지역에 대한 사적 소유자들의 독점적인 권력에 기초한다." 48 하지만 하비는 토지에 대한 독점과 그 토지에 의해 생산된 탁월성의 표시the mark of distinctions에 대한 독점을 구별한다. 그것들은 두 개의 상이한 종류의 지대를 의미한다. 예를 들어, 포도주의 독특한 품질에 대한 착취 또는 그렇게 특별한 포도주를 생산하는 포도원에 대한 착취[가 그것이다].

독점 지대 범주가 표면화되는 두 가지 상황이 존재한다. 첫 번째는 사회적 행위자들이 다소 특별한 품질 자원, 상품 또는 장소를 통제하기 때문에 발생한다. 일정한 종류의 활동과 관련하여 사회적 행위자들은 이 장소 덕분에 이곳을 사용하기를 원하는 사람들로부터 독점 지대를 추출할 수 있다. 맑스의 주장에 따르

---

47. 다음을 보라. Jorge Ribalta, 'Mediation and Construction of Publics, The MACBA Experience', *Republicart*, April 2004, www.republicart.net/disc/institution/ribalta01_en.htm.
48. 같은 책, p. 395.

면, 생산의 영역에서 가장 명백한 사례는 독점 가격으로 팔릴 수 있는 특별한 품질의 포도주를 생산하는 포도원이다. 이러한 상황에서는 "독점 가격이 지대를 창출한다."……상업 자본가와 호텔 경영자는 접근 가능성을 이유로 토지에 대해 프리미엄을 기꺼이 지불하려고 한다. 이것들은 독점 지대의 간접적인 사례들이다. 거래되는 것은 토지, 자원이나 특별한 특징들을 갖춘 장소가 아니라 그것들을 사용해서 생산되는 상품이나 서비스이다. 두 번째 경우에서, 토지나 자원은 (포도원이나 최고의 부동산 용지가 다국적 자본가들이나 금융가들에게 투기를 목적으로 팔릴 때처럼) 직접적으로 이용당한다. 희소성은 현재의 용도로부터 토지나 자원을 억제함으로써 그리고 미래의 가치를 예상하고 투기함으로써 창출될 수 있다. 이러한 종류의 독점 지대는 투자로 매매될 수 (있는 그리고 점차로 그렇게 되고) 있는 (로빈의 작품이나 피카소 작품 같은) 예술작품의 소유로 확대될 수 있다. 여기에서 독점 가격을 위한 토대를 형성하는 것은 피카소나 그러한 장소의 독특함이다.

자본주의는 언제나 탁월성의 표시들을 찾고 있다. 하비에 따르면 문화는 오늘날 자본주의가 독점 지대의 형태로 또는 물질적 재화의 상품화 형태로 착취하는 탁월성의 장소들을 생산한다. 유럽과 전지구적인 '창조도시'에서, 부동산은 상징적이거나 인지적인 경제에 의해 촉발된 가장 중요한 사업이다. 모든 비물질적인 공간들에는 그 공간들에 대한 물질적 기생체들이 있다. 말하자면 모든 공유된 음악 파일들은 아이팟으로 귀결된다.

룰라니가 지적한 것처럼, 보급의 정도가 인지적 생산물의 가치에 영향을 미친다면, 하비는 그러한 가치화 과정에 한계를 설정한다. 보급이 너무 많이 되면 탁월성의 표시들은 대량 생산물로 용해되어 사라질 수 있다. 모든 아이디어는 헤게모니 시기가 지나면 엔트로피로 마감된다. 하비는 첫 번째 모순, 즉 탁월성의 표시들의 엔트로피를 강조한다.

여기에서 모순은 이러한 아이템들이 쉽게 팔리면 팔릴수록, 그것들은 더욱 더 독특하지 않고 특별하지 않게 보인다는 것이다. 몇몇 경우들에서, 마케팅은 스스로 독특한 자질들을 파괴하기에 이른다(특히 이것들이 야생성, 원격성, 어떠한 미학적 경험의 순수함 따위 같은 자질들에 의존한다면). 더욱 일반적으로 이야기하자면, 이러한 아이템들이나 이벤트들이 쉽게 팔리(고 위조품, 가짜, 모조품이나 시뮬라크라에 의해 복제의 대상이 되)면 그럴수록 독점 지대를 위한 토대를 덜 제공하게 된다. …… 따라서 다른 측면에서 상품화되는 그리고 종종 첨예하게 경쟁적인 경제에서, 독점적 우세를 유지할 수 있을 정도로 충분히 일부 상품들이나 장소들을 독특하고 특별하게 유지하기 위한 어떠한 방법을 발견해야 한다.[49]

---

49. 같은 책, pp. 396~397.

첫 번째 모순과 연결되는 두 번째 모순은 독점을 향한 경향이다. 가치가 팽창될 때 지대를 보존하는 유일한 방법은 독점들을 설정하고 경쟁을 피하는 것이다. 예를 들어, 디지털 및 네트워크 혁명은 전통적인 독점 지대들(매우 안정적인 '지역들'에 익숙해진 지대들)을 공격했으며, 이로 인해 지대들은 자기의 전략들을 재발명하지 않으면 안 되었다. 첫 번째 반응은 더 강력한 지적 재산권 체제를 다시 요구하는 것이었다. 또 다른 차원에서, 자본은 착취를 위한 새로운 물질적이고 비물질적인 지역들을 찾지 않으면 안 되었다. 하비는 자본주의가 독점들을 보존하기 위해 지역 문화들을 재발견한다는 점에 주목한다. 지역 문화의 집단적이고 비물질적인 영역은 포스트포드주의 시장에서 탁월성의 표시를 유지하기 위한 결정적인 차원이다.

> 포도주 무역에서 벌어진 최근의 투쟁들은 오늘날의 세계화 국면에서 일어나는 광범한 현상들을 이해하는 데 유용한 모델을 제공한다. 이것들은 특히, 지역의 문화 발전들과 전통들이 독점 지대들을 축적하려는 시도들을 통해 어떻게 정치경제학의 계산법 속으로 흡수되는지를 이해하는 것과 직접 관련되어 있다. 이러한 것들은 또한 지역의 문화적 혁신, 그리고 지역 전통들의 부흥 및 발명에 대한 현재의 관심이 그러한 지대들을 추출하고 전유하려는 욕망과 얼마나 많이 결부되어 있는가 하는 문제를 제기한다.[50]

---

50. 같은 책, p. 402.

도시의 문화적 층위와 도시의 독특한 지역적 특징들은 모든 바르셀로나 기반 제품에 대한 마케팅에서, 특히 부동산의 경우에, 핵심적인 성분이다. 그러나 하비가 밝히는 세 번째의 그리고 가장 중요한 모순은, 전지구적 자본이 탁월성의 표시들을 홍보하기 위해 사실상 지역적 저항을 조장한다는 것이다.

> (가장 열정적인 국제 금융가들을 포함하는) 모든 종류의 자본가들이 독점 권력들의 유리한 전망들에 쉽게 매혹되기 때문에, 우리는 다음과 같은 세 번째 모순을 곧바로 인식하게 된다. 그것은 가장 탐욕스런 세계화주의자들이 독점 지대들을 산출할 가능성이 있는 지역 발전을 지지할 것이라는 점이다. 이러한 지지의 결과가 설령 세계화에 적대적인, 지역적인 정치적 분위기를 만들어 내는 것이라 할지라도 말이다![51]

다시 말하지만, 이 사례 연구는 바르셀로나에는 각별하다. 여행의 은유를 사용하자면, 바르셀로나에서는 여전히 **대안 문화**alt culture가 엽서를 장식하고 있다. 이 지점에서 하비는 문화가 어떻게 자본주의에 의해 쉽게 그리고 효과적으로 착취될 수 있는지 설명하기 위해 **집합적 상징자본**이라는 개념을 도입한다. 사실상 하비는 피에르 부르디외로부터 **문화자본** 개념을 취해서 그 개념을 메트로폴리스 전체를 구성하는 집단적이고 사회적인 과정들 너머로 확대한다. 특

---

51. 같은 책.

정한 지역에 결부된 문화적 생산의 층위는 독점 지대들을 위한 비옥한 서식지이다.

> 독특함, 진정성, 특수성, 특별함에 대한 요구들이 독점 지대들을 획득하기 위한 능력의 기초가 된다면, 역사적으로 구성된 문화 유물들과 풍습들, 그리고 (물론 건축물, 사회적이고 문화적인 환경들을 포함하는) 특별한 환경적 특징들의 장(場)보다 이러한 요구들을 주장하기에 더 좋은 환경이 있을까?……가장 분명한 사례는 오늘날의 관광 사업이지만, 나는 문제를 관광 사업에만 국한하는 것이 실수가 될 것이라고 생각한다. 왜냐하면 여기에서 문제가 되는 것은, 집합적 상징자본의 능력, 어떤 장소에 결부되는 (더욱 일반적으로 말해 자본의 흐름들에 대해 상당한 흡인력을 갖고 있는) 탁월성의 특별한 표시들이 지니고 있는 능력이기 때문이다.[52]

바르셀로나의 집합적 상징자본은 이제 분명하게 형성된다. 바르셀로나라는 브랜드는 다수에 의해 생산되는, 그러나 소수에 의해 착취되는 '공감각적인 환각'이다. 여기에서 창조적 노동자들(과 사회 전체)의 조건은 악순환에 빠진다. 그들은 (주택 가격으로 고통을 받고 종종 퇴거를 당하는 것처럼) 끊임없이 그들을 쥐어짜는 부동산 사업을 위한 상징적 가치를 생산한다. 더군다나 하비의 모델은

---

52. 같은 책, pp. 404~405.

리처드 플로리다의 투기 전략을 보다 예리하게 이해하는 데 도움을 준다. 소위 '창조계급'은 어떤 도시의 탁월성의 표시를 제고하는 데 필요한 집합적 상징자본의 시뮬라크라일 뿐이다. '창조성'의 이미지는 독점 지대로 변형되고 사회의 독특한 부분('창조계급'이라는 인격화된 브랜드), 특수한 영토('창조도시') 또는 도시 자체('창조지역') 내부의 영토에 적용되는 집합적 상징자본이다. '창조계급'은 프레카리아트[53]에서 분리되어 상위 계급에 고착되는 사회적 창조성의 기생적 시뮬라크라이다.

바르셀로나가 유럽식 도시 시스템 내에서 뛰어난 도시로 부상한 것은 부분적으로 상징자본을 꾸준하게 쌓고 또 탁월성의 표시들을 축적해 온 것에 기초하고 있었다. 이러한 점에서 볼 때, 독특한 카탈로니아적인 역사와 전통의 발굴, 그 강렬한 예술적 업적과 건축 유산(물론 가우디를 가리킨다), 그리고 생활방식과 문학적 전통의 탁월한 표시들에 대한 마케팅은 범람하는 책들, 전시물들, 그리고 탁월성을 찬양하는 문화 이벤트들의 지원을 받으며 불쑥 거대한 모습을 드러냈다. …… 이러한 모순의 특징은 질문들과 저항이다. (바르셀로나의 역사에서 중요한 역할을 한 이카리아인 같은 아나키스트들, 프랑코에 맞서 격렬하게 싸웠던 공화파들, 카탈로니아의 민족주의자들, 호주의 이주민들, 또는 사마란치 같은 프랑코의 오랜 친구들 중) 누구의 집단적 기억이

---

53. [옮긴이] 프레카리아트(precariat)는 '불안정한'(precarious)과 '프롤레타리아트'(proletariat)를 합성한 조어이다. 불안정 노동자들을 뜻한다.

여기에서 찬양되어야 하는가?[54]

하비는 사회의 어떤 부분이 상징자본을 착취하고 있으며 어떤 종류의 집단적 기억과 상상력이 중요한지 물으면서 정치적 대응을 묘사해 내려고 노력한다. 상징자본은 힘들의 단일한 공간이 아니라 복합적인 공간이며, 그것[상징자본]을 생산한 다중에 의해 계속해서 유통될 수 있다.

그것은 모든 사람이 그들만의 독특한 방식으로 현재와 과거 모두 [그것의 형성]에 기여했던 집합적 상징자본으로부터 인구의 어느 부분들이 가장 많은 혜택을 받아야 하는지를 결정하는 문제이다. 왜 상징자본에 결부된 독점 지대를 오직 다국적기업들이나 소수의 강력한 부르주아 분파만이 취득하도록 해야 하는가? …… 고도의 경쟁적 세계에서 탁월성의 표시들과 집합적 상징자본을 축적하기 위한 투쟁은 계속되고 있다. 그러나 이것은 계속해서 누구의 집단적인 기억인가, 누구의 미학인가, 그리고 누가 혜택을 받는가에 대한 모든 국지적인 질문들을 동반한다. …… 이어서 이러한 문화적 개입들이 어떻게 스스로 계급투쟁의 유력한 무기가 될 수 있는지에 대한 물음이 제기된다.[55]

---

54. 같은 책, pp. 405~406.
55. 같은 책, p. 407.

문화 공장 전체를 위한 결정적인 정치적 물음은 다음과 같다. 또 하나의 탁월성의 표시로서 착취될 수 없는 저항의 상징자본을 어떻게 발전시킬 것인가? 하비가 지적하는 것처럼, 이러한 종류의 악순환은 지역적 저항의 경우에 훨씬 더 잘 일어난다. 전지구적 자본들은 독점 지대를 높이기 위해 반세계화 저항을 필요로 한다. 특히 창조적 노동자들의 경우, 저항은 언제나 교양 있고 세련되다. 그리고 바르셀로나의 경우, 저항은 전지구적인 중산계급을 위한 흥겨운 그러나 결코 위험하지는 않은 환경을 제공한다. 지금이 바로, 바르셀로나의 역사[56]에서 영감을 받아 상징자본의 공간 속에 **비물질 내전**을 도입할 때이다.

비물질 내전과 공통적인 것

비물질 내전은 아이디어 경제the economy of ideas의 조건이다. 아이디어들은 전체 사회로 확대된다. 이것은 '사회적 복제 시대의 예술가들'이라는 조건의 즉각적인 결과이며 일반지성의 엔트로피적 붕괴의 결과이다. '내전'이라는 용어를 선택해야 하는 까닭은 인지자본주의 내부에서 일어나는 갈등들이 명확한 계급의식이나 계급구성을 갖지 않으며 동일한 미디어 공간을 공유하기 때문이다. [여기

---

56. [옮긴이] 바르셀로나는 19세기 말부터 스페인의 사회주의 및 무정부주의 운동의 중심지였으며, 1936~1939년의 스페인 내란 당시 공화정부(인민전선정부)의 마지막 거점이었다.

에서는] 인지적 생산물들의 본성, 그것들의 생산의 본성뿐만 아니라 그것들의 저작권 지위의 본성, 그리고 다음에는 그것들의 생산자들의 본성 들이 혼동된다. 더군다나 (네그리와 하트가 『제국』에서 주장하는 것처럼) "더 이상 외부가 없다."는 것이 사실이라면, 그리고 (아감벤이 『도래하는 공동체』에서 말하는 것처럼) "더 이상 사회계급들은 존재하지 않고, 단지 단일 세계의 쁘띠부르주아만이 존재하고 여기에서는 모든 낡은 사회계급들이 해체된다."는 것이 사실이라면, 갈등들은 내부 투쟁의 형태를 띨 수 있을 뿐이다.[57] 다중은 언제나 소란스럽고 분열되어 있었다. 플로리다가 '창조적 계급투쟁'(여기에서는 의심할 바 없이 유행의 희생자[58]들이 최초의 사상자死傷者들이다)의 꿈을 꾸고 있는 동안, 내전의 한 형태가 그런 편리한 '계급' 개념의 바로 그 내부에서(그리고 어떤 편의적이고 학문적인 다중 개념 안에서) 실제로 일어나고 있다. 더욱이, '내전'은 바르셀로나의 영광스러운 저항(흥미롭게도 바르셀로나의 현재의 사회적 자본에 힘을 실어준 정치적 배경)과 관련되며 또한 (아나키스트들과 공산주의자들이 서로에게 총을 쏘기 시작했던) 어떤 아방가르드 운동의 내부 싸움들을 상기시킨다.

    스펙터클 사회의 무대 위에서, 즉 브랜드, 팝스타, 도구, 장치,

---

57. Giorgio Agamben, *La comunità che viene* (Turin: Einaudi, 1990); 영어판: 영역자 Michael Hardt, *The Coming Community* (Minneapolis: University of Minnesota Press, 1991), p. 65.
58. [옮긴이] 유행의 희생자들(fashion victims)이란 자신에게 어울리지 않는데도 불구하고 항상 최신 유행을 따르는 사람을 가리킨다.

데이터, 프로토콜, 시뮬라크라 등 발라드[59]가 말한 의미의 잔혹한 정글 위에서 벌어지는 끊임없는 투쟁 역시 비물질적이다. 비물질적 착취의 대상은 **노동하도록 강제당한** 자신들의 삶(소위 삶정치적 생산, **삶의 형태들의** 생산에 의해 탄생한 새로운 경향들과 생활양식들)에 의해 생산된 상징자본에 대해 너무나 잘 알고 있는, 불안정 노동자들, 특히 젊은 세대들의 일상생활이다. 비물질 내전 개념은 현대의 상품 안에 둘러싸인 사회관계들의 폭발이다. 라짜라토는 자신의 책 『자본주의의 혁명들』에서 "자본주의는 하나의 생산양식이 아니라 (기업들이 제작한 뒤 인민들에게 판매하는) 양식들과 세계들의 생산"이며 "지구적 경제 전쟁"은 서로 다른 세계들 사이의 "미학 전쟁"이라고 주장한다.[60]

비물질 내전은 또한 지식 공유와 디지털 공유지라는 그 모든 수사修辭에도 불구하고, 인지노동자들 사이에서 일어나는 일상적인 갈등들을 나타낸다. 다음의 농담은 이러한 상황을 정확히 담아내고 있다. "내 친구가 크리에이티브 커먼즈에 대한 책을 위해 내 아이디어를 훔쳤다." 내전은 다음과 같은 학계와 예술계 내부의 매우 잘 알려진 경쟁들을 통해 발생한다. 즉, 참고문헌들의 경제, 마감 시한의 경주, 페스티벌 선정을 위한 경쟁, 페스티벌 자체의 증가, 활동가

---

59. [옮긴이] 이 책의 앞부분에서도 지속적으로 언급되었던 영국의 소설가 제임스 그레이엄 발라드(James Graham "J. G." Ballard, 1930~2009)를 말한다. 그는 자신의 소설에 디스토피아적 근대, 황폐한 인공적인 풍경, 기술적·사회적 또는 환경적 발전이 가져온 심리적 효과들을 주로 묘사한 것으로 유명하다.
60. Maurizio Lazzarato, *Les révolutions du capitalisme* (Paris : Empêcheurs de Penser en rond, 2004) (번역은 인용자).

들 사이의 서로 선망하면서도 의심스러워하는 태도들이 그것이다. 협력은 창조적 노동자들 사이에서는 구조적으로 어려운데, 여기에서는 특권 경제가 여느 스타 시스템(철학자들은 말할 것도 없고!)에서와 동일한 방식으로 작동한다. 그리고 여기에서는 새로운 아이디어들이 서로 대립하고 창조자들을 종종 싸움에 끌어들인다. 룰라니가 지적하는 것처럼, 지식 경제의 영역에는 더 많은 경쟁이 존재한다. 여기에서는 복제가 자유로우며 문제가 되는 것은 속도이다. 이러한 맥락에서, 그 유명한 디지털 공유지는 쉽사리 싸움의 열기 속으로 내던져진다. 인지적인 내전과 나란히 공통적인 것이라는 개념을 재사유하는 방법은 무엇인가? 새로운 인지적 전쟁 시나리오에서 공유지의 역할과 구성은 무엇인가?

비물질 내전은 오늘날의 문화 산업, 디지털 경제, 그리고 전지구적인 인지자본주의 내부의 정치적 조건이다. 하지만, 이러한 비물질적 갈등 개념에는 아나키즘적 배경이 없으며, 또한 계급적 긴장도 사라지지 않는다. 비물질 내전은, 디지털에 대한 목가적인 이상향 시도에도 불구하고, 그리고 지식 경제에 대한 손쉬운 찬양에 앞서, 문화 생산 영역이 인정해야 하는 조건이다. 비물질 내전 중에도 고도의 물질적인 계급 갈등은 여전히 지속되고 있지만, 그것이 물질적인 것으로 인식되고 있지는 못하다. 비물질 내전에 직면한다는 것은, 집단적인 지식 생산의 어떠한 정치적 조직화도 선험적으로가 아니라 그것[지식 생산]의 어두운 측면들을 인식하고 나서야 이루어질 수 있음을 의미한다. 비물질적인 시민적 갈등이 인지자본주의의 착취 형태를 둘러싼 계급 갈등으로 **구성**되는 것은 중요한 정치적 문제이다. 비물질 내전은 새로운 사회적 주체라는 형상 주변에 많은 먼지를 일으키지만, 공통적인 것에 대한 오직 강력하고 생산적인 정의만이 이렇게 출현하는 주체성들의 윤곽을 그리기 위한 출발점이 될 수 있을 뿐이다. 그것은 공통적인 주체의 대의代議에 기초한 정치학을 전복하는 것을 의미하며, 또한 공통적인 자원의 생산에서 재출발하는 것을 의미한다. 비물질 내전의 거울 속에는 공통적인 것의 기획이 존재한다.

인지적 기생체의 사보타주

사회적 창조성에 병행하는 착취는 일종의 자비심 많은 새로운 기생체이다. 지적 재산권에 의거하지 않고서도 훨씬 더 많은 가치를 생산하는 문화자본의 착취방식들이 실제로 존재하지만, 흥미로운 것은, 그러한 방식들이 사회적 갈등들에 의해서는 '발견되지' 않았다는 것이다. 하비는 (상징적인 것의 자본주의에서처럼) 상징자본주의의 전략들을 개괄하는 한편, 대항 전략들이 메트로폴리스의 다중들에 의해 발전될 필요가 있다고 분명하게 제안한다. "문화적 개입들은 스스로 계급투쟁의 유력한 무기가 될 수 있다." 하비는 문화방해운동61[난장亂場]cultural jamming이나 미디어 행동주의 같은

---

61. [옮긴이] 문화방해운동(Culture Jamming)은 소비지상주의에 반대하는 사회운동이 미디어 문화와 그것의 주류 문화기관들을 혼란시키고 전복시키기 위해서 사용하는 전략이다. 잘 알려진 상업 로고들이나 상품 이미지들을 바꾸어 원본이 가졌던

것을 언급하거나 제시하고 있는 것인가? 아마도 그렇지는 않을 것이다. 이러한 정치적 행동 모델들은 모두 그 한계에 도달한 것처럼 보인다. 1960년대의 '플레이 파워'[62]에서 최근 전지구적 기업들에 대항하는 〈예스맨〉의 짓궂은 장난에 이르기까지, 문화방해운동 모델은 나태한 순환의 덫에 걸린 것으로 보인다. 조지프 히스와 앤드루 포터가 반동적인 방식으로 "혁명이 팔린다"라고 표현한 것처럼 말이다.[63] 문화기구들, 창조산업들, 그리고 신新경제를 겨냥하는 정치적 행동주의는 언제나 허구적 울타리 안에 머물러 있으면서 물질적인 경제 기반시설은 결코 문제 삼지 않았다. 최근 실제 전투가 불안정 노동자들을 위한 보다 안정적인 계약들에, 그리고 '사회적 공장'의 모든 시민-생산자들을 위한 보장소득에 집중되었다. 그러나 보장소득을 위한 제도적 요구는 국가 기구와 사회운동의 관계에 하나의 모순을 끌어들인다. 따라서 룰라니는 복지 체계가 혁신과 위험 모두를 그것[복지 체계]를 강화하는 국가 기구에 전가한다는 점에 주목한다. 국가 기구를 경유하지 않고 복지를 방어하는 방법

문제적인 정치적 의도를 폭로하거나, 거리에 내걸린 빌보드 광고판에 낙서를 해서 그 의미를 전혀 다른 것, 혹은 원본의 메시지를 공격하는 어떤 것으로 바꾸어 버리는 일 등이 문화방해운동의 예이다. 문화방해운동이라는 용어는 1984년 실험음악 밴드 〈네가티브랜드〉(Negativland)가 처음 사용하였다.

62. [옮긴이] 플레이파워(Play Power)는 인도나 그 밖의 개발도상국에서 저소득 가구들을 위한 무료 교육용 컴퓨터 소프트웨어를 만들 목적으로 고안되었던 비영리 조직이다. 게임들은 저가의 8비트 시스템들에서도 구동될 수 있도록 설계되며, 공개된 프로세서를 활용한다.

63. Joseph Heath and Andrew Potter, *The Rebel Sell : Why the culture can't be jammed* (Toronto : Harper Collins, 2004) [조지프 히스·드류 포터, 『혁명을 팝니다』, 윤미경 옮김, 마티, 2006].

은 무엇인가? 하비가 제안하는 것은 집합적 상징자본의 수준뿐만 아니라 문화적 영역을 착취하는 물질적 기생체의 수준에도 역시 영향을 미치는 것으로 보인다. 모든 비물질적, 문화적, 상징적 경제들 그리고 네트워크 및 증여 경제들이 물질적이고 병렬적이며 더러운 적수를 갖고 있다는 사실, 그리고 여기에서 실제 화폐가 교환되고 있다는 사실은 급진적 사유가 파악하기 어려운 지점이다. MP3 파일과 아이팟, 파일공유 네트워크와 고속 인터넷 접속, 무료 음악과 라이브 콘서트, 바르셀로나 생활양식과 부동산 투기, 예술계와 젠트리피케이션, 전지구적 브랜드와 노동착취공장 간의 경제적 결합을 보라.

바르셀로나의 경우에서 하비가 제안하는 저항 형태는 '창조 도시'라는 신화에 대한 공격이지 그 신화를 훨씬 더 독보적exclusive인 것으로 만드는 데 기여할 수 있는, 급진적인 체 흉내만 내는 반응들이 아니다. 사람들이 소수의 투기꾼들이 파괴한 그러한 상징적 잉여가치를 되찾고자 한다면, 집합적 상징자본에 대해 재협상을 벌여야 한다. 사회적 계약에 대한 현대적 정의는, **공통적인 문화자본**으로부터 **공적인 문화자본**을 생산하는 데 사회가 어떤 역할을 차지하는지를 포함해야 한다. 이러한 접근법은 상징자본 축적의 토대를 침식하고 탁월성의 특별한 표시들에 유혹당한 화폐, 여행자들, 새 주민들의 흐름을 바꾸기 위해 도시 **이미지 변화를 시도하자**rebrand(바르셀로나를 관용적이고 대안적이며 개방적인 도시로 등등)는 풀뿌리 캠페인의 선택지를 도입한다. 하비가 제시하는 것으로 보이는 또 하나의 행동 분야는 바르셀로나의 라발이나 포블르누에서처럼 '지대의 기술'이 작동하는 특수 지역들이다. 이 지역들에서는 상징적 축적이 덜 상징적인 사보타주에 의해 초기화될 수 있었다. 바르셀로나의 경우, 주목해야 하는 주요한 기생체는 부동산 투기이지만, 이러한 통찰은 더 광범한 규모에 적용되어 이와 유사한 배치들을 밝혀낼 수 있다.

  최근의 저항 형태들은 거의 언제나 대의적이고 미디어 지향적이었으며, 신화화된 1960년대처럼, 새로운 코그니타리아트의 등장 또는 집단적인 형상물과 그 생산자들의 재정치화의 등장을 마음속에 그려 왔다. 다수의 활동가들과 예술가들은 그들의 메시지와 실천이 과잉코드화되는 것overcoding의 위험성을 알고 있다. 수많은 항의 행위들은 단지 그들의 목표들 주변에 훨씬 견고하게 관심 경제를 고정하는 데 성공할 뿐이다. 거대 상표의 전통적인 보이콧들은 때때로 그들이 선호하는 무료 광고들로 전환된다. 현대 행동주의의 비판적 사유는 상징적인 것에 연결된 물질적이고 경제적인 차원에 대한 탐험을 결코 시도한 적이 없다. 창조적 노동자들은 그들이 비물질적 사물들을 초과하여 생산하는 형상물의 잉여가치를 인식해야 하며, 기호의 모든 미세한 정치적 효과들을 인식해야 한다. 상징계에서 벗어나 상징계의 경제로 들어가기. 상상계 바깥으로 이동할 수 있는 새로운 세대의 인지노동자들은 아직 도래하지 않았다.

문화 공장에서의 창조적 사보타주
예술, 젠트리피케이션 그리고 메트로폴리스

> 자기가치화는 사보타주이다. …… 사보타주는 긍정적인 것의 부정적인 힘이다.
> 그 역도 마찬가지이며, 이것이 우리가 탐구해야 할 문제이다. ……
> 우리의 사보타주는 프롤레타리아적인 천국 습격을 조직한다.
> 그리고 결국에는 저주받은 천국은 더 이상 거기에 존재하지 않으리라!
>
> — 안또니오 네그리, 『지배와 사보타주』[64]

'도시의 삶' 대 '창조도시'의 키메라

"자본은 시멘트로 만든 스카이라인이 될 정도로 축적된 스펙터클이다." 스펙터클 사회의 여명기에, 조밀한 물질적 경제가 예기치 않게 비물질적인 생산의 중심부에서 발견되었다. 드보르의 논

---

[64]. Negri, *Il dominio e il sabotaggio*; 영어판 : 'Dominion and Sabotage', p. 258 [네그리, 『지배와 사보타지』, 86, 124쪽].

쟁적인 아포리즘은 드디어 역전될 수 있다.65 포스트포드주의 공장의 찌꺼기(여기에서는 투기가 인터넷의 불확실한 영역들에서 더 이상 이윤을 남기지 못한다)에 둘러싸인 문화경제는 콘크리트를 향한 자신의 사랑을 드러낸다. 수십 년의 평행 진화 이후, 최근 역사의 두 개의 지층들은 마침내 하나의 독특한 배치로 수렴된다. (르페브르66가 1960년대의 도시를 자율적인 생산과 자본 축적의 원동력으로 묘사했을 때의) 도시 혁명67과 (문화가 사업과 사기로 변형되었다고 프랑크푸르트학파가 선언했던, 이후 포스트모더니즘의 묵시록적 시뮬라크라로 이어지는) 문화 산업.68 이 신생 키메라의 이름은 '창조도시'이다. 이것이 정말 키메라인 것은, 문화의 가면이 콘크리트와 부동산 투기라는 히드라를 덮어 가리는 데 사용되기 때문이다.

분명, (리처드 플로리다의 작업 같은) '창조도시'를 선동하거나

---

65. "스펙타클은 하나의 이미지가 될 정도로 축적된 자본이다." Guy Debord, *The Society of the Spectacle* (New York:Zone Books, 1995), thesis 34. 불어판:*La société du spectacle* (Paris:Buchet-Chastel, 1967) [기 드보르, 『스펙타클의 사회』, 이경숙 옮김, 현실문화연구, 1996].
66. [옮긴이] 앙리 르페브르(Henri Lefebvre, 1901~1991)는 60여 권이 넘는 방대한 양의 연구 성과를 남긴 프랑스의 사상가로 20세기 가장 중요한 맑스주의 철학자 중 한 명이다. '일상생활', '문화', '공간' 등을 맑스주의의 관점에서 선구적으로 고민하였으며 평생 동안 소외이론과 국가 비판이라는 두 측면에서 맑스주의 사상을 창조적으로 재구성하기 위해 노력했다. 한국어로 번역된 저서로『리듬분석』(정기헌 옮김, 갈무리, 2013), 『공간의 생산』(양영란 옮김, 에코리브르, 2011) 등이 있다.
67. Henri Lefebvre, *La Révolution urbaine* (Paris:Gallimard, 1970); 영어판 : *The Urban Revolution* (Minneapolis:University of Minnesota Press, 2003).
68. Adorno and Horkheimer, *Dialektik der Aufklàrung*; 영어판:*Dialectic of Enlightenment*[아도르노·호르크하이머, 『계몽의 변증법』].

또는 그것들에 은폐된 신자유주의적 의제와 사회적 비용을 고발하는 문헌은 광범하게 많이 있다. 하지만 이 절에서 나는 창조도시의 근저를 이루는 경제적 모델의 리버스 엔지니어링[69]을 제공하기 위해 '창조도시'라는 이데올로기적 구축물을 대안적 시각에서 다루고자 한다. 그렇게 해야 그것의 기능이 정치적으로 파악되고 효과적으로 역전될 수 있다. 첫째, 젠트리피케이션에 맞선 끈질긴 투쟁들이 일단의 구체적인 사례 연구로서 상세하게 고찰된다. 이 투쟁들은 통상적인 목록들과 '재능'에 대한 계량경제학이 아닌 '창조경제'의 실질적인 엔진의 지표들이다. 둘째, 상징적이고 비물질적인 생산 층위와 도시적이고 물질적인 생산 층위 간의 심대한 비대칭의 중요성이 설명된다. 도시의 '창조성'은 단순히 말하자면 도시의 사회적 구성과 경쟁의 삶형태적 확장이다. 두 층위들은 다른 속도와 방향으로 움직인다. 이러한 활동 속에는 일반적으로 제도적인 '창조성' 양식들에 연결되는 사회적 진보 같은 것은 존재하지 않는다. 마지막으로, 이 절은 도시의 다중과 젠트리피케이션의 역동적 매트릭스 사이의 현대적 관계들을 명료화할[분절할] 수 있는 **창조적 사보타주 문법**의 윤곽을 그리기 위하여, '창조경제'를 불평하는 기술[art]과 찬양하는 기술[art] 모두를 피하는 것으로써 결론을 지을 것이다.

'창조도시'의 키메라는 더 이상 고전적인 경전과 프랑크푸르트 학파에 핵심적이었던 고급문화와 하위문화의 대립에 기초하지 않

---

[69]. [옮긴이] 리버스 엔지니어링(reverse engineering)은 '역(逆)공학'이라고도 하며 장치나 시스템의 원리를 그 구조와 설계기법을 추적하여 알아내는 과정이다. 소프트웨어나 장치의 유지보수를 위해 주로 활용된다.

는 복잡한 기계이다. 특히, 그것은 삶정치적 기계로서, 여기에서 삶의 모든 측면들은 노동에 통합되고 노동하도록 강제된다. 새로운 생활양식들은 상품이 된다. 문화는 여타의 다른 것들처럼 물질적 흐름으로 간주된다. 특히 형상물의 집단적인 생산은 사적 이윤의 증대를 위해 약탈당한다. 여기에서 창조도시는 하나의 폐쇄된 회로로 나타난다.[70] 이러한 점에서, '삶정치학'biopolitics은 비오스bios와 폴리티케(테크네)politike(techne) 같은 이단異端적인 어원으로 분해될 수 있다. 즉 '도시(의 삶)를 지배하는 기술'을 뜻한다. 그러므로 삶정치적 기계는 생산적 핵으로서의 '도시의 삶'을 의미한다. 도시의 장식과 미래적인[초현대적인] 건축, 사회적 네트워크들과 디지털 프런티어들[71]에도 불구하고, 모든 생태계의 생산적 핵심은 토양 속에 기초를 둔다. 이탈리아 오뻬라이스모가 노동자들을 자본주의적 혁신의 중심에 두고 '사회적 공장'을 포스트포드주의의 중심으로 이동시켰던 것과 꼭 마찬가지로, 메트로폴리스의 생산적 힘, 그리고 특히 도시 공간을 그렇게 가치 있는 것으로 만든 메트로폴리스의 에너지들을 발견해야 한다. 이러한 길이 편안한 정치적 꿈의 냉소적 종결을 알려줄 수도 있지만 말이다.

---

70. '삶정치적 기계'의 정의에 대해서는 다음을 보라. Hardt and Negri, *Empire* [네그리·하트, 『제국』].
71. [옮긴이] 원래 'frontier'는 서부개척시대 미국에서, 개척지와 미개척지와의 경계선을 이르던 말이다. 필자는 이 개념을 오늘날의 젠트리피케이션과 관련지어 다시 사용하고 있다. '변경, 국경, 경계' 등으로 옮길 수 있으나, 여기에서는 '프런티어'로 음차했다.

새로운 도시적 프런티어를 도입하기

간단히 말하자면, "젠트리피케이션은 계급 전쟁이다." 이것은 (맨해튼의 로어이스트사이드) 젠트리피케이션에 대한 빼어난 사례 연구에서 닐 스미스가 찍은 사진에서 볼 수 있는 것처럼, 뉴욕의 톰킨스 광장 공원을 둘러싼 전설적인 젠트리피케이션 반대 투쟁의 슬로건이었다. 스미스는 젠트리피케이션을 현대의 전지구적인 도시 계급들을 가르는 새로운 단층선으로 소개한 최초의 사람이었다. 그는 독창적인 제목의 책인 『새로운 도시적 프런티어』에서 이러한 점을 표현했다.[72] 자본 축적의 새로운 계급 분할은, 메트로폴리스에 내재적이며 전체 도시 지역을 분열시킨다. 이것은 **내부식민화** endocolonization, 즉 도시적 야생으로서 재발견된 도시의 내적 식민화의 공간을 가리킨다.

20세기 후반기 동안 황야와 프런티어라는 형상물은 – 이제는 훌륭하게 문명화된 – 서부의 평원, 산, 숲 등에는 덜 적용되었고

---

[72]. Neil Smith, *The New Urban Frontier. Gentrification and the Revanchist City* (New York/London:Routledge, 1996) [미국사회의 교외화에 대해서는 이와사부로 코소의 『유체도시를 구축하라!』(갈무리, 2012)를 참조하라. 예컨대 「에필로그」(406쪽)의 다음 구절은 이 책의 내용과 많은 부분 공명하고 있다. "미국은 너무나도 아름다운 '짝퉁 파라다이스'를 교외에 구축해 버렸다. …… 그곳에 도달한 사람들의 경우에는 – 일도 여가도 이상도, 즉 – 삶이 동결된다. …… 이것이야말로 미국 권력이 꿈꾼 '공간형식의 유토피아'의 완성형태가 되었다. 물질적으로는 이러한 생활 형태가 미국의 반동세력이 호소하는 '자유'라든지 '민주주의'의 토대가 되었다. …… 이러한 생활형태의 확대야말로 지구환경을 계속 파괴하고 있는, 석유를 바탕으로 한 경제 개발과 군사적 세계전략을 구동시키고 있는 원흉이다." – 옮긴이].

미국 동부의 도시들에 더 적용되었다. 전후 교외화 경험의 일부로서 미국 도시는 '도시의 황야'로 비치기 시작했다. 과거에 이곳은 질병과 무질서, 범죄와 타락, 마약과 위험의 거주지였으며, 현재에도 많은 곳이 여전히 그러하다.73

계급들과 자본의 새로운 전략들 사이에서 [새로이] 출현하는 관계들은 도시의 이러한 비공식적인 내적 경계를 따라 조정되었다. 메트로폴리스가 새로이 확산된 공장이 된다면, 젠트리피케이션은 자본 축적과 통치의 주요한 장치이다. 보들레르가 파리의 오스망화74를 목격했던 것과 꼭 마찬가지로, 젠트리피케이션은 메트로폴리스를 관리하기 위한 마찬가지의 포스트포드주의적 절차로 해석될 수 있다.75 오늘날 이러한 배치는 부단히 진화하고 있으며 더욱 복잡해지고 있다. 물론, 유럽의 (그리고 전지구적인) 도시들 전역에서 일어난 젠트리피케이션에 맞서는 주거 투쟁들은 새로울 것이 없다. 새로운 젠트리피케이션이 문화 산업과 난잡한 관계를 이룬다는 사실을 제외한다면 말이다. 처음으로 '젠트리피케이션'이라는 말을 도입한

---

73. 같은 책, xiii.
74. [옮긴이] 오스망화는 산업혁명 이후 사회구조의 붕괴 및 재편의 대표적인 사례로 꼽히는 파리의 근대적 계획 도시화 사업을 일컫는다. 19세기 중반 나폴레옹 3세는 오스망 남작에게 도시의 기반시설 구축을 위한 파리 재설계 임부를 부여했다. 오스망은 좁고 굽은 길 대신 대로를 건설하고 주변에 공공건물을 세웠다. 이로 인해 수많은 노동자의 거주 지역이 외곽으로 밀려났다. 오스망화로 인한 도시공간의 변형은 산업구조 및 노동 방식의 변화에 영향을 미쳤으며, 각 계급의 생활형태와 의식에서의 변화를 초래했다.
75. 같은 책, p. 42.

루스 글라스는 1950년대 런던의 지역들을 다음과 같이 서술했다.

> 런던의 노동계급 지구 대부분이 차례차례로 상층과 하층의 중산계급에게 공격당했다. 위에 방 두 칸, 아래에 방 두칸이 있는 초라하고 수수한 둥지들과 오두막들이 양도되었고, 임대가 끝나면 그것들은 우아하고 값비싼 주택들이 되었다. …… 일단 이러한 '젠트리피케이션' 과정이 한 지역에서 시작되면, 그것은 원래의 노동계급 거주자들이 쫓겨나고 그 지역의 전체적인 사회적 성격이 바뀔 때까지 급속도로 진행된다.[76]

스미스는 『새로운 도시적 프런티어』에서 이러한 초기 단계가 젠트리피케이션의 제1의 물결이라고 서술했다. 제2의 물결은 1970년대와 80년대에 일어났고, 아울러 1990년대의 제3의 물결은 '일반화된 젠트리피케이션'의 주요한 형태로 간주되었다. 스미스에게 이러한 도시화 경향은 두 개의 일반적 이론들에 따라 설명된다. 하나는 (단순히 주민들의 집단적인 문화적 선호와 행위에 기초를 둔) 소비지향적 시각들, 그리고 다른 하나는 생산에 더욱 기반을 둔 접근법이다. 경제적 시각에서 볼 때, 후자의 경우에는 결국 전체 과정을 촉발하는 **지대 격차**가 발전한다.

지대 격차는 잠재적인 지대 수준과 현재의 토지 사용 아래에서

---

76. Ruth Glass, *London : Aspects of change* (London : Macgibbon & Kee, 1964).

자본화된 현실적인 지대 수준 사이의 불균형이다.…… 일단 지대 격차가 충분히 벌어진다면, 토지 및 주택 시장의 다양한 행위자들에 의해 일정한 지역에서 젠트리피케이션이 개시될 수 있다.[77]

하지만, 이 모델들은 젠트리피케이션 전략과 기술의 현재적 지형을 적절하게 설명하지 못한다. 그는 10년 전에 신新경제에 대해 쓰고 있었지만 집합적 상상계를 노동하도록 강제하는 이러한 대규모 실험을 예견할 수 없었다. 그럼에도 불구하고 스미스 자신은 "문화적이고 자본 중심적인 설명의 통합이 절대적으로 필요하다."는 점을 인식했다. 이는 정확히 샤론 주킨[78] 같은 학자들이 이미 『로프트[79] 생활』 등에서 서술했던 것이다.[80] 오늘날에는 새로운 국면을 발견할 수 있다. 2차 젠트리피케이션, 즉 젠트리피케이션 문법의 전지구적 대중화와 그것의 '집합적 상징자본'(데이비드 하비는 「지대의 기술」이라는 논문에서 이것을 도시적 투기의 이면에 있는 동력으로 묘사한다)과의 접속이 그것이다. 크리스토퍼 멜레는 『로어이스트사이드 팔기』에서, 이와 같은 방식으로 1960년대 뉴욕 동부 이스트빌리

---

77. Smith, *The New Urban Frontier*, p. 67.
78. [옮긴이] 샤론 주킨(Sharon Zukin)은 브루클린 대학, 뉴욕시 대학의 사회학 교수이다. 전공은 근대 도시의 생활이다. 그녀는 뉴욕시의 문화와 부동산에 대해 글을 쓰며, 소비 사회와 문화, 미국과 프랑스 신경제적 질서, 그리고 구 유고슬라비아의 사회주의에 대해서도 연구한다. 그녀의 책 『로프트 생활』, 『도시 문화』, 『나체 도시』 등은 탈산업화, 젠트리피케이션, 이주뿐만 아니라 문화적 생산과 소비에 기초하는 상징적 경제의 부상을 통한 최근의 도시 재형성을 추적한다.
79. [옮긴이] 로프트는 예전의 공장 등을 개조한 아파트를 가리킨다.
80. Sharon Zukin, *Loft Living : Culture and Capital in Urban Change* (Baltimore : Johns Hopkins University Press, 1982).

지의 젠트리피케이션에서 예술가들, 보헤미안들, 힙스터들[81]이 수행했던 역할을 조명했다.[82] 1980년대 초반 샌프란시스코에서 '빈민가를 고급화하는 사람들'gentrifiers인 게이 남성들의 특수한 역할에 대해 다룬 마뉴엘 카스텔의 작업은 말할 것도 없다.[83] 이러한 연구들은 이론적 맥락에 대한 더 나은 이해방식을 소개하는 단지 몇 개의 사례일 뿐이다. 20년 후 리처드 플로리다는 이것을 강탈해 지방의 메트로폴리스를 위한 진부한 마케팅 전략들로 변형해서 그것에 '창조도시'라는 새 이름을 부여했다.

전통적인 젠트리피케이션 형태들과 비교해 볼 때, 우리는 지금 인위적인 문화자본의 체외 생산in vitro production과 '창조도시'라는 시장 캠페인들에 의해 추동되는 젠트리피케이션의 부상을 목격하고 있다. 스미스는 맨해튼의 로어이스트사이드를 이러한 과정의 시작으로 이해한다.

이러한 전략은 아마도, 상업용 부동산을 임대할 수 없던 땅주인들이 1980년대 초반 그것을 예술가들에게 5년 기한으로 값싼 집

---

81. [옮긴이] 힙스터(hipster)는 1990년대 젊은 도시 중산층 성인들과 10대 후반 청소년들의 하위문화를 가리킨다. 인디음악, 다양한 비주류적 패션 감각, 진보적이거나 대안적인 정치적 시각과 대안적인 생활방식들 등과 관련이 있다.
82. Christopher Mele, *Selling the Lower East Side* (Minneapolis : University of Minnesota Press, 2000).
83. Manuel Castells, 'Cultural identity, sexual liberation and urban structure : the gay community in San Francisco', in : Manuel Castells, *The City and the Grassroots : A Cross-Cultural Theory of Urban Social Movements* (London : Edward Arnold, 1983), pp. 138-170.

세로 제공했던 뉴욕의 로어이스트사이드에서 시작되었을 것이다. 5년 뒤, 상업용 부동산에 대한 집세 통제가 이루어지지 않고, 그리고 지역이 급속도로 젠트리피케이션되면서, 땅주인들은 임대계약을 갱신하기 위해서는 400%, 600%, 심지어는 1,000% 집세를 인상할 것을 요구하기 시작했다. 예술가들은 젠트리피케이션의 돌격대로서 자신들의 과업을 수행하고는 쫓겨났다.[84]

1980년대 초반, 샤론 주킨은 2차 젠트리피케이션을 '예술적 생산양식'이라고 규정했다. 그러나 오늘날 이 '생산양식'은 확장된 비물질적 공장이 되었다. 예컨대 베를린에서 바르셀로나를 가로지르는 유럽 전역에서 우리는 부동산 이면의 선두 주자인 문화자본의 특수한 동질적 형태로의 응축을 목격하고 있으며, 투자를 유치하고 고도로 숙련된 노동자들을 끌어들이려고 열중하는 도시 의회의 '창조도시' 전략 역시 목격하고 있다. 이런 식으로 지역을 지향하는 자본 축적의 부작용은 위기 이후의 위기 동안, 특히 (경기후퇴의 어떤 시기에나 마찬가지로) 투자 기금이 닷컴 붕괴에서 빠져나와 (새로운 꿈들의 경작을 갈망하면서) 다시 부동산 투기로 흘러들어갈 때, 뚜렷하게 표면화되었다. 그 결과 부동산 사업은 거의 모든 주요 유럽 도시에서 예술계와 문화생산과 연합하여 사악한 기구를 확립하였다.

더욱 흥미로운 것은, 처음으로, 급진적 운동의 현재 세대와 도

---

84. Neil Smith, 'Gentrification in Berlin and the Revanchist State', interview, *Mieterecho* / Policing Crowds, 20 October 2007, http://einstellung.so36.net/en/ps/524.

시 하위문화들이 그들의 상징적 노동의 구체적인 부작용에 직면해야 한다는 것이다(의심할 여지없이 십여 년 동안 대항문화가 신선한 아이디어로 스펙터클의 사회와 문화 산업들을 먹여 살려 왔다 하더라도 말이다).[85] 21세기의 전환기에, 젠트리피케이션은 '프레카리아트'의 등장 이후, 특히 런던, 베를린, 바르셀로나 같은 주요한 역동적인 중심지에서, 풀뿌리 행동주의에 보다 중요한 의미를 갖게 되었다. 발터 벤야민조차 새로운 거친 중산계급이 몰려들고 있는 보헤미안 술집들을 (1930년대에!) 불평했다는 점을 고려해 볼 때, 유럽 대륙의 사례 연구로서는 베를린 한 군데만으로도 한 세기에 걸친 갈등을 밝힐 수 있을 것이다. (사실 베를린은 뉴욕과 런던의 통상적인 신자유주의적인 맥락과는 다른 역사를 지니고 있다.)[86] 독일의 자본에서 가장 결정적인 사건은 2007년 7월 동부 베를린의 젠트리피케이션을 조사했다는 이유로 안드레이 홀름이 체포된 것이

---

85. 실용적이기는 하지만 반동적인 다음의 책을 참고하라. Heath and Potter, *The Rebel Sell*[조지프 히스·앤드류 포터, 『혁명을 팝니다』].
86. Walter Benjamin, 'A Berlin Chronicle', 1932, in : *Reflections* (New York : Schocken, 1986) [발터 벤야민, 「베를린 연대기」, 『1900년경 베를린의 유년시절/베를린 연대기(발터 벤야민 선집 3)』, 윤미애 옮김, 길, 2007, 185~186쪽]. "로마네스크 풍의……프린체스 카페는 보헤미안들을 재빨리 받아들였는데, 전쟁이 끝나고 몇 년 안에 그 집단은 자신들이 카페하우스의 주인인 것처럼 느낄 수 있었다.……독일에서 경기가 다시 좋아지자, 보헤미안 집단은 표현주의의 혁명 선언이 있던 시대에 그들 주위를 감돌았던 위협적인 분위기를 점차로 상실했다.……'예술가'들은 무대 뒤로 물러나면서 점점 카페의 소도구의 일부가 된 대신, 증권업자, 경영자, 영화나 연극 매니저, 문학에 관심 있는 판매원 등으로 대변되는 부르주아 계층이 자리를 차지하기 시작했고 그러는 사이에 그 카페는 유흥 술집이 되었다.……베를린 술집의 역사는 상당 부분 고객층의 역사이기도 하다. 고객층 중 무대 앞좌석을 차지하다가 서서히 밀려오는 다른 고객들에게 자리를 양보하고는 아예 무대 위로 올라야 했던 층도 있다."

었다. 이 체포를 통해 새로운 젠트리피케이션을 둘러싼 경제적 이익과 경찰 조사의 규모가 더 많은 청중에게 명확하게 드러나게 되었다.[87] 정치적 논의, 학문적 연구 및 예술계에서 현재 누락하고 있는 것은 예술가들과 활동가들 사이에서 이루어지는 힘들의 새로운 구성, 그리고 부단히 자신의 투기 전선들을 바꾸고 있는 가속화된 자본주의를 [분석하기] 위한 이론 도구의 필수적인 업그레이드이다. 놓치고 있는 것은 전지구적 도시들의 생산적 심장부에 대한 광범위한 지도 제작, 그리고 문화 산업을 둘러싼 메트로폴리스적 갈등들의 새로운 정치적 문법이다.

유럽의 '창조도시'의 이면에 있는 콘크리트의 히드라

지역 문화와 젠트리피케이션의 연결, 그리고 보다 폭넓은 규모에서 도시 브랜딩[상표 부여]branding와 부동산 투기의 연결은 다양한 개별적 맥락에 놓인 유럽 전역에서 점점 더 명백해지게 되었다. 각각의 주요 도시는 그 자신의 독특한 모델과 대규모 기획들을 개발했다.

전형적인 사례는 바르셀로나가 라발이라는 오랜 갈등 지역의 중심부를 초현대적인 현대 미술관 MACBA(바르셀로나 현대 미술

---

87. 다음을 참고하라. http://einstellung.so36.net/en, http://de.wikipedia.org/wiki/Andrej_Holm, http://annalist.noblogs.org.

관) 부지로 선정했다는 것이다. 미술관은 1995년 여전히 중세의 거리 지도의 길들이 이어지고 있었던 게토 지역에 미니멀리즘적인 흰색 우주선처럼 착륙했다.[88] MACBA의 젠트리피케이션 효과는 성공적이었는데, 그것은 주로 새 미술관을 포위하고 있는 (그리고 지원하고 있는) 언더그라운드 문화 덕분이었다. 그리고 특히 이미 전지구적인 중산계급의 젊은이들을 카탈로니아로 끌어들이기 시작하고 있었던 바르셀로나의 전통적으로 민주적인 사회적 바탕 때문이었다. 하지만 라발의 젠트리피케이션은 호아킴 호다$^{Joaquim\ Jordà}$가 영화 〈데 넨스〉$^{De\ nens}$에서 보여준 것처럼, 모호하고 모순적이며 폭력적인 측면 역시 갖고 있었다. 이 영화에서 남색^{男色}의 사례는 이 지역의 사회적 쇄신을 촉진하고 일부 덜 윤리적인 부동산 이익을 덮기 위한 변명으로 이용되었다.[89] 더군다나 바르셀로나에서 전개된 이러한 도시 전체의 젠트리피케이션 과정은 단 몇 년 만에 주택 가격을 천정부지로 치솟게 하는 결과를 낳았으며, 데이비드 하비는 「지대의 기술」에서 이것을 핵심적인 사례 연구로 받아들였다.[90] 여기에서, 부동산 사업은 정확히, 바르셀로나의 역사에 침전되어 있던 '집합적 상징자본'과 관련되어 설명된다. 한편 같은 시기에, 비교할

---

88. 다음을 참고하라. Jorge Ribalta, 'Mediation and Construction of Publics', http://republicart.net/disc/institution/ribalta01_en.htm; 그리고 내부 비판인 다음도 참고하라. Anthony Davies, 'Take Me I'm Yours: Neoliberalising the Cultural Institution', *Mute Magazine*, 18 April 2007, www.metamute.org/en/Take-Me-Im-Yours.
89. Joaquim Jordà, *De nens*, 2004.
90. Harvey, 'The Art of Rent'.

만한 사업이 빌바오에서 시작되고 있었다. 프랭크 게리가 (1997년에) 설계한 구겐하임 미술관은 곧 그 도시의 주요한 여행 명소가 되었다(실제로, 나중에는 '구겐하임 효과'로 알려질 정도가 되었다). 하지만 미술관이 주도하는 재생의 이러한 두 사례들은 여전히 1992년 바르셀로나 하계 올림픽 이후에 계획된 관광 사업의 조류의 뒤를 잇고 있다. 보다 흥미롭고 적절한 사례 연구는 '혁신 지구'와 '지식 도시' 개념 아래 포블르누라는 구舊 산업 지구를 위해 계획된 최근의 '22@'[91] 도시 계획이다.[92] 라발과 포블르누 지구 모두에서, 수많은 저항 형태들이 탐욕스러운 부동산 투기에 맞서 우후죽순처럼 늘어났다. 특히 칸 리카르트[93]의 구舊 산업 단지에 대한 Nau 21 기획은 이 지역에 투자를 끌어들이기 위해 이용된 '창조경제'의 제도적 선전에 맞서 대항의제를 수립하려고 했다.[94] 이러한 기획들이 진행 중이었을 때 스페인의 극적인 주택 상황은 주거권을 둘러싼 유럽의 가장 거대한 운동을 촉발했다. 유명한 영화[95]의 제목을 전유

---

91. [옮긴이] 22@('빈티도스아로바'라고 읽는다)는 혁신 지구(Districte de la innovació)라고 알려져 있으며, 포블르누(Poblenou)라는 바르셀로나의 구(舊) 산업 지구에 붙여진 사업명이다. 22@의 목표는 포블르누를 바르셀로나의 기술·혁신 지역으로 전환할 뿐만 아니라 그곳에 여가와 주거 공간을 확대하는 것이다. 2002년 카탈로니아 영광 광장을 중심으로 시작되어 현재 계속 건설이 이루어지고 있다. 115개의 블록 또는 198.26ha에 이르는, 유럽의 가장 거대한 도시 쇄신 계획의 일부이다.
92. 다음을 참고하라. www.22barcelona.com.
93. [옮긴이] 칸 리카르트는 바르셀로나의 구 산업단지가 있던 지역으로 지금은 종합운동장이 형성되어 있다.
94. 다음을 참고하라. www.nau21.net; 'Can Ricart + Parc Central, urban space of 21th century', http://straddle3.net/context/03/en/2005_06_10.html.
95. [옮긴이] 제임스 맥테이그가 감독하고, 조엘 실버와 워쇼스키 남매가 제작·각본하여 2005년 제작, 2006년 개봉한 SF 영화인 〈브이 포 벤데타〉를 가리키는 것으로 보

한 '브이데비비엔다'V de Vivienda 운동은, "당신은 엿같이 살면서 결코 집을 소유하지 못할 것이다."라는 정치적으로 올바르지 않은 슬로건 아래, 바르셀로나, 아울러 기타 주요 스페인 도시들에서, 매번 1만 명 이상이 참석한 몇몇 시위들을 조직하였다.[96]

2000년대 초반, 바르셀로나는 고소득 거주자들이 한계 수치에 다다랐는데, 이는 주로 북유럽과 북미 출신의 젊은이들과 보보스(부르주아-보헤미안들)의 '이주' 때문이었다.[97] 이러한 바르셀로나 붐과 시장의 포화 이후, 부동산 투기의 중심은 새로운 기회들과 새로운 공간을 찾아 베를린으로 이동했다. 바르셀로나처럼 여기에서도 동부 베를린의 문화적 역사 및 언더그라운드 운동은 젠트리피케이션의 커다란 동인이었다. 월가의 몰락 이후, 내부 이민[98]의 순환은 도시의 사회적 지형을 재편성했으며, 천천히 흐르는 조류潮流처럼 크로이츠버그, 미테, 프렌츠라우어버그, 프리드리하샤인, 웨딩, 노이쾰른 등을 관통했다. 빈 건물들과 공터들이 넉넉하기 때문에 이러한 과정은 당분간 계속될 것으로 보인다. 젠트리피케이션의

인다.
96. 처음 버전은 '엿같이'라는 말을 사용해서 보다 성적으로 들린다. 이 운동은 바로 현대적인 소통 언어를 사용함으로써 많은 관심을 얻었다. 하지만 이 최초의 그리고 성공적인 슬로건은 바로 그 성적인 함유로 인해 폐기되었다. 다음을 참고하라. http://bcn.vdevivienda.net.
97. 'Ajuntament de Barcelona : Estadística : Evolució de la població. 1900-2006', http://www.bcn.es/estadistica/angles/dades/anuari/cap02/C0201010.htm.
98. [옮긴이] '내부 이민'(internal migration)은 하나의 지리적 통일체, 보통은 한 국가 내부에서 이루어지는 인구 이동을 가리킨다. 농촌 지역에서 도시 지역으로 이동하는 일반적 경향 또한 내부 이민을 낳았으며, 이는 많은 나라에서 급속한 도시화로 귀결되었다.

실험적 시도들이 있을 거라는 소문이 그로피우쉬타트 같은 외관상 재개발이 불가능한 몇몇 변두리들에 퍼졌다 할지라도 말이다.99 서로 다른 도시적 환경에도 불구하고 베를린과 바르셀로나는 유사한 운명을 공유한다. 베를린의 오래된 언더그라운드는 바르셀로나에서와 꼭 마찬가지로 젠트리피케이션을 유혹하고 추동했다. 이후, 이 문화적 환경을 둘러싸고 2차 전략이 나타났다. 흥미로운 것은 베를린에서 바르셀로나의 22@ 계획과 유사한 기획이 진행 중에 있다는 것이다. '미디어 슈프레' 기획은 슈프레 강가의 거대한 동부 베를린 지역을 미디어 산업을 위한 새로운 기둥으로 변형하는 것을 목표로 한다.100 새로운 행정 구역을 설계했던 동일한 건축가들이 참여하고, 비슷한 분량의 콘크리트가 소요된다. 이 지역은 언더그라운드 음악 현장으로 잘 알려져 있으며, 다수의 분석들보다 더 많은 것을 밝혀주는 현저한 모순 — 이 지역을 홍보하기 위해 투자 회사들의 잡지는 그들이 내쫓았던 바로 그 클럽들의 형상물을 이용하고 있다 — 이 존재한다.101 여기에서도 활동가들은 '미디어 슈프레 침몰'102처럼, 젠트리피케이션 계획들을 저지하기 위한 정치적 캠페인을 시작했으며, '도시에 대한 권리'103 같은 국제적인 풀뿌리 워크숍들을 조직했

---

99. 다음을 참고하라. http://de.wikipedia.org/wiki/Berlin-Gropiusstadt.
100. 다음을 참고하라. http://de.wikipedia.org/wiki/Mediaspree, http://www.mediaspree.de.
101. 다음을 참고하라. http://www.mediaspree.de/Magazin.43.0.html.
102. 다음을 참고하라. http://www.ms-versenken.org.
103. 다음을 참고하라. 'The Right to the City — Soziale Kämpfe in der neoliberalen Stadt', conference, Berlin, 11-13 April 2008, http://www.buko.info/stadtraum/.

다. 2007년 7월 젠트리피케이션에 대한 연구를 벌였다는 이유로 안드레이 홀름이 체포된 것은 도시 전체의 도시 계획이라는 이러한 더욱 폭넓은 맥락 속에서 발생한 것이었다.

유럽의 각 도시는 좀 더 작은 규모로 유사한 도시재생 전략들을 실행하고 있다. 예컨대, 암스테르담(과 아울러 로테르담)의 개발은 '문화적 번식', 공공 지원 주택social housing 104, 창조도시 마케팅과 철거의 독특한 혼합물을 보여준다.105 이 특유한 모델은 특별히 주목할 필요가 있는데, 이는 '문화적 번식지'라는 네덜란드의 전략이 지역 재개발을 인위적으로 촉진하기 위해 공공연히 이용되지만, '창조경제'라는 과대광고가 있기 수년 전에 시작되었기 때문이다. 이에 대해 암스테르담의 전 시장이었던 셸토 파친은 다음과 같이 말한 것으로 유명하다. "하위문화 없는 문화란 존재하지 않는다." 비록 네덜란드가 오늘날 고전적인 정의에서의 보헤미아가 없는 나라처럼 보이지만 말이다(저지대 국가들의 아이러니한 운명: 증발된 언더그라운드). 네덜란드의 포섭cooptation 정책들의 좋은 사례는 어떤 다문화적인 창조적 공장 소속의 도시 리조트 재단이 관리하는 『폭

---

104. [옮긴이] 저렴한 가격에 구입, 임차할 수 있도록 지역개발위원회 등에서 제공하는 주택.
105. 다음을 참고하라. Merijn Oudenampsen, 'AmsterdamTM, the City as a Business', in : BAVO (ed.), *Urban Politics Now : Re-Imagining Democracy in the Neoliberal City*. 그리고 Merijn Oudenampsen, 'Back to the Future of the Creative City : An Archaeological Approach to Amsterdam's Creative Redevelopment', *Variant*, no. 31, Spring 2008, Glasgow, http://www.variant.randomstate.org/pdfs/issue31/31Creative City.pdf.

스크란트』 신문사의 예전 빌딩이다.106 네덜란드의 전통적인 '급진적 실용주의'에 따르면, 이러한 기획 속에는 포스트-스쾃107 세대에 의해 인근 지역에서 촉발된 젠트리피케이션 효과에 대한 분명한 인식이 존재한다. 또 하나의 흥미로운 차원은 이 도시 남부의 새로운 사업 지구인 주이다스 지역에서 실험된 '공동건설'co-construction 개념이다. 여기에서 예술 프로젝트들은 새로운 단지의 건설과 직접적으로 관련되어 있지 단순히 나중에 추가된 것이 아니다. 이는 가치화와 미화가 어떻게, 구현되기 전에 이미 도시 개발업자들의 마음속mind에 존재하는지를 설명해 준다.108

유럽을 가로지르는 이와 유사한 최대 규모의 젠트리피케이션이 이루어진 곳은 동부 런던의 해크니109이다. 이곳은 다가오는

---

106. 다음을 참고하라. http://www.urbanresort.nl.
107. [옮긴이] 스쾃(Squat)은 빈집이나 빈 공간을 점거하는 것을 말한다. 일반적으로 스쾃터는 점거한 공간에 대한 합법적인 권리(임대료, 소유권 등)를 갖고 있지 않다. 로버트 뉴워스라는 도시 저널리스트에 의하면 세계인의 7분의 1이 스쾃터라고 한다. 스쾃은 예술운동, 주거권운동, 아나키즘 운동, 사회주의 운동, 자율주의 운동 등 다양한 사회운동과 관련된다. 2010년 이후 전세계적으로 출현한 점거하라(occupy) 운동도 스쾃 운동의 역사에서 영향을 받았다고 할 수 있다. 저자가 이 대목에서 언급하는 네덜란드의 경우 1960년대에 주택부족이 만연해지고 투기 목적으로 활용되는 빈 부동산, 빈 사유지들이 증가하면서 스쾃이 사회적으로 확산되었다. 네덜란드에는 아직도 수도 암스테르담을 비롯한 여러 도시들, 마을들에 다수의 스쾃 공동체들이 형성돼 있다고 한다.
108. 다음을 참고하라. Jeroen Boomgaard (ed.) *Highrise — Common Ground: Art and the Amsterdam Zuidas Area* (Amsterdam: Valiz, 2008). Web: http://www.valiz.nl/en/Highrise-CommonGround.
109. [옮긴이] 런던시 북부 리강(江) 연안에 위치한 지역. 가구·의류제조 등 전통공업이 활발하며, 과거에는 런던에서 가장 거친 지역 중 하나였다. 그러나 런던 올림픽을 앞두고 이루어진 전형적인 젠트리피케이션으로 지역 노동자들이 감당할 수 없는 수준으로 집값이 상승하였다. 해크니에서 벌어진 젠트리피케이션에 대한 자세

2012년 올림픽 게임을 위해 '쇄신' 중인 도시 지역이다.[110] 이 갈림길에 선 지역은 (예컨대, 그 중에서도 〈런던 파티큘라〉 집단과 『뮤트』잡지에서 폭넓게 다룬) 수백 개의 풀뿌리 활동가 단체들 initiatives이 모니터링하고 있다.[111] 런던의 투자 규모는 유럽의 다른 어떤 지역과도 비교가 불가능할 것 같다(이 간단한 개요에서 다루고 있지 않은 2008년 베이징 올림픽과 새로운 중국 도시 경제는 말할 것도 없고 말이다).

1980년대 초반 뉴욕에서부터 최근의 베를린 미디어 슈프레 기획에 이르기까지 부동산 투기꾼들과 도시 '쇄신파들'은 젠트리피케이션 문법과 '예술적 생산양식'을 배웠다. 하지만, 이 새로운 사업 뒤에는 다른 계보(학)들이 존재할 수도 있다. 지구화된 젠트리피케이션 과정은 또한 닷컴 붕괴 이후 부동산으로 흘러들고, 그것을 개선된 형태의 신新경제로 재발명한 전지구적 자본의 결과물이기도 하다. 신新경제에서는 인터넷 무용담과 꼭 마찬가지로 집합적인 형상물이 가치화 과정에서 핵심적인 역할을 한다. 부동산 투기 역시

한 내용은 다음 기사를 참조하라. Mina Holland, 'Chatsworth Road: the frontline of Hackney's gentrification,' The Observer, 7 July 2012, http://www.theguardian.com/uk/2012/jul/07/chatsworth-road-frontline-hackney-gentrification.
110. 유럽의 더 많은 사례 연구를 위해서는 다음을 참고하라. 'Contrapolis; or, Creativity and Enclosure in the Cities', workshop, Rotterdam, 26-27 March 2008, http://www.enoughroomforspace.org/projects/view/15.
111. 다음을 참고하라. The London Particular, 'Fear Death by Water : The Regeneration Siege in Central Hackney', Mute Magazine, 3 July, 2003, http://www.metamute.org/en/special-project-Fear-Death-by-Water; and : http://thelondonparticular.org. 다음도 역시 참고하라. http://www.metamute.org/en/taxonomy/term/3436.

전지구적 금융 폭락을 촉발한 2008년 서브프라임 위기를 뒤따르면서 지역적 압류와 축출을 수반했다. 사스키아 사센[112]이 세계적인 도시들을 다룬 중요한 저작들에서 적절하게 보여 주었던 것처럼, 지역의 현실은 언제나 금융자본의 흐름에 의해 결정된다.[113] 그리고 닐 스미스가 상기해 주는 것처럼, 다시 국가 권력의 측면에서 보자면, '도시적 프런티어'는 언제나 '보복주의 도시'를 통해 군사화된다. 여기에서는 불관용 정책들이 이윤을 위해 도시 환경을 정화하고 준비하는 데 도움을 준다.[114]

젠트리피케이션의 정치적 시나리오에 관해서 두 개의 분석적 선택들이 검토되어야 한다. (하나의 지배적인 비판으로서 그리고 심지어 어떤 숙명적인 맑스주의로서) 전지구적 자본의 시간屍姦과 경찰국가에 가담하거나 가치의 근원이 되는 실재적인 사회적 주체로 관심을 돌리는 것이 그것이다. 젠트리피케이션에 대한 전통적인 정치적 분석은 비윤리적인 사업 관행에 맞서는 도덕적인 불평이라는 통상적인 지점에서 멈춘다. 그러나 사실상, 적절한 정치적 강령은 젠트리피케이션의 경제적 엔진이 이해되고, 해체되고, 역전되어

---

112. [옮긴이] 사스키아 사센(Saskia Sassen, 1949~)은 독일계 미국인 사회학자이다. 세계화와 국제적인 인구 이동에 관한 분석으로 주목을 받았다. 현재 콜럼비아 대학교 사회학 교수이다. '글로벌 도시'라는 용어를 만들었다. 저서로 『글로벌 도시 : 뉴욕, 런던, 도쿄』(*Global City : New York, London, Tokyo*), 『노동과 자본의 이동성』(*The Mobility of Labor and Capital*), 『세계경제 속 도시들』(*Cities in a world economy*) 등이 있다.
113. Saskia Sassen, *The Global City : New York, London, Tokyo* (Princeton : Princeton University Press, 1991).
114. Smith, *The New Urban Frontier*.

야만 수립될 수 있다. 실제로, 젠트리피케이션 세력들이 사회적이고 경제적인 행위자로 간주된다면, 정치적 지도의 반대편에는 분명히 대항 주체가 결여되어 있다. 따라서 리처드 플로리다의 이데올로기에 대한 초분석적hyper-analytical 비판에 쏟은 에너지는, 만약 그렇지 않았다면, 적절한 구성적 지반에 배치될 수 있었을 것이다. 도시 공동체들과 활동가들이 때때로 낡은 언어들과 전술들을 고집했다면, 젠트리피케이션 반대 투쟁들은 유럽 전역에 걸쳐서 기술되고 연결되기를 기다리는 행동 및 지식의 새로운 공간을 열어젖혔다.

사회적 공장과 잉여의 동력으로서 메트로폴리스

유럽을 조감해 보면, 젠트리피케이션 반대 투쟁의 본질이 드러나지만, 그것은 단지 위로부터의 관점일 뿐이다. [이 관점에서 보면] 자본의 보이지 않는 소용돌이가 도시의 낡은 부분들을 식민화하고 혁신하며, 그곳의 거주자들로부터 이윤을 뽑고 나중에는 그들을 축출한다. 하지만 자본이 전유하게 되는 가치를 누가 생산하는가? 새로운 거주자들과 사업을 위해 어떤 지역을 매력적으로 만드는 것은 보통 특정 공동체의 사회적 형상물과 구조, 역사이다. 2차 젠트리피케이션과 도시 브랜드 전략들이 인위적인 형상물을 스스로 생산할 때조차도 그것들은 기존의 문화자본에 의존한다. 오직 아래로부터 자본의 뿌리를 바라볼 때에만 도시의 경제적 가치를 생산하는 확산되고 메트로폴리스적인 사회적 주체가 인식될 수 있다. 사업을 하지 않을 때 메트로폴리스는 어떻게 호흡하는가? 여기에서도 21세기 초반의 정치적 개념들의 간략한 계보가 유용할 수도 있다.

도시적 저항 및 생산의 새로운 형태들은 통상적인 정치적 주체성 개념들을 통해서는 적절하게 이해될 수 없다. 여기에서, 신생 사회적 주체로서 '창조계급' 개념은 전혀 쓸모가 없는데, 그것은 오직 '긍정적'이거나 또는 '진보적인' 패러다임의 토대 위에서만 서술되는, 마찰 없고 갈등 없는 행위자 agency 개념을 나타내기 때문이다. 불안정 노동자와 인지노동자처럼, 최근 사회운동들에 의해 소개되고 있는 그 밖의 정치적 형상들(유럽 전역의 유로메이데이 이벤트들을 참고하라)이 포스트포드주의 사회의 새로운 노동조건들과 생산형태들에 맞서 효과적으로 형성되었지만, 메트로폴리스의 문화경제에 적용되기에는 불완전하다. 그것들은 오직 개인적인 노동만을 강조하기 쉽기 때문이다.115 이러한 점에서, 이탈리아 포스트오뻬라이스모가 바로 노동계급의 감옥에서 벗어나기 위해, 그리고 공장 자체가 어떻게 전 영토 그리고 전 메트로폴리스를 뒤덮음으로써 자신의 출입구를 벗어났는지 설명하기 위해 다중 개념을 발전시켜 왔다. 다중은 (다문화주의에 대한 무의식적 해석으로) 지구 사회의 복잡한 정체성들을 찬미하기 위해 도입된 것이 아니라, 바로 메트로폴리스적 집단을 그 자신의 화신으로 삼는 분산된 사회적 주체의 생산력을 이해하기 위해 도입된 것이었다. 2005년

---

115. 다음을 참고하라. http://www.euromayday.org.

과 2006년 파리에서 네그리, 베르첼로네 그리고 그 밖의 사람들이 조직한 일련의 세미나 '다중과 메트로폴리스'에서 도출된 가설들 중 하나는 다음과 같이 주장하고 있다. "다중과 메트로폴리스의 관계는 노동계급과 공장의 관계와 같다."[117] 사실, 도시가 현대 자본주의의 엔진이라는 생각은 이미 1960년대 후반 앙리 르페브르가 자신의 『도시 혁명』 도처에서 개진한 바 있다.[118] 따라서 메트로폴리스의 자궁에는 다중이 존재한다. 그러나 이 메트로폴리스적 다중은 무엇을 생산하는가? 순수하게 이론적인 관심과는 달리, 하나의 생산력으로서 다중이 지니는 가치의 직접적인 증거는 부동산 자본의 구체화concretion 속에서 발견될 수 있다. 부동산에 축적된 경제적 지대가 출발점으로서 받아들여진다면, 우리는 전통적인 노동계급 형상을 완성하는 더욱 큰 복수複數의 정치적 프로필, 즉 '프레카리아트'를 확인하기 시작할 수 있다. 지대의 일반적 가치는 실제로, 사회적 주체성 전체, 소위 다중에 의해 생산된다.

메트로폴리스적 다중 개념 뒤에서 맑스의 지대, 이윤, 임금의 삼위일체는 붕괴한다. (앞 장에서 소개된) 지대에 대한 까를로 베르첼로네의 연구 덕분에, 메트로폴리스의 경제는 더욱 명확한 방식으로 설명될 수 있다. 따라서 '지대는 새로운 이윤'이라는 베르첼로네의 말은 메트로폴리스에서 일어나는 착취와 축적의 첫 번째 벡터

---

116. 다음을 참고하라. http://seminaire.samizdat.net/Seminaire-Multitude-et-Metropole,106.html.
117. 또한 네그리의 연설을 녹취한 아리안나 보베의 발췌본을 참고하라. http://www.generation-online.org/t/metropolis2.htm.
118. Lefebvre, *The Urban Revolution*.

를 의미한다. 그 이유는 이윤이 임금노동보다는, 주택이나 담보처럼 물질적인 공간들에 적용된 지대를 통해서 더 많이 추출되기 때문이다. 베르첼로네는 이러한 기생적이고 비생산적인 차원이 언제나 자본주의의 일부였음을 인정하는 한편, 그것이 오늘날 점점 더 헤게모니적으로 되고 있다고 주장한다. 익명적인 투기의 위기 그리고 일상생활의 금융화 시기에, 새로운 주체의 프로필이 기록되고 설명되기를 기다리고 있다. 젠트리피케이션은 물속에 잠겨 있는 커다란 기생체의 표면 장력에 지나지 않는다. 하지만 바로 이러한 의미에서, 영미의 이론적 모델과 유럽 대륙적 접근법들을 비교하기 위해서는 그리고 가능하다면 이 둘을 통합하기 위해서는, 오래된 사례 연구와 새로운 사례 연구에 대한 비교 분석이 요구된다. 메트로폴리스적인 '문화 공장'을 이해하기 위한 결합 지점은 문화경제와 물질적 경제의 비대칭성이다. 우리에게는 이러한 비대칭성을 따라 포스트 포드주의적인 자본주의에 의해 확립된 새로운 축적 기구들에 대한 실용적이고 유물론적인 분류법이 필요하다. 이것은 문화 공장이라는 장치에 대한 일종의 새로운 푸코주의적인 분류법이다.

간주곡 ― 급진적인 도시들 : 부정적인 지표 대 긍정적인 지표

리처드 플로리다의 이데올로기 모델을 비판할 때 이 모델의 경제적 토대가 잘못되었다고 말하는 것으로는 충분하지 않다. 요점은 '창조경제'가 어떻게 경제적 성장과 관계가 없는지 개념적으로 설명하는 것이 아니라, 그와 반대로 부의 재분배 없이 그것이 어떻게 경제적 지대와 투기에 연결되는지를 설명하는 것이다. 사실상, 어떤 도시의 '사회적 창조성'을 측정하는 방법은 많이 있다. 그리고 숫자들과 외관상 엄밀해 보이는 통계학이 당파적 시각들을 은폐하는 데 어떻게 이용되는지 밝히는 것은 중요한 문제이다.

예를 들어, 플로리다는 보헤미안 지표와 하이테크 산업 지표 사이에는 명료한 긍정적인 관계가 있다고 주장한다. 그 결과로 구성되는 것에는 (항상) 긍정적인 지표라는 이름이 붙여질 수 있다. 그는 『창조계급의 등장』에서 다음의 네 가지 지표들을 경제성장 지표 및 하이테크 혁신 지표와 비교한다. 1) 보헤미안 지표:주어진 지역에서 창조적인 사람들, 예컨대 작가들, 디자이너들, 음악가들의 비율, 2) 재능 지표:학사 학위나 그 이상의 학위를 갖고 있는 주민 비율, 3) 도가니 지표:외국태생 주민 비율, 4) 게이 지표:동성 파트너들과 동거하는 세대의 숫자(나는 이 결합된 정의가 즉각적으로, 전형적인 대학생을 단조롭게 묘사하고 있는 것이 아닌지 의심스럽다는 점을 덧붙이고 싶다!) 더욱이 플로리다는 후속 작업에서, 순수하게 '양적인 수사'에 몰두하면서, 문화 지역에 모인 모든 데이터 사이의 긍정적인 관계, 특히 보헤미아와 경제발전 사이의 관계를 계속해서 상정한다. 논리적으로 볼 때, 우리는 경제성장이 교육수준, 그리고 관용적이고 개방적인 문화적 환경과 직접적으로 관계된다는 상투적인 표현과 대면하고 있다. 플로리다의 연구는 사회적 진화와 인과율을 인정하지 않은 채, 사회를 데이터의 단조로운 표면으로 다룬다. 예를 들어, 부유한 사회에서 게이들과 레즈비언들이 더 자유롭게 표현하고 자신들의 사회적 지위를 다시 요구하기 때문에 게이 지표가 하이테크 지표와 함께 성장하는 일이 일어날 수 있을 것이다(그리고 이것은 개인들의 '커밍아웃'이 미국 인구 조사에서 더욱 두드러지고 있다는 것을 의미한다). 부유한 사람들이 더 젊은 세대들과 그들의 '예술적 재능'에 자금을 대 줄 수 있기 때문에 보헤미안 지표는 어쩌면 더욱 명료한 방식으로 경제성장과 직접적으로 연결될 수조차 있었을 것이다.

편리한 환경이 창조성을 북돋운다는 것이 항상 참인 것은 아니다. **부정적인 지표** 또한 마찬가지로 비우호적인 환경과 창조적인 생산 사이의 관계의 척도로서 상상될 수 있을 것이다. 예컨대, 플로리다의 작업은 대항문화와 언더그라운드의 역할에 대해서는 어떠한 통찰력도 보여 주지 못한다. 그의 보헤미안 지표의 레이더가 빠뜨린 거대한 세계가 존재한다. 그의 레이더는 인구 조사 통계에 잡히는 예술 전문가들만 고려하기 때문이다. 개념화될 수 있는 또 하나의 정반대의 지표는 낮은 집세와 '창조적인' 사람들의 밀도 사이의 관계이다. '창조성'에 대한 덜 체제순응적인 독해에 따르면, 재미있는 사람들은 집세가 낮은 곳에 사는 경향이 있고 그곳에는 (바르셀로나에서 베를린에 이르는 수많은 유럽 도시들과 런던의 해크니나 파리의 벨레이유 같은 독특한 지역들에서처럼) 흥미로운 비주류적인 문화생활이 존재한다. 물론 이 이주 과정은 젠트리피케이션과 연결되어 있다. '급진적인' 사람들은 보보스[119]를 끌어들이는 창조성을 가지고 온다. 그와 동시에, 스쾃, 소셜센터, 점거 건물, 이뿐만 아니라 불법 파티들에 대한 통계는 예컨대, '마법의 버섯', LSD, MDMA 따위와 같은 향정신성 약품들의 평균 소비와 더불어, 흥미로운 지표들이 될 수 있을 것이다. 사회적 갈등의 단계조차 활기차면서도 건강한 장면(파업들, 시위들, 정치적 간행물들)을 보여줄 수 있을 것이다. 플로리다는 극히 제한된 방식으로 경제적인 관점에서 프리랜서들과 전문가들을 자율적인 사람들로 간주할 뿐이다. 그 대신 급진적 도시 개념이 '창조도시' 개념을 대체할 수 있을 것이다. '창조성' 개념이 재능 지표 위에서 설정된 것과 마찬가지로, 도시의 급진적 차원은 인지적이고 삶정치적인 생산에 적용된 새로운 형태의 노동자 연구를 기반으로 할 수 있을 것이다. 나는 여기에서 이 제안을 따르지는 않겠지만, 다른 사람들이 탐구할 수 있는 미래의 연구 노선으로 열어두고자 한다.

집합적 상징자본 그리고 공통적인 것의 비대칭들

다시 한 번 물어보자. 메트로폴리스의 다중들은 정확히 무엇을 생산하는가? 도시 경제에서 문화자본의 가치를 이해하는 것은

---

119. [옮긴이] 부르주아(Bourgeois)와 보헤미언(Bohemian) 알파벳 앞 두 글자를 따서 만든 용어로 미국 사회의 상류층을 가리킨다.

오늘날의 물질적이고 비물질적인 상품들의 구조를 분석하는 것을 의미한다. 이러한 상품들을 창조하는 데 요구되는 노동에서부터, 즉 두 개의 대중적인 포스트포드주의적 형상들 – 불안정 노동자(프레카리아트)와 두뇌 노동자(코그니타리아트) – 에서 시작해 보자. 이 둘 모두 덜 보수적인 패러다임, 즉 육체노동과 지적 노동의 분할을 뛰어넘을 수 있는 틀framework 내에 조화되고 통합되려는 상이한 시도들을 관통해 왔다. 모든 서비스 노동자들은 인지노동을 한다고, 또 모든 두뇌 노동자들은 불안정한 노동조건들을 공유한다고, 공통의 종합은 선언한다. 하지만 오늘날의 상품들을 살펴보면, 두 개 수준 이상이 구분될 수 있다. 상품의 전체 가치는 물질적인 노동 더하기 인지노동 더하기 공중公衆이 가져 온 상징적 가치에 의해 생산된다. 첫 번째 것[물질적인 노동]은 임금노동과 이윤의 고전적인 좌표로 쉽게 서술된다. 두 번째 것[인지노동]은 디자인과 지적 재산(특허, 저작권, 상표)에 구현되어 있는 지식의 가치이다. 세 번째 것[상징적 가치]은 공중들, 매스 미디어, 광고 등의 관심 경제에 의해 생산되는 브랜드의 가치를 나타낸다. 이 마지막 범주는 브랜드 경제에 대한 영미 문헌에 의해, 그리고 가브리엘 타르드의 공중 개념에 대한 마우리치오 라짜라토의 연구, 경제적 지대에 대한 까를로 베르첼로네의 접근법, 엔조 룰라니의 지식 경제 개념 등에 의한 보다 폭넓은 방식에 의해 다양한 시각으로 분석되었다. 이러한 틀 내에서 가치의 상징적 성분은 사회적 공장에 의해 생산되는 가장 중요한 범주이다. 보다 구체적으로 말하자면, 현대 상품은 정말 이중적인데, 그것은 다음과 같이 두 개의 중요한 차원들이 인식될 수 있기 때문이다. 이윤의 차원(개별적인 노동에 의해 생산된 가치)과 지대의 차원(집단적인 욕망에 의해 생산된 가치). 이러한 의미에서, 예술적이거나 문화적인 사물의 **사회적 가치**는 집단적인 욕망에 의해 생산된 가치이다. 이 사회적 가치는 이러한 욕망들의 공통적이고 무형적인 영역에 적용되는 역동적이고 일시적인 독점[체]들에 의해 착취[이용]된다.

또 다른 도식을 적용해 보자면, 이러한 욕망의 섬들에 기생하는 지대 경제와 일시적인 독점들은 두 종류의 실체들 — 사물과 공간 — 을 필요로 한다. 예컨대, 특이한^{singular} 사물들은 비물질적 브랜드들이다. 반대로, 도시 지역들, 가상 네트워크들 그리고 통신 기반시설들은 새로운 형태의 지대 투기에 의해 지배되는 자연적인 또는 인공적인 공간들이다. 더욱이 문화 경제에서조차도 공간들의 특수한 독점들이 존재한다. 실제적인 사례를 들자면, 창조산업들과 '창조경제'에 대한 정의들은 직접적으로 이러한 두 개의 상이한 지배들과 관련된다. 창조산업들에 대한 원래의 정의가 새로운 지식 생산물들에 적용되는 지적 재산의 착취에 결부된다면, 그에 반해 리처드 플로리다의 '창조경제'와 그의 '창조도시'는 가치화와 사업 분야로서 도시의 확산된 공간을 포함한다. 달리 말해, 그것은 특허나 저작권이 아닌 확산된 문화자본에 대한 착취를 기반으로 한다. 그 결과 사물들의 문화경제(지적 재산에 대한 지대)는 공간들의 문화경제(상징적 공간들에 대한 지대)와 병렬적인 수준 위에서 작동한다. 룰라니가 우리에게 환기해 주는 바처럼, 이 두 영역들은 반대의 논리를 따른다. 첫 번째 영역은 지식의 비밀 유지와 지적 재산의 보호에 기초하고 있고, 두 번째 영역은 자유로운 복제와 문화 상품들 및 형상물의 공유에 기초하고 있다. 이 두 영역들(그리고 사업 모델들)은 격렬한 자본 축적 과정 속에서 뒤섞이고 얽혀들지만, 비판적 사유는 그것들을 구분할 수 없다.

이러한 도식적 서술들(상품들, 공간들에 대한 지대, 사물들에 대한 지대 등의 혼성적 본성)은 한편으로는 문화자본을 생산하는 '사회적 공장'과 다른 한편으로는 문화자본을 착취하면서 또 그것을 노동하도록 강제하는 도시 경제 사이의 관계를 설명하는 데 유용하다. 상품의 다양한 본성을 도입하는 것은 사회적 형상물의 착취가 어떻게 작동하는지, 다중의 욕망과 꿈, 생활양식들이 어떻게 **노동하도록** 강제되고 가치로 변형되는지 이해하는 데 중요하다. 베르첼로네가 전개한 지대에 대한 새로운 해석적 틀은, 물질적인 메트로폴리스에 사실상 수많은 좋지 못한 결과를 가져오는 인지자본주의의 복잡한 사태를 명확하게 해 준다. 전통적으로 지대는 토지 독점을 가리키는 용어이지만, 이제 문화와 메트로폴리스 경제를 이해하는 데 결정적인 개념이 되었다. 오늘날, 지대는 일련의 다양한 새로운 물질적이고 비물질적인 공간들에 적용될 수 있고, 이러한 이유로 경제적 지대의 새로운 분류학이 요구된다. 현대적 형태의 공간과 관련하여, 우리는 지대를 다음과 같이 구분할 수 있다. 1) 물질적 공간들 그리고 통신 기반시설들을 포함하는 새로운 기반시설들에 대한 지대, 2) 온라인 커뮤니티들과 사회적 네트워크들 같은 비물질적이고 가상적인 공간들에 대한 지대, 3) 비물질적인 과정들을 통해 가치화되는 물질적인 공간들에 대한 지대.

데이비드 하비는 「지대의 기술」이라는 논문에서 축적에 대한 자신의 이전 분석들을 확장하여 세 번째 지대 형태를 추적한다.[120] 자본주의는 언제나, 재화에 적용할 수 있고 그 재화로 새로운 독점들을 구축할 수 있는 새로운 **탁월성의 표시**들을 찾아다니고 있다. 하비는 어떤 도시적 현장의 **집합적 상징자본**이라는 개념을 통해 특정한 장소를 가치 있게 만드는 핵심적인 탁월성을 확인한다. 여기에서 하비는 바르셀로나에 대해, 그리고 고급스런 생활에 의해, 또 역사성과 사회성을 갖춘 풍부한 도시 환경에 의해 촉발된 최근의 바르셀로나 젠트리피케이션에 대해 분명히 언급하고 있다. 이 모델은 집단적 문화의 비물질적인 수준(우리는 이것을 일반지성, 집단적인 형상물, 문화적 생산 등등으로 부를 수 있을 것이다)과 도시 경제의 물질적인 토대 사이에 심대한 비대칭을 도입함으로써 [이전의 논의들과] 결정적으로 단절한다. 그리하여 하비는 도시의 다중에 의해 생산되는 진보적인 집합적 형상물이 자본에 의해 강탈당하고 착취당할 수 있는 양가적인 사태를 도입한다. 놀라운 것은 잔인한 인클로저가 개입하지 않았는데도 민주적이고 관용적인 도시를 둘러싼 대대적인 과장 광고hype가 사업으로 전환된다는 것이다. 집합적 상징자본 개념은 (룰라니를 인용하자면) 지식의 증식 또는 (네그리와 포스트오뻬라이스모의 말처럼) 공통적인 것에 대한 착취에 의거하는 불균등 경제를 보여 주는 한 사례이다.

다른 한편, 주목할 만한 오늘날의 경향은 부드럽고 진보적인

---

120. 다음을 참고하라. David Harvey, *The Limits to Capital* (Oxford: Blackwell, 1982) [데이비드 하비, 『자본의 한계』, 최병두 옮김, 한울, 2007].

대칭들을 통한 지식 경제의 증진에 기초한다. '지식 사회', '창조경제', '또래집단 생산' 같은 새로운 핵심어들은 "정보는 비경쟁적이다."라는 부드러운 슬로건 아래 호의적인 '네트워크의 부'에 대한 신뢰를 통해 낙관주의적인 시나리오를 제출한다. 하지만 주의 깊게 검토해 보면, 오늘날의 자본주의가, 교차하는 밀도들의 지층들로 구성되어 있음이 분명하다. 이 지층들은 서로에게 미끄러지며, 비대칭적인 마찰들을 야기한다. 즉 이윤을 생산하고 축적한다. 진보적인 형상물은 언제나, 그것[형상물]을 생산한 도시의 하층과 고결하지 못한[도덕적이지 못한] 관계를 맺을 수 있다. '폴리스의 생활'이 가치 사슬로 쉽사리 흡수될 수 있는 것처럼 말이다. 이미지와 메트로폴리스 경제 사이의 이러한 비정상성irregularity은 (바르셀로나에서 베를린까지, 런던에서 암스테르담까지) 지금까지 고찰한 모든 사례에서 발견할 수 있다.

예술적 생산양식

비대칭적인 경제적 힘들이라는 환경 속에서 예술 생산의 지위는 무엇인가? 오늘날의 예술 대상들은 상품과 문화적 인공물 사이에서 역할을 한다. 그리고 궁극적으로 이것들은 또한 사회적 공장에 의해 생산되는 일반적 축적의 일부이다. 이러한 본성은 20세기의 다다이즘, 개념주의, 예술적 아방가르드들에 의해 이미 밝혀졌다. 그러나 오늘날 그러한 직관들은 스펙터클 자본주의 자체의 자연적인 구성 요소이다. 과소평가되거나 부족하게 연구된 것은 세계적인 도시들에서 이루어지는 예술의 사회적 역할 – 단순히 그것의 분자적 측면들이 아닌 그램분자적 차원 – 이다. 샤론 주킨이 뉴욕의 젠트리피케이션 기술들을 서술하기 위해 **예술적 생산양식**을 도입했을 때, 예술의 미학적 차원은 구체적으로 다루어지지 않고 그것의 '**사회생활**'society life이 문제가 되었다. 예술적 생산양식은 부동산 투기꾼들이 교훈을 얻고 집합적 상징자본이 인위적으로 촉진되고 축적될 수 있다는 것을 깨달았을 때 등장했다. 암스테르담에서 베를린에 이르기까지 예술계가 부동산의 개인적인 **패션 디자이너**가 되어 가고 있다는 사실은 매우 슬픈 일이다. 특히 뉴욕에서는, 스미스가 상기해 주는 것처럼, 부동산과 문화생산의 아상블라주에서 태어난 키메라가 출현했다.

로어이스트사이드에는 두 개의 산업이, 1980년대에 등장한 새로운 도시적 프런티어를 규정했다. 물론, 그리니치 빌리지의 훌륭함, 안전, 문화, 높은 지대에 대한 지리적 근접성에 편승하기 위해 로어이스트사이드의 북부를 '이스트빌리지'라고 이름붙인 부동산 산업은 필수불가결하다. 이번에는 도시의 황폐함을 매우 우아한 것으로 탈바꿈시킨 문화 산업 – 미술상과 후원자, 화랑 소유자와 예술가, 디자이너와 비평가, 작가와 연주자 – 이 존재한다. 1980년대에 문화 산업과 부동산 산업은 함께 서부로부터 맨해튼의 아래쪽으로 몰려들었다. …… 늘어선 블록, 늘어선 빌딩, 이 지역은 위험의 기미를 살짝 곁들인 매력적이고 멋진 풍경으로

바뀌었다.[121]

특히 로살린 도이치와 카라 젠델 리안이 쓴 논문 「젠트리피케이션의 미술」에서는 부동산 사업과 예술 사업 간의 이러한 난잡한 관계가 상세하게 그려져 있다.

> 새로운 이스트빌리지의 예술계와 그들을 옹호하는 언론의 이론가들이 젠트리피케이션의 작동 방식을 모른 체한다 할지라도, 실제로 그들은 스스로 그 메커니즘에 말려들어갈 수밖에 없었다. 화랑과 예술가는 지대를 올리고 가난한 사람들을 내쫓는다. 예술가들은 자신이 살 곳을 선택할 수 없는 거주자들의 주택 수요housing needs보다 자신들의 주택 수요를 더 중요하게 여겼다. 예술계의 이해관계와 시 정부 및 부동산 산업의 긴밀한 이해관계 제휴는, 커뮤니티 그룹들이 코크 시장의 예술가 자택소유 프로그램AHOP을 무효화시키기 위해 수행한 성공적인 전투가 벌어지는 중에 로어이스트사이드의 수많은 거주자들에게 노골적으로 드러났다.

예술가 자택소유 프로그램은 "시가 소유한 부동산의 재건을 통해 예술가들을 위한 조합식 또는 콘도미니엄식 아파트형 단지를 개발하기 위한", 그리고 "예술가들에게 특수한 작업의 필요조건을 충족

---

121. Smith, *The New Urban Froniter*, p. 18.

시킬 수 있는 주택 소유 기회를 제공하고, 그들이 계속해서 뉴욕 시에 거주하여 작업할 수 있도록 독려하고, 시 소유 뉴욕 부동산의 재활용 및 재건축을 위한 독특한 대안들을 자극하기 위한" 시의회의 기획 전략이었다(이것은 현재 네덜란드 도시들의 '문화적 번식지' 정책들과 매우 유사한 것이다.).[122] 예술계의 로비 활동에도 불구하고, 이 계획은 강력한 사회적 저항에 부딪혀 무산되었다.

> 백인, 중산계급 예술가들의 주택 수요를 위해 3백만 달러의 공적 기금을 할당하려는 시의 열망은 가난한 사람들의 주택 수요에 대한 시의 태도를 알려주는 명확한 징후로 이해되었다. 한 지역 사회 활동가는 "이것은 굶주린 사람의 입에서 음식을 꺼내 매일 식사하고 있는 사람에게 제공하는 꼴"이라고 논평했다.[123]

하지만 젠트리피케이션 기구는 혼성적인 특징을 지니며, 시 의회 자체의 통제를 넘어서 움직이는 복합적인 합의 기구를 형성한다. 예컨대, 수많은 주체들이 '새로운 정신상태'와 새로운 상징적 공간을 생산하기 위해 협력한다.

> 의식적이건 무의식적이건, 그들은 위압적이고 소유욕이 강한 태도로 주택 지구에 접근한다. 이러한 태도는 주택 지구를 상상의

---

122. 'The New York City Artist Homeownership Program', unpublished legal brief, page 1, 같은 책에서 재인용.
123. Deutsche and Ryan, 'The Fine Art of Gentrification'.

장소로 변형한다. 예술 잡지, 매스 미디어, 화랑, 기존의 대안 공간들, 그리고 박물관들은 주택 지구를 조종하고 착취하며 그렇게 함으로써 젠트리피케이션을 조장하는 지배 이데올로기를 위한 도관導管으로 복무한다. 주택 지구에 대한 수많은 언어적, 시각적 표현들이 전시 목록, 소책자, 잡지들 속에서 유통된다. 이러한 표현들에도 불구하고, 생존을 위해 싸우고 있는 주택 지구는 "도시의 다른 지역보다 훨씬 쉽게 누구라도 자신이 되고 싶은 사람이 될 수 있도록 사람들에게 용기를 주는" 장소로 모습을 바꾼다. 불가피하게, 구체적인 현실은 옅은 대기 속으로 증발해 버린다. "우리는 이스트빌리지나 로어이스트사이드가 하나의 지리적 장소 이상임을 깨달아야 한다. 그곳은 어떤 정신상태이다."[124]

그것은 단순히 1960년대와 1970년대의 언더그라운드 대항문화의 점차적인 포섭이 아니었다. 도이치와 젠델 리안이 강조한 것은 또한 미학적 전환이었다. 젠트리피케이션 반대 투쟁을 반계몽주의적인 반예술적 운동으로 변형시키는 것이 아니라, 예술의 분자적 차원이 어떻게 그램분자적인 압력들과 정치적 맥락에 의해 영향을 받는지 고발하는 것이 중요하다. 로어이스트사이드 젠트리피케이션의 등장은 신표현주의의 등장 이후에 이루어졌다. 1983년 휘트니 박물관의 전시 〈미니멀리즘과 표현주의〉는 다음과 같이 선언했다.

---

124. 같은 글.

예술계와 젠트리피케이션 같은 과정 사이에서 이루어지는 이러한 협력은 과거에도 그렇게 쉽게 달성되었을 것인가? 1960년대와 1970년대 전반에 걸쳐, 미니멀리즘에서 시작하는 주요 예술은 맥락에 대한 인식을 지향하게 되었다. 이러한 지향의 급진적인 귀결들 중에는 제도적이고 사회적인 환경에 직접적으로 개입한 예술 실천들이 존재했다. 오늘날 수많은 예술가들이 문화생산의 물질적인 토대들에 대한 이해를 드러내는 맥락주의적 실천들을 계속하지만, 반동의 시기에 그들은 소수자이다. 예술계에서 이러한 반동이 취하는 특수한 형태는 상업주의와 기회주의에 대한 뻔뻔한 용인, 그리고 그에 수반되는 지난 20년의 급진적인 예술 실천들에 대한 거부이다. 이 예술 편제는 유미주의와 자기표현이 예술의 고유한 관심사이며 이것들이 사회적인 것으로부터 격리된 경험의 영역들을 구성한다는 교의를 되살려냈다. 이 교의는, 비록 다원론적인 외양을 하고 있지만 완고하고 구속적인 신념들의 체계로 이해되어야 하는 지배적인 신표현주의 속에 구체화되어 있다. 이 교의는 사회에 앞서 존재하는 그리고 사회와 독립적으로 존재하는 자아의 탁월성 속에 구체화되어 있다. 이 교의는 개인과 사회 간의, 역사 외부의, 영원한 갈등 속에 구체화되어 있다. 이 교의는 개별화된 주체적 저항의 효험 속에 구체화되어 있다. 이스트빌리지 사태의 참여자들은 이러한 승리에 찬 반동에 복무한다. 그러나 신표현주의의 승리 그리고 신표현주의의 이스트빌리지 변형의 승리는, 모든 반동들의 승리와 마찬가지로, 자신을 정당화하기 위한 거짓말에 의존한다. 이 경우 그것은 신

표현주의가 흥미롭고 새로우며 해방적이라는 거짓말이다.[125]

예술적 생산양식은 그 악의적인 남용에도 불구하고 단지, (그 모순들에서 벗어나기가 쉽지 않은) 보다 폭넓은 **삶정치적인** 생산양식의 부분적인 구성 요소일 뿐이다. 보다 일반적인 **집합적 상징자본**의 구성요소인 예술적 생산양식은 새로운 삶정치적인 자본주의 축적 장치들 중의 하나이다. 그것이 **삶정치적인** 까닭은, 옛 거주자들과 새 거주자들의 삶과 욕망들이 집단적 주체성의 생산에 관계되어 있기 때문이다.

문화 공장의 배치들

일단 메트로폴리스 공장의 일반적인 생산양식이 명확히 밝혀졌다면, 현재의 문화경제의 보다 구체적인 모델들, 문법들, 구체화들이 도입될 필요가 있다. 최근, 수많은 핵심어들이 '창조성'과 '공유지' 등 유행하는 개념들에 뒤이어 만들어졌다. 전술한 토니 블레어가 만든 대책 위원회는 1998년 창조산업에 대해 다음과 같이 언급하고 있다. "개인적인 창조성, 기술, 재능에 기원을 두는, 그리고 세대를 거듭하여 부와 직업의 창출, 지적 재산의 개발 등을 위한 잠재력을 갖고 있는 산업." 이와 달리 리처드 플로리다의 급속히 확산되고

---

125. 같은 글.

있는 '창조경제'는 경제성장의 동인인 도시의 문화자본에 대한 착취에 의거하고 있다. 본질적으로, 플로리다는 이러한 과정의 착취적인 측면들은 인정하지 않은 채 극단적으로 단순화한 진보적 정치 의제를 다룬다. 이 모델과 가깝지만 북유럽 사회민주주의의 전통에 더 가까운, 네덜란드의 문화적 번식지 정책들은 스쾃 운동을 합법화하고, 예술계를 지원하며, 심지어는 도시 마케팅과 '창조도시'라는 암스테르담의 브랜드를 홍보하기 위한 전략으로서 다양한 방식으로 활용되었다.

마찬가지로, 온라인 세계에 디지털 문화가 등장함으로써, 종종 이상주의적 열망들을 갖춘, 특정한 문화경제 모델들이 소개되었다. 앞 장에서 나는 크리에이티브 커먼즈 계획이 생산적인 공유지 개념이 아닌 순전히 디지털리즘적인 상상적 경제 개념을 제출했다고 비판했다. '창조적 공유지'에 맞서, '자율적인 공유지'라는 정치적 기획이 진정으로 생산적인 모델로 상상되었다. 이 모델이 개인적 임금을 가능하게 할 수 있고 경제생활의 물질적 차원에 영향을 미칠 수 있을 것이라고 말이다. 비물질적인 크리에이티브 커먼즈의 반대편은 사실 디지털 공유를 가능하게 만드는 공간들, 미디어, 기반시설들에 적용된 바로 그 물질적인 경제적 지대이다. 광범하게 논의된 '대안적인 보상 체계'는 사적 이윤에 의한 문화자본과 집단지성에 대한 착취는 거의 다루지 않는다. '자율적인 공유지'가 허구적인 크리에이티브 커먼즈에 맞서기 위해 전개된 것이라면 우리는 창조산업들과 겨루기 위한 것으로서 자율적인 '사회적 산업들'을 상상할 수 있었다. (브로델이 자본주의를 소규모 생산자들의 규모에 대립하는 것으로 정의하는 것처럼) 여기에서 부는 '반反시장'의 자본 축적의 여지가 없는 인간적인human-size 시장들의 층위에서 생산될 것이다.126 사회적 산업들이 자율적인 생산을 자기조직화하기 시작할 때 그것을 '사회적 공장'의 경제 모델들 중의 하나로 간주할 수 있다. 창조산업들과 반대로, 사회적 산업들은 지적 재산의 착취가 아니라 물질적이고 생산적인 공유지의 경제에 기초하고 있다.

창조산업들, 창조경제, 크리에이티브 커먼즈, '문화적 번식지' 같은 개념들은 자율적인 공유지와 사회적 산업들을 위한 대안적인 제안들과 마찬가지로 '문화 공장'의 배치들에 대한 최초의 개념적 지도를 나타낸다. 이러한 노력이 목표로 하고 있는 것은 문화경제의 비가시적인 구조architecture가 마침내 메트로폴리스의 스카이라인 위로 드러나도록 만드는 것이다.

젠트리피케이션은 오늘날 문화적 영역과 물질적 영역의 비대칭적 관계의 가장 좋은 사례로 이해될 수 있다. 하지만, 젠트리피케이션은 매우 역동적인 과정이다. 그래서 시장의 예측 불가능한 동물혼을 따른다. 도시 지역들이 투기적 시도들에 반응하지 않고, 또 여러 가지 다른 이유들로 인해 원래의 상태로 돌아갈 때, **디젠트리피게이션**degentrification 과정이 일어날 수도 있다. 예컨대, 미테 같은 베를린의 몇몇 지역들은 어떤 시점에서 다시 [과거로] 되돌아가고 있는

---

126. Fernand Braudel, *Civilisation matérielle, économie et capitalisme (XVe-XVIIIe siécles)* 3 volumes (Paris: Armand Colin, 1979); 영어판: *Civilization and Capitalism: 15th-18th Century*, 3 volumes (New York: Harper and Row, 1982)[페르낭 브로델, 『물질문명과 자본주의』, 1~6, 주경철 옮김, 까치글방, 1995~7].

것처럼 보이는 매우 완만한 젠트리피케이션 과정을 겪었다. 어느 경우이건 모든 젠트리피케이션 기술은 사기deception에 기초하고 있다. 부동산 관점에서 볼 때, 장소의 낭만주의는 존재하지 않는다. 적절한 소득은, 지대 격차가 가장 큰 때인 투기 곡선의 정점에서 초심자에게 판매하는 소유주가 결정한다. 마케팅 전략들과 인위적인 상징자본의 주입inoculation은 [지대] 격차가 유리할 때 시간을 지체하지 않고 재산을 처분하는 것을 목표로 할 뿐이다. 바르셀로나의 22@ 계획의 거대한 PR 캠페인들 또는 베를린의 미디어 슈프레 기획의 이면에는 적절한 시기에 현명한 거래를 하기 위한 지혜가 분명 존재한다. 젠트리피케이션은 가능한 한 빨리 이윤이 남는 또 다른 땅을 찾아 떠나는 자본의 소용돌이와 관련된, 일시적이고 매우 역동적인 현상이다. 젠트리피케이션은 **집단적인 신념**에 기초하고 있으며, 이러한 의미에서, 이것은 활동가들과 저항하는 거주자들에게 (그들이 이 과대광고를 신뢰할 때) 함정으로 나타날 수도 있다. 인지자본주의의 허구적인 차원이 갖는 모순들 중의 하나는 저항이 관심과 상징자본의 축적에 에너지를 가져다 줄 수 있다는 바로 그 점이다. 모든 사람이 베를린에서 바르셀로나에 이르는 젠트리피케이션의 문법을 실감했다. 하지만 아직도 공통 지식에 대해 다음과 같이 말하는 것에는 어려움이 있다. "우리의 집세 가격이 오르고 있는 것은 단순하게 말하자면 우리가 살고 있는 지역의 가치를 우리가 생산하고 있기 때문이다." 이것만큼 '삶정치적인' 것은 없다. 일단 상징자본이 축적되면 축적에서 벗어나기는de-accumulated 매우 어렵다.

　젠트리피케이션에 대한 현재의 담론에서 볼 때, 젠트리피케이션 과정에서 활동가들과 예술가들이 공모한 역할은 종종 논란이 되고 있다. 젠트리피케이션은 **젠트리픽션**[127]이 된다. 그것이 작동하는 것은 활동가조차 그것을 믿기 때문이다(그리고 여기에서 포스트모던 난국의 위험요인은 명확하다). 젠트리피케이션(그리고 특히 젠트리피케이션 이론 자체)의 함정은 엄밀히 말하자면 자본주의의 수많은 허구적인 차원들 중의 하나이다. 그렇다 하더라도 마찬가지로 디젠트리피케이션은 자기완결적 예언 역할을 할 수도 있으며, 게릴라 마케팅 전략인 미디어스케이프를 통해 울리는 버저 역할을 할 수도 있다. 보통, 광범위한 젠트리피케이션은 멈출 수 없다. 젠트리피케이션은 자본 흐름 속의 일시적인 상태에 지나지 않는다. 공통적인 것이 그렇듯이, 젠트리피케이션은 역동적으로 직면해야 하는 점진적인 축적 과정이다. 젠트리피케이션은 가치화의 평면 위에서 조절되고 도전받거나 또는 가끔 디젠트리피케이션을 통해서 역전될 수 있을 뿐이다. 단순한 반작용적인 행동주의 형태는 (예컨대 예측 가능하고 의례적인 거리 시위 형태로는) 역효과를 낳는 것으로 귀결될 수 있다. 수많은 저항형태들은 자신들이 맞서 싸우고 있는 것으로 생각되는 축적에 무의식적으로 연루된다. 그것들이 어떻게 인식될 수 있는가? 상징자본 축적을 반영하는 바로 그 행동은 **생산적인 사보타주 몸짓**, 즉 교환가치와 잉여가치에 영향을 미치는 대항-배치이지 단순히 스펙터클한 저항의 몸짓이 아니다. 주식 시장

---

127. [옮긴이] 'gentrification'을 패러디한 'gentrifiction'을 음차했다. '재개발-허구'의 의미를 담은 것으로 보인다.

에 의해 수행되는 가치의 '창조적 파괴'는 다중들의 '창조적 사보타주'로 역전될 수 있다. 창조적 사보타주에서 사실, 가치는 파괴되지 않고 적극적으로 생산되고 재분배된다.

창조적으로 되지 않기 Be Uncreative : 메트로폴리스의 표면에서 이루어지는 언어적 게임들

'창조도시'의 삶정치적 기계와 젠트리피케이션 사업에 맞서는 정치적 대응들은 무엇인가? 개념적 도구상자와 명료한 새로운 정치적 실천들이 부족했던 행동주의와 학계는 통상적인 '불평의 기술'을 거의 넘어서지 못했다. 달리 말해, 이들은 신자유주의적 문화 산업들에 대해 불평의 목소리를 높였지만 그것들 이면에 있는 경제적 모델에 대한 어떠한 꼼꼼한 대항-서술을 제공해 주지는 못했다. 특히, 북유럽의 급진적 사유와 사회민주주의 담론의 대부분은 포스트모더니즘의 밀실공포증적이고 내파적인 주장의 독무대였던 것처럼 보인다. 이 정신병리학의 기본 도식은 다음과 같이 주장한다. 어떠한 종류의 정치적 저항도 지배코드를 강화할 뿐이다. 이와 유사한 피상적인 주장에 따라, 〈BAVO〉 집단은 예컨대 네그리와 하트가 『제국』에서 전개한 다중 개념을 묵살한다(이처럼 어떠한 다른 정치적 노력도 마찬가지로 묵살될 수 있다).

그들의 주장에 따르면 다중은 새로운 혁명적 주체이다. 그리고 투쟁 속에서 다중은 기존의 정치적 방향[경로]이나 경제 체계에 너무 가까이 접근해서는 안 된다. 먼저 자신의 욕망을 깨닫기만 한다면, 다중은 곧바로 손쉽게 기존 질서를 불필요한 것으로 그리고 부적절한 것으로 만들 것이다. 이러한 반대 전략은 대단한 것처럼 보이지만, 순진해 빠진 것이다. 이 전략은 정치적, 이데올로기적, 또는 경제적 게임들에서 멀리 떨어져 제 할 일만 하는 전복적이고 창조적인 행동들이 실제로는 어떻게 창조도시에 대한 지배적 담론을 더욱 굳건하게 하는지 알지 못한다.[128]

흥미로운 것은, 〈BAVO〉가 다중 개념(그리고 아마도 그것의 전조인 '확산된 사회적 공장')을 오늘날의 '경제적 게임들'이나 제도들로부터 멀리 떨어뜨려 놓는다는 것이다. 하지만 그와 반대로, 지난 10여 년간 프랑스와 이탈리아의 정치사상은 최소한 일단의 명료한 개념들(비물질노동, 정동적 노동, 삶정치적 생산, 인지자본주의, 새로운 지대 이론 등등)을 제출하는 일을 해 냈다. 이 개념들은 포스트포드주의에 대해서 지젝학파와 라캉학파 학자들이 수행한 언어적 분석보다 훨씬 깊고 더욱 포괄적인 [포스트포드주의에 대한] 경제적 이해방식을 제공해 준다.

이에 따라 창조성 명령의 함정에서 벗어나기 위해 〈BAVO〉 집

---

128. BAVO, 'Plea for an uncreative city. A self-interview', in : Geert Lovink et al. (eds.), *The Creativity : A Free Accidental Newspaper Dedicated to the Anonymous Creative Worker* (Amsterdam : Institute of Network Cultures, 2007). Web : www.networkcultures.org/wpmu/portal/publications/newspapers/the-creativity

단은 자신들이 발표한 텍스트들 중 한 곳에서 '비창조도시를 위한 청원'을 시작했다.[129] **창조적으로 되지 않기**가 그들의 모토이다. 역설적인 것은, 이러한 정치적 명령이 창조성의 이데올로기 다이어그램에 머물러 그 언어를 강화하고 있는 것처럼 보인다는 것이다. 그래서 **지젝주의**는 오직 심리언어학적 분석에 의거하는 자본주의 이데올로기 비판으로, 모든 환등幻燈 뒤에서 작동하는 어떠한 잉여경제 모델도 제공하지 못하는 접근법으로 정의될 수 있다. 〈BAVO〉가 제시한 유일한 정교한 정치적 행위[창조적으로 되지 않기]는 그들이 **과잉-동일시**[130] 전략을 제출했을 때 비판받았던 것과 동일한 특징들을 공유한다. 이 과잉-동일시 전략은 옛 유고슬라비아의 사회주의 이데올로기 내의 〈라이바흐〉와 〈NSK〉 같은 전설적인 예술집단에 의해, 또는 오늘날에는 WTO 같은 국제적인 기업들과 기구들을 목표로 삼는 〈예스맨〉에 의해 개척된 인상적인 접근법이었다. 하지만 이러한 실천들은 미디어 행동주의의 수준에, 또는 반세계화 운동의 PR 캠페인 수준에 머문다. 오늘날의 자율주의적 맑스주의가 비판받아야 한다면, 그 비판은 보다 언어적이거나 미디어적인 이론이 아닌, 훨씬 깊은 경제적 통찰, 인지자본주의의 비대칭들에 대한 보다 정밀한 분석, 보다 충분한 근거가 있는 이론을 요구하는 관점에서 이루어져야 한다. 이러한 비판은 또한, 언어적 게임의 수준에 머무를 위험에 빠져 있는 아티비즘[예술행동주의]artivism에 대한 정의

---

129. 같은 글.
130. BAVO (ed.), *Cultural Activism Today. The Art of Over-identification*.

(정치적 내용의 매개로서의 예술)를 필요로 한다. 필시 더 이상 외부는 존재하지 않을 것이다. 그러나 내부는 여전히 복잡하고 어두컴컴하며, 비대칭들, 마찰들, 갈등들로 빽빽할 것이다. '창조도시'를 역전시키는 유일한 길은 메트로폴리스 내 잉여의 물질적 저류를 포착하여 그것을 다시 설계하는 것이다.

사보타주의 문법과 공통적인 것의 제도

'창조적으로 되지 않기'라는 좌익 기호적radical-chic 모토가 설득력이 없는 것은 그것이 단순히, 제도적 '창조성'의 기본 문법을 강화하기 때문이 아니다. 삶정치적 지반, 즉 **도시를 생산하는 생활을** (그것이 사업으로 바뀌기 전에) 검열하는 것은 실제로, 위험한 자해自害로 귀결될 수 있다. 그 대신 '비창조성'은 그 과정이 이루어지는 전선의 생산적인 확대에, 문화 산업을 위해 노동하도록 강제당하는 에너지를 추적하거나 다시 요구하거나 또는 사보타주하는 것에 초점을 맞춰야 한다. 문제는 **창조적으로 되지 않기**가 아니라 [문화 산업에] 충분히 전념[헌신]하지 않기이다. 인지자본주의의 결정적인 측면은 가치 축적이 에너지나 상품 축적처럼 작동하지 않는다는 것이다. 상징자본이 일단 생산되고 축적되면, 그것은 쉽사리 비생산un-produced 되거나 탈축적de-accumulated 될 수 없다. 브랜드가 일단 눈에 띄게 되면, 나쁜 평판을 받게 되는 경우에조차, 그러한 노출은 완전히 소멸되지 않는다. 그리고 집단적 지식이 일단 자연스럽게 모아지고 (자유 소프트웨어 프로그램 같은) 특수한 대상이나 (새로운 유해 구역 같은) 장소 주변에 고정된다면, 그것은 잔인한 인클로저들을 필요로 하지 않는 상업적 기업들에게 착취당할 수 있다. 그럼에도 불구하고, 오늘날 "정보는 비경쟁적이다."라는 슬로건 아래 '네트워크 협력'에 대한 무비판적 찬양을 듣는 것은 매우 흔한 일이다. 자유문화의 지식인들은 지식과 문화의 영역을 비경쟁적인 것으로 서술한다. 그러나 그들은 가치와 부(富)가 어떻게 그러한 영역으로부터 그리고 무엇에 의해 추출되는지를 언급하지 않는다. "정보는 비경쟁적이다."라는 슬로건에는 도플갱어가 존재한다. 한 쪽의 정보 축적이 다른 한 쪽의 경제적 지대를 부양한다. 메트로폴리스의 다중들은 공유지의 마찰과 비대칭들을 따라 생활하고, 노동하고 가치를 생산한다. 그것은 삶정치적 일상의 증거이다. 비물질적인 공유지는 물질적 인클로저들을 강화하는 데 이용된다. 발터 벤야민은 「기술복제 시대의 예술작품」의 말미에서 다음과 같이 언급하고 있다.

> 파시즘은 새로이 생겨난 프롤레타리아 대중을 이 대중이 폐지하고자 하는 소유관계는 조금도 건드리지 않은 채 조직하려 하고 있다. 파시즘은 대중으로 하여금 결코 그들의 권리를 찾게 함으로써가 아니라 그들 자신을 표현하게 함으로써 구원책을 찾고자 한다. 대중은 소유관계의 변화를 요구할 권리가 있지만 파시즘은 소유관계를 그대로 보존한 채 그들에게 표현을 제공하려고 한다.[131]

---

131. Walter Benjamin, 'The Work of Art in the Age of Mechanical Reproduction', 1936, in: *Illuminations* (New York: Schocken, 1969) [발터 벤야민, 『기술복제시대

창조적으로 되라! 그러나 절대 사적 소유는 건드리지 마라! 창조성에 은폐된 명령은 이 슬로건에 응축되어 있다. 그리고 그 역도 마찬가지다. 당신이 원하는 만큼 비창조적으로 되라! 그러나 절대 사적 소유는 건드리지 마라! 이러한 분열적인 사태 속에서 젠트리피케이션에 의해, 분산된 문화 산업들에 의해 착취를 당하는 문화자본의 축적은 어떻게 정치적으로 영향을 받을 수 있는가? 언뜻 보면, 경제학자 엔조 룰라니가 말하는 것처럼(앞 장을 보라), 엔트로피만이 지식 경제에 영향을 미친다. 장기적으로 볼 때 문화자본은 쓸모가 없어지고 시대에 뒤떨어지게 되지만, 단기적으로 볼 때 문화자본의 축적에 대항하기는 힘들다. 스펙터클 자본주의에 대한 저항은 어렵다. 엄밀히 말하자면 이것은 가시성visibility을 **부정할 여지가 없기** 때문이다. 지식 사회와 인지자본주의 내부에서 저항이 무력한 까닭은, 저항이 '지배 담론'을 강화할 뿐만 아니라 특히, 역전시키기 힘든 상징적 축적에 에너지와 관심을 쏟기 때문이다. 따라서 문제는 **창조적으로 되지 않는 것**이 아니라, 이 경우에는 '창조도시'라는 비물질적 공장에 의해, 그리고 젠트리피케이션 사업에 의해 착취되는 상징적, 문화적, 삶정치적 자본을 어떻게 비생산하고 탈축적할 것인가하는 것이다.

전지구적 학계에 의해 수행되는 정치적 주제들에 대한 이데올로기적 중화에 맞서, 메트로폴리스적 생활 형태의 갈등적 본성이 물질적이고 과학적인 사실로 간주된다면, 문화 공장의 생활양식은 보다 명확한 방식으로 서술될 수 있다. 집합적 상징자본의 가치를

의 예술작품 — 사진의 작은 역사 외』, 최성만 옮김, 도서출판길, 2011, 92~93, 147쪽].

역전시키고 재요구하는 것은 문화적 영역과 물질적인 경제의 심원한 비대칭을 고려한다는 것을 의미한다. 가치가 비물질적인 수준에서 축적된다면, 이윤은 물질적인 수준에서 만들어진다. 따라서 저항은 상징적 표현/대의representation의 수준에서가 아니라 가치 생산의 고리를 따라 실행된다. **상징자본 축적의 정반대 형태는 새로운 사보타주 문법이다.** 여기에서 이러한 '사보타주' 양식은 가치 생산적이고 **창조적이지**, 단순히 파괴적인 것이 아니다. 이러한 **긍정적 사보타주**는 러다이트 운동[132]의 한 형태가 아니다. 기계를 파괴하는 것은 불가능하다. 우리 자신이 이제 기계가 되었기 때문이다. 실제로, 부동산 시장과 젠트리피케이션의 투기적 경향은 일종의 증권 거래소이다. 부단히 파동과 경쟁의 상태에 놓이는, 정보와 예측들, 욕망들과 화폐적 가치들의 영역인 것이다. **생산적 사보타주의 가장 좋은 사례는 예기치 않은 외부적 환경으로 인한, 또는 시장 투기로 인한 증권 거래소에서의 주식 가치 하락이다.** 이것은 우리에게 상품의 교환 가치 대부분이 순전히 '합의에 대한 환상'이라는 것을 상기시켜 준다. 미디어는 주식시장에서의 하락을 가치의 손실이라고 보도하지만, 실제로 그러한 가치는 정확히 말하면 파괴되는 것이 아니라, 더 이상 그 특정의 주식에 할당되지 않을 뿐이다. 생산적 사보타주의 실천에 암시를 주는 것은 증권 시장의 낙천적인 냉소주의 그리고 특

---

132. [옮긴이] 러다이트 운동은 1811년 영국의 중부와 북부의 섬유 공업 지대에서 일어난 노동자의 반(反)자본주의 운동이다. 산업 혁명으로 일자리를 잃은 영국의 노동자들이 실업의 원인을 기계 때문이라고 여겨서 기계를 파괴하는 운동을 벌였다. '기계 파괴 운동'이라고도 한다.

히 현재의 금융위기들이다. 그리고 더 이상 외부가 존재하지 않는다면, 일종의 내부적 사보타주를 위한 공간만이 존재할 것이다.

생산적 사보타주는 또 하나의 저항의 상상계가 아니라 부정적인 상징자본을 목표로 한다. (새로운 광고 캠페인에 유리한) 저항riot의 상상계들이 아니라 가격들을 낮추고 특정한 도시 지역들을 자본 식민화에 불리하게 만들기 위한 상상계의 저항들riots을 목표로 한다. 이러한 종류의 사보타주의 사례들은 어디에 있는가? 특정한 도시 지역에 미술관을 구축하는 것이 토지 가치를 올린다면, '중상모략'이나 미술관의 상징적 파괴 그 자체는 토지 가치를 미술관이 생기기 이전 수준으로 낮추는가? 유럽과 북미의 젠트리피케이션 반대 투쟁들 중에 건물들이나 그 밖의 물질적 재산들을 목표로 삼은 물리적 행동들은 상징적 가치의 부정적인 축적을 낳았고 자본 일반을 약화시켰다. 그러나 이 행동들은 또한 '보복주의 도시'와 도시의 안전주의적 정책들을 야기했다. 실제로 2008년 서브프라임 위기 이후 압류에 의해 퇴거를 당한 수많은 사람들은 자신이 살던 예전 주택들을 고의적으로 손상시켜, 재산 가치를 추가로 가능한 한 많이 떨어뜨렸다. 하지만 메트로폴리스의 행동주의가 마구잡이식 반달리즘의 형태로 가치의 집단적 차원을 적절하게 타격하는 경우는 매우 드물다. 그렇지만 메트로폴리스는 '콘크리트의 상상계', 즉 집단적으로 형성되고 있는 공유된 공간으로 이해되어야 한다.

한편, 집단적 가치에 대한 공격의 보다 설득력 있는 사례는 메트로폴리스적 파업이다. 세비야Seville의 파업에 대한 네그리의 서술을 보면, 그것은 노동계급의 특수한 부분이 파업을 계속하는 것이 아니라, 도시의 24시간 전체 생활이 중지되는 것이다. 메트로폴리스의 파업은 우리가 알고 있는 것처럼 도시 전역의 가치 생산에 영향을 미치고 [가치 생산을] 전도시킨다.

> [우리는] 메트로폴리스의 파업을 메트로폴리스에 사는 다중의 특수한 재구성 형태로 간주한다. 메트로폴리스 파업은 노동계급 파업의 사회화가 아니다. 그것은 대항 권력의 새로운 형태이다. …… 메트로폴리스의 반란들은 시장市長을 교체하는 문제를 제기하지 않는다. 이 반란들은 통제와는 다른 새로운 형태의 민주주의와 기획을 표현한다. 메트로폴리스의 반란은 언제나 그 도시의 재건refoundation이다. …… 메트로폴리스의 자유는, 메트로폴리스가 매일 스스로 수행하는 건설과 재건설에서 생겨난다. '총파업'이 이러한 뼈대framework 속에 삽입된다. 그것은 도시의 심연 속에 살아 있는 것을 연장하기, 아니 더 정확히 말하자면 그 속에 살아 있는 것의 현시顯示 또는 계시啓示이다. …… 하지만 우리가 강조하고 싶은 것은 '총파업'이 메트로폴리스의 삶 속에서 일종의 급진적인 출토품 — 생산적 구조와 공통 — 이라는 것이다.[133]

메트로폴리스 파업이 발생하면 그 파업은 가치의 물질적 흐름들,

---

133. Antonio Negri, 'La moltitudine e la metropoli' in *Posse* — 'Mappe politiche della moltitudine'(Rome:Manifestolibri, 2002); 영역자 Arianna Bove, 'The Multitude and the Metropolis', http://www.generation-online.org/t/metropolis.htm.

부동산 투기와 집합적 상징자본의 운동들에 영향을 미칠 수도 있다. 메트로폴리스의 파업은 이러한 점에서 가치 생산적이며, 다중이 피부로 느끼는 경제적 지대에 영향을 미친다는 점에서 효과적이다. 메트로폴리스 파업이라는 사건은 유럽 전역에서 떠오르고 있는 갈등의 새로운 유형학이다. 유로메이데이가 불안정 노동자들로부터 통일된 상상계를 생산하는 일을 해 냈듯이, 마찬가지로 젠트리피케이션에 반대하는 도시의 투쟁들도 이제 서로를 인식하려고 한다. 또 하나의 정치적 스펙터클의 형태 속에서가 아니라 상징자본의 축적에 대한 공격을 조정하기 위해 그러한 투쟁들의 사보타주 문법을 공유하는 것. 이 새로운 종류의 시위는 메트로폴리스의 모든 생활 형태들을 불러내고 있다. 설령 문화적 생산자들의 직접적인 참여와 예술가와 활동가라는 낡은 분류 사이의 새로운 동맹이 지난하면서도 아직은 미해결된 하나의 마디라고 할지라도 말이다.

 이 사보타주 형태는, 지대의 가치-사슬이 약화되고 가치가 가치 생산자들을 위해 재배치됨에 따라, 즉각적으로 공통적인 것을 생산하고 또 공통적인 것을 구성할 것이다. 주식 시장이 수행한 '창조적 파괴'처럼, 생산적 사보타주는 특별히 오늘날의 가치화 및 금융화 과정들을 표적으로 한다. 따라서 사적 소유보다는 일반 지대 general rent가 이러한 종류의 일반적인 사보타주를 위한 직접적인 표적이다. 생산적 사보타주 개념은 디스토피아적이고 미몽에서 깨어난 공유지 개념과 함께 기능한다. 공유지는 언제나 물질적이고 복합적이며, 공유지의 정치적 잠재력은 언제나 이질적이다. 토지와 물의 공유지는 문화, 기억, 상상계의 공유지와는 다르다. 매우 상이한 종류의 공유지가 서로 상호작용하며, 각각은 모순들, 마찰들, 포섭으로 구성되어 있다. 공유지의 수준과 다른 형태들 사이에는 비대칭, 착취, 갈등의 선들이 존재한다. 예를 들어, 앞 장에서 보여준 바와 같이, 과도한 찬양을 받았던 크리에이티브 커먼즈는 **생산적이지 않기** 때문에 결코 참된 공유지가 아니다. 공유지에 대한 최초의 정의는 공통의 토지에 대해, 직접적이고 명확하게 **생산적인** 자원에 대해 사용되었다. 그리고 문화 산업과 도시가 맺은 관계의 경우에서 볼 수 있었던 것처럼, (형상물과 상징자본의 생산인) 비물질적 공유지는 물질적 인클로저들을 강화하는 데 사용될 수 있다.

오늘날 공유지의 어떤 공간들이 생산되고 또 경합되는가? 영미 전통과 유럽 대륙 전통 사이에 다리를 놓는다면, (전통적으로 지역 커뮤니티에 연결되는) **공유지**가 더욱 일반적이고 대규모적인 **공통의** 특이한 실천적 표현(다중의 표현)이라고 역설적으로 주장될 수 있을 것이다. 더욱이, (들뢰즈와 가따리, 그리고 이후의 데란다의 **지질학적 철학**을 따르자면) '내재성의 평면'의 불연속적인 지층들과 공통적인 것의 상이한 응고물들은 서로 구별되어야 한다. 도시의 공유지와 토지 공유지, 과학기술적 공유지와 생물학적 공유지, 문화적 공유지와 상징적 공유지. 여러 가지의 다양한 제재를 가로지르는 **공통적인 것의 예술**을 명료화할 때이다. 공통적인 것을 둘러싸고 맹렬하게 계속되는 잉여 축적의 소용돌이를 인식하지 않고 공통적인 것의 공간을 찬양할 수는 없다. 특히, 문화의 공유지에 대한 새로운 디스토피아적 문법은 문화자본과 집단지성에 대한 대칭적이고 형이상학적이며 유토피아적인 개념에 맞서기 위해 필요하다.

공통적인 것은 역동적으로 생산되고 보호된다. 공통적인 것은 정적이고 일반적인 형태로 존재하지 않는다.

자기가치화와 사보타주 사이의 고리에 대한 자율주의적 독해는 1970년대에 이미 네그리에 의해 소개되었다. 당시 사보타주는 '긍정적인 것의 부정적인 힘'이었다(이것은 또한 '부정적인 것의 긍정적인 힘'이라고 올바르게 정의될 수도 있다).

> 프롤레타리아의 자기가치화는 사보타주이다. 이 기획은 어떻게 구체적으로 되는가? 우리의 개별적인 실존에 대한 현상학적인 인식에서 자기가치화 과정의 힘을 확장시키는 데로의 도약은, 동시에 새로운 지식의 발견에 대한 방법인 사회적 변형의 방법을 중심으로 조직되어야 한다. 자기가치화 과정의 분명한 목적은 노동의 자본주의적 포섭, 노동의 상품화, 노동이 자본의 사용가치로 환원되는 것에 대항해서 노동의 사용가치를 강화하는 것이다.[134]

1970년대에 네그리에게 사보타주는 가치법칙의 위기를 밝혀내기 위한, 그리고 과거의 노동계급(그리고 오늘날의 다중들)의 자기가치화와 자율을 이해하기 위한 '근본적인 열쇠'였다. 자본주의는 줄곧 위기를 반복해 왔다. 네그리의 말들이 예언적으로 들리는 것은, 착취의 기계가 네트워크로 눈을 돌릴 때이다. 네트워크에서 주요

---

134. Negri, 'Dominion and Sabotage', p. 261 [네그리, 『지배와 사보타지』, 88쪽].

목표는 사보타주를, 불가능하게까지는 아니라 하더라도 더욱 어렵게 만드는 것이다.

> 자본주의 지배 형태는 우리의 눈앞에서 붕괴하고 있다. 권력 기계장치는 파괴되고 있다. 사보타주는 자본의 비합리성의 뒤를 쫓고 있으며, 자본에 대한 심화된 탈조직화 형태와 속도를 규정한다. 자본주의 세계는 우리에게 자신의 본질을 드러낸다. 우리에게서 잉여가치를 짜내는 기계였던 자본은 이제 노동자들의 사보타주를 저지하기 위해 던진 그물이 되었다. 그러나 그것은 이미 너무 해어진 그물이다.[135]

다중의 사보타주에 의해 수행되는 가치의 '창조적 파괴'는 자본주의적 지대, 금융화, 그리고 신新봉건사회 등 새로운 익명의 네트워크들에 맞서 공통적인 것을 생산하고 보호하는 적극적인 몸짓으로 이해될 수 있다. 하나의 살아 있는 유기체인 메트로폴리스는 자기가치의 신진대사에 의해 내부로부터 자신을 보호할 수 있다. 문화생산과 상징자본은 오직 물질적 경제와 맺는 관계를 드러내고 대면할 때에만, 살아 있는 메트로폴리스가 마침내 '창조도시'라는 허약한 키메라에 맞서 자신의 권리들을 요구할 때에만, 흥미로운 문제가 되며, 또 치열한 전쟁터가 된다.

---

135. 같은 책, p. 285 [123~124쪽].

4장
머리 둘 달린 이미지
상상계의 올바른 마조히즘

오늘날 스펙터클의 완전한 승리의 시대에 우리는 드보르의 유산으로부터 무엇을 수확할 수 있을까? 스펙터클이 언어임은 분명하다. 스펙터클이 인간들의 바로 그 소통성 또는 언어적 존재임은 분명하다. 이것은 보다 풍부한 맑스주의적 분석이 다음과 같은 사실, 즉 자본주의(또는 오늘날 세계사를 지배하는 과정에 부여하고 싶은 이름이 무엇이든)가 생산적 활동의 수탈을 향할 뿐만 아니라 또한 그리고 원리적으로도 역시 언어 자체의 소외, 인간들의 바로 그 언어적·소통적 본성의 소외, 헤라클레이토스의 분파들 중의 하나가 공통적인 것과 동일시한 바로 그 로고스의 소외를 향하고 있다는 사실을 다루어야 한다는 것을 의미한다. 공통적인 것에 대한 이러한 착취의 극단적인 형태가 스펙터클, 즉 우리가 살아가고 있는 정치이다. 그러나 이것은 또한, 우리 자신의 스펙터클 속에서 언어적 본성이 우리에게 전도되어 되돌아온다는 것을 의미한다. 이것이 (정확히 수탈당하고 있는 것이 공통재의 바로 그 가능성이기 때문에) 스펙터클의 폭력이 그렇게 파괴적인 이유이다. 그러나 동일한 이유로 스펙터클은 여전히, 그것[수탈]에 맞서 사용될 수 있는 긍정적인 가능성 같은 무엇이다. 하지만 바로 이러한 이유로, 우리가 살고 있는 시대는 또한 사람들이 그들 자신의 언어적 존재 ─ 언어의 이러저러한 내용이 아니라 언어 그 자체, 이러저러한 참된 명제가 아니라 사람이 말을 한다는 바로 그 사실 ─ 를 경험하는 것이 처음으로 가능한 시대이다. 현대의 정치(학)는 지구 전역에서 전통들과 신념들, 이데올로기들과 종교들, 정체성들과 공동체들을 혼란스럽게 하고 무의미하게 만드는 이 강력한 언어 실험(experimentum linguae)이다. (드러나는 것이 드러나는 무(無) 속에서 베일에 가려지도록 두지 않고 언어에 언어 자체를 가져오면서) 그것을 성공적으로 수행하여 완수해 내는 사람들만이 어떠한 가설이나 국가(State)를 갖지 않는 공동체의 최초의 시민들이 될 것이다. 여기에서 '공통적인 것'의 무효화하고 결정하는 힘은 진정될 것이며, 셰키나는 분리라는 역겨운 우유를 마시지 않게 될 것이다.

조르조 아감벤, 『도래하는 공동체』

신경학과 시각적 무의식의 세속화

허구는 신경학의 한 분야이다. 신경과 혈관의 시나리오들은
기억과 욕망이 기록된 신화들이다.

— 제임스 발라드, 잡지 『경계선』 [1]

머리 둘 달린 이미지: 상상계의 자율을 문제 삼기

더 이상 외부가 존재하지 않는다면, 이른바 집합적 상상계의 내부는 머리 둘 달린 괴물이다. 욕망과 환상, 삶과 '스펙터클'의 고요하고 비가시적인 내적 분리의 징후가 수세기 동안, 이단적인 아방가르드를 포함하여 서구 문화에 출몰했다. 앞 장에서 디지털 네트워크들 및 새로운 '창조도시'의 정치적 자율을 문제 삼았으니, 초점

---

[1]. James G. Ballard, 'Does the angle between two walls have a happy ending?', Advertiser's Announcement, Sex: Inner Space, *Ambit* magazine, no. 33, 1967.

은 이제 집합적 상상계의 영역을, 그리고 보다 일반적으로 말하자면 미학적 생산을 그것의 분리의 징후라는 맥락에서 분석하는 것으로 이동한다. 앞에서 언급했듯이, 예술의 정치적 고립은 우리 시대에 되풀이하여 발생하는 논점이다. 역사적 아방가르드의 '모두를 위한 창조성'creativity-for-all 선언문들과 디지털 미디어의 실제적 대중화에도 불구하고, 그것은 예컨대 아티비즘(정치적인 것을 모방하는 예술)에 대한 만화 같은 시도들을 통해 되돌아온다. 이와 유사하게 새로운 사교계 명사 철학자들은 서구 사회의 집합적 상상계를 오직 이데올로기적인 모순들 속에서만 격리되고 분석되어야 하는 일종의 거대한 극장 화면으로 받아들이도록 하는 데 이용된다. 집합적 상상계는 예술처럼 모든 쁘띠부르주아적 표상representation의 평온한 일차원적 생활을 즐겨야 한다. 한편, 전지구적 형상물의 어두운 측면에서 보자면, 인터넷 포르노, 전쟁 형상물, 비디오 테러리즘의 형태들 속에 구현되어 있는 매우 물질적인 동물혼의 새로운 세대가 등장하고 있다. 그렇지만 이러한 '영화'에 쓸 만한 〈지젝의 기묘한 영화 강의〉는 존재하지 않는다.[2] 이미지의 정치학은 영화 비엔날레에 알맞은 앵티미스트적[3] 담론들이나 (초기 보드리야르의 시뮬

---

2. 〈지젝의 기묘한 영화 강의〉는 슬라보예 지젝이 대본을 쓰고 설명을 한, 두 시간짜리 다큐멘터리 영화로서 소피 피너스가 감독했다. 이 영화는 정신분석 이론의 관점에서 수많은 영화들을 탐험한다.
3. [옮긴이] 앵티미스트는 넓게는 실내화가를 가리키고, 좁게는 일상적인 대상의 선과 색을 통해 개인적인 정감을 강조하여 그리는 화가·작가를 말한다. 대표적인 앵티미스트 화가로는 보나르, 뷔야르 등이 있다. 이들은 식탁, 대화, 일하는 모습 등 일상적인 풍경을 그려 앵티미테(intimité, 프랑스어로 친밀감)를 표현하기 때문에 앵티미스트라고 불린다.

라크라에서 후기 지젝의 언어 게임에 이르는) 포스트모더니즘에 대한 두드러지게 허무주의적인 해석들을 통해 여전히 단순하게 논의된다. 비물질적인 것의 심연은 더욱 깊은 탐구를 할 만한 가치가 있다. 로고스의 머리를 자르는 대신 바타유의 아세팔acephal처럼, 집합적 상상계의 물속으로 우리가 침잠함에 따라, 욕망의 머리 둘 달린 복잡성이 완전하게 인식되어야 한다.

네트워크 개념과 유사하게 이미지의 근대적 운명은 다음의 두 주요 개념들 – 즉 코드와 흐름 – 을 가로질러 양극화되고 중화되었다. 매우 일반적인 방식으로 최근의 새로운 미디어 아트[4] 미학은 (앞에서 언급한 1970년대의 논쟁 – 생산 대 재현 – 을 떠올리게 하는) 이 두 극들을 둘러싼 변증법으로 요약될 수 있다. 코드라는 이미지 개념은 집단지성과 해커문화의 근대적 인식gnosis을 물려받고, 포스트모던한 시뮬라크라 숭배를 관통한다. 실제로, 오늘날의 이미지 엔트로피는 디지털 미디어의 무한한 복제 가능성 그리고 (예컨대 유튜브와 플리커[5] 같은 사진 공유를 위한 거대한 플랫폼에 의해 구현되는) 데이터베이스 형태가 헤게모니를 쥔 결과이다. 반대로, 흐름은 포스트구조주의, 특히 들뢰즈와 가따리의 욕망 철학의 가짜 후계자처럼 보인다. 시각적 이미지는 그 결과 기계적 생물권을

---

4. [옮긴이] 비디오, 컴퓨터 등 근래에 등장한 매체와 기술을 이용하여 행하는 예술 일반을 지칭하는 용어.
5. [옮긴이] 플리커(Flickr)는 2004년 2월부터 서비스되고 있는 온라인 사진 공유 커뮤니티이다. 웹 2.0의 대표적인 프로그램 중 하나로 거론되며, 캐나다 밴쿠버에 있는 루디코프 사에서 개발했다. 개인들이 사진을 교환하는 목적 이외에도 블로거들이 사진을 올려 저장하기도 한다.

가로지르는 물질의 끝없는 '흐름'으로 취급된다. 다양한 철학적 논쟁들을 통해 이 난국을 추적해 보면, 1970년대 초반 보드리야르의 작업이 핵심적인 계보학적 전환점을 나타낸다. 예컨대, 생산—상품—물신—가치—기호—코드—이미지—시뮬라크라의 개념적 계열로써, 보드리야르는 이 연쇄의 끝을 강조할 뿐이지, 이미지가 신체 및 생산적 하층과 맺는 모든 유기적 관계와 비가역적으로 단절한다. 한편으로 이미지에 대한 근대적 개념화는, 특히 디지털 미디어의 엔트로피 효과와 결부된 이 포스트모던한 허무주의를 이겨내지 못했으며, 다른 한편으로 네트워크 협력 이데올로기 그리고 이성중심주의에 대한 생산주의적 비판을 이겨내지 못했다. 그렇지만 이 디지털 극장 뒤편에서는 리비도적 충동들이 활발히 작동하고 있었다. 이론적 무관심과 이탈의 시기가 지난 후 '시뮬라크라'를 구성하는 신체와 신경들은 보상 받기를 기다리고 있다.

하지만 이미지를 머리 둘 달린 것으로 기술하는 것은 또 하나의 추상적인 이항론binary을 불러내는 것이 아니라 미디어계에서 복잡한 일상적 욕망의 경험을 인식하는 것이다(머리 둘 달린 존재의 두 머리는 얽히고설킨 채로 뭉쳐 있다). 문제가 되는 것은 이미지들에 내재적인 리비도적 배치, 즉 상품의 물신, 과학기술과 디지털 코드의 물신을 구성하는 것과 동일한 양가적인 배치이다. 문화생산의 영역처럼 집합적 상상계의 영역은 우리의 동물본능들의 확장, 즉 에너지의 초과나 잉여로 간주되어야 한다. 발라드의 소설에서 발췌한 것처럼 들릴 수도 있는 이것은 사실 비르노 같은 맑스주의 철학자들의 시각과 일치한다. 하지만 이미지는, 시각적 미디어와 집합적 상상계의 형태 속에서, 디지털 네트워크들을 통한 지식의 축적과는 다른 (정치적) 지위를 갖는다. 직설적으로 말해, 위키피디아와 집단지성의 관계는 유튜브와 집합적 상상계의 관계와 같다. 더욱이 미디어 기업들은 수년 동안 전지구적인 수직적 미디어스케이프를 구축해 놓은 뒤에, 마이스페이스와 페이스북 같은 사회적 네트워크 사이트들을 통해 수평적으로 생산된 상상계를 그럭저럭 활용해 왔다. 집합적 상상계는 인터넷을 통한 지식의 협력적인 창출과 어떤 관계를 맺는가? 후자가 이제 (소위 '유럽 대륙적 사유의 캘리포니제이션'[6]이라고 말할 정도로) 다양한 학문적 전통 출신인 다양한 범위의 사상가들을 위한 표준적인 정치적 모델이 되었다면, 전자[집합적 상상계]는 분명 '집단지성'의 한 형태로 간주되지 않는다. 그것은 집합적 상상계가 디지털 다중의 야수적 본성을 쉽게 표현하기 때문이다. 이론 theory이라는 단어가 어원적으로, 상징적으로 두뇌와 눈을 연결하는, 고대 그리스의 극장 theatre과 동일한 어근을 공유한다면, 오늘날의 (로고스에서 해방된) 스펙터클은 동물본능들의 직접적인 표현이다. 인터넷 언더그라운드에 모여 있는 집합적 상상계는 보다 정확히 말하자면 합리적인 정신보다는 동물몸의 확장을 닮았다.

머리 둘 달린 이미지는 오직 상상계의 집단적 차원을 통해서만 명확히 모습을 드러낸다. 발라드가 말하는 바처럼, 이 이미지는

---

6. [옮긴이] 캘리포니제이션은 미국 상류층들이 모여 사는 캘리포니아주 비벌리힐스의 문화가 전 세계로 퍼져나가는 현상을 말한다.

두 겹인데, 그 이유는 이것이 개인과 집단 모두(상상계imaginary 없는 이미지image는 존재하지 않는다)에게 관계되고 또 현재顯在적 내용과 잠재潛在적 내용 모두에게 관계되기 때문이다. 벤야민에 따르면, 20세기가 시작할 때 '시각적optical 무의식'의 이러한 표면화를 가능하게 했던 것은 카메라 같은 새로운 모방 기계들의 도입이었다.

> [따라서] 카메라에 나타나는 것은 육안으로 보는 것과는 다른 성질의 것임이 분명하다. 다르다는 것은 무엇보다도 사람의 의식이 작용하는 공간의 자리에 무의식이 작용하는 공간이 대신 들어선다는 점에서이다.…… 또 우리는 라이터나 숟가락을 잡으려고 할 때의 손동작에 대해서도 대충은 알지만 손과 쇠붙이 사이에서 어떤 일이 일어나며, 더구나 우리가 처해 있는 그때그때의 기분에 따라 그것이 어떻게 변하는가에 대해서는 거의 아무것도 알지 못한다. 여기에 카메라는 그것이 지닌 보조 수단, 즉 추락과 상승, 중단과 분리, 연장과 단축, 확대와 축소 등을 통해 개입한다. 우리는 정신분석학을 통하여 충동의 무의식적 세계를 알게 된 것처럼 카메라를 통하여 비로소 시각적 무의식의 세계를 알게 된다.[7]

더욱 최근에는, 마이클 타우시그가 벤야민의 시각적 무의식 개념을 애니미즘의 모방적 실천들에 연결시키면서 상상계의 **육감**carnal 이

---

7. Benjamin, 'The Work of Art in the Age of Mechanical Reproduction' [벤야민, 「기술복제시대의 예술작품」, 83~84, 138~139쪽].

론을 수립하는 것이 어떻게 가능한지 설명했다. 그의 책 『모방과 타자』에서 미디어스케이프에 대한 이해는 확실히 비언어적이고 비포스트모던적이다. 타우시그에게 시각적 무의식은 근대 내의 '원시'의 귀환, 즉 애니미즘적 이미지의 귀환의 증거를 제공해 준다.8 그는 사진과 영화에서 TV에 이르는 진화 속에서 근대적 상상계의 애니미즘적 힘을 서술한다. 특히 '영화보다 훨씬 더, 모방 능력을 위한 일상적 훈련schooling'을 제공하는 것은 광고이다.9 따라서 벤야민에서 시작된 탐구는 특히 외과의사로서의 카메라맨의 관점에서 계속 시각적 무의식의 신체 속으로 들어가야 한다.10 벤야민에 따르면, 오늘날 정치적 주체성political agency의 회복은 집합적 상상계의 공간에서, 현재顯在적이고 잠재潛在적인 경제들에서, 이미지의 새로운 과학기술들에 의한 집단적 신체의 신경감응innervation에서 생겨날 수 있을 뿐이다.

그 과학기술 속에서 신체와 이미지가 서로 깊이 침투함으로써 모든 혁명적 긴장이 신체적인 신경감응이 되고 집단의 모든 신체적 신경감응이 혁명적 방전放電이 되어야만 비로소, 현실은 『공산주의자 선언』이 요구하는 것처럼 그 자체를 능가하게 될 것이다.11

---

8. Michael Taussig, *Mimesis and Alterity: A Particular History of the Senses* (New York/London: Routledge, 1993), p. 20.
9. 같은 책, 29.
10. Benjamin, 'The Work of Art' [벤야민, 『기술복제시대의 예술작품』, 133쪽, 각주 31].
11. Walter Benjamin, 'Surrealism: The Last Snapshot of the European Intelligentsia',

"허구는 신경학의 한 분야이다."

 발라드의 소설들은 어떤 철학가, 미디어 이론가, 또는 문화연구학자보다 더 훌륭하게 과학기술의 본성과 오늘날의 미디어스케이프를 설명할 수 있다. 매스 미디어 혁명 중에, 집합적 상상계의 유령들이 생생한 '잔혹행위 전시'atrocity exhibition 속에서 활개를 치고 있을 때, 아카데믹한 이론가들과 급진적 이론가들은 모두 이미지의 기호학 속에서 통합되고 있었다. 포스트모더니즘은 실제로 이미지를 언어적 기호로 환원했다. 그러는 동안, 발라드와 그 밖의 SF 소설가들만이 미디어 무의식의 새로운 되기becoming를 명확하게 서술했다. 되돌아보면, 포스트모던 의제와 **시뮬라크라 교파**가 어떻게 집단적인 이드로부터 출현하는 괴물에 맞서는 탁상공론 지식인의 면역 전략으로 기능했었는지 점점 더 명확해지고 있다.

 아이러니하게도, '집단적 무의식' 개념 그 자체는 매스 미디어 사회의 한가운데에서 시각적으로 그리고 의식적으로 강렬해지고 있는 것, 즉 리비도를 고급문화로 위생화[건전화]하려는 시도로 해석될 수 있다. 들뢰즈와 가따리가 정신착란이 항상 사회적, 정치적, 역사적이라는 점(단순히 정신분석가의 침상의 우울한 친밀함에 격리된 것이 아니라는 점)을 인식했던 것처럼, 발라드는 "프로이트가 정신 내부를 탐험한 이후, 수량화되고 에로틱하게 되어야 하는 것은

---

in: *Reflections* (New York: Schocken, 1978) [발터 벤야민, 「초현실주의」, 『역사의 개념에 대하여/폭력비판을 위하여/초현실주의 외』, 최성만 옮김, 길, 2008, 167쪽].

이제 실재라는 외부 세계"라고 이해했다.12 의미심장하게도, 그는 철학과 정신분석의 매개 담론들 바깥에서 서구의 **기계적 무의식**에 대한 자신의 지도 제작을 시작했다. 그의 맥락은, 존 케네디의 죽음, 매릴린 먼로의 제2의 삶, 베트남 전쟁 등 우울한 TV 이미지들을 방송함으로써 유럽의 정신을 식민화했던 1950년대 및 1960년대 미국의 문화적 상상계였다. 1968년 5월 혁명 당시에, 발라드 자신의 개인적 '대항문화'는 바리케이드의 반대편, 권력과 매스 미디어의 편이었고, 그는 어떠한 좌파 운동에서보다 훨씬 강하고 더욱 황홀한 힘들을 여기에서 발견했다. 주류에 대한 이 SF의 시각에서 발라드는 집단적인 **기계적 무의식**에 대한 가따리의 **분열 분석**을 예견했다.

하지만 발라드식 세계의 정확한 소개를 위해서는 포스트모던 학파 출신의 논쟁 파트너와 그를 비교하는 것이 유용할 수 있다. 다시 한 번 말하지만, 보드리야르는 『크래시』13에 대한 리뷰만으로도 고찰할 가치가 있다. 이 리뷰에서 발라드의 신비스러운 세계는 시뮬레이션이라는 이론적 프레임을 통해 살균된다.14 그의 리뷰는 그 소설의 육감적인 엉킴을 '신체의 기호연금술 semiurgy'(기호연금술은 '새로운 기호들을 창조하는 예술'을 위해 포스트모더니즘이 도입한 최신 유행의 신논리주의이다)로 비틀어 버렸다. 흥미롭게도, 발라드는 자신의 작품에 대한 이 포스트모던적인 비판을 '햄버거의 신

---

12. James G. Ballard, 'A Neural Interval'. Advertiser's Announcement: A J.G. Ballard Production, *Ambit* magazine, no. 36, 1968.
13. [한국어판] 제임스 G. 발라드, 『크래시』, 김미정 옮김, 그책, 2013.
14. Jean Baudrillard, 'Ballard's *Crash*' (1976). 영역자 Arthur B. Evans, *Science Fiction Studies* 18:313-20, no. 55, November 1991.

격화'라고 묵살해 버린다.15 매스 미디어에 점점 노출되는 사회에서, 보드리야르는 **도상숭배**가 **도상혐오**로 전환되는 명백한 징후이다.

고전적인 (그리고 심지어는 인공두뇌적인) 시각에서 볼 때, 과학 기술은 신체의 확장이다.……맑스에서 맥루언에 이르기까지, 우리는 그들에게서 기계들에 대한, 언어에 대한 동일한 도구주의적 시각을 목격한다. 이상적으로 볼 때 유기적 신체가 될 대자연의

---

15. James G. Ballard, 'A Response to the Invitation to Respond', *Science Fiction Studies* 18:329, no. 55, November 1991 : "나는 SF가 대면한 전체 문제는 SF의 의식이, 비판적으로 이야기할 때, 완전히 부적절한 높이 – 햄버거의 신격화 – 까지 올라갔다는 점이라고 생각했다. 에드거 알란 포와 마크 트웨인이 즐겼던 유쾌하고 매력적인 오락용 소설은 – 1970년대 초반의 내 소설에 대해 의심할 바 없이 경멸을 했을 딜레이니 같은 사람들의 사랑을 받는 – 하나의 '학과'가 되었다. 신이여 우리를 구원하소서! 'SF(s-f)에 대한 이론과 비판!!' 수많은 이론들과 유사이론들은 별다른 생각 없는 사람들에 의해 정교화된다. 말할 필요도 없이, 나는 보드리야르를 완전히 배제한다(『크래시』에 대한 그의 논문을 나는 정말 이해하고 싶지 않았다). 나는 몇 년 전에 처음으로 그 논문을 읽었다. 물론 그의 『아메리카』는 매우 뛰어난 작품, 어쩌면 스위프트 이래 가장 예리하고 독창적인 작품일 것이다. 매 구절마다 재기발랄하고 보석 같은 통찰이 넘치는 지적인 알라딘의 동굴. 그러나 SF에 대한 당신의 완전한 '포스트모더니즘'적 시각은 나에게 두 배로 불길한 느낌을 준다. SF는 **언제나** 근대적이었지만 이제는 '포스트모던적'이다. 여자 친구와 와인 한 병을 마시고 춤을 한 곡 출 곳을 어디에서도 찾지 못하는 과잉전문화된 학계 형태의 부르주아화가 간섭받지 않기를 간절히 원하는 순수하고 천진난만한 허구[SF]에 대해 지금 자신의 턱을 놀려 대고 있다. 당신들은 우리를 죽이고 있다! 손을 떼라! 우리를 내버려 두라! 당신의 '지성'을 주유소, 현금 지급기의 도상학으로 향하게 하든지 당신의 오락 문화가 '오늘의 유행'으로 간주하는 그것으로 향하게 하라. 현재 유럽에는 지식인들이 충분히 있다. 위대한 미국이 라이트 형제의 정신 – 자전거 역학과 주교(主敎)의 자식 – 에 전념하도록 하라. 후자의 겸손과 매우 소박하고 단조로운 스타일은 당신에게 하나의 사례가 될 것이다. 특히 그의 아들 중 죽은 자식에 대한 그의 정중하고 진심어린 성찰들, SF를 최상의 상태로 활력을 불어넣는 혼의 모델. 그러나 나는 당신이 당신의 음울한 방언 안에 갇혀 있다고 생각한다."

중계기, 확장기, 미디어 중재자가 그것이다. 이러한 '합리적인' 시각에서 볼 때, 신체 자체는 단지 매개자일 뿐이다. 역으로, 『크래시』에서 과학기술은 바로크적이고 묵시록적으로 다루어지는데, 여기에서 과학기술은 신체의 치명적인 파괴이다. 더 이상 기능적인 매개자가 아니라 죽음의 확장인 것이다. …… 사고事故들의 모든 야금술은 신체의 기호연금술 속에 즉, 해부학이나 생리학 속이 아닌, 신체에서 열리는 새로운 성적 기관들과 같은 타박상, 흉터, 절단, 상처 들의 기호연금술 속에 새겨진다.[16]

보드리야르는 발라드의 **정동의 죽음**[17]을 모든 것이 회색이 되고 욕망이 결핍된 포스트모던적 연무煙霧로 해석한다. 그와 반대로, 정동의 죽음은 실제로 비유기적인 것에 대한 강렬한 동경 또는 사랑을 특징으로 한다. 그렇지 않다면, 발라드의 '외부 세계'의 '에로틱화[색정화]'는 이해할 수 없었을 것이다. 특히, 폭력, 리비도, 그리고 기계의 복잡한 관계는 어떤 욕망 개념을 나타내는데, 이 욕망 개념은 지난 수십 년의 BDSM[18] 하위문화들과 마조히즘에 대한 지적 평가

---

16. Baudrillard, 'Ballard's Crash'.
17. [옮긴이] 발라드는 1974년 자신의 소설 『크래시』에 붙인 서문에서, 미디어가 주도하는 20세기 문화의 징후는 '정동의 죽음'(death of affect)이라고 쓴다. 발라드 소설의 핵심 주제 중 하나는 미디어 지배 사회를 살아가는 현대인들의 '감응 무능력'이다. 그는 미디어가 우리의 무의식마저 식민화했다고 본다. 또 그는 현대 사회의 '대량-상품화, 광고, 그리고 광고의 한 분과처럼 집행되는 정치'는 우리의 현실을 기표들에 기초하는 것으로, 실재하는 사람들과 장소들을 대신하는 재현물에 기초하는 것으로 만들었다고 본다.
18. [옮긴이] BDSM은 인간의 성적 기호 중에서 가학적 성향을 통틀어서 말하는 것으로, Bondage(구속), Discipline(지배), Sadism(가학), Masochism(피학)의 첫 글자만

내부에서는 생소한 것이 아니다.

『크래시』에는 허구도 실재도 존재하지 않는다. 일종의 초실재 hyper-reality가 이 둘을 완전히 파괴했다. 비판적 회귀조차 더 이상 가능하지 않다. 이 세계는 시뮬레이션과 죽음이 변화하고 방향을 전환하는 세계이자, 폭력적이고 성폭행당한[훼손된] 신체들로 가득하지만 기묘하게 거세된, 욕망이 완전히 결핍된, 폭력적으로 섹스화된 세계이다. 감각적인 것이 결여된 크롬적이고 강렬한 금속적 세계이자 결말 없는 초–과학기술의 세계이다.[19]

보드리야르의 초실재hyper(flat)-reality는 확실하게 발라드를 실망시킨다. 발라드에게 '허구가 신경학의 한 분야'라면, 보드리야르는 그의 소설을 시뮬라크라의 영역에 추가하면서 명료하게 다음과 같이 말한다. "『크래시』는 시뮬레이션의 우주, 즉 우리가 지금부터 다루게 될 세계에 대한 최초의 위대한 소설이다." 윌리엄 버로스[20]는 그와는 완전히 다른 독해를 통해 『잔혹행위 전시』의 서문에서 다음과 같이 썼다. "내부 풍경과 외부 풍경 사이를 이어주는 선은 끊어지고 있다. 인간 정신 내부의 대격변으로 인해 지진이 일어날 수 있

따서 만들어진 단어이다.
19. 같은 글.
20. [옮긴이] 윌리엄 버로스(William Seward Burroughs II, 1914~1997)는 미국의 소설가, 에세이스트, 화가로 비트파 문학의 지도자이자 포스트모더니즘 작가로 알려져 있다. 한국어로 『네이키드 런치』(책세상, 2005), 『퀴어』(펭귄클래식코리아, 2009) 등 다수의 작품이 번역돼 있다.

다." 버로스는 '정동의 죽음'을 설명함으로써 어떻게 '이미지의 반복과 충격으로부터 성적 각성이 이루어지는지' 효과적으로 강조한다. 발라드의 소설 『잔혹행위 전시』는 사실상 하나의 진지한 반(反)포스트모던 선언이다.

'척수 고속도로 위의 뉴런적 도상들'

발라드의 도상학은 학문적 좌표들에 따라 틀 지워진 편평한 이미지와는 관계가 없으며, 그러한 표면 너머의 지하 세계로 들어가는 여행이다. 발라드의 이미지는 순수한 언어적 기호라기보다는 '내부 풍경과 외부 풍경'의 관계가 붕괴된 것의 일부이다. 『잔혹행위 전시』에서 반복되는 암호는 '척수(의)'spinal [21] 이다. 이미지들은 신경들이 있고, 이미지들은 신경계의 일부가 된다. 르루아–구랑[22]의 인류학처럼, 과학기술의 매체는 인간 골격의 확장이지, 자아도취적인 눈이 아니다.[23] 현대 이미지의 미학은 예술계의 밀실공포증적인 미

---

21. [옮긴이] 척수(脊髓)는 뇌와 함께 중추신경계를 구성하는 신경세포 집합체로서 척추(등뼈)의 안에 들어 있는 부분을 말한다. 척수는 흔히 여러 지역을 연결하는 도로와 철도에 비유되는데, 'spinal highway'는 그러한 점을 고려하여 '척수 고속도로'로 옮겼다.
22. [옮긴이] 앙드레 르루아–구랑(André Leroi-Gourhan, 1911~1986)은 프랑스의 선사학자·민족학자·인류학자로 과학기술과 미학에 특히 관심을 가졌다. 리용 대학, 파리 대학, 콜레주 드 프랑스등에서 교수로 재직했다. 『인류와 물질』(*L'Homme et la matière*)이라는 책에서 '기술적 경향'이라는 개념을 제시하는데, 이는 인종적·민족적 구별과는 독립적으로 작동하는 보편적인 기술 동역학을 지칭한다.
23. 다음을 보라. Leroi-Gourhan, *L'Homme et la matière* 그리고 *Milieu et techniques*.

술관이나 디지털 화면의 최소의 기호학 안에서 이미지의 형이상학적 구조fabric를 통해서는 발견될 수 없고, 정확히 신경계의 외부화에서만 발견될 수 있다.

『잔혹행위 전시』에서 인물들의 신경계는 외부화되었는데, 이것은 내부와 외부 세계가 뒤집힌 사태의 일부였다. 고속도로들, 사무실 블록들, 얼굴들, 도로 게시판들은 마치 오작동하는 중앙 신경계 안의 요소들인 것처럼 인식된다.[24]

이미지들은 '척수 고속도로 위의 뉴런적 도상들'이며, 도시의 풍경 아래에 숨어 있는 삶형태적biomorphic 무의식의 기호들이다. 이러한 도상들의 다이어그램은 신체의 생리학에서 말하는 '신경 간격neural interval'이다. 달리 말해, 우리가 발라드와 함께 들어가는 **신경공간**은 정신분석의 안심시키는 사회민주주의가 아니라 현대 전쟁의 '척수적 전쟁터'이며, 3차 세계대전과 푸코적인 '삶정치적 갈등들'의 공간이다. 발라드는 실제로 하나의 **신경공간**neurospace을 열어젖혔다. 이것은 수십 년 이후에나 사이버공간의 지하세계로부터 모습을 드러낼 미디어스케이프에 대한 육체적이고 물리적인 이해방식이다. 하지만 발라드의 신경공간은 자율적인 미디어 영역으로 간주되어서

---

24. James G. Ballard, *The Atrocity Exhibition* (London : Jonathan Cape, 1970). 주석은 아래 출판사에서 재발간한 책에 저자가 추가한 것이다. RE/Search Publications, San Francisco, 1990. 쪽수는 아래의 편집본을 가리킨다. Harper Perennial, London, 2006, 76.

는 안 되고, 내부 풍경 및 외부 풍경의 연속체로서, 모든 물리적 형태 및 대상의 심리학적·리비도적 생명의 연속체로서 간주되어야 한다. "기습작전들은, 우리가 취하는 자세의 측면에서, 벽이나 발코니의 귀퉁이에 모방되어 있는 우리의 트라우마들의 척수적 전쟁터에서 펼쳐지게 될 것이다."[25]

『잔혹행위 전시』가 오늘날의 집합적 상상계를 위한 매뉴얼이라고 고려해 보면, 다음과 같은 교훈은 기억할 만한 가치가 있다. 이미지는 언제나 사회적이고 정치적이며, 집합적 상상계의 형상들은 언제나 '거인들'이라는 점을 말이다. 이미지는 본성상 사회적으로 확장적이며, '상업적 우주론들'은 국가의 무의식을 뒤덮는다. 심지어 1920년대 초기에 벤야민은 '거인들이 쓰기에 딱 알맞은 크기로 건물들의 벽에 그려져 있는 거대한 그림들'에 주목했다.[26] '미디어스케이프'의 개념적 기원은 거대한 광고의 이 특수한 스카이라인, 즉 1950년대 미국의 지평과 관련된 광고판의 상업적 풍경까지 거슬러 올라가 추적될 수 있다. 발라드는 유명한 두 편의 신비한 글에서 이러한 수백 개의 광고판을 가로지르는 엘리자베스 테일러의 거대한 포르노적 그림을 펼친다.

비계 트럭 위의 일꾼들이 진열대의 마지막 부분을 붙이고 있었다. 그것은 모래 언덕 지역을 나타내는 것으로 보이는 100피트의

---

25. 같은 책, p. 7.
26. Walter Benjamin, 'One Way Street', in: *Reflections*, p. 86 [발터 벤야민, 『일방통행로』, 조형준 옮김, 새물결, 2007, 136쪽].

패널이었다. 네이선 박사는 그것을 더욱 가깝게 들여다보다가 그것이 사실 엉덩뼈능선 위 피부를 엄청나게 확대한 부분이라는 걸 깨달았다. 광고판을 훑어 본 네이선 박사는 나머지의 확대된 조각들을 알아보았다. 아랫입술 부분, 오른쪽 콧구멍, 여성 성기 부분. 각각이 형태적인 기하학적 패턴으로 나타났던 이러한 조각들은 해부학자만이 식별했을 것이다. 이 거대한 여성 전체를 둘러싸기 위해서는 최소한 5백 개의 기호들이 필요했을 것이다. 여기에서 이 여성 이미지는 수치화된 모래 바다 속으로 펼쳐져 있었다.[27]

네이선 박사는 배수 도랑을 따라 느릿느릿 걷다가 그 요새의 비탈진 벽들 위에 그려진 검은 머리 여성의 거대한 형상을 응시했다. 확대된 그림은 어마어마했다. 그의 오른쪽에 있던 테니스장 크기의 벽은 겨우 오른쪽 눈과 광대뼈를 나타내고 있었다. 그는 병원 근처에서 보았던 광고판의 여성이 누구인지 알아차렸다. 그것은 영화배우인 엘리자베스 테일러였다. 하지만 이 디자인들은 거대한 복사본 그 이상이었다. 그것들은 여자 배우라는 정체성과 멀리 떨어진 그녀의 반영들인 관객들 사이의 관계를 구현하는 방정식이었다. 그들 삶의 평면들은 경사진 각도로 맞물리고, 개인적 신화들의 조각들은 상업적 우주론과 융합되었다. 관객들의 삶을 주관하는 신^빼인 여자 배우는 관객들의 의식여행을 위

---

27. Ballard, *The Atrocity Exhibition*, p. 11.

해 일단의 작동 공식을 제공해 준다.[28]

이 두 부분에서 발라드는 집합적 상상계의 사례(전형적인 1950년대 스타 영화배우)를 해체하고, 그 이미지를 벗겨 이미지를 구성하는 근본적인 요소들로 다시 되돌린다. 첫째, 이미지의 기반시설 매체, 즉 팝스타를 건축으로 변화시키는 발판과 광고판의 골격. 둘째, 사본으로서 그것을 그린 그림, 즉 호의적인 선전 기계의 감각적인 단위module. 셋째, 이미지의 포르노적 초점, 즉 대중의 시선을 받아 공적 건축물의 일부가 되는 신체의 사사로운intimate 세부사항들. 넷째, 이러한 외관상 중성적인 확대의 성적 본질. 회음부와 회장回腸은 보통 남성의 시선을 끄는 해부학적 지대들에 해당하는 과학적 명칭들이다. 다섯째, 이미지의 성적 특성이 부여된 신체는 상이한 파편들과 패턴들로 폭발한다. 여섯째, 그렇게 복제된 파편들은 무의식 영역을 뒤덮는 집합적 이미지로서, '그들의 의식여행을 위한 일단의 작동 공식'으로서, '여자 배우라는 정체성과 멀리 떨어진 그녀의 반영들인 관객들 사이의 관계를 구현하는 방정식'으로서 함께 작용한다. 어떤 다른 서술도 [이것만큼] 미디어스케이프의 기본 요소들에 대한 더 좋은 다이어그램을 제공해 줄 수는 없을 것이다.

발라드가 매스 미디어 사회의 도취 효과를 고찰한 최초의 작가는 아니다. 하지만 그의 뛰어남은 그가 매스 미디어 사회의 무의

---

28. 같은 책, p. 13.

식적인 평행 차원[29]에 대한 상세한 지도 그리기를 제공해 준다는 점에 있다. 발라드는 사건들의 공식적인 해석 이면에 '이차 서사'가 존재한다는 것을 드러내려고 노력한다. 또한 집단적인 의식이 미디어스케이프로부터 유출되어 나오는 폭력적인 자극들과 맞서기 위해, 꿈속에서처럼, 어떻게 '비상사태'emergency scenarios를 만들어 내는지 드러내려고 노력한다. 발라드에게 집합적 상상계는 모순적인 의미들과 차원들을 동시에 유지하는 머리 둘 달린 존재이다.

오늘날의 미디어 풍경은 영토를 찾아나서는 지도이다. 엄청난 분량의 선정적이고 종종 중독성의 형상물이 우리의 정신에 밀어닥친다. 그것의 대부분은 내용면에서 허구적이다. 우리는 어떻게 대통령 선거 캠페인과 달 여행이 새로운 초코바나 탈취제의 출시와 맥락상 구별되지 않고 제시되는 광고와 선전, 뉴스와 오락의 이 끝없는 흐름을 이해하는가? 수 분 동안 동일한 TV 화면 위에서, 수상이 암살되고, 여배우가 사랑을 하고, 교통사고로 다친 어린아이가 운반될 때, 우리의 무의식적인 정신의 층위에서는 실제로 어떤 일이 일어나는가? 이러한 일촉즉발의 사건들, 미리 포장되어 있는 감정들에 직면했을 때, 우리는 일단의 비상사태와 함께 봉합할 수 있을 뿐이다. 이것은 잠들어 있는 우리의 정신이, 대뇌피질[이 활동하는] 밤 내내 바뀌는 무관한

---

29. [옮긴이] '평행 차원'은 소위 '평행 우주론(자기 자신이 살고 있는 우주 또는 세계 외에 평행선상에 또 다른 세계가 존재한다고 보는 이론)'에서 거론되는 개념으로, 동시에 존재하는 무수히 다양한 차원을 말한다.

기억들로부터 서사를 급조하는 것과 같다. 이제 일상의 현실[실재]를 구성하는 꿈을 깨우면서, 피가 뚝뚝 떨어지는 과부의 이미지, 리무진의 전면 유리의 크롬 장식, 자동차 행렬의 양식화된 매력 등이 매우 상이한 의미들을 지닌 2차적인 서사를 제공하기 위해 함께 뒤섞인다.[30]

발라드는 오늘날 무의식 개념(그러나 실제로는 그 형이상학적이고 언어적인 해석들)에 대한 기각에 맞서, 미디어스케이프의 뒤에서, 그리고 기계들에 둘러싸인 생태계의 뒤에서 흐르는 분명하고 강력한 저류底流를 확인한다. 그는 이 새로운 환경에 대항하기 위해 프로이트의 『꿈의 해석』에서 잠재적인 내용과 현재顯在적인 내용이라는 개념을 전유하여 그것을 외부 실재에 적용한다. 발라드에 따르면, 기계 문명과 소비주의 사회의 "유순하거나 수동적인 자세"의 뒤편에는 "숙련된 연구자에게조차 모호한" 잠재적인 에너지가 존재한다.

이것 그리고 이와 유사한 연구를 볼 때, 정신psyche의 내부 세계의 현재顯在적인 내용과 잠재적인 내용을 나눈 프로이트의 고전적인 구분은 이제 실재라는 외부 세계에 적용되어야 한다. 이 실재에서 지배적인 요소는 과학기술과 그것의 도구, 즉 기계이다. 대부분의 역할들에서 기계는 유순하거나 수동적인 자세 ─ 전화 교환, 공학 하드웨어 등등 ─ 를 취한다. 20세기는 또한, 컴퓨터,

---

30. 같은 책, p. 145.

무인 비행기, 열핵 무기들 같은 광범위한 기계들을 만들어 내었다. 여기에서 기계의 잠재적 정체성은 숙련된 연구자들에게조차 모호하다. 이러한 정체성에 대한 하나의 이해는 자동차에 대한 연구에서 발견할 수 있다. 자동차는 속도, 공격, 폭력, 욕망의 벡터들을 지배한다. 특히 자동차 충돌은 개념화된 정신병리학으로서 기계의 결정적인 이미지를 포함한다.31

기계적 풍경의 이 어두운 면의 본성은 무엇인가? 비합리적 폭력, 동물본능, 성적 충동 및 자연적 공격성 등은 집합적인 과학기술적 상상계를 통해 맥동하는 '삶형태적 공포'를 구성하는 것으로 나타난다. '정동의 죽음'은 사실 보드리야르가 상상한 **시뮬라크라의 사회**의 결과이기보다는, 모든 대상을 (가장 비정동적[무균적]인aseptic 대상조차) 일종의 갈등 벡터로 만들어 내는 개념적 폭력의 분자적 유포의 결과이다. 이러한 의미에서 폭력의 '추상'은 정신병리학을 일상의 오락물로 전락시킨다. 예컨대 『잔혹행위 전시』의 폭력은 버제스의 『시계태엽 오렌지』의 사디즘 미학과 비교가 안 된다. 전자는 비유기적인 구조들의 힘으로부터 발생하기 때문이다.32 사도마조히즘의 복잡한sophisticated 철학과 똑같이, 발라드는 미디어스케이프의 추상적인 정신병리학을 '하나의 게임으로', 인간 소통의 본질적인 intrinsic 수단으로 간주한다. 이러한 직관은 나중에 이미지의 마조히

---

31. 같은 책, p. 156.
32. Anthony Burgess, *A Clockwork Orange* (London: William Heinemann, 1962) [앤소니 버제스, 『시계태엽 오렌지』, 박시영 옮김, 민음사, 2005].

즘 개념을 도입할 때 유용할 것이다.

> 트래버스의 문제는 그의 삶을 괴롭혔던 폭력 — 단지 사고와 사별의 폭력, 또는 전쟁의 공포가 아닌 그 자신의 신체들에 대한 삶형태적인 공포 — 을 어떻게 받아들이는가 하는 것이다. 트래버스는 마침내 이러한 폭력 행위들의 실재적 중요성이 다른 곳에, 우리가 '정동의 죽음'이라고 이름붙일 수 있는 곳에 존재한다는 것을 깨달았다. 우리의 가장 실재적이고 민감한 즐거움들이 다음과 같은 곳에 있음을 생각해 보라. 고통과 절단의 흥분 속에, 무균 고름의 배양 침대 같은 완전한 무대로서의 섹스 속에, 우리의 타락의 모든 성포聖布들을 위하여, 관음증과 자기혐오 속에, 우리 자신의 정신병리학을 하나의 게임으로 추구하려는 우리의 도덕적 자유 속에, 그리고 우리의 훨씬 위대한 추상의 권력들 속에 있음을.······ 우리가 서로 접촉할 수 있는 유일한 길은 개념화의 맥락 속에서이다. 폭력은 고통의 개념화이다. 같은 이유로 정신병리학은 섹스의 개념적 체계이다.[33]

놀랍게도, 발라드는 상상계의 정신병리학에 맞서기 위한 그 자신의 대항전략, 즉 SF의 시각에서 생겨난 일종의 정치적 의제를 제시한다. 보수적인 청교도주의와 급진적인 염세주의 모두에 맞서, 평화운동의 정치적으로 올바른 기풍에 맞서, 발라드는 즐겁고 '올바른

---

33. Ballard, *The Atrocity Exhibition*, p. 116.

정신병리학'이 '20세기의 최종 목적지'라고 주장한다. 발라드의 주장에 따르면, 심연을 다루는 유일한 길은 그것을 직접 응시하는 것이며, 무의식적인 것의 어두운 물속에 빠져 '헤엄치는 것'이다.

잔혹 영화 축제가 열린 적이 있는가? 매년 오스카 시상식에서 누군가 이렇게 말할 수 있을 것이다. 1960년대 후반이라면 그럴 법도 하지만, 우리 시대의 새로운 청교도주의자들은 전율하면서 이러한 제안을 받아들일 것이다. 이제 미디어 풍경이 다루기 힘든 상상력에 제공하는 무제한의 기회들을 생각한다면 애석한 일이지만, 나는 우리가, 우리 자신이, 가장 파괴적인 요소 속에 빠져 헤엄쳐야 한다고 생각한다. 나는 20세기의 최종 목적지가, 그리고 이러한 상황 속에서 우리가 희망할 수 있는 최상의 것이, 도덕적이고 올바른 정신병리학을 성취하는 것이라고 생각한다.[34]

'전쟁의 잠재적인 성적 특징'

집단적 무의식의 폭력적 내용이 자명해지는 것은 그것이 전쟁의 상상계가 될 때이지만, 발라드는 이러한 원근법 이면의 잠재적인 성적 충동에 집중한다. 우리를 전쟁으로 몰아가는 종들의 공격적인 생존 본능들은 재생산적 충동들이라는 동일한 지반을 공유한

---

34. 같은 책, p. 37.

다. 종적 본능들의 구현체인 전쟁과 정치는 자연스럽게 지하의 리비도를 통해 뒤섞인다. 발라드는 또한 (아부 그라이브 수용소35 스캔들이 일어나기 수십 년 전에) 전쟁의 상상계에 성을 도입함으로써 전쟁에 대한 우리의 양가적인 태도를 드러낸다. "전쟁은 우리에게 혐오감을 주기는커녕 우리를 매료시킨다."

> 어떠한 중요한 인류의 비극 — 말하자면 베트남 — 도 불완전한 계단 모퉁이 또는 피부 접합, 환경과 의식에 대한 지각의 실패 등에 모사되어 있는 정신적 위기의 더 큰 모델로서 실험적으로 고려될 수 있다. TV와 뉴스 잡지에 의해 베트남 전쟁은 그 현재顯在적인 내용과는 매우 다른 잠재적인 의의를 갖는다. 전쟁은 우리에게 혐오감을 주기는커녕 복잡한 다형왜곡적polyperverse 행위들을 통해 우리를 매료시킨다.36

전쟁의 미디어스케이프는 "정신적 위기의 커다란 모델"이다. 그것은 집단적인 정신이 지켜보면서 하는 일종의 게임으로서, "감각에 대한

---

35. [옮긴이] 아부 그라이브(Abu Ghraib) 수용소는 후세인 정권 시절 정치범들과 반대파를 고문·처형하던 이라크 최대의 정치범 수용소이다. 총 면적은 34만 평 정도이고, 1984년에만 4천여 명이 이 교도소에서 처형되었다. 미국이 2003년 3월 20일 이라크를 침공한 후 미군의 포로수용소로 사용되었고, 2004년 5월경부터 이라크인 포로들에 대한 미군의 잔혹한 고문과 성적 학대로 악명을 떨치게 되었다. 미군은 고문장면들을 디지털 카메라로 촬영해 포로들의 가족과 지인들에게 이메일로 보내기도 했는데, 이 사진들이 인터넷에 공개되면서 수용소에서 벌어지는 일들의 실상이 전 세계에 알려지게 되었다.
36. 같은 책, p. 119.

중립적인 탐험"에 자신의 리비도를 투자한다. 여기에서 발라드는 긍정적인 힘으로 작용하는 욕망 개념을 제시하면서 서구적인 위선의 손쉬운 이항들('테러리즘에 대한 전쟁' 프로파간다와 '전쟁 반대' 평화주의 양자의 부정적인 형태들)을 돌파한다. '올바른 정신병리학'은 들뢰즈와 가따리의 양가적인 정신분열증과 관계가 있다. 그것은 더 이상 소수의 성도착자들을 위한 무엇이 아닌, 더 이상 개인적이고 사적인 무엇이 아닌 대규모로 진행되는 실험이다. 정신착란은 언제나 정치적이다. 베트남 전쟁은 정확히 집단적인 신체에 대한 거대한 물신주의적 알리바이를 나타낸다. 대다수의 민중들이 미디어 스펙터클의 어두운 형상물에 무의식적으로 사로잡힌다는 것은 주목할 만한 일도 놀랄 만한 사실도 아니다. 발라드는 『애드버스터스』[37] 잡지나 그 밖의 미디어 생태계[38] 활동가들처럼 청교도주의적인 방식으로 이러한 내용에 대해 투쟁하거나 불평하지 않고, 이드의 지하와 소통하는 산 에너지를 받아들임으로써 이 정신병리학적 강박관념[망상]을 구출한다.

---

37. [옮긴이] 『애드버스터스』(Adbusters)는 1989년 캐나다 밴쿠버의 다큐멘터리 감독인 캘리 라슨과 빌 슈말츠가 만든 잡지이자 단체다. 2011년 7월 SNS를 통해 월가시위를 처음 제안한 곳으로 알려져 있다. '애드버스터스'란 '광고를 때려 부순다.'는 의미이다. 이들은 자본주의에 반대하면서 '아무것도 사지 않는 날(buy nothing day·11월 26일)', 디지털 해독 주간 등 저항운동을 전개하기도 했다. adbusters.org
38. [옮긴이] 미디어 생태계(media ecology) 이론은 과학기술이 삶의 모든 영역에 대한 통제를 유지하면서 사회에 심원한 영향을 미친다는 원리를 핵심으로 하며, 미디어와 커뮤니케이션 과정이 인간의 지각과 사고방식에 어떻게 영향을 미치는지에 대한 연구이다. 마셜 맥루언이 처음 윤곽을 제시했으며, 공식적으로는 닐 포스트먼이 최초로 소개했다.

우리는 아무리 슬프더라도 정신병리학이 더 이상 성도착자들과 변태들의 독점적인 영역이 아니라는 점을 명심해야 한다. 콩고, 베트남, 비아프라 — 이들 나라의 전쟁은 누구라도 할 수 있는 게임들이다. 그것들의 폭력, 그리고 실제로 모든 폭력은, 다른 곳에서와 마찬가지로 성sex 안에서 지금 일어나고 있는 감각에 대한 중립적 탐험을 반영한다. 또한 폭력은, 도착들이 가치 있는 것은 도착들이 바로 탐험적 기술들의 (쉽게 접근 가능한) 선집anthology을 제공하기 때문이라는 의미를 반영한다.[39]

발라드는 베트남 전쟁에 대한 언론 보도가 미국의 정신에 미친 긍정적인 효과들을 목격한다. 유아기의 섹슈얼리티에 대한 프로이트의 **왜곡된 다형도착**perverse polymorphism은 국가 전체의 리비도를 위한 모델, 그리고 보다 일반적으로 말하자면 집합적 상상계를 위한 모델로서 묘사된다. 정신분석에서 다형도착은 어린 시절의 규범적인 리비도적 조건이다. 이것은 불분명하며 신체의 어느 부분으로부터도 성적 쾌락을 이끌어낼 수 있다. 마찬가지로, 미디어스케이프, 전쟁 서사, 그리고 심지어는 건축적 풍경들 위에서 이루어지는 모든 생활 형태들은 성적 특색을 부여받는다. 다형도착은 개인적인 만큼이나 사회적이다. 예를 들어, 우리가 미디어 속에서 발견하는 모든 성적 내용은 분명 일종의 **공개적인 섹스**이다. 비록 이러한 사실이 우리의 뒤떨어진distanced 지각에 의해 마비된다 할지라도 말이다.

---

39. 같은 책, p. 119.

베트남 전쟁은 "외부세계와의 긍정적인 정신성적psychosexual 관계"를 재확립하기 위한 벡터가 되었다. 9·11 이후 세계에서, 그뿐만 아니라 또한 고대 시대에서 인식되었던 것처럼, 전쟁은 국가의 리비도를 위해 뚜렷하게 카타르시스적인 역할을 한다. 특별히 냉소적인 시각에서 볼 때, 전쟁은 미국이 세계를 **사랑할** 수 있는 유일한 길이다.

더욱 다형태적인 역할들을 위한 필요는 TV와 뉴스 미디어에 의해 증명되어 왔다. 성교는 더 이상 개인적이고 고립된 활동으로 간주될 수 없고, 자동차 스타일, 정치, 매스컴과 관계되는 공적인 복합체 속의 한 벡터인 것으로 이해되어야 한다. 베트남 전쟁은 광범위한 다형태적인 성적 충동들을 위한 초점, 그리고 또한 미국이 외부 세계와의 긍정적인 정신성적 관계를 재확립했던 수단을 제공하였다.[40] …… 오직 베트남 전쟁이 제공한 것과 같은 정신성적 모듈module에 의해서만, 미국은 일반적으로 '사랑'이라는 말로 특징지어지는 세계와의 관계 속으로 들어갈 수 있다.[41]

뉴스 자체가 주민의 리비도 경제에 심리적이고 물질적인 영향을 미치는 것처럼 전쟁 뉴스의 시뮬레이션이 정치적 필수품이 되는 일이 일어날 수 있다. 새로운 푸코식 패러다임에 따르면, 삶정치는 미디어스케이프의 은폐된 내용의 조작을 통해 신경적으로 관리된다. 발라

---

40. 같은 책, p. 148.
41. 같은 책, p. 151.

드에게 오보^{誤報}는, 포스트모더니즘적인 우화 같은 시뮬레이션과 진리의 체제들에 대한 것이 아니라 은폐된 차원들의 조작에 대한 것이다. 전쟁에 관한 뉴스에는 정보적인 내용이 전혀 없다. 그러한 뉴스의 목표는 오직 집단적인 리비도에 대한 전략적인 통제이다. 뉴스의 권력은 소통의 언어적 측면보다는 도상적인 측면에 더 의존한다. 그와 반대로, 대항정보 counterinformation 캠페인들은 무해하다. 그 이유는 이러한 캠페인들이 실재적인, 숨겨진 리비도적 내용을 포함하거나 망라하고 있지 않기 때문이다.

> 계속적인 베트남 전쟁 뉴스 영화물에 노출된 정신병 환자들은 전반적인 건강, 자기보존, 과제를 처리할 수 있는 능력 등이 두드러지게 향상되었다. …… 전반적인 건강과 성적 활동의 수준들은 현저하게 떨어졌는데, 오직 구정 공세[42]와 미국 대사관의 함락으로 회복되었다. 전쟁의 폭력과 잠재적인 섹슈얼리티를 늘리기 위한 제안들이 나왔으며, 현재의 평화 움직임은 시뮬레이션된 뉴스 영화들의 제작을 필요로 할지 모른다.[43]

---

42. [옮긴이] '구정 공세'란 베트남 전쟁 당시 1968년 1월 30일 밤부터 전개된 베트남 인민군(NVA)과 남베트남 민족해방전선(NLF, 베트콩)의 대공세를 말한다. 초반에는 베트콩이 미군과 남베트남의 주요 시설을 빠른 시간 내에 점령했지만, 곧장 미군과 남베트남 국군에 의해 진압되었다. 이로 인해 남베트남 내 존속했던 베트콩이 궤멸 직전에 이르렀으나, 국제적으로 반전(反戰) 여론이 우세해지면서 북베트남의 전략적 승리로 귀결되었다. 구정 공세는 베트남 전쟁에서 베트남 민주공화국이 승리하는 결정적 원인으로 꼽힌다.
43. 같은 책, p. 150.

흥미롭게도 벤야민 역시 광고의 '치료 효과' 또는 치료하는 힘을 강조했다. "아무것에도 감동받지 않고 어떤 것에서도 감흥을 느끼지 않게 된 사람들이 영화관 안에서 다시 눈물을 흘리는 법을 배운다."[44] 벤야민의 뒤를 이어 마이클 타우시그 역시 『모방과 타자』에서 그와 비슷하게, 쿠나족의 애니미즘적 의식들을 행하는 치료사들과의 깊은 상관관계를 정립한다. "광고의 이러한 복사—접촉의 시각적인 감촉성 속에는 카타르시스적인, 심지어 치료적인 기능이 존재한다."[45]

발라드의 가장 흥미로운 설명은 평화 옹호론자들 및 그들의 **리비도적 하락**과 관계가 있다. 그는 비폭력의 정치적 올바름이 모호한 어떤 것, 그것의 실재적 의도들에 반하는 어떤 것—특히 전쟁을 위한 치명적인 유혹—을 은폐한다는 점에 주목한다. 2차 세계대전이 끝나갈 무렵 일본의 포로수용소에서 2년간의 유년기를 보낸 그는 물론 전쟁광이 아니다. 오히려 발라드는 니체적 방식으로 "선악을 넘어"가면서 평화 행동주의의 잠재적인 내용과 그것이 싸워야 할 대상에 대한 평화 행동주의의 매혹을 조명한다. 전쟁의 상상계는, 꿈들이 마치 다른 형태로 바뀌고 재투자되는 리비도의 성취를 나타내는 것과 꼭 마찬가지로, 평화 행동주의자들의—말 그대로—불능에 대한 알리바이다. 발라드는 우익의 상투적인 어구를 도발적으로 지지하기는커녕 급진적인 행동주의의 정신병리학적 전제들에 대한 **에너지적 이해방식**, 그리고 정치적 올바름을 위한 원리

---

44. Benjamin, 'One Way Street', p. 86 [발터 벤야민, 『일방통행로』, 136쪽].
45. Taussig, *Mimesis and Alterity*.

에 대한 완전히 거꾸로 된 설명을 제출한다.

반전 시위자들의 잠재적인 성적 판타지들을 평가하기 위한 심층적인 시험들이 고안되었다. 이것들은 네이팜탄의 피해자들과 A.R.V.N.(베트남 공화국 군대)의 잔학행위들을 다룬 영화들에 대한 반응들의 히스테리적인 본성을 확인해 주며, 대다수의 소위 평화 그룹들에게 베트남 전쟁이 극한적 본성an extreme nature의 억압된 성적 부적절성을 숨기는 역할을 한다는 점을 나타낸다.[46]

전쟁의 수치스러운 은폐된 지반은 모든 사람에게 영향을 미치고 그들의 마음을 움직인다. 여기에서 '정치적으로 올바른 것'은 신성한 체하는 방식으로 물신주의적 유혹을 검열하고 중화하는 의도를 가지고 표면화된다. 전쟁의 상상계와 맞서기 위해서는 그와 반대로 그 괴물의 머리들 – 드러난 머리뿐만 아니라 숨겨진 머리 – 모두를 포착하는 것이 필요하다.

"포르노는 사회 변화를 위한 강력한 촉매이다."

무시무시한 혼들이 가장 믿을 만한 형태의 로고스의 뒤에서조차 작업을 하고 있다. 발라드 역시 그것의 병적인 관심들을 밝히

---

46. Ballard, *The Atrocity Exhibition*, p. 149.

기 위해 과학[학문]의 도덕적 지위를 깨뜨린다. 외관상의 과학적 공평함, 즉 "그 주요 목표가 대상들이나 사건들을 고립시키는 것인 분석적 활동"은 포르노에서 디테일의 강박적인 확대와 비교된다. "수량화된 기능들의 특수한 활동에 대한 이러한 강박은 과학이 포르노와 공유하는 것이다."[47] 과학자의 흰 색 상의는 추상적인 포르노 작가를 숨기고, 한편 과학의 합리주의적인 불안anxieties은 위험한 지하 세계에 이중으로 구속되어 있다. 우리는 이렇게 말할 수 있을 것이다. 지식이 높으면 높을수록 동물성은 그만큼 더 크다.

> 기괴한 실험들은 이제, 과학과 포르노가 결국 서로 만나 융합할 그러한 접합점에 훨씬 더 가깝게 움직이는 과학적 연구에서 예사로운 일이 되었다. 생각건대, 과학 자체가 포르노의 가장 위대한 생산자가 되는 날이 도래할 것이다. 고통, 고립, 분노 등의 효과들을 시험하는 정신병리학자들에 의해 유발되는 인간 행위의 기묘한 도착들은 1940년대 야생 다큐멘터리 영화의 폴리네시아 섬 거주민들의 벌거벗은 젖가슴과 동일한 역할을 할 것이다.[48]

하지만, 과학과 포르노를 비교 가능하게 만드는 것은 단순히 디테일의 병적 상태가 아니다. 사실상, 과학의 합리적 불안rational anxiety은 지식을 위한 [과학의] 탐구를 추동하는 리비도적 충동을 완전하

---

47. 같은 책, p. 49.
48. 같은 책, p. 124.

게 무력화할 수 없다. 발라드의 빛나는 소설에서, 과학적 로고스는 언제나 포르노처럼 리비도적이라는 비난을 받는다. 그의 소설들에서 해부적 묘사들은 묘한 역할을 하지만, 그와 동일한 음란한 유령들 역시 인간 외골격의 확장들을 망라하는 그와 같은 모든 연구 분야들 속에서, 건축에서 역학에 이르는 그 밖의 학문 분야들 속에서 모습을 드러낸다. 삶형태적인 무의식은 모든 인지적인 대상 또는 디자인 대상의 형상 속에서 출현한다. "이후, 그것들 사이의 성적 행위는 그들 자신과 그들이 점유한 시간과 공간의 연속체 사이의 이중 교감dual communion이 되었다."49 리비도와 대상[사물]들 간의 이러한 물신주의적 관계는 사이보그라는 한때 찬양을 받았던 형상에서처럼 새로운 보철들의 결합 효과가 아니다. 그와 반대로, 발라드의 상상계는 유기적이고 전前디지털적이다. 그리고 점잖은 생활의 일상적인 불길한 측면들에 묶여 있다. 그의 생체 공학은 신경계의 층위에서 작동하고, 리비도적 무의식만은 코드가 아닌 비오스bios의 층위에서 작동한다.

발라드는 새로운 미래의 윤리학이 밝아오는 새벽을 예상하면서 리비도를 다시 비유기적인 실재의 층위에 위치시킨다. 이것은 '가구'furniture라는 희극적인 물신주의를 생산하지 않고, 기계적 무의식 같은 가따리적인 시각에서, 또는 비유기적인 것의 성적 매력 같은 벤야민의 용어로 서술될 수 있다. 하지만, 발라드에게서 이러한 실행exercise은 고통이 없는 것도 아니며 위험이 따르지 않는 것도 아니

---

49. 같은 책, p. 57.

다. 그의 '개념적' 행위들은 실제로 매우 육감적이며 소란하다. 성의 '추상화'는 새로운 욕망들을 향한 쾌락의 통상적인 대상으로부터 욕망의 철회를 의미한다. 역할들의 애매한 equivocal 교환이 존재하지만, 포르노라고 여겨지는 것과 과학적이라고 여겨지는 것 사이에서 에너지들의 [애매한] 교환 역시 존재한다.

> 어떤 점에서 처녀와의 관계[성교]가 이 재떨이보다, 아니, 두 벽들 사이의 각도보다 더 자극적인가? 섹스는 이제 하나의 개념적 행동이다. 어쨌든 우리가 서로 접촉할 수 있는 것은 어쩌면 도착倒錯에 의해서만 가능한지도 모른다. 성적 도착들은 도덕적으로 중립적이며, 정신병리학의 어떠한 제안으로부터도 단절되어 있다. 사실상, 내가 시도했던 대부분의 제안들은 시대에 뒤떨어졌다. 우리는 우리의 느낌들을 생생하게 유지하기 위해 일련의 상상적인 성적 도착들을 발명할 필요가 있다.[50]

발라드는 1950년대 미디어스케이프의 그림자 속에서, **인터넷 포르노 사회의 등장**보다 훨씬 앞서는, 포르노적인 '문명'의 형상을 보았다. "신문, 영화, TV 덕분에 섹스는 더욱 원초적인 시대의 에덴동산 이후 처음으로 공공적이고 공개적인 활동이 되었다. 어떤 의미에서 우리는 원하건 그렇지 않건 모두 섹스에 참여한다."[51] 섹스는 이제 매

---

50. 같은 책, p. 95.
51. 같은 책, p. 90.

일 미디어 시청자들에게 배급되고 있지만, 이미 전후 경제적 붐 동안에 미국의 정치적 삶의 밝혀지지 않은 권력을 나타냈다. 발라드는 자유로운 포르노를 위한 청원을 제기하는데, 그는 포르노가 "사회 변화를 위한 강력한 촉매"가 될 것이며 시민적 '르네상스'의 신호가 될 것이라고 생각한다.

> 포르노는 현재 공격을 받고 있는데, 그것은 부분적으로는 아동 포르노와 스너프 영화[52]의 과도한 범죄성 때문이며, 또한 우리의 새로운 청교도적 풍토 때문이다. 1890년대를 지배했던 세기말적인 퇴폐가, 그리고 1990년대를 활기차게 할 것으로 예상할 수 있는 그것이, 공격적이고 과장된 청교도주의의 형태를 취하는 것도 무리가 아니다. 성적 상상력은 범위와 비유적 힘의 측면에서 무제한적이기 때문에, 그리고 결코 성공적으로 억압할 수 없기 때문에, 나는 이러한 것을 유감스럽게 생각한다. …… 포르노는 사회 변화를 위한 강력한 촉매이다. 그리고 포르노가 가장 유효했던 시기들은 종종 가장 위대한 경제적·과학적 진전이 이루어졌던 시대와 일치했다.[53]

하지만, 긍정적인 포르노라는 그의 생각은 오늘날의 대안 포르노[54]

---

52. [옮긴이] 특수효과를 쓰지 않고 사람을 실제로 살해하는 장면이나 학대, 성적 강간 등의 내용을 담은 영화 장르. 상업적으로 유통되지는 않는다.
53. 같은 책, p. 54.
54. [옮긴이] '대안적인 포르노(alternative pornography)'의 준말인 대안 포르노(alt porn)는 고스(1980년대에 유행한 록 음악의 한 형태. 가사가 주로 세상의 종말, 죽

라는 급진적으로 올바른 상업적 하위문화와는 매우 다른 것처럼 보인다. 발라드가 실제로 대면하고 싶은 것은 포르노의 폭력적인 무의식이지, 교양 있는 진보적인 **인디 포르노** 형태의 성교육이 아니다. 그렇지 않다면 "변화를 위한 촉매"로서 TV [화면] 위의 더 많은 섹스와 폭력을 요청하는 것이 무엇을 의미할 것인가? 발라드는 전형적인 포스트모던한 선동가가 아니다. "말할 필요도 없이, 나는 TV에서 더 많은 섹스와 폭력이 있어야 한다고 생각하지 더 줄어들어야 한다고 생각하지 않는다. 섹스와 폭력은, 변화가 절박하고 벌써 변화가 이뤄졌어야 할 영역들에서, 변화를 위한 강력한 촉매이다."[55]

더 정확히 말하자면, 발라드는 미디어스케이프 안에서의 더 많은 자유가 집단적인 정신병리학의 지하를 탐험하기 위한 더 많은 여지를 의미한다고 상상한다. 정확히 인터넷 덕분에 이러한 일이 일어나고 있지만, 아직은 충분히 고찰되지 않고 애매모호한 사회적 현상으로 남아 있다. 발라드는 오늘날의 청교도주의자들과는 달리, 그 상상계에 살고 있는 어두운 혼들의 새로운 지식을 환영하고 있었다. 그리고 단순히 그것들에 대한 억압이나 기본적인 모방의 관점에서 환영한 것은 아니었다.

음, 악에 대한 내용을 담음), 펑크(1970년대 말에서 1980년대 초에 유행한, 과격하고 정열적인 사운드의 록 음악), 레이버(파티에서 테크노음악에 맞춰 춤추기 좋아하는 사람) 같은 하위문화들의 구성원을 포괄하는 경향이 있으며, 가끔 소규모의 독립 웹사이트들이나 영화제작자들에 의해 만들어진다. 문신, 피어싱, 난절(표면에 일부러 상처를 내 영구적으로 표시를 남기는 것), 머리 염색 등과 같은 신체 변형을 한 모델들을 특징으로 한다.

55. 같은 책, p. 126.

감각들의 비관주의, 신경들의 낙관주의: 들뢰즈의 프란시스 베이컨

만약 발라드의 허구적 개념들이 너무 우연적이거나 혼란스럽게 들린다면, 어쩌면 들뢰즈가 미학이라는 보다 친숙하고도 평온한 바다로 돌아가는 것이 유용한 참조점이 될 수 있을 것이다. 사실, 발라드의 집합적 상상계의 생체 검사와 다소 유사한 것들을 들뢰즈의 철학에서 발견할 수 있다. 들뢰즈의 책『프란시스 베이컨: 감각의 논리』는 오늘날 고전이 되었지만, 이 책이 제공하는 이미지에 대한 육체적carnal 비판은 예술계와 그 도상학의 전통적인 경계들을 뛰어넘는다. 들뢰즈는 진부한 기계적 욕망 개념을 피하면서 이미지의 지위에 초점을 맞추기 위해 이 글에서는 또 다른 접근법을 채택한다. 맥락상, 이미지 개념이 최근에 어떻게 두 개의 전선 — 포스트모더니즘의 시뮬라크라, 그리고 생산과 흐름이라는 포스트구조주의적인 개념들 — 에 의해 포위당하게 되었는지 다시 강조하는 것이 중요하다. 특히 들뢰즈와 가따리의 철학은 구조주의적 사유와 라캉주의적 언어 숭배에 대항하여 형성되었다. 그들의 시각에서 볼 때, 생산 개념은 재현의 헤게모니에 반대하여 설정되었다.『앙띠 오이디푸스』와『천 개의 고원』에서는 이미지의 지위에 대해서 극히 적은 쪽수만이 할애되었다. 오직 나중에『운동이미지』(1986)와『시간이미지』[56](1989)의 영화에 대한 들뢰즈의 작업에 이르러서야, 시

---

56. [한국어판] 질 들뢰즈, 『시네마 I 운동-이미지』, 유진상 옮김, 시각과 언어, 2002; 질

각적 지각에 대한 폭넓은 유물론적 이론이 제출되었다. 하지만, 정신분석적인 구조들과 환영[유령]들에 대한 비판과 별개로 이미지의 실종된 분절이 완전히 탐구되고 있는 것은 분명히 『프란시스 베이컨』이다.[57]

들뢰즈는 베이컨을 통해 이미지의 전통적인 지각과 실행을 해체하고, 눈-두뇌 조합의 헤게모니로부터 이미지를 해방시키는 길을 발견한다. 비가시적인 힘들이 신체로부터 드러나고, 캔버스에 주름을 만들며 캔버스를 어지럽힌다. 얼굴-혼이 아닌 **머리-고기**가 베이컨 회화의 중심이다. 들뢰즈는 이러한 작품들을 고찰함으로써 이미지를 '해체'하며, 발라드가 미디어스케이프의 번듯한 외양을 파괴하는 것과 유사한 방식으로 잠재적인 동물혼을 보여준다. 「신체, 고기 그리고 혼: 동물-되기」라는 절에서, **동물-되기** 개념은 이미지의 사육장을 공격하면서 이미지 자체를 '동물혼'으로 만든다.

> 신체는 형상이지 구조가 아니다. 거꾸로 형상은 신체이기에 얼굴이 아니며, 얼굴도 없다. 형상은 심지어 머리로 축소될 수도 있다. 초상화가인 베이컨은 머리의 화가이지 얼굴의 화가가 아니다. 그리고 이 둘 사이에는 커다란 차이가 존재한다. …… 머리에 혼이 결핍되어 있는 것은 아니다. 그러나 그것은 신체적 형태 속의 혼

들뢰즈, 『시네마 II 시간-이미지』, 이정하 옮김, 시각과 언어, 2005.
57. Gilles Deleuze, *Francis Bacon: Logique de la sensation* (Paris: La Difference, 1981). 영어판: *Francis Bacon: The Logic of Sensation* (London: Continuum, 2003) [질 들뢰즈, 『감각의 논리』, 하태환 옮김, 민음사, 2008].

이며, 신체적이고 생생한 숨결이며, 동물혼이다. 그것은 인간의 동물혼이다. 돼지-혼, 들소-혼, 개-혼, 박쥐-혼······ 따라서 베이컨은 초상화가로서 매우 특이한 기획 – **얼굴을 해체하여** 그 밑에 숨겨진 머리가 솟아나도록 하거나 다시 찾는 것 – 을 추구한다.······ 인간은 동물이 된다. 하지만 동시에 그 동물이 혼이기 때문에, 다시 말해 인간의 혼이기 때문에 인간은 동물이 된다.[58]

베이컨은 몇몇 인터뷰에서 두 종류의 회화 – 신경계를 다루는 회화와 두뇌를 향하는 회화 – 를 구분한다.[59] 베이컨의 이미지는 깊다. 베이컨의 이미지에는 신경들이 존재한다.

형상은 감각과 관련되어 있는 감각적인 형태다. 형상은 신경계 위에서, 살의 신경계 위에서 직접적으로 작용한다. 반면 추상적인 형태는 머리로 전해지며, **뼈에 더 가까운 두뇌의 매개를 통해** 작용한다.[60]

베이컨은 활기 없거나 우울한 시뮬라크라가 아닌 이미지의 폭력에

---

58. 같은 책, p. 15 [31~32쪽].
59. Francis Bacon, *Interviews*, p. 18 [프란시스 베이컨, 『화가의 잔인한 손』, 최영미 옮김, 강, 1998]: "왜 어떤 그림은 신경계 위에서 직접 이해되고 또 어떤 그림은 두뇌를 통한 긴 비판 속에서 우리에게 이야기를 들려주는지 이해하는 것은 매우, 매우 답답하고 어려운 일이다." Deleuze, *Francis Bacon*, p. 26 [들뢰즈, 『감각의 논리』]에서 인용함.
60. 같은 책, p. 25 [47쪽].

대해서 이야기한다. 물론 그것은 일부 이미지들의 폭력적인 내용이 아니라 신경계에 가하는 어떤 이미지의 잔혹한 영향이다. 발라드에게서와 마찬가지로 폭력은 폭력적 내용으로부터 '추상된다.'

> 감각의 폭력은 (선정적인 것이나 판에 박힌 것과 같은) 재현된 폭력과 대립한다. 감각의 폭력은 감각이 신경계에 가한 직접적 행위와 분리할 수 없으며, 감각이 관통하는 층위들, 그리고 감각이 횡단하는 지역들과 분리할 수 없다. 형상 자체도 재현된 대상의 본성으로부터 빌린 것은 아무것도 없다. 이것은 아르토[61]에게서와 같다. 잔혹함은 사람들이 믿고 있는 그런 것이 아니며, 재현된 것과는 거의 관련이 없다.[62]

들뢰즈는 투명성의[뻔한] 이데올로기 또는 피상적인 유물론에 맞서 이미지 뒤의 비가시적인 에너지들의 현존을 강조한다. 표면의 힘과 지하의 힘들 사이에는 언제나 비대칭적인 절충이 존재한다. 베이컨의 형상들은 화가를 위한 다음과 같은 주요한 질문들 중의 하나에 대한 대답이다. "보이지 않는 힘을 어떻게 보이게 할 것인가?"[63] 「힘

---

61. [옮긴이] 앙토냉 아르토(Antonin Artaud, 1896~1948)는 프랑스의 배우·연출가이다. 초현실주의 운동에 참가하였으며, 그의 잔혹 이론은 훗날 전위극에 커다란 영향을 주었다. 들뢰즈와 가따리의 철학에도 커다란 영향을 미쳤는데, 이들은 아르토로부터 '기관 없는 신체'라는 구절을 가져와 그 함의를 철학적으로 확장시킨다. 한국어로 번역된 저서로 『잔혹연극론』(현대미학사, 1994) 등이 있다.
62. 같은 책, p. 28 [52쪽].
63. 같은 책, p. 41 [71쪽].

을 그리다」라는 절에서 베이컨의 이미지-만들기는 두뇌와 감각들의 비관주의 대 신경들의 낙관주의로 묘사된다. 이는 니체적인 비극 개념에 대한 들뢰즈의 독해를 효과적으로 재가공하는 진술이다.

> 베이컨이 폭력을 광경의 폭력과 감각의 폭력으로 구분할 때, 그리고 또 하나를 위해서는 다른 하나를 포기해야 한다고 말할 때, 그는 삶에 대한 일종의 신앙 선언을 하고 있는 것이다.……자기 자신이 두뇌상으로는 비관주의자라고 말하는 베이컨은 세상에서는 공포밖에는, 세상의 공포밖에는 그릴 것을 보지 못한다고 한다. 하지만 눈에 보이는 구상이란 회화에서는 이차적인 것이고 더욱더 중요성이 없어져 가기 때문에, 신경상으로 보면 낙관주의라고 한다. 베이컨은 마치 공포가 우리를 구상적인 것으로부터 빠져나오게 하는 데 충분하기라도 한 것처럼 지나치게 공포만을 그리는 것을 비난할 것이다.[64]

하지만 가장 흥미로운 구절은 들뢰즈가 실재의 어두운 측면과의 싸움을 인식하는 부분이다. "그림자와의 투쟁이 유일하게 실재적인 투쟁이다."

> 레슬링 선수처럼 가시적인 신체가 비가시적인 것의 힘들과 대면할 때, 가시적인 신체는 자기 자신의 가시성 외에는 어떤 것도 주

---

64. 같은 책, p. 43 [74~75쪽].

지 않는다. 신체가 능동적으로 투쟁하고, 승리의 가능성을 확신하는 것은 바로 이 가시성 안에서이다. 이 승리는 이러한 힘들이 비가시적으로 남아 있는 한, 그리고 우리의 체력을 약화시키고 우리의 관심을 다른 데로 돌려놓았던 스펙터클 속에 은폐되어 있는 한 도달하기 힘든 것이었다. 그림자와의 투쟁이 유일하게 실재적인 투쟁이다. 시각적 감각이 그 감각을 조건 짓는 비가시적인 힘들과 대면할 때, 그 감각은 비가시적인 힘을 극복할 수 있는, 또는 심지어 그것과 친구가 될 수 있는 힘을 얻는다. 삶은 죽음을 보고 비명을 지르지만, 죽음은 더 이상 우리를 나약하게 만드는 눈에 쉽게 띄는 사물이 아니다. 죽음은 삶이 간파하고, 쫓아내고, 비명을 통해 가시적으로 만드는 비가시적인 힘이다. 죽음은 삶의 관점에서 평가되며, 우리가 생각하는 것처럼 그 역은 아니다.[65]

이 책의 마지막 문장은 '촉각적 다이어그램' haptic diagram이라는 더욱 전체[론]적인 차원 안에서 촉각적인 것과 시각적인 것의 구분을 흐리게 한다. 들뢰즈에 따르면, 예술사에서는 두 가지 유형의 회화를 발견할 수 있다. 시각적 공간 안에서 손의 눈에의 종속(비잔틴 예술)과 수세공적manual 공간 안에서 눈의 손에의 종속(고딕 예술)이 그것이다. 하지만 촉각적 공간에는 어느 방향으로건 손-눈 종속은 더 이상 존재하지 않는다. 그것은 시각적인 것과 구별되는 보기의

---

65. 같은 책, p. 44 [75쪽].

유형, "시야의 감각이 접촉의 감각처럼 작용[반응]하는" 근접 보기를 함축한다. 촉각적haptic은 보다 쌍방향의 촉감적tactile 차원을 가리키며, 오늘날 쌍방향의 컴퓨터 장치들의 설계에 적용되는 용어이다. 들뢰즈에게 이미지의 다이어그램은, 단지 눈만이 아닌 신경계를 직접적으로 '신경학의 한 분야'로 다루는 촉각적 공간이다. 들뢰즈는 캔버스를 하나의 배치로 파악하는 시의적절한 punctual 다이어그램적 서술을 제공하기는 하지만, 그러한 도상imagery 이면에 도사리고 있는 힘들의 본성과 이름을 포착해 내기 위해서는 더욱 심층적인 고찰이 필요하다.

첫 번째 명확화: 코드 밀실공포증과 주체의 결핍

이 항에서 나는 오늘날의 급진주의가 맞닥뜨린 여러 가지 난국들에서 이미지를 구출하려는 시도를 할 것이다. 이미지는 **포스트모던적인 시뮬라크라의 회의**incredulity, 懷疑(보드리야르)에 의해, **스펙터클의 사회에 대한 편집증적 비판**(드보르)에 의해, 그리고 더욱 일반적으로는, 아마도 서구 사회의 모든 태도를 형성하는 것으로 보이는 **이데올로기 코드의 밀실공포증**(지젝)에 의해 재현되기 때문이다. 하지만 이러한 입장들에 대한 또 하나의 역해석counter-interpretation을 피하면서, 이러한 급진적 사유가 불행하게도 바로 자신이 비판하려고 했던 것 — 이미지의 영역의 자본주의적 분리 — 을 구현했다는 점을 강조하는 것이 중요하다. 따라서 비판적 사상가들과 자본주의적 스펙터클의 관계는 발라드가 밑그림을 그렸던, 전쟁에 대해 평화 활동가들이 빠졌던 것과 동일한 유혹에 빠진다. 예컨대 지젝이 모든 저항 행동이 지배코드를 강화한다고 말할 때, 그는 가장 먼저 막다른 골목에 처한다. 그는 전체주의적이고 사회민주주의적인 형태들 속에서 이데올로기의 언어를 해체하는 데 효과를 거두지만, 모든 실재는 결국 이데올로기적인 유령이라는 프레임을 통해 흡수되게 된다. 전후 트라우마와 유사하게 지젝은 아직도 낡은 동유럽권의 이데올로기적 기구에 의해 전개된 도식 안에 갇혀 있다. 나약한 허무주의의 소용돌이는 피할 수 없다. (유령phantasma으로서) 각각의 이미지가 이데올로기적이라면, 아나키즘적인 우상파괴주의와 청교도주의가 유일한 (그리고 매우 쉬운) 정치적 결말들이다. 지젝은 사실상 또 한 명의 분리의 철학자이다. 코드로부터의 탈출구는 존재하지 않는다. "우리는 욕망하지 않고, 욕망한다고 믿는다."라고 그의 패러다임은 반복해서 말한다. 『환상의 돌림병』(어떤 다른 제목도 이것보다 더 명확할 수는 없을 것이다) 같은 책들에서 상상력은 결코 욕망의 표현이 아니라, 칸트의 **선험적 도식주의**와 마찬가지로, 우리에게 욕망하는 법을 알려주고 가르쳐 주는 어떤 것이다. 이미지가 당신을 위해 결정하고 욕망한다. "환상은 단순히 환각적인 방식으로 욕망을 실현하지 않는다. 오히려 환상의 기능은 칸트의 '선험적 도식주의'의 기능과 유사하다. 환상은 우리의 욕망을 구성한다.……환상은 욕망하는 법을 가르쳐준다."[66]

---

66. Slavoj Žižek, *The Plague of Fantasies* (London: Verso, 1997) [슬라보예 지젝, 『환

지젝이 포르노를 어떻게 표현하는지 살펴보는 것은 흥미로운 일이다. [지젝에 따르면] 포르노의 의미는 구경꾼을 자극하고 자위행위에 끌어들이는 것이 아니라 내 위치에서 타자들이 나 대신 어떻게 쾌락을 경험하는지 지켜보는 것이다. 시뮬레이션의 권력 이상으로 이것은 **주체의 결핍**이다. 지젝은 환상적 위반이 법을 파괴하지 않고 법의 순수한 제정을 나타낸다고 분명하게 말한다. 이 도식은 영화 비평에서 종교에 이르는 모든 것에 적용된다. 예를 들어 푸코가 고대 그리스 문화에서 '자기배려' 모델을 발견한다면, 그것은 단지 그의 욕망의 환상적인 성취, '황금시대' 또는 '화려한 옛날'의 이데올로기적 구축일 뿐이다. 모든 저항 행위가 지배 체제의 코드를 강화하는 한편, 모든 이미지는 환상적 필요를 충족시키는 환영[유령]일 뿐이다.

포스트모던적인 것을 지키는 관리인들과 대조적으로, 이 작업의 목적은 이미지를 구성하는 물질적인 힘들의 장에 초점을 맞추는 것, 이미지의 **정치적인** 차원에서 시작해서 이미지의 새로운 지위를 규정하는 것이다. 개인적인 것이 항상 집단적인 것에 의해 형성된다고 보는, (아베로에스[67]에서 맑스, 시몽동, 들뢰즈, 비르노 그리고 프랑스의 포스트구조주의와 이탈리아의 포스트오**뻬**라이스모에 이르는) 아리스토텔레스적인 전통을 이상적으로 따르면, 여기

상의 돌림병」, 김종주 옮김, 인간사랑, 2002].
67. [옮긴이] 아베로에스(Averroes, 1126~1198)는 중세 이슬람의 철학자이다. 본명은 이븐 루슈드. 신학과 법학을 공부했고, 철학과 의학에서 두각을 나타냈다. 아리스토텔레스의 여러 저작에 주석을 붙이는 일에 종사했다. 13세기 이후 라틴 세계에 아베로에스파(派)라는 학파를 탄생시켰다.

에서 개인적인 환상은 그것을 둘러싼 집합적 상상계에 의해 형성된다. 들뢰즈와 가따리가 상기시켜 주는 것처럼, 정신착란은 언제나 집단적이고 사회적이며 정치적이다. 하지만 이 분석의 두 번째 목적은 신체와 활기찬 에너지의 관점에서 개인적인 이미지의 지각과 활용을 개념화하는 것, [그리하여] 이미지를 독립적이고 자율적인 영역으로 인식하려는 여하한 시도 — 서구의 이성중심주의 이후 형성된 일종의 새로운 도상중심주의 — 를 꺾는 것이다. 이러한 견지에서 볼 때, 결국 이미지는, 중세 시대에 상상력의 생명의 혼vital spirits들이 인간 신체를 통해 움직인다고 했던 것과 꼭 마찬가지로, 집단적인 신체 안에서 자유롭게 순환한다.

두 번째 명확화: 바이오디지털리즘과 잘못된 유기체론

포스트모더니즘 논쟁이 유행하던 시절, 예술사와 인류학 같은 학계의 이미지 개념에는 어떤 일이 있어났는가? 그렇게 많은 부수적인 재난들이 지난 뒤인 지금이, 과학기술 기반시설이 이런 식으로 포스트모더니즘과 그 기호적 모델을 형성하는 데 어떠한 책임이 있었는지 고찰하기에는 적기이다. 사이버공간의 출현 이전에, '독립 선언'에 핵심적이었던 것은 이미지, 그리고 정확히 말하자면 비디오 이미지였다. 예컨대 발라드의 초기 소설들은 TV 신화 및 TV의 일대다—對多 방송 모델의 고전적인 시대를 망라한다. 그 다음에, 비디오 과학기술 및 더욱 수평적인 생산양식이 등장하면서 보드리야르와 일반적으로는 포스트모던적인 문화 이론이 이 새로운 상황에 대응했지만, 이들은 반동적인 방식으로 대응했다. 라짜라토가 지적하는 것처럼 이 이론들은 '갈등의 새로운 장'을 확립하는 대신 비디오 이미지를 모든 해방적 잠재력을 제거하는 허무주의적인 활동으로 축소[환원]했다.[68] 동일한 이론적 계보 그리고 불충분한 이해 속에서, 코드 개념이 시뮬라크라의 토대로 도입되었고, 해커 문화와 네트워크 사회가 미디어 철학자들의 초점이 되기 전이었던 1970년대에 이미 중요한 역할을 수행했다. 시뮬라크라에서 디지털 코드 그리고 이후에는 유전자 코드에 이르는 이러한 궤적은 20세기 후반의 미디어 철학의 지배적인 축이었다. 오늘날, 디지털-유전자 코드는 모든 형태의 생명을 위한 보편적인 언어로 찬미된다. 그것은 **바이오디지털리즘**, 즉 생명의 에너지 경제가 아닌 코드에 고착된 생물학이다. 처음의 질문으로 돌아가 보면, 예술사와 예술비평의 세계에서, 특히 도상학의 분야에서, 우리는 포스트모더니즘 담론으로부터 이미지의 대안적인 계보를 발견한다. 그러나 이 계보조차 지난 수십 년간의 바이오디지털 패러다임과 제휴하는 것으로

---

68. 마우리치오 라짜라토는 다음과 같이 지적한다. Maurizio Lazzarato, *Videofilosofia*, p. 207: "포스트모던의 행운, 그들의 이데올로기적인 과제는 바로 이것이었다. '현재의 가상 회로가 그 힘을 보여주는 바로 그 순간 그 가상 회로의 불모성을 드러내라.' 우리가 새로운 차원에 진입하고 있을 때 『디스커버드』와 『쇼』는 갈등의 새로운 장, 새로운 도전들을 시사하는 대신, 세계의 실종에 대한 자신들의 이론으로 대중들을 **유혹**하고 **현혹**했다. 이제 상황은 근본적으로 달라졌다. 벤야민의 시대(포드주의)에서처럼 공동 생산을 위한 과학기술적인 장치와 집단 인식을 위한 과학기술적 장비는 더 이상 존재하지 않는다. 그러나 우리가 인식하고 노동하는 하나의 동일한 장치(숫자 과학기술)가 존재한다. 그것은 최초의 물질적인 '노동시간'이 아니라 '시간' 그 자체이다."

귀결된다. 포스트모더니스트들이 말했던 것처럼, 그 유명한 코드의 헤게모니가 아직도 작동하고 있다.

예술사가들 중에서 한스 벨팅은 『유사와 현존』이라는 책에서 이미지의 힘을 서술했다. 이 책은 근대적 형태의 도판[미술품]이 등장하기 이전의 고전 및 중세 시대의 종교적인 도상학의 발달을 추적한다.[69] 이 초기의 이미지는 완전히 다른 사회적 역할을 수행했으며, 이것은 예술 대상 또는 예술 이미지라는 모더니즘적 개념들의 지대한 영향을 받은, 시각 정보라는 오늘날의 개념을 통해서는 이해될 수 없다. 따라서 벨팅의 관심사 – 그 완전한 정치적, 사회적, 문화적 현현 속의 종교적 아이콘 – 는 매우 특별하다. 레지 드브레도 이와 비슷하게 『이미지의 삶과 죽음』에서 우상의 시대에서 재현의 시대에 이르는 이러한 이행에 대해 서술한다.[70] 흥미로운 것은, 『예술사의 종말?』의 최초의 독일어판 표지가 두 얼굴의 신 야누스의 형상을 하고 있다는 것이다.[71] 벨팅에게 이미지의 표면은 통일된 전체가 아니다. 야누스는 시각적인 이미지와 그것의 비가시적인 대조 counterpoint 양자의 이중적인 응시를 상징한다. 이러한 직관을 고려

---

69. Hans Belting, *Bild und Kult. Eine Geschichte des Bildes vor dem Zeitalter der Kunst* (Munich:C.H. Beck, 1990). 영어판:*Likeness and Presence:History of the Image Before the Era of Art* (Chicago:University of Chicago Press, 1994).
70. Régis Debray, *Vie et mort de l'image:une histoire du regard en Occident* (Paris:Gallimard, 1992)[레지 드브레, 『이미지의 삶과 죽음 – 서구적 시선의 역사』, 정진국 옮김, 글항아리, 2011].
71. Hans Belting, *Das Ende der Kunstgeschichte* (Munich:Dt. Kunstverlag, 1983). 신판:München:C.H.Beck, 1992. 영어판:*The End of the History of Art?* (Chicago:University of Chicago Press, 1987). 영어신판:*Art History After Modernism* (Chicago:University of Chicago Press, 2003).

하여 벨팅은 디지털 미디어의 역할과 현재의 새로운 좌표를 파악할 수 있는 보다 일반적인 **도상학**을 불러낸다. 그의 기획은 보다 확대된 **영상인류학**의 새로운 토대 위에서 이미지의 일반 이론 — 이미지에 대한 차세대 인류학 — 을 수립하는 것, 정확히 말해 다른 도상학자들이 했던 것처럼 디지털적인 것의 절벽에서 난파당하는 것을 피하는 것이다.

특히 도상학이라는 용어는 미첼에 의해 [널리] 알려졌다. 그는 벨팅과 그 밖의 사람들처럼, 이 용어가 너무 논쟁적으로 간주되지 않는다면, 이미지의 신新**생기론자**라는 폭넓은 조류에 포함될 수 있다.[72] 예술사가들은 사실 미디어 비평가들보다 더 깊은 역사적 통찰력을 가지고 있다. 이러한 조류의 **도상학자들**로부터 얻을 수 있는 교훈은 고대, 중세, 근대 역사 전반에 걸쳐 이미지들이 항상 권력과의 유기적 관계를 주장했다는 점이다. 이미지들은 단순한 사건들, **환영들**이 아니다. 또는 자기준거적인 배치의 평정composures도 아니다. 벨팅은 다음과 같이 언급했다. "인류는 결코 이미지들의 권력으로부터 자유롭지 못했다."[73] 마찬가지로 미첼은 "이미지에 대한 마법적 태도가 소위 신앙의 시대에 그러했던 만큼이나 현대 세계에서

---

72. W.J.T. Mitchell, *What do Pictures Want? The Lives and Loves of Images* (Chicago: Universtiy of Chicago Press, 2005) [W.J.T. 미첼, 『그림은 무엇을 원하는가? — 이미지의 삶과 사랑』, 김전유경 옮김, 그린비, 2010]; W.J.T. Mitchell, *Iconology: Image, Text, Ideology* (Chicago: Universtiy of Chicago Press, 1986); W.J.T. Mitchell, *The Language of Images* (Chicago: Universtiy of Chicago Press, 1980).

73. Belting, *Likeness and Presence*.

도 여전히 강력하다."라고 주장한다.[74] 하지만 이러한 생기론적 측면에 비중을 두게 되면, 이미지 자체의 존재론적 자율에 대한 포스트모던적 신념을 따르려고 하는 유혹이 발생한다.

    미첼의 도상학은 흥미로운 사례 연구이다. 그가 말하는 이미지의 자율이 **잘못된 유기체론의** 형태를 띠기 때문이다. 그러므로 미첼의 접근법은, 오늘날의 사유가 적절한 유물론적 토대가 없을 때 어떻게 기초적인 **생기론으로** 전락하는지 보여주는 좋은 본보기다. 이러한 사유는 시대정신에 의해 고취된 일부 유행하는 개념들을 단순히 붙잡는 것에 그치기 때문이다. 미첼은 이미지를 피상적인 기호학으로부터 해방시키려는 시도들에도 불구하고 유물론적 개념들보다는 은유를 더 사용한다. 그는 이미지를 포스트모더니즘의 회의로부터 구출하기 위해 이미지에 **생명의 형태를** 부여한다. 그러나 이미지의 생물학적 또는 동물학적 지반에 대한 진정한 관심에서가 아니라 학계 관례의 한 방식으로 그렇게 한다. 예컨대, 그의 책들 중 한 권의 제목은 『그림은 무엇을 원하는가?』이다.[75]

    이 책의 철학적 논의는 개요의 측면에서 본다면 단순하다. 즉, 이미지는 살아 있는 유기체와 같다. 살아 있는 유기체에 대한 가장 좋은 설명은, 그것이 욕망desire(예를 들어, 욕망appetite, 욕구need, 요구demand, 충동drive)을 가지고 있다는 설명이다. 따라

---

74. 같은 책, p. 8 [미첼,『그림은 무엇을 원하는가?』, 24쪽].
75. Mitchell, *What Do Pictures Want?* [미첼,『그림은 무엇을 원하는가?』].

서 '그림이 무엇을 원하는가?'라는 질문은 불가피하다.[76]

미첼은 이미지의 보다 덜 추상적이고 보다 더 육체적인carnal 개념에 전념했던 것으로 보인다. 하지만 논점은 단순히 '생명의 형태들'이라는 표현을 비유적으로 사용하는 것이 아니다. 여기에서 이러한 형태들은 이제 독립적인 존재들로 묘사된다. 이미지들은 순환의 영역 속에 있는 천사들처럼 공중에 떠 있게 된다. "이는 (속담에도 있듯이) 이미지가 '생명의 모방물'을 만드는 문제일 뿐만 아니라, 이 모방물이 '자기만의 삶'을 살아가는 것처럼 보인다는 문제이기도 하다."[77] 생명에 대한 미첼의 정의들은 또한 다소 혼란스럽다. 예컨대 그는 적절한 정의가 불가능하다고, **생명**이 그것의 부정, 즉 **죽음**에 의해 변증법적으로 규정될 수 있을 뿐이라고 주장한다. 결론은 다음과 같이 취약하다. 이미지들이 유기체들과 같은 이유는, 그것들이 마찬가지로 죽을 수 있기 때문이다.[78] 그와 반대로, 들뢰즈가 베이컨에서 주목했던 것처럼, "죽음은 삶[생명]의 관점에서 판단되는 것이지 삶이 죽음의 관점에서 평가되는 것은 아니다."[79] 그리고 이미 유럽 대륙의 수많은 다른 사상가들과 더불어 바타유와 세르가 관찰한 것처럼, 유기체가 엔트로피와 네겐트로피에 의해서, 초과나 에너지 잉여의 축적과 소비에 의해서 규정된다고 인식하는 것은 이

---

76. 같은 책, p. 11 [29~30쪽].
77. 같은 책, p. 2 [19쪽].
78. 같은 책, p. 52 [84쪽].
79. Deleuze, *Francis Bacon*, p. 44 [질 들뢰즈, 『감각의 논리』, 75쪽].

데올로기적인 오해가 아니다. 하지만, **의지**와 **충동**을 이미지들에 적용하는 것은 어떠한 단절 지점도 없이 관념론적이고 추상적인 공간 속에 다시 한 번 또 다른 **흐름의 철학**을 수립할 위험이 있다.

> 욕망의 문제가 제기된다 하더라도 주로 이미지의 생산자와 소비자라는 맥락에 위치해 있으며, 여기에서 그림은 예술가의 욕망의 표현이거나 보는 자의 욕망을 이끌어 내는 메커니즘으로 다루어졌다. …… 나는 욕망의 위치를 이미지 자체로 옮겨서, 그림이 무엇을 원하는지를 질문하려고 한다.[80]

다소 최근의 개념들을 언급하자면 문화 구성 요소학, 바이오아트, 제너레티브 아트[81]와 유사하게, 미첼이 유기적 비유들을 사용하는 것은 단순하게 말해 너무 추상적이다. 르루아-구랑이 수십 년 전 1950년대에 시도했던 것처럼, 또는 세르의 이론들에서처럼 이미지들의 진정으로 기생적인 차원을 고려해 볼 때, [미첼의 이론에는] 이미지 과학기술의 운명을 인간 진화에 연결하려는 시도는 존재하지 않는다.

---

80. [옮긴이] 미첼, 『그림은 무엇을 원하는가?』, 52~53쪽.
81. [옮긴이] 제너레티브 아트(generative art)는 전체적으로건 부분적으로건 자율적인 체계를 이용하여 창조된 예술을 가리킨다. 이 문맥에서 자율적인 체계란 일반적으로, 비인간적인 체계이며, 예술가의 직접적인 결정들을 필요로 했을 예술작품의 형상들을 독립적으로 결정하는 체계이다. 제너레티브 아트는 종종, 컴퓨터를 활용하여 수학적으로 결정되는 예술작품을 가리키는 데 사용된다. 또 화학, 생물학, 역학, 로봇학, 스마트 재료, 수동 무작위, 수학, 데이터 매핑(mapping), 대칭 및 타일링 등등의 체계들을 이용해서도 만들어질 수 있다.

우리는 이미지의 기원과 진화, 돌연변이, 멸종에 대해 이야기할 수 있을까? 새로운 이미지는 어떻게 세상에 처음 출현하는가?⋯⋯ 그렇다면, 이미지의 가치를 진화적인 혹은 최소한 공진화적인 실체로 이야기할 수 있는 방법이 있을지도 모른다. 즉, 이미지를 숙주 유기체(우리 자신)에 의존하면서 인간의 참여 없이는 재생산할 수 없는(바이러스 같은) 준–생명형태들이라 볼 수 있을지도 모른다.[82]

미첼의 유기체론은 새로운 미디어 및 분산된 네트워크들에 적용되면 일종의 내부적인 **삶형태주의**를 닮아가기 시작한다. 예컨대, 컴퓨터 바이러스는 단순히 발음이 유사하다는 것을 근거로 '매우 구체적인 형태들 속에서' 비오스bios를 구현한다. 하지만 컴퓨터 바이러스의 에너지 모델은 오프라인의 살아 있는 미생물들과 어떠한 유사성도 공유하지 않는다. "나의 목표는 오히려 인공두뇌의 한가운데에서 비오스bios가 매우 구체적인 형태들로, 가장 두드러지게는 컴퓨터 바이러스로, 고개를 내미는 것을 관찰하는 것이다."

미첼에게서 우리는 오늘날의 사유가 보여 주는 수많은 특징들의 무의식적 응축을 목격한다. 그 유명한 작가의 죽음, 자율적인 존재로서의 예술작품, 영미 문화에 대한 유전학의 특수한 영향, 코드의 물신주의 등등. 하지만 궁극적으로, 인간의 신체는 이미지들

---

82. Mitchell, *What Do Pictures Want?*, p. 87 [미첼, 『그림은 무엇을 원하는가?』, 131~132쪽].

의 생산과 소비에서 어떠한 역할도 수행하지 못한다. "예술가나 이미지 제작자는 단순히 일군의 기생체를 달고 다니는 숙주에 불과하게 된다. 이 기생체들은 흥겹게 스스로를 재생산하며, 우리가 '예술작품'이라고 부르는 주목할 만한 표본들 속에서 가끔씩 자신의 모습을 드러낸다."[83] 기생체라는 그의 모호한 비유에도 불구하고, 이미지의 분리된 '제2의 본성'은 아직도 분명히 특권적이다.

> 따라서 이미지가 인간 숙주에 기생하는 유사-생명형태라고 할 때, 우리는 단지 이미지를 인간 개인에 기생하는 기생체로 보는 것이 아니다. 이미지는 인간 숙주의 사회적 삶과 그것이 재현하는 사물의 세계와 나란히 공존하는 사회적 집단을 형성한다. 이 때문에 이미지는 '제2의 자연'을 구성하는 것이다.[84]

미첼은 18세기의 기계론적 모델들에 반대하여 전개된 **유기체론, 생기론** 그리고 **애니미즘** 등의 낭만주의적 개념들을 새롭게 한다.[85] 하지만 그는 모든 회고적인 형이상학을 피하기 위해 우리가 '데이터의 비트와 생기 없는 물질들에서 벗어난 실재 세계에서 물리적인[육체적인] 유기체들을 생산'할 수 있는 현재의 '바이오인공두뇌적 복제'를 고찰하기를 권한다.[86] 흥미롭게도 미첼은 자신의 '삶형태들'을, 어

---

83. 같은 책, p. 89 [135쪽].
84. 같은 책, p. 93 [141쪽].
85. 같은 책, p. 170.
86. 같은 책.

떻게 우리가 코드의 좌표 외부의 생명에 대해 생각할 수 없는가의 또 다른 사례인, 프로그램 가능한 생체과학기술 biotechnologies에 맞추는 것으로 마무리한다.

> 이미지의 삶은 우리 시대에 결정적으로 전기를 맞이했다. 살아 있는 이미지의 창조에 대한 오래된 신화, 즉 어느 지적인 유기체가 인공적이고 기술적인 수단을 이용하여 살아 있는 이미지를 만들어 냈다는 신화는 이제 많은 다양한 층위들에서 매체의 새로운 성좌들로 인해 이론적으로도 현실적으로도 가능하게 되었다. 컴퓨터 과학기술과 유전공학 과학기술이 새로운 형태의 투기자본과 만나면서, 사이버공간과 생명공간(유기체의 내적 구조)은 기술의 혁신, 전유, 착취를 위한 프런티어로 변화했다. 사이버공간과 생명공간은 새로운 형태의 제국을 위한 새로운 형태의 대상성과 영토성이 된 것이다.[87]

'이미지들의 문명'과 포르노의 세속화

> 도착적 이미지는 둘로도 무로도 보였다.
> — 단테, 『신곡: 지옥편』, XXV 77~78쪽.

근대성과 이미지(그리고 더욱 일반적으로는 집합적 상상계와

---

[87]. 같은 책, p. 307 [447쪽].

미디어스케이프)의 양가적이고 갈등적인 관계는, 원래 중세 기독교 문화에 의해 수행된 상상력의 역량에 대한 유물론적이고 불경스러운 접근법의 중화中和 속에 그 계보가 있다. 조르조 아감벤은 『스탠자』라는 책에서, 서구 전통 속에서 거의 9세기 전에 일어난, 환상과 '생명의 혼' vital spirit(즉 영靈, pneuma) 사이의 이 분명한 분리를 확인한다.[88] 이것 이전에, 영靈은 상상력을 지닌 독특한 능력, 즉 '환상적인 혼'으로 간주되었다. 중세 심리학에서, 12세기 이탈리아의 시(돌체 스틸 노보)에서, 그리고 **궁정 연애** 개념 속에서, 아감벤은 순전히 사랑과 신체의 '동물혼'에 연결되어 있는 환상에 대한 공통적이고 긍정적인 개념을 인식한다.[89] 예컨대, 안드레아스 카펠라누스[90]는 자신의 독창적인 논문 「사랑론」에서 사랑을 '내적 환영의 무절제한 응시'라고 소개했다.

> 자신의 가장 비옥한 유산들 중의 하나를 서구 문화에 남겨준 통찰력을 갖춘 중세 심리학은 사랑이, 가장 심층적인 자아 속에 그려져 있거나 반영되어 있는 이미지를 중심으로 도는 근면하면서도 고통스런 회전 속에 상상력과 기억 모두를 끌어들이는, 본질

---

88. Giorgio Agamben, *Stanze. La parola e il fantasma nella cultura occidentale* (Turin:Einaudi, 1979). 영어판 :*Stanzas:Word and Phantasm in Western Culture* (Minneapolis:University of Minnesota Press, 1993).
89. 같은 책, 각주 76을 보라.
90. [옮긴이] 안드레아스 카펠라누스(Andreas Capellanus, 카펠라누스는 '예배당 목사'를 가리킨다)는 12세기의 작가이다. 「사랑론」(De amore), 영어로는 「궁중 연애의 기술」로 알려진 글의 저자이다.

적으로 환상적인 과정이라고 인식했다. 안드레아스 카펠라누스는 사랑을 내적 환영의 무절제한 응시immoderata cogitatio라고 규정했다. 그의 「사랑론」은 사랑에 대한 새로운 개념을 모범적으로 이론화한 것으로 간주된다.[91]

중세 시대의 종교적이고 철학적인 저작들 속에서 의학적이고 해부학적인 문헌들을 만나는 것은 매우 흔한 일이었다. 예를 들어 이븐 시나[92]와 아베로에스에게서 의학과 철학을 구별하는 것은 솔직히 불가능하다.[93] 같은 방식으로 사랑과 상상력은 보통 신체를 순환하는 좋은 체액 및 나쁜 체액과 깊게 연결된 것으로 묘사되었다. 근대 과학이 결정적으로 신체-정신body-mind 관계를 단절시키기 전에, 환상적인 혼spiritus phantasticus인 영靈, pneuma은 영혼과 신체 사이의 중재자였다. 정신에 대한 수水역학적hydraulic이고 위상학적인 묘사는 오직 프로이트의 무의식 이론, 그리고 보다 유물론적으로는, 들뢰즈와 가따리의 욕망하는 흐름들과 함께 다시 나타났다. 그러나 발라드가 우리에게 상기시켜 주는 것처럼 과학의 흰 색 가운 아래에서도 동물혼은 계속해서 맥동한다. 오늘날 공통적인 지각은 여전히 (심리학에서 신경학에 이르는, 해부학에서 유전학에 이르는) 다양한 학문 분야들에 따라 분리된 층위들 속에서 인간 신체를 해부

---

91. 같은 책, p. 81.
92. [옮긴이] 이븐 시나(Ibn Sina, 980~1037)는 이슬람의 철학자·의사이다. 이슬람 세계의 아리스토텔레스 연구의 대가로, 중세 유럽의 철학 및 의학에 많은 영향을 주었다. 저서로 『의학 전범(典範)』, 『치유의 서(書)』 등이 있다.
93. 같은 책, p. 91.

한다. 그와 반대로, 단테는 『새로운 인생』[94]의 유명한 한 구절에서 사랑의 '신진대사'를 다양한 혼들과 그 기관들의 동시적인 자극이라고 서술했다.[95] 아감벤은 이 교의를 **폐환영론**pneumophantasmology으로 규정하고, 유기적이고 조화로운 방식으로 신체(폐)의 생명의 혼 vital spirit들과 사랑(환영)의 이미지들을 서로 연결한다.

귀결되는 종합은 너무 독특해 이 시기의 유럽 문화는 당연히 폐환영론으로 규정될 수 있을 것이다. 곧바로 우주론, 생리학, 심리학, 그리고 구원론의 경계를 정하는 이 범위 안에서, 우주에 생명을 불어넣고, 동맥들을 순환하며, 정액을 풍부하게 하는 숨결은, 두뇌 속에서 그리고 심장 속에서 우리가 보고, 상상하고 꿈꾸고 사랑하는 것들의 환영들을 받아들이고 형성하는 것과 동일한 숨결이다.[96]

---

94. [옮긴이] 『신생』으로도 알려져 있다. 이탈리아의 시인 단테가 1293년 경에 완성한 걸작이다.
95. Dante Alighieri, *La Vita Nuova* (1295). 영어판: *La Vita Nuova* (London: Penguin, 1969), Agamben, *Stanzas*, p. 90[단테 알리기에리, 『새로운 인생』, 박우수 외 옮김, 민음사, 2005]에서 인용함. "바로 그 순간에, 그리고 진실을 말하자면, 생명의 혼, 즉 심장의 가장 비밀스러운 심방에 거주하는 혼은 너무나 격렬하게 떨리기 시작해서 내 신체의 가장 작은 혈관들조차 이상하게 영향을 받았다. 그리고 혼은 떨면서 이러한 말들을 했다. '여기 나를 지배하기 위해 온 나보다 더 강한 신이 존재한다.' 바로 그 때, 동물혼, 즉 모든 감각들이 그들의 지각들을 실어 나르는 가장 높은 심방에 머물고 있는 혼은 깜짝 놀라며, 시각의 혼들에게 직접적으로 말을 한다. 그 말은 이렇다. '이제 당신의 행복이 나타날지어다.' 바로 그 때 자연적인 혼, 우리의 음식이 소화되는 바로 그 부분에 기거하는 혼은 눈물을 흘리기 시작했다. 울면서 이렇게 말을 했다. '오, 가엾은 나여! 지금부터 종종 나는 방해를 받을지니.'"
96. Agamben, *Stanzas*, p. 94.

근대 시대처럼 중세 시대 역시 '반나체의 여인들'이라는 환상 형태로 자신의 유혹물을 가지고 있었다. 정신적 이미지들은 일반적으로 부정적인 조명을 받는 것으로 여겨졌지만, 궁정 연애 개념과 그 밖의 불경스러운 조류들은 내부의 악마들에 대한 문명화되고 건강한 훈육을 발전시키기 위해 투쟁했다. 항상 종교 권력의 방해를 받을 위험을 무릅쓰고서 말이다.

> 이러한 저작들 속에서 성취되고 있는 환상을 재평가하는 것의 중요성을 측정하기 위해서는 중세의 기독교 전통 속에서 환상이 결정적으로 부정적인 조명 속에서 나타났다는 것을 상기하는 것이 필요하다. 이러한 연계 속에서, 음탕한 반나체의 여성들, 반인반수 생물들, 무서운 악마들, 성자 앤서니의 유혹물들의 도상학 속에 결정화되어 있던 괴물스럽고 매력적인 이미지들의 전체 덩어리 등이 바로, 사탄이 성자의 환상적인 혼 속에서 자극했던 환영들을 표상한다는 점을 상기하는 것은 시의적절하다.[97]

아감벤은 욕망과 환상에 대한 이러한 긍정적인 개념화를 통해 중세 시대의 세속적인 문화의 이 아방가르드를 적절한 '이미지의 문명'으로 규정한다. 우리 시대의 '스펙터클의 사회'의 빈곤에 대립하는 이 **급진적 사유**는 여전히 고대의 종교적인 악몽 그리고 이미지들에 대한 오해들에 의해 겁에 질린 것처럼 보인다.

---

97. 같은 책, p. 98.

가장 고상한 낭만주의적 이론화 속에서조차 상상력은 이 시기의 사유에서처럼 숭고한 것으로, 동시에 구체적인 양식으로 간주되지 못했다. 이것은 분명 우리 것보다 더 많이 '이미지의 문명'이라는 이름을 부여받을 만한 가치가 있다. 우리가 만약 사랑과 환영을 연결하는 친밀한 유대를 염두에 둔다면, 환상에 대한 이러한 재평가가 사랑의 이론에 행사하게 될 심대한 영향을 이해하는 것은 쉽다. 더욱이 환상의 긍정적인 극성polarity이 발견되었기 때문에, 사랑이었던 환상적 혼의 치명적 질병 속에서 긍정적인 극성과 '영성'spirituality 모두를 재발견하는 것이 …… 가능했다.98

아감벤에 따르면, 영혼과 신체 사이의 매개자인 영靈, pneuma을 제거하고, "성령론pneumatology을 어둠침침한 비교秘敎 집단에 치명적으로 떠안긴 것은" 스콜라적인 신학이다. "이 비교 집단에서 성령론은 쓸모가 없어진 (우리 문화가 지니고 있었을 수도 있지만 실제로는 따르지 않은) 방침으로 오랫동안 생존했을 것이다."99 아감벤은 (이제 예컨대 생산과 재생산, 흐름과 코드의 대립들을 생산한) 우리 시대의 양극화가 어떻게 사실상 이미지의 중세적 문제와 연관된 단순화된 추상화인지 밝혀준다. 유럽의 유물론과 불경스러운 윤리학은 환상의 악마들과 문명화된 관계를 수립하려고 노력했지만, 궁극적으로는 실패했다. 이러한 극적인 갈등은 수세기 동안 정치적이면서도 종

---

98. 같은 책.
99. 같은 책, p. 99.

교적인 (그리고 실제로는 삶정치적인) 논점이었다. 그리고 그것은 정신분석과 포스트모더니즘(그리고 예술계 및 활동가 세계에서의 대중화된 형태들) 내에서 여전히 현존하며 미해결인 채로 있다.

아감벤은 최근의 책 『세속화 예찬』에서 다시 한 번 스펙터클 사회의 조건들 아래에서 이루어지는 분리 문제를 직시한다.[100] 종교처럼 자본주의는 삶의 각 측면(신체, 섹슈얼리티, 언어)을 분리된 영역으로 가져가야 한다. 이러한 분리에 대립되는 정치적 행위가 아감벤이 세속화라고 부르는 것이다. 단순히 그러한 분리들을 폐지하고 제거하는 행위가 아니라 적극적인 방식으로 그것들의 구성constitution을 재배치하거나 그것과 '노는' 방법을 아는 행위가 세속화이다. 아감벤의 말처럼 만약 자본주의가 용케 스펙터클이라는 분리된 형태로 이미지를 희생시켰다면, 집합적 상상계의 이 분리된 영역이 어떻게 세속화될 수 있는가? 흥미롭게도 아감벤은 자본주의적 분할의 근본적인 사례인 포르노에서 영감을 얻는다. 포르노는 정확히, 가능한 '섹슈얼리티의 새로운 집단적인 활용'을 억제하기 위해 개입한다.

> 포르노 장치가 중화하려고 추구하는 것이 바로 이 세속적 잠재력이다. 포르노가 포획하는 것은, 에로틱한 행위들을 그 직접적인 목적들에서 분리함으로써 그러한 에로틱한 행위들을 무익하게 만들고 그러한 행위들을 세속화할 수 있는 인간 능력이다. 그

---

100. Agamben, *Profanazioni* (Rome: Nottetempo, 2005). 영어판: *Profanations* [아감벤, 『세속화 예찬』].

러나 이러한 행위들이 그리하여 가능한 색다른 용도로 활용될 때, 이것은 파트너의 쾌락보다는 섹슈얼리티의 새로운 집단적인 활용에 관심을 갖는데, 포르노는 바로 이 지점에 개입해 세속화하려는 의도를 저지하고 전환시킨다.[101]

아감벤의 주장에 따르면, 포르노 이미지는 그것이 섹슈얼리티를 세속화했던 것과 동일한 방식으로 역(逆)세속화되어야 한다. 역세속화는 포르노를 검열하는 것이 아니라 포르노를 다른 방식으로 사용하는 것, 포르노가 포획했던 가능성을 다시 주장하는 것이다. 아감벤에 따르면, '세속화할 수 없는 것을 세속화하기'가 도래할 세대의 정치적 임무이다.

> 포르노의 세속화할 수 없음[원문 그대로], 즉 세속화할 수 없는 모든 것은 확실히 세속적인 의도를 억제하고 전환하는 것에 기초하고 있다. 이러한 이유로 인해 우리는 항상 그 장치들(모든 장치들)로부터 그 장치들이 포획했던 활용 가능성을 빼앗아야 한다. 세속화할 수 없는 것을 세속화하기가 도래할 세대의 정치적 과제이다.[102]

전쟁과 인터넷 포르노라는 집합적 상상계에 적용된 세속화 전략

---

101. 같은 책, p. 105 [134쪽].
102. 같은 책, p. 106 [135쪽].

들, 즉 다음 절에서 제시될 전략들은 이러한 정치적이고 미학적인 상황을 예견한다. 아감벤의 입장은 긍정적이고 창조적이다. 그의 입장에는 반동적인 지적 심리학을 위한, 또는 일종의 포스트모던적 유혹의 만족을 위한 여지는 전혀 없다. 하지만 도래하는 '이미지의 문명'을 기다리면서, 이미지들의 소비라는 마조히즘적 차원을 고려하는 것 또한 가치가 있을 수 있다. 집단적 무의식을 탐구하기 위한 '올바른 정신병리학'에 대한 발라드의 시각과 유사하게, '올바른 마조히즘'은 집합적 상상계에 대한 욕망의 분자적이고 머리 둘 달린 형태로서 받아들여질 수 있다. 욕망하는 기계가 무대를 독점하기 전에 들뢰즈는 마조히즘에 대해 다룬 1967년 책에서 다음과 같이 쓰고 있다. "마조히즘적 저작에서 참인 것은 마조히즘적 환상에 대해서도 똑같이 참이다. 특별하게 마조히즘적인 환상이 존재하는 것이 아니라, 오히려 환상의 마조히즘적 예술이 존재하는 것이다."[103]

포르노는 현대의 풍토에서 이미지의 조건에 대한 급진적인 사례 연구로 받아들여질 수 있다. 포르노적 상상계 안에 둘러싸인 힘은 청교도적이거나 자유주의적인 논쟁들의 결핍을 위해 남겨져야 하는 무엇이 아니다. 아주 최근에 아감벤이 주장했듯이, "그의 시대로부터 오는 어둠의 빛줄기를 자신의 얼굴에 올곧게 받아들이는 사람이야말로 동시대적이다."[104] 중세의 '악마적인' 시각적 유혹

---

103. Gilles Deluze, *Présentation de Sacher-Masoch : La Vénus à la fourrure* (Paris : Minuit, 1967). 영어판: *Masochism : Coldness and Cruelty* (New York : Zone Books, 1989)[질 들뢰즈, 『매저키즘』, 이강훈 옮김, 인간사랑, 2007].
104. Giorgio Agamben, *Che cos'é il contemporaneo* (Rome : Nottetempo, 2008) [저자 번역]: 'Contemporaneo è colui che riceve in pieno viso il fascio di tenebra che

물들로부터 오늘날의 섹스 테이프들 그리고 인터넷 지하세계에 의해 만들어지는 예측 불가능한 삶형태들에 이르기까지, 기묘한 상상계가 우리의 리비도 경제의 암시장 화폐처럼 유통된다. 비밀스런 방식으로 집단적인 신체의 유동체들을 조절하고, 또한 우리 주변에 에너지와 비유기적인 물질의 경제를 보급하는 이미지들. 인류의 외골격과 그것이 외화되어 중재된 신경계는 지적 논쟁들의 표면 아래에서 무의미한 전투를 계속 치른다. 이러한 지하의 리비도 경제는 정치적 올바름의 '미덕'을 위한 평판 좋은 장소가 아니다. 그것을 파악하는 것은 아직 오지 않은 급진적 공동체의 몫이다.

---

proviene dal suo tempo.' [조르조 아감벤·양창렬, 「동시대성이란 무엇인가?」, 『장치란 무엇인가? 장치학을 위한 서론』, 난장, 2010].

나는 보고 싶다!
전쟁 포르노에 대항하는 전쟁 펑크를.

왜냐하면 만약 사태가 이상과 같다고 하면, 단순한 포르노뿐만이 아니라,
모든 진지한 예술 혹은 지식 — 결국 모든 형태의 진실 — 이 미심쩍고,
위험한 것이 되기 때문이다.
— 수전 손택, 「포르노그래피적 상상력」105

이미지를 통해 권력을 획득하기를 원하는가?
그렇다면 당신은 이미지의 귀환에 의해 타락할 것이다.
— 장 보드리야르, 『전쟁 포르노』

(평화 행동주의의) 싱긋 웃는 원숭이들

전쟁이 무기 없이 중단될 수 있다고 믿는 것은 얼마나 현실적

---

105. [한국어판] 수잔 손탁, 「포르노그래피적 상상력」, 『급진적 의지의 스타일』, 이병용·안재연 옮김, 현대미학사, 2004, 115쪽.

인가? 9·11 이후 전지구적으로 공공 광장을 메운 반전 시위와 국제 법정의 허울뿐인 민주주의 모두 결국 미국 군대의 맹렬한 진군에 무력하게 대응했다. 거대한 시위의 계절은 효과 없는 지루함으로 끝났다. 냉전이 종식되고 전지구적 전쟁 시나리오와 '문명의 충돌'이라는 수사학 속에서, 그리고 다문화주의의 위기 한가운데에서 반전 운동은 시대에 뒤떨어진 전략들로써 똑같은 낡은 메시지들을 제출했다. 과거와 다른 유일한 점은 그것이 전지구적 규모의 시위였다는 점이다. 여기에서 반세계화 운동에 특징적인, 정치적 비일관성이나 촘스키와 같은 식의 '불평의 기술'을 다루는 것은 불필요하다. 이 절의 초점은 전쟁의 상상계 및 반전反戰 상상계와 이것들의 '잠재적인latent 내용' 모두에 대한 심도 깊은 분석이다. 그것은 선동 기구에 대한 도덕주의적이거나 기호학적인 비판이 아니라, 그와 반대로, 전쟁을 옹호하는 대중들과 전쟁을 반대하는 다중을 매료시킨 심리적 에너지들에 대한 연구이다. 방법론적 거부로서, 이러한 입장이 반전antiwar인 것은 명백하지만, (2000년대 초반 매우 활동적이었던 단지 몇몇 행위자들의 예를 들자면, NGO들, 어피니티 그룹[106]과 사회 포럼들 같은) 사회민주주의적인 행동주의 형태들의 입장에서 볼 때 '정치적으로 올바르지 않고' 수용하기가 매우 어려울 것이라

---

106. [옮긴이] 어피니티 그룹(Affinity Group)은 공통의 관심사나 목표를 가진 이들이 모인 소규모 그룹을 말한다. 어피니티(affinity)는 친밀감, 친연성, 친근감이라는 뜻이다. 일반적으로 정부 기관이나 상업적 목적으로부터 자유로우며 수평적인 의사결정 구조를 갖는다. 독서클럽, 활동가 그룹, 동호회 등이 모두 어피니티 그룹에 해당될 것이다. 1990년대 이후의 대항지구화 운동에서 이러한 어피니티 그룹들의 활약이 결정적이었다. 다양한 지향성과 개성을 가진 수십, 수백 개의 어피니티 그룹이 수평적으로 연결되어 대규모 시위를 만들었다.

는 점을 강조하는 것이 중요하다.

처음부터 곧바로, 모든 모호한 (이론적) 장을 분명히 하기 위해 하나의 정치적 상정想定이 도입되어야 한다. 그것은 이성이 초강대국의 동물본능이나 테러리즘의 지도자[머리] 없는 형태를 극복할 수 없다는 것이다. 살인 부대는 그것과 동일하거나 더 강력한 힘(전투적이거나 자발적일 수는 있지만 '민주적'일 수는 없는)에 의해서만 제압당할 수 있다. 우리는 매일 이 다윈주의적Darwinian 스펙터클을 목격한다. 역사는 그런 힘들의 잔혹한 충돌을 통해 반복되는 한편, 언론의 자유는 안락의자에서 행사된다. 두 번째 상정想定은 평화주의자pacifists가 일반적인 전쟁혼을 가진 본능적인 세력들과 공범자들이라는 것이다. 왜냐하면 동물적인 공격성은 우리 모두 가지고 있기 때문이다. 사실, 발라드가 전쟁에 대해 관찰한 것처럼, "전쟁은 우리에게 혐오감을 주기는커녕 우리를 매료시킨다."107 전쟁은 한 나라의 통제되지 않는 리비도적 초과에 건전한 효과를 미치며 이것은 정치적 방정식의 일부이다. 평화 활동가들은 전쟁의 리비도적 차원을 인식하고 있는가? 그렇지 않다. 종군 기자 크리스 헤지스108의 『전쟁은 우리에게 의미를 제공하는 하나의 힘이다』 같은 상당

---

107. James G. Ballard, *The Atrocity Exhibition*. 주석은 아래 출판사에서 재발간한 책에 저자가 추가한 것이다. RE/Search Publications, San Francisco, 1990. 쪽수는 다음 출판사 본을 나타낸다. Harper Perennial, London, 2006, 119.

108. [옮긴이] 크리스 헤지스(Chris Hedges, 1956~)는 퓰리처상을 받은 미국 저널리스트로서, 미국과 중동의 정치와 사회를 전문적으로 다루는 종군 기자이다. 한국어로 번역된 저서로 『당신도 전쟁을 알아야 한다』(수린재, 2013)가 있다.

히 드문 저널리즘적 설명들을 제외한다면 말이다.[109] 평화 활동가들은 다른 사람들처럼 전쟁에 자극을 받는가? 여기에서 사회의 선한 부분의 선한 의도는 조사나 질문의 대상이 아니다. 포스트모더니즘적인 도발을 위한 여지는 전혀 없다. 여기에서 특별하게 논점이 되는 것은 평화운동이 소위 티 없이 맑은 양심에만 의존할 수 없다는 점이다. 스스로 선하다고 칭하는 사람들의 나쁜 의도들이 폭로되어야 한다. 모든 진지한 의제들은 전쟁의 은폐된 내용을 다루어야 하며, 그렇게 하는 것을 거부하는 의제는 위선적인 공범자이다.

우리가 우리 안에 숨어 있는 적들이라고 비난하는 야수성野獸性은 어디에 있는가? 이제 급진 좌파와 체제 순응적 다수파 모두가 가지고 있는 자기검열을 깨뜨리자. 아부 그라이브 수용소의 포르노적인 고문 사진들을 보고 아무도 분개하지 않았다는 점이 공개적으로 받아들여져야 한다. 그와 반대로, 뉴욕의 9·11 비극이 담긴 비디오를 보도록 우리를 이끌었던 바로 그 관음증처럼, 그것들은 매우 기이하게 긴 순간 동안 우리를 흥분시켰다. 이러한 이미지들을 통해 우리는, 소비주의와 매스 미디어에 의해 마비된 후에 다시 떠오르고 있는, 억압된 본능의 쾌락을 경험한다. 우리는 원숭이들의 공격적인 웃음이 끔찍하게도 인간의 웃음과 닮아 있을 때의 그들처럼 이빨을 보인다. 9·11이 서구의 (나쁜) 의식에 충격이었다면,

---

109. Chris Hedges, *War Is a Force That Gives Us Meaning* (New York : Public Affairs, 2002).

보드리야르는 [이보다] 더 충격적인 명제를 제기했다. 그 자연적인 한계에 다다르고 있었던 초강대국의 죽음 충동은 자기파괴와 전쟁만을 알고 있고, 오직 그것들만을 욕망하기 때문에, 서방 자신이 9·11을 욕망했다는 것이다.

> 우리가 이 사건을 열망했다 하더라도, 예외 없이 모든 사람들이 이 사건을 열망했다 하더라도(왜냐하면 어느 누구도 그 정도로 헤게모니화된 어떤 권력에 대한 파괴를 열망하지 않을 수 없기 때문에) 그것은 서방의 윤리 의식으로는 받아들일 수 없는 것이다. 그러나 그것은 사실이며, 이 사실은 폭력을 없애고자 하는 모든 담론들이 지닌 감동적인 폭력으로서 평가된다. 극단적으로 말해서 테러리스트들이 이 일을 저질렀지만, 그것은 우리가 원하는 바였다.[110]

비디오 화면 뒤에는 언제나 영장류의 싱긋 웃는 혼이 존재한다.

---

110. Jean Baudrillard, *The Spirit of Terrorism: And Requiem for the Twin Towers* (London: Verso, 2002). 불어판: 'L'Esprit du terrorisme', *Le Monde*, 2 November 2001[장 보드리야르, 『테러리즘의 정신』, 배영달 옮김, 동문선, 2003, 7쪽]: "이 점을 고려하지 않는다면, 사건은 모든 상징적인 차원을 상실하게 된다. 말하자면 이 사건은 몇몇 광신도들이 저지른 살인적인 팡타스마고리(fantasmagorie), 즉 없애 버리면 되는 단순한 사건, 순전히 터무니없는 사건에 불과할 것이다. 그런데 잘 알다시피 이 사건은 그러한 성질의 사건이 아니다. 이로부터 악을 몰아내어 공포증을 떨쳐 버리려는 망상이 생겨난다. 악은 욕망의 모호한 대상처럼 어디에나 존재하기 때문이다. 테러리스트들과 우리 사이의 이러한 깊은 공모가 없었다면, 이 사건은 그렇게 커다란 반향을 일으키지 못했을 것이다. 상징적 전략의 면에서 테러리스트들은 이 암묵적인 공모를 기대할 수 있다는 것을 알고 있었을 것이다."[같은 책, 7~8쪽]

문명들의 비디오충돌

TV에서 원숭이를 끌어내기 전에, 미디어 경기가 치러지는 전쟁터에 초점을 맞추는 것이 중요하다. 현실[실재]에서 점점 대중적이고 개인적이며 네트워크화된 장치들이 증가하면 할수록, 갈등이 사막에서 일어난다 할지라도, 전투는 더욱 더 미디어화된다. 이것은 "걸프전은 일어나지 않았다."[111]라고 하는 보드리야르의 진부한 명제가 아니라, 그와 반대로 3차 세계대전의 "전격전[112]이 척수적 전쟁터에서 결판이 날 때까지 치러질 것"이라는 발라드의 직관이다.[113] 제1차 전지구적 전쟁은 9·11의 항공 참사의 생중계와 함께 시작되었으며, 산발적인 비디오게릴라의 연재물들로 계속되고 있다. 침략자, 민병대, 저널리스트 들이 찍은 비디오들이 이라크 전선으로부터 매일 방송된다. 이러한 미디어 전쟁에서의 모든 행위는 그 스펙터클한 결말에 맞추기 위해 사전에 설계된다. 테러리스트들은 이러한 갈등의 규칙들을 배웠으며, 한편으로 보다 전문적인 제국적 선전은 아무런 주저 없이 허위와 날조(특히, 대량 파괴 무기에 대한 기록들)를 일삼는다. 관료적인 홍보전은 과거의 일이다. 새로운 미디어는 게릴라 전투를 낳았으며, 풀뿌리 저항의 분자적인 전선을 열어놓았다. 민간인들이 소지한 비디오카메라들, 독립적인 저널리

---

111. Jean Baudrillard, *The Gulf War Did Not Take Place* (Bloomington : Indiana University Press, 1995).
112. [옮긴이] 전격전(blitzkriegs)이란 독일어로 '번개전쟁'이라는 뜻이다. 병력과 무기를 집중시켜 기습공격을 하는 것을 말한다.
113. Ballard, *The Atrocity Exhibition*, p. 7.

스트들에 의해 업데이트되는 웹로그들, 아부 그라이브 감옥의 미국 군인들에 의해 사용된 스마트폰들, 이 각각은 잠재적으로 선전기관들을 파괴할 수 있는, 다루기 힘든 변수를 나타낸다. 미디어 기업들에 의해 방송되는 비디오 형상물은 이제 새로운 가공할 분배 수단인 디지털 네트워크의 아나키즘적인 자기조직적 구조와 뒤섞인다(아마도 최초의 테러리즘적인 바이러스성 비디오였던 닉 버그의 참수를 담은 비디오가 모세 혈관처럼 유포된 것이 이를 입증할 것이다). 오늘날의 선전은 집단적인 스펙터클보다는 접속적 상상계를 관리하는 것에 익숙하다. 그리고 첩보 서비스는 정확히 네트워크화된 과학기술들에 입각해서 진리의 시뮬레이션을 시작한다.

수평적 미디어와 수직적 미디어 간의 기술적 갈등과 함께, 전 지구적인 미디어스케이프 위에서 이미지의 두 가지 세속적인 문화들이 대면한다. 미국은 비디오크라시의 마지막 무대, 즉 비대한 광고 및 오락보도 프로그램에 근거하는 과두적 테크노크라시를 실현하고, 또한 할리우드와 CNN을 통한 전 세계 상상계의 식민화를 실현한다. 나치즘과 스탈린주의 같은 20세기 이데올로기들은 (모든 서구 사유가 플라톤의 관념론의 상속자인 것처럼) 이데아-이미지와 유사한 물신주의에 밀접하게 연결되었다. 이와 달리 이슬람 문화는 전통적으로 우상파괴적이다. 이슬람 문화에서는 신과 예언자, 그리고 전반적으로 모든 살아 있는 생물체의 이미지들을 재현하는 것이 금지되어 있다. 오직 알라만이 창조주이며, 그가 형태들을 존재하게 한다. 그의 창조 행위를 모방하는 것은 죄이다(이러한 지각이 결코 코란 속에 나타나지 않는다 할지라도 말이다). 이슬람교에는 기독교와 달리 신성한 도상적 중심이 없다. 이슬람교 사원에서 키블라[114]는 텅 빈 적소(適所)이다. 그것의 힘은 이미지를 거부하는 데에서 나오는 것이 아니라 그것의 중앙집중적 역할을 거부하는 것에서 나오며, 이는 물질적인, 반(反)스펙터클적인, 수평적인 숭배로 귀결된다. 사실, 최후의 심판의 날에 화가들은 다른 죄인들보다 더 많은 고통을 겪지 않으면 안 된다. (역설적으로 회화만큼 많은 비난을 받고 있는) TV와 영화를 통해 근대화가 진행된다 할지라도, 우상파괴적 지반은 여전히 활동적이며, 국제무역센터의 경우에서처럼 서구의 상징들에 대립하여 발생한다. 서구의 우상 숭배를 공격하기 위해, 의사(擬似)이슬람 테러리즘은, 생방송을 위해, 그리고 동조하는 선전 수단으로 위성 채널들을 이용하기 위해 고안된 공격들을 준비하는, 비디오파괴자videoclasm가 된다. 알자지라[115]가 총살당한 이라크 민간인들의 이미지를 방송할 때, 서구의 매스 미디어는 군사적 쇼를 위해 이러한 신체들을 제거한다. 동방과 서방 사이에서 형성된 이 비대칭적 형상물로 인해 앞으로 여러 세대 동안 계속해서 반발을 야기할 비대칭적인 분노가 뒤따를 것이다. 여기, 비디오크라시와 비디오파괴자 사이의 충돌에서, 제3의 배우, 즉 전지구적 운동이 파열구를 내어 거기에서 **자율적인 비디오제작**autonomous

---

114. [옮긴이] 키블라(Kiblah)는 이슬람교에서 예배하는 방향을 가리킨다. 원래는 예루살렘을 향하는 유대교의 전통에 따랐으나, 헤지라 후에 메카의 카바 신전을 향하여 예배하도록 바뀌었다.
115. [옮긴이] 알자지라(Al Jazeera)는 카타르의 방송사이다. 2001년 9·11 테러 당시 오사마 빈 라덴과 알카에다 지도부 인터뷰 방영, 아프가니스탄과 이라크에서 미군이 저지른 대량학살 보도 등으로 유명해졌으며 중동의 CNN으로 불린다.

videopoiesis을 발전시키려고 시도한다. 하지만, 대안적인 형상물의 창출은 단지 독립 미디어의 자기조직적인 힘[권력]에만 의거해서는 안 되고, 신화와 신체의 차원을 되찾는 것에도 역시 의거해야 한다. 이론적 행위[몸짓]로서 비디오제작은 원숭이들의 배와 두뇌를 향해 동시에 이야기해야 한다.

전지구적 정신을 위한 동물 서사들

TV는 대중들에게 이미지들에 대한 조건반사적 반응을 가르친 미디어이다. TV는 또한 집단적인 정신(여론 개념보다 더 복잡한 어떤 것)의 세계화를 생산한 미디어이다. 대중들의 감각 feelings 은 언제나 본능적이었으며 '비열'했다. 미디어의 확산이 수립했던 것은 감각들의 비디오 돌연변이, 즉 집단적인 두뇌 및 집단적인 서사의 비디오-되기이다. 전지구적인 비디오-두뇌는 이미지들을 통해 기능하고, 반면 우리의 두뇌들은 이미지들 자체에서 생각을 이끌어 낸다. "나는 이미 내가 생각하고자 하는 바를 더 이상 생각할 수 없다. 움직이는 이미지들이 내 사고의 자리에 대신 들어앉게 된 것이다." 벤야민이 인용한 출처들 중에서 한 사람은 위와 같이 애석해 한다.[116] 전자 미디어는 집단적인 정신이 의식적으로 또는 말로써

---

116. George Duhamel, *Scénes de la vie future* (Paris, 1930), p. 52, quoted in Benjamin, 'The Work of Art in the Age of Mechanical Reproduction', p. 238 [벤야민, 「기술복제시대의 예술작품」, 142쪽]

메시지들을 정교화하거나 처리하기에는 너무 빠르게 움직인다. 시각적인 자극들에 즉각적인 정서적 반응을 할 수 있는 시간만이 존재한다. **집합적 상상계**는 미디어 기반시설이 수백만 개의 변이들 속에서 동일한 이미지를 반복하고, 공통적이고 공유된 공간 - 동일한 대상을 둘러싼 '공감각적인 환각' - 을 생산할 때에 나타난다. TV의 경우, 수백만 개의 이미지들의 병렬적인 소통은 훨씬 더 치명적인데, 그 이유는 그것이 즉각적이기 때문이다. 다른 한편, 네트워크화된 상상계(인터넷과 개인 미디어에 의해 만들어진 상상계)는 상호작용적이고 비동기적인 방식으로 작동한다. 그리고 그것은 **접속적 상상계**connective imaginary로 규정될 수 있을 것이다. 하지만, 여러 미디어에 동일한 이미지를 집단적·병렬적으로 방송하는 것에는 전체주의적인 어떤 것이 존재한다. 집합적 상상계는 미디어와 욕망이 만나는 장소이며, 동일하게 반복되는 이미지가 수백만 개의 신체들을 동시에 변화시키고 쾌락, 희망, 공포를 아로새기는 장소이다. 소통과 욕망, 즉 미디어계와 심리계는 전지구적 대중들에게 전쟁을 묘사해 주는 두 개의 축이고, 전쟁이 전쟁터로부터 우리의 신체들에 도달하는 방식이며, 이미지들이 살 속에 아로새겨지는 방식이다.

집합적 상상계는 대중적 과학기술들의 비디오 진화에 영향을 받을 뿐만 아니라, 인류의 자연적 본능들에 의해서도 역시 영향을 받는다. **정치적 동물**(아리스토텔레스)인 인간은 그 자신의 종種이나 종족에 소속되려는 본능을 집단적으로 표상하는 서사들을 수립하는 경향이 있다. **동물서사**는 신화들의 또 다른 이름이다. 이런 의미에서, TV는 **생물학적 매체**이다. TV는 서사시, 고대 신화나 신성한 경전들 같은 그 밖의 서사 장르와 유사하게, 수백만 명의 인민들을 위한 독특한 기억의 욕구에, 전체 국민을 위한 단일한 동물서사의 욕구에 반응한다. TV는, 다른 무엇보다도, 단일한 종 – 즉 우리 모두가 속해 있는 메타유기체meta-organism — 에 소속되려는 고대적인 감각을 재현한다. 각각의 지정학적 지역은, 모든 지역적 미디어를 위한 참조로서 기능하는 그 자신의 비디오 **거대유인체들**macro-attractors(CNN, BBC, 알 자지라 등등)을 가지고 있다. 거대–유인체들 너머에는, 비판적 의식의 역할, 즉 종종 언론과 웹 미디어에 의해 유지되는 기능을 특징으로 하는 **메타유인체들**meta-attractors이 존재한다(예컨대, 영어권의 『가디언』). 물론 미디어의 실제 작용들은 훨씬 더 복잡하다. 이 목록들은 또한 블로그 같은 새로운 형태들을 포함할 수 있을 것이다. 이것은 이 규모에서는 가장 작은, 집단적인 **미시–유인체들**micro-attractors로 규정될 수 있다. 주요 유인체들의 청중과 권력이 자연적 본능에 의해 보장된다고만 말해 두자. 리비도적 경제의 관점에서 볼 때, 미디어는 일대다로 소통하는 **푸시**push미디어이기보다는 우리의 욕망을 끌어내고 응축하는 (다대일의) **풀**pull미디어이다. 파시즘에 대한 라이히의 언급을 바꾸어 말해 보면, 미디어 기구가 대중들을 세뇌시키는 것이라기보다, 소속되고자 하는 욕망의 왜곡이 미디어 기구를 유지하고 욕망한다.

디지털 아나키: 영상폰 대 제국

오늘날의 미디어 전쟁은 인터넷을 통합했으며, 네트워크화 된 형상물은 집중적인 전쟁터가 되었다. 역사상 처음으로, 개인 미디어는 인터넷 다운로드 속도로 그리고 어떠한 정부의 통제도 벗어나, 전쟁의 잔혹함을 직접 거실로 가지고 온다. 이 네트워크화 된 상상계는 멈출 수 없으며, 그 기술적 진화 또한 멈출 수 없다. 청년 세대들이 이미 유튜브와 마이스페이스를 통해 배운 것처럼, 절대적 투명성은 우리 모두에게 피할 수 없는 운명이다. 영상폰 시대는 프라이버시, 아울러 국가 기밀을 포함하는 모든 종류의 기밀을 침식한다. 아부 그라이브 스캔들을 다룬 미국 상원 국방위원회에서 나타난 럼스펠드의 격분은 매우 기묘했다. "우리는 전시 상황이나 다름없는 소위 '정보화 시대'에 평화 시기의 제한들과 법적 규제들을……따르고 있습니다. 이러한 시대에 사람들은 디지털카메라를 가지고 이 믿을 수 없는 사진들을 찍어서, 놀랍게도 국방부가 보기도 전에 불법적으로 미디어에 그 사진들을 유통시키고 있습니다." 며칠 후 럼스펠드는 이라크에 있는 미국 병사들의 카메라나 영상폰 사용을 일체 금지하였다. 1983년 사담 후세인과 정중하게 악수를 나누고 있는 장면이 찍힌 유명한 비디오가 인터넷으로 방송되면서 럼스펠드 자신이 그 희생자가 되었던 것은 아이러니한 일이 아닐 수 없다. 새로운 디지털 미디어는 예측 불가능한 디지털 아나키를 창출하는 것 같다. 여기에서 영상폰 한 대가 제국과 맞서 싸울 수 있다. 아부 그라이브의 고문 이미지들은, 창조자들과 조물주들의 통제를 벗어나 작동하는 기계 문명의 내부적인 네메시스[117]이다. 기계 네메시스뿐만 아니라 이미지 네메시스 또한 존재한다. 보드리야르가 『전쟁 포르노』에서 주목한 것처럼, 스펙터클의 제국은 이제 스펙터클 자체의 비대肥大에, 이미지들에 대한 자신의 탐욕에, 자기발정적인 포르노에 종속된다. P2P 네트워크들을 통해 저작권 문화가 종말을 고했으며, 디지털 스팸과 웹 콘텐츠에 대한 백색 소음 역시 증대되었다. 영상폰은 네트워크화된 거대-카메라, 초경량 파놉티콘, 수평적인 빅브라더를 창출했다. 백악관과 국방성은 이 웹의 함정에 빠졌다. 디지털 사본은 더 이상 포스트모던적인 거울의 방[118]에 대해 이야기하지 않고 어떤 상호연결된 우주에 대해 이야기한다. 이 우주에서는 비디오제작이 가장 먼 곳의 정치적 스펙트럼들을 치명적인 단락 속에서 자연적으로 결합시킨다.

전쟁 포르노: 전쟁 상상계의 성적 내용

아부 그라이브 미디어 스캔들을 통해 밝혀지게 된 것은 일시적인 단락短絡이 아니라 전쟁, 과학기술, 리비도, 관음증이라는 치명적인 소용돌이 속으로의 내파였다. 모든 관점에서 철학자들, 저널

---

117. [옮긴이] 그리스 신화에 등장하는 인과응보·복수의 여신이다. 복수하는 사람, 감당할 수 없는 상대, 필연적인 결과, 천벌 등을 의미한다.
118. [옮긴이] 거울의 방(hall of mirrors)은 프랑스 베르사이유 궁전에서 가장 유명한 방이다. 벽면에 총 578장의 거울이 장식돼 있다. 의미나 이미지가 고정되는 것을 거부하는 포스트모더니즘적 사유에 대한 비유로 종종 언급된다.

리스트들, 논평가들이 다양한 시각들을 내놓고 분석을 위한 새로운 틀을 발표하기 위해 달려들었다. 그 상황은 『잔혹행위 전시』에서 발라드가 묘사한 전쟁에 대한 시각과 매우 흡사했다. 아부 그라이브와 닉 버그 이미지들의 새로움은 그것들이 집합적 상상계를 위한 새로운 서사 장르를 주조해 냈다는 사실에 있다(그것이 허구적이냐 아니냐를 묻는 것은 논점을 벗어난 것이다). 최초로, 한 편의 스너프 영화가 전지구적 상상계의 화면 위로 투사되었다. 그리고 이러한 이미지들에 익숙해진 하위문화들이 마침내 지하로부터 출현하였다. Rotten.com[119]이 별안간 대중들의 마음을 움직였다. 전 세계의 신문과 웹블로그에서 일어났던 것은 트라우마에 대한 상술詳述이 아니라, 우리의 면역 체계와 소통 전략들이 향상되도록 강제한 새로운 도상적iconic 장르의 기습이었다. 시모어 허쉬[120]가 주목했던 것처럼, 럼스펠드는 세계에 제네바 협정을 무시하기 위한 좋은 구실을 제공했지만, 가시적인 것에 대한 관용을 위한 장벽 역시 낮추어 우리로 하여금 공포와의 동거를 받아들이도록 했다. 영어 사용권의 저널리즘은 **전쟁 포르노**를, 대중적인 타블로이드 신

---

119. [옮긴이] 로튼닷컴(Rotten.com)은 소이런트 커뮤니케이션스(Soylent Communications)가 운영하는, '불온한 삽화의 문서고'라는 슬로건을 내건, 미국에 근거지를 둔 충격적인 사이트이다. 이 사이트는 병적인 호기심들, 주로 폭력적인 행위들을 찍은 사진들, 불구, 해부나 법의학 사진들, 변태 성행위의 묘사, 본성상 불온하거나 염세적인 역사적 골동품들에 몰두한다. 이 사이트는 1996년에 만들어졌고 그때 이후로 바뀐 게 거의 없다.

120. [옮긴이] 시모어 허쉬(Seymour Hersh, 1937~)는 베트남전 당시 미군의 민간인 학살을 추적 보도해 퓰리처상을 수상한 미국의 탐사 보도 전문 기자이다. 2004년 아부 그라이브 수용소에서의 미국 군대의 만행에 대한 보도로 많은 관심을 끌었다.

문들과 정부 토론 프로그램에 등장하는 초대형 무기와 세련된 제복 – 적외선 유도탄과 **최첨단** 탱크의 이미지들 – 에 대한 매혹이라고 정의한다. 일부 사람들은 전쟁 포르노를 진정한 포르노의 무균적 aseptic 대체물이라고 정의한다. 예컨대 리들리 스콧의 〈블랙 호크 다운〉이 하드코어 전쟁 포르노의 좋은 사례가 될 것이다. 『타임』지의 표지에 미국 병사가 '올해의 인물'로 선정되었을 때 『애드버스터스』는 그것을 순수한 **전쟁 포르노**라고 규정했다. "얼굴에 반쯤 미소를 지으며 팔에 소총을 안고 자랑스럽게 서 있는 세 명의 미국 병사들."[121] 전쟁 포르노는 또한 인터넷의 어두운 측면에서 만들어진, 아직 상대적으로 알려지지 않은, **쓰레기 포르노**의 하위 장르이다. 그것은 병사들 사이에서 일어나는 폭력적인 섹스 장면이나 민간인의 강간 등을 흉내낸다(사이비아마추어 영화들은 보통 동유럽에서 제작되어 종종 실제인 것처럼 통용된다). **전쟁 포르노**는 인터넷 하위문화의 지위로부터 해방[되어 주류문화가]되었다. 전쟁의 상상계를 향한 전쟁 포르노의 병적인 물신주의는 이제 정치적 무기, 관음증, 그리고 대중들의 악몽이 되었다.

영미 저널리즘에 의해 처음으로 강조된 것처럼 전쟁과 성을 비유적으로 연관짓는 것은 이전에 결코 그렇게 뚜렷하게 밝혀지지 않았던 더 심층적인 어떤 것을 나타낸다. 부(富)에 의해 소외당했지만, 원형적인 본능들에 자유를 주기 위해 전투를 기다리고 있던 리비

---

[121]. *Adbusters:* Journal of the mental environment, no. 71, 'The Beginnings of Sorrow', May/June 2007.

도가 바로 그것이다. 전쟁은 인간 종만큼 오래되었다. 자연적인 공격성은 집단적이고 제도적인 형태 속에 역사적으로 구현되어 있지만, 과학기술의 몇몇 층위들은 그 동물적인 하층으로부터 오늘날의 갈등들을 분리시켰다. 우리는 그 통상적인 민주적인 화장 아래에 존재하는 동물적 에너지의 외설적인 토대를 표면 위로 가져오기 위해 아부 그라이브 사진들이 필요했다. 억압된 것의 이러한 역사적 재표면화가 단순히 디지털 카메라들과 영상폰들의 보급 때문에 발생했는가? 아니면 조만간 치명적으로 될 운명에 놓인, 신체와 과학기술 사이에 상당히 심층적인 관련성이 존재하는가? 매스 미디어가 점점 더 비극적이고 병적인 뉴스들로 채워지듯이, 디지털 미디어의 프레임은 무언가를 잃어버리고 있거나 은폐하고 있는 것으로 보인다. 무엇이 화면에서 제외되어 있는가? 그것이 한때 화면에서 추방당했으나 이제 표면에서 폭발하고 통제불능이 되어 피어오르는, 저 '실재적인 것의 열정'의 에너지일 수 있을까?

새로운 개인 미디어는 일상생활의 정신병리학에 직접적으로 연결된다. 우리는 그러한 미디어들이 소통의 새로운 체재format나 장르를 생산한다고 말할 수도 있지만, 무엇보다도 그것들은 TV가 결코 갖지 못한 신체와의 관계를 확립한다. 전쟁 포르노는, 자기를 억압하는 바로 그 동일한 미디어를 통해 자기를 표현하는 잠재의식적인 힘들에 의한 과학기술의 거부를 암시한다. 이러한 거부가 가리키는 것은, 신체가 디지털인 것에로 계속 적응된다는 것이다. 디지털 보철들의 증식은 보이는 것만큼 합리적이지도, 무균적이지도 aseptic, 비물질적이지도 않다. 전자 미디어는 과학기술적인 합리성과 냉정함을 인간관계에 끌어들였다. 그렇지만 디지털적인 것의 그림자들은 계속해서 다시 떠오른다. 과학기술이 자신의 반대자를 물리적으로 해방시키는 지점이 나타난다. 인터넷이 가장 좋은 사례이다. 비물질적인 또는 비육신적인disembodied 과학기술의 표면 아래에는 대역폭 대부분을 구성하는 포르노적인 내용의 밀거래traffic가 존재한다. 그와 동시에, 비디오카메라들의 오웰적인 증식은, 아폴로적인 투명성의 세계를 생산하기는커녕, 폭력, 유혈, 섹스에 지배당하고 있다. 우리는 항상 미디어를 인간적인 합리성의 물질적인 보철들로, 과학기술을 로고스의 새로운 구현으로 간주했지만, 새로운 미디어는 또한 서구 세계의 어두운 측면을 구체화한다. 전쟁 포르노에서 우리는 리비도와 미디어, 욕망과 이미지로 이루어져 있는 이러한 밀접한[쌍둥이] 신체를 발견한다. 동일한 발전의 일부인 두 개의 급진적인 운동들은 바로 개인 미디어와 전쟁이다. 개인 미디어는 애초에 자기가 소외시킨 절망적 리비도로 채워져 있으며, 전쟁은 소비주의와 대중문화의 소외된 리비도를 재투사한다. 잠재의식은 거짓말을 할 수가 없다. 해골들이 결국 벽장문을 두드리기 시작하는 것이다.

상상계의 초기화

전쟁은 보철들, 상품들, 이미지들의 유출 속에서 모든 리비도적 에너지를 고갈한 뒤, 꿈을 꿀 수 없는 무능력으로부터 발생한다. 폭력으로 인해 우리는 어쩔 수 없이 다시 일상생활의 이미지들, 신체의 이미지들, 광고의 이미지들을 믿는다. 전쟁은 **상상계의 초기화**를 의미한다. 전쟁은 광고에 대한 관심과 흥분을 다시 0도로 되돌려준다. 따라서 광고는 여기에서 다시 시작할 수 있게 된다. 전쟁은 오르가슴의 최종적 소멸로부터, 소비의 열반으로부터, 가치들의 인플레이션과 무관심으로부터 광고를 구출한다. 전쟁은 신新**경제**를 **낡은 경제**로, 전통적이고 고정된 재화로 돌려놓는다. 전쟁은 시장을 거대한 **포틀래치**[122]로, 또는 인터넷에 의해 대표되는 증여의 반反경제anti-economy로 해체시킬 위험이 있는 비물질노동을 제거한다. 전쟁에는 '약한 사유', 기호학, 포스트모더니즘(여기에서 포스트모더니즘은 자신의 불능에 대한 알리바이를 찾고 있는 서구식 이미지다)의 해석학적 탈주에 맞서, 우리를 '급진적인' 사유로, 대의의 정치적인 책임감으로 되돌아가게 하는 긍정적 효과가 있다.

포르노적 전쟁 이미지들은 우리의 경제적·사회적 구조들이 억압했던 동물본능의 역류reflux이다. 그러나 이러한 리비도적 에너지에는, 새로운 관습들과 양식들을 반동적으로 정당화하는 **정신분석적 시각**이 아닌 **신체적 분석**을 적용할 필요가 있다. 전시戰時에 이미지들은 새로운 자율적이고 자기생산적인 힘을 가지고 다시 출현한다. 그리고 이 전시 이미지들은 이미지들이 상이한 장르들과 상이한 역사적 시기들에 속할 수 있다는 것을 분명하게 드러낸다. 예컨대 전쟁 포르노 이미지들은 일상의 재현물이 아니다. 그것들은 신체에 직접적으로 말을 한다. 그것들은 잔인하고 명료하며 긍정적

---

122. [옮긴이] 포틀래치에 대한 설명은 이 책 104쪽 각주 15번을 참조하라.

인 힘이다. 아르토의 극장에서처럼, 그것들은 회의를 불러일으키지 않는 재자기화된re-magnetized 가시성 형태이다. 발라드라면 이것을 '척수 고속도로 위의 신경 단위적 아이콘들'이라고 말했을 것이다. 이러한 급진적 이미지들은 우리에게 신체를 되돌려준다. 급진적 이미지들은 신체들이지 시뮬라크라가 아니다. 그들의 효과는 첫째 물리적이고, 둘째 인지적이다. 영화에 대해 논하면서 들뢰즈는 "운동-이미지와 유동-물질은 엄밀히 말해 동일한 것"이라고 말한다.

이미지의 저주받은 전통은 되돌아온다. 그것은 아르토적 극drama의 심리학적 힘과 전염의 힘을 갖춘, 물질적인 것과 비물질적인 것, 신체와 꿈을 결합하는 기계적 이미지이다. 리비도적 폭발 속에서 전쟁 포르노는 서구 사회의 동물적 에너지들을 해방시킨다. 그렇지만 이러한 에너지들은 파시즘적 반동들을 통해서도 또는 해방적 반동들을 통해서도 표현될 수 있다. 급진적인 이미지들은, 말 그대로, 여전히 정치적으로 될 수 있는 이미지들이다. 그리고 이 이미지들은 정치적이면서도 동시에 미학적이고 또 동시에 육욕적인 영향을 대중들에게 미친다. 하지만 그러한 세속적인 이미지들에 대한 청교도적 시각을 만나는 것은 매우 흔한 일이다. '급진적인' 행동주의 및 미디어 생태학과 관계된 집단에서 특히 그렇다.

TV는 지적인 방식으로 어떻게 활용될 수 있는가? 예컨대『애드버스터스』같은 행동주의 집단들은 단순하게 TV를 끄라고 제안할 것이다. 그들은 매년 TV 파업을 조직해서, TV 금욕일 또는 금욕 주간을 장려한다. 최근에『애드버스터스』는 디비디 플레이어, 아이팟, 엑스박스, 피에스피[123] 등등을 포함하는 전면적인 〈정신 해독 주간〉Mental Detox Week을 시작했다.[124] 그러나 서구 사회가 미디어 화면 없이 사고할 수 있을까? 우리가 어떤 전 세계적 파국 때문에 TV 시청을 멈추어야만 한다 할지라도, 우리의 상상계, 희망들, 공포들은 TV로 방송되는 프레임 속에서 계속 사고하게 될 것이다. 이것은 중독의 문제가 아니다. 왜냐하면 간단히 말해, 비디오가 우리의 주요한 집단적인 언어가 되었기 때문이다. 이러한 집단적인 언어 속에서 일찍이 종교, 신화, 서사시 또는 문학이 존재했었다. 우리는 의식儀式(화면을 보는 것)을 억압할 수 있을 테지만, 신화(이미지를 '보는 것')를 억압할 수는 없다. 우리가 TV 스위치를 끌 수 있다 하더라도 우리의 상상계의 스위치는 끌 수 없다. 이러한 이유로 자율적인 비디오제작 이론은 대안적인 정보의 생산에 대한 것이 아니라, 집단적인 형상물을 위한 새로운 신화적 장치들에 대한 것이다. 급진적인 이미지 – 즉 전쟁을 멈추고 제국을 파괴할 수 있는 이미지 – 를 탐색하면서 전지구적 운동은 (인디미디어에서 거리 TV[125]에 이르는) 비디오 행동주의와 (루터 블리셋에서 산 프레카리오[126]에 이르는) 신

---

123. [옮긴이] 아이팟(iPods)은 애플사의 MP3 플레이어이고, 엑스박스(Xbox)는 마이크로소프트사의 가정용 게임기이며, PSP는 소니사의 휴대용 게임기 PlayStation Portable의 약자이다.
124. 다음 링크를 참조하라. http://www.adbusters.org/campaigns/mental_detox_week.
125. [옮긴이] '거리 TV'(Street TV)는 원래 2007년 호주에서 모바일용으로 제작된 상호작용 TV 쇼를 가리킨다. 이 책에서는 다양한 모바일 기기를 활용하여 거리의 투쟁을 포함한 다양한 일상들을 취재, 중계, 소통하는 미디어 운동을 가리키는 것으로 보인다.
126. [옮긴이] '루터 블리셋'은 1994년 수백 명의 유럽 예술가, 활동가, 익살꾼들이 공동으

화창조를 추구했다. 하지만 반세계화 운동은 신화의 층위에서 빈 라덴, 부시, 할리우드, CNN의 정신병리학에 도전하기 위해 그러한 전략들을 결코 융합하려고 하지 않았다. 비디오제작은 카메라를 활용하는 활동가들이 늘어난다는 것을 의미하는 것이 아니라 급진적으로 올바르지 않은 비디오 서사가 창출되는 것을 의미한다. 대안적인 정보가 아닌 새로운 장르들과 체재들이 창출되는 것을 의미한다. 서구의 상상계가 영웅들의 해체된 신체들로 채워져 있다면, 전지구적 운동은 청교도적이고 제3세계주의적인 수사학 아래에 매장된 자신의 신체적 욕망들에 대해 언제나 상당히 거북해 했다. 전쟁 포르노는 그 운동이 공포에 필적하기 위해서가 아니라 신체를 깨우고 신체를 대상으로 삼는 이미지들을 생산하기 위한 하나의 도전이다.

역사 전반에 걸쳐 TV는 언제나 거대-신체들, 미디어 권력에 의해 과장된 신화적 거인들, 고대의 신들처럼 부담스러운 신체들을 생산해 왔다. TV 체제는, 미국 대통령의 이미지, 알카에다 테러리즘 브랜드, 또는 발라드가 1960년대 미국의 스카이라인에 대해 다루면서 묘사했던 종합적인 인간 능력을 갖춘 영화배우들 같은 괴물들, 비대한 신체들을 창조한다. 그와 달리, 인터넷과 개인 미디어는 우상파괴적인 기억장치register가 되려는 경향이 있으며, 끊임없이 그들

로 사용한 집단 필명이다. 그들은 이 필명을 통해 문화 산업에서 소동을 일으키기 시작했다. 5개년 계획으로 시작된 이 활동을 통해 그들은 장대한 이야기, 전설 등을 창작했으며, 새로운 종류의 민중 영웅을 탄생시키기 위해 공동으로 작업했다. '산 프레카리오'는 이탈리아의 비정규직 운동 관련 단체로서 시위 현장에 빠지지 않고 등장하는 비정규직 노동자들을 위한 수호 성인 캐릭터로 유명하다.

의 고립된 부분들을 벗어나 새로운 신체들을 생산하기 위해 그와 같은 형상들을 잊으려고 시도한다. 비디오제작이라는 해방된 개념은 우선, 사회의 수많은 자유주의적이거나 급진적인 부문들 속에서 발견되는 **무의식적인 자기검열** – 자기검열이란 비밀스러운 청교도적 형상물 뒤에서 싱긋 웃는 원숭이다 – 을 다룬다. 일단 자기검열에서 벗어나면 비디오제작은 미디어스케이프의 망각된 신경적 신체들의 창조적인 재조립reassembly을 시작할 수 있다.

전쟁 펑크:"나는 보고 싶다!"

잔혹한 이미지들을 보는 것은 인구에게 좋은 일이다. 어떤 점에서 푸코의 삶정치에 대한 심층적인 해석처럼 보이는 『잔혹행위 전시』에서 발라드는 전쟁 뉴스와 폭력 장면들이 성인의 성적 활동과 정신이상 아동의 상태를 향상시킨다고 묘사한다. 군 사령관들은 오늘날에도 역시 집합적 상상계를 야만적 행위들로 채우면서 그러한 일을 하고 있지만, 평화시에 그런 일을 해도 아무도 그들에게 이의를 제기하지 않는다. 미디어 생태계에 대한 나약한 방어 속에 스스로 갇혀 있는 급진적인 예술가들과 활동가들은 아무런 반응을 보이지 않는다. 제도 정치의 세계 속에서 활동가들은 언제나 비폭력 및 테러리즘 협박의 피해자이지만, 최소한 상상계의 영역에서는 어떤 종류의 동물혼을 고무할 수 있으며 **전쟁 포르노를 전쟁 펑크로 바꿀 수 있다.** 전쟁 펑크는 무기들을 미학적 행위로 받아들이는 정신착란적인 하위문화가 아니다. 그와 반대로, 전쟁 펑크는 급진적인 이미지들을 합법적 방어의 무기로 활용한다. 일본 속담을 바꿔 말하자면, 전쟁 펑크는 전쟁으로부터, 죽음을 미화하는 기술art을 훔친다. 전쟁 펑크는 서구 문화 그리고 대항문화 자체에 대한 자기검열을 극복하기 위해 비극적인 방식으로 전쟁 포르노를 활용한다.

미국 군 사령관들의 오만hubris에 희생의 형상물로 대항하고, 반전反戰 시위 특유의 행동으로, 하얗게 칠한 손을 하늘 위로 쳐드는 것의 취지는 무엇인가? 희생자의식victimhood은 나쁜 조언자이다. 그것은 나치즘을 위한 결정적인 정당화이며, 늑대를 훨씬 더 무심하게 만드는 양의 요청이다. 이러한 의미에서 전지구적인 운동은 '약한 사유'와 반동적인 문화의 좋은 사례이다. 어쩌면 그 이유는, 군 사령관들 및 테러리스트들과 달리, 그러한 운동이 결코 전쟁, 폭력, 죽음의 비극을 정교화하는 방법을 개발하지 않았기 때문이다. 아감벤의 제언을 따라, 우리는 우리 환상들의 세속화를 어떻게 역으로 세속화할 수 있을까?

논쟁적인 트랜스젠더 예술가인 크리스 코르다가 만든 비디오 〈나는 보고 싶다〉I Like to Watch에서 구강성교와 자위의 포르노 장면은 축구와 야구 경기들 및 유명한 9·11 이미지들과 뒤섞인다.[127] 남근 형상물은 [다음처럼] 절정에 도달한다. 국방성은 사정에 의해 명중되고, 다수의 발기한 음경들은 뉴욕의 스카이라인으로 바뀌며, 쌍둥이빌딩 자체는 건축학적 구강성교의 대상이 된다. 이 비디오는

---

127. 다음 링크에서 다운 받을 수 있다. www.churchofeuthanasia.org, 2008년 접속.

미국 사회의 가장 저열한 본능들을 응축하고 재투사한다. 스펙터클, 전쟁, 포르노, 스포츠를 결합하는 지하의 공통 지반, 세계에 자신의 실재적인 동물적 배경을 노출하는 이미지들의 난장. 전쟁 펑크는 리비도적 폭탄과 급진적인 이미지들을 전지구적 상상계의 심장부에 투하하는 B52 폭격기들의 대대^{大隊}이다.

리비도적 기생체들
인터넷 포르노와 기계적 초과

포르노에 대한 만연한 취향은 자연[본성]이 어떤 절멸의 위협을
우리에게 경고하고 있다는 것을 의미한다.
― 발라드, 「태양으로부터 새로운」[128]

어쩌면 폭력은 포르노처럼, 일종의 진화하는 대기(待機) 체계,
와일드 조커[129]를 게임 속으로 던져 넣기 위한 궁여지책의 장치가 아닐까?
― 발라드, 『근미래의 신화들』[130]

---

128. James G. Ballard, 'News From the Sun' (1981), in: James G. Ballard, *The Complete Short Stories* (London: Flamingo, 2001).
129. [옮긴이] 카드게임에서 와일드 카드란 '모든 카드의 대용으로 쓸 수 있는 카드', '동시에 여러모로 쓰이는 카드'를 뜻한다. '와일드 조커'는 '와일드카드로 활용된 조커'를 말한다. 이런 뜻이 확장되어 흔히 '예측할 수 없는 요인'이란 뜻으로 쓰이기도 한다.
130. James G. Ballard, *Myths of the Near Future* (London: Cape, 1982).

디아제팜[131]에 의존하는 포르노와 비물질노동의 테크노병리학

다수의 서양 지식인들은 포르노가 스펙터클 사회와 후기 자본주의적 상품화의 최종적인 구현에 불과하다고 우리를 안심시킨다(단지 일부만 거론하자면 보드리야르, 지젝, 그리고 또한 아감벤).[132] 그들은 포르노가 정치적으로 해방적이지도 않고, 특히 위험하지도 않다고 말한다. 비판 이론과 급진 철학의 세계에는 분명 포르노를 제거하려는 시도가 존재하지만, 그와 동시에 '정치적으로 올바른' 포르노가 눈에 띄게 늘어나고 새로운 하위 문화적 풍미(소위 **인디 포르노**나 **대안 포르노**)의 스펙트럼이 출현함으로써 그 외설적 잠재력을 중화하는 효과가 나타나고 있다.[133] 헤르트 로빙크가 허무

---

131. [옮긴이] $C_{16}H_{13}CIN_2O$. 바륨(Valium). 백색 또는 연한 황색의 결정성 분말로, 약한 정신안정제, 진정제로 이용된다.
132. Giorgio Agamben, *La comunità che viene* (Turin : Einaudi, 1990). 영어판 : *The Coming Community* (Minneapolis : University of Minnesota Press, 1991) : "자본주의가 제한을 두고 싶은 인간 본성의 스펙터클로의 역사적 변형을 전유하는 것, 이미지와 신체가 더 이상 분리되지 않은 공간 속에서 이것들을 서로 연결하는 것, 그리하여 어떠한 신체이건 그 성장 원리가 닮아 있는 신체를 주조하는 것 — 이것은 인류가 내리막길에 처한 상품들에서 살아나가는 법을 배워야 하는 선(善)이다. 고용된 조객(弔客)처럼 상품을 무덤까지 바래다주는 광고와 포르노는 인류의 이 새로운 신체의 알려지지 않은 산파들이다." Jean Baudrillard, 'What Are You Doing After the Orgy?', *Traverses* no. 29 (October 1983); Žižek, *The Plague of Fantasies* [지젝, 『환상의 돌림병』]; Slavoj Žižek, 'No Sex, Please, We're Digital!', in : *On Belief* (New York : Routledge, 2001) [슬라보예 지젝, 『믿음에 대하여』, 최생열 옮김, 동문선, 2003].
133. 다음을 참고하라. Florian Cramer, 'Sodom Blogging : Alternative Porn and Aesthetic Sensibility', in : K. Jacobs and M. Pasquinelli (eds.), *C'Lick Me : A Netporn Studies Reader* (Amsterdam : Institute of Network Cultures, 2007).

주의적 **충동**이라고 묘사한, 미디어계에서 일어나는 인플레이션 과정들과 이것들을 비교할 수 있을 것이다.[134] 우리가 어떤 식으로 다음을 인정하건, 오늘날의 포르노는 덜 '포르노적이다.' 흥미롭게도, 우리가 오늘날 포르노에 대해 왜 그렇게 많이 이야기하는지, 또는 우리가 왜 집합적 상상계의 도착적인 **포르노화**(아이러니하게 '인터넷 포르노 사회의 등장'이라는 별명이 붙은 것)를 주목하는지 이해하려는 계보학적인 시도는 존재하지 않는다.[135]

포르노에 대한 담론들은 각각 도덕적 불평들, 뜨거운 하위문화들, 최소화하는 문화 이론들 등을 중심으로 범주화될 수 있다. 특히 마지막 것은 아직도 포스트모더니즘적인 디아제팜(바륨으로도 알려진)의 냄새가 난다. 우리가 포스트모더니즘을 서구의 불안 anxiety에 대한 일종의 지적 대응이라고 규정할 수 있다면 말이다. 하지만 발라드는 어떠한 포스트모더니즘 철학자보다 더 훌륭하게 오늘날의 심리계를 포착하며 다소 불편한 시나리오를 제공한다. 그는 다음과 같이 언급한다. "포르노를 향한 만연한 취향은 자연[본성]이 어떤 절멸의 위협을 우리에게 경고하고 있다는 것을 의미한다."[136] 발라드의 경고는 그가 소설 속에서 묘사하는 리비도적 붕괴 — 황혼기에 접어든 제국의 붕괴 — 를 환기한다. 그러나 욕망의 이

---

134. Geert Lovink, 'Blogging, the nihilist impulse', in : *Zero Comments* (New York : Routledge, 2007). Web : www.eurozine.com/articles/2007-01-02-lovink-en.html.
135. 2005년 암스테르담에서 열린 「인터넷 포르노의 예술과 정치」회의에서 제출된 정의들 중의 하나. www.networkcultures.org/netporn.
136. Ballard, 'News From the Sun'.

러한 붕괴의 이면에는 어떤 이유가 있는가? 지난 반세기에 포르노는 편재遍在하게 되었으며, 인터넷 시대에는 거의 무료인 대중적 상품(그리고 공익사업, 왜 아니겠는가?)이 되었다. 포르노 자체는 소진된 과학기술 제국의 최종적인 부산물[부작용]로 간주될 수 있다. 엄청난 양의 사회적 에너지를 흡수하는, 일상생활을 위한 '정동적 상품'affective commodity으로서 말이다. 미디어 문화의 지식gnostic 유토피아는 전형적으로 디지털 네트워크들의 어두운 측면을 은폐하고, 이러한 부산물들의 유통을 추적하지 않는다. 다행스럽게도, 인터넷은 용케도 집단적 무의식의 모든 그림자들을 차례차례로 발견함과 동시에 폭로했다. '테크노병리학'은 이러한 불충분하게 검토된 연구 분야에 붙이는 이름일 수 있을 것이다. 이 결정적이지만 아직 생성 중에 있는 분과는 소수의 개척자들, 예컨대 인터넷 『인페르노』의 현대판 베르길리우스[137]라고 일컬어지는, (『속도 탈출하기』와 『불꽃의 인새너테리움』 같은 책들을 쓴) 마크 데리[138] 같은 소수의 개척자들에 의해 연구가 이루어졌다.[139]

더욱이 발라드는 우리 본연의 재생산적 본능들이 어떻게 과

---

137. [옮긴이] 베르길리우스(Publius Vergilius Maro, BC 70~19)는 로마 최고의 시인으로 서사시 「아이네이스」의 저자이다. 『인페르노』는 단테의 『신곡』 1부의 제목이다. 이 작품에서 단테는 베르길리우스를 저승의 안내자로 설정한다. '인페르노'라는 단어는 이탈리아어로 '지옥'을 뜻한다.
138. [옮긴이] 마크 데리(Mark Dery, 1959 ~)는 미국의 작가, 강사, 문화 비평가이다. 그는 '미디어, 시각적 풍경, 유행 경향들, 비대중적 문화' 등에 대한 글을 쓴다.
139. Mark Dery, *The Pyrotechnic Insanitarium : American Culture on the Brink* (New York : Grove, 1999); and Mark Dery, *Escape Velocity : Cyberculture at the End of the Century* (New York : Grove, 1996).

학기술의 점진적인 지층화 stratification에 의해 질식당하지 않았는지 우리에게 상기시켜 준다. 과학기술은 어떻게 해서든, 포르노를 탐식하기 위한 도착적 미디어스케이프의 채널들을 관통하는 길을 발견한다. 발라드는 집단적 무의식의 주파수에 맞추어진 자신의 촉각을 유지하지만, 이러한 전지구적 기질의 계보에 대해서는 얼버무린다. 덜 선구적이지만 그에 못지않게 디스토피아적인, 또 다른 **테크노병리학자**인 프랑코 베라르디 [비포][140]는 명확하게, 포르노의 증식을 (자연적인 관능성을 희생하면서 완전히 가상화된 소통 양식 속에 우리의 신체들을 빨아들였던) 디지털 혁명과 연결한다. "포화 상태의 정보계에서, 신체의 직접적인 지각 방식은 포르노이다."[141] 베라르디는 다음과 같이 주장한다.

> 전체 미디어스케이프를 통해 운반되는 전자 자극[흥분]은 감각적인 유기체를 영구적인 감전사 상태 속에 빠뜨린다. 단일한 입력 input의 언어적 정교화를 위한 시간은 입력의 수가 늘어남에 따라 줄어들고, 입력의 속도는 더 높아진다. 섹스는 더 이상 말하기가 아니다. 섹스는 오히려 떠듬거리기이고, 머뭇거리기이며, 또한

---

140. [옮긴이] 프랑코 베라르디 [비포] (Franco Berardi [Bifo], 1948~)는 자율주의 전통 속에서 활동하는 이탈리아 맑스주의 이론가, 정치철학자, 미디어 활동가이다. 주로 탈산업 자본주의, 기호자본주의에서 미디어와 정보 테크놀로지가 차지하는 역할에 초점을 맞춰 연구하고 있다. 국내에 『봉기: 시와 금융에 관하여』(갈무리, 2012), 『미래 이후』(난장, 2013), 『노동하는 영혼: 소외에서 자율로』(갈무리, 2012) 등이 번역, 출간되었다.

141. Franco 'Bifo' Berardi, 'The Obsession of the (Vanishing) Body', in : Jacobs and Pasquinelli, *C'Lick Me*.

자기[섹시] 때문에 고통 받기이다. 말을 하기에는 단어가 너무 적고, 시간이 너무 짧다. 느끼기에는 시간이 너무 짧다. 포르노는 감정적인 자동화와 감정적인 대응 시간의 획일화에서 나타나는 하나의 에세이다. 영구적인 감전사, 언어적인 정중한 정교화의 단축, 감정적인 반응의 위축[감퇴] 사이의 함축을 놓치지 말라. 포르노는 단지 이러한 신경 단락短絡의 가시적인 표면일 뿐이다. 접속 세대는 감정적인 위축이라는 유행병의 징후들을 보여 주고 있다. 언어와 섹슈얼리티 사이의 단절이 일어나고 있다. 포르노는 이러한 단절의 최종적 형태이다.[142]

베라르디는 인류가 새로운 과학기술적 환경에 적응할 가능성에 회의적인 것처럼 보인다. 그와 달리 발라드는 포르노(또는 여하한 폭력적인 현상들)가, 상이한 운명을 유발하는 유전자 게임에 던져지는 '와일드 조커'로 간주될 수 있다고 시사한다. 하지만 우리는 새로운 인간 세대가 결국 자신들의 성생활을 이러한 과도하게 자극적인 미디어스케이프에 적용하는 데 필요한 인지적이고 신체적인 기술들을 발달시킬 가능성을 배제해서는 안 된다. 오늘날 인터넷 포르노가, 컴퓨터에 과도하게 의존하는 경제적 생산양식의 어두운 측면(또는 회색 측면), 즉 포스트포드주의적인 디지털 기계 혁명에 의해 전용되는 인지적 에너지들의 부작용이라는 점은 분명하다. 통계학적 증거를 고려해 볼 때, 비물질노동과 네트워크 사회는 더 이상 인

---

142. 같은 글.

터넷 포르노에 대한 참조 없이 언급되어서는 안 된다.[143]

포르노의 열역학

일반적으로 포르노는 표현의 자유와 언론의 자유 패러다임에 의거해 방어된다. [포르노 옹호자들은] 신체를 다루는 데 이론은 필요가 없다고 말했었다. 그와 반대로 포르노 논쟁은 무의식적으로 쾌락과 욕망의 다양한 모델들을 사용한다. 우리가 전형적인 자유주의적 초연함을 가지고 표현의 자유를 방어하고 있을 때조차도, 우리는 그럴 때마다 특수한 쾌락 모델을 사용하고 있다. 일반적으로 다음과 같이 두 개의 대조적인 학파를 언급할 수 있다. 리비도가 제한된 에너지라고 생각하는 사람들과 리비도가 무한한 유동이라고 생각하는 사람들. 들뢰즈는 (프로이트에 대립하면서, 니체를 따라) 마조히즘을 다룬 책, 『매저키즘』에서 긍정적인 반복으로서의 욕망을 도입했다.[144] 다른 한편, 프로이트는 『쾌락원리 너머』에서 강박적 반복을 죽음 충동의 현현으로 간주했다(그리고 강박은 인터넷 포르노에 대한 담론에서도 일관되게 회귀한다).[145] 하지

---

143. 예컨대 다음을 보라. 'Caslon Analytics:adult content industries' report, accessed June 2008, www.caslon.com.au/xcontentprofile.htm.
144. Gilles Deleuze, *Présentation de Sacher-Masoch : le froid et le cruel*. [질 들뢰즈, 『매저키즘』].
145. Sigmund Freud, *Jenseits des Lustprinzips* (Leipzig : Internationaler Psychoanalytischer Verlag, 1920)[지크문트 프로이트, 『쾌락원리 너머』, 김인순 옮

만 가따리와 함께 쓴 저작들에서, 들뢰즈의 욕망 개념은 (『앙띠 오이디푸스』를 시작으로) 계속 확장하는 기계적 스피노자주의를 채택했다. 여기에서 베라르디는 특별히 들뢰즈와 가따리를 비판하는데, 그 이유는 그들이 **분열**에 대한 열광으로 인해 자연스럽게 우울을 예견하지 못했기 때문이다.[146] 비록 그들이 어쨌든, 신체의 다양한 유형학들(우울증적 신체, 편집증적 신체, 분열자의 신체, 마약을 한 신체, 마조히스트의 신체 등등)을 도입하는, 「어떻게 자신을 기관 없는 신체로 만드는가?」라는 절에서 우울을 다루고 있지만 말이다.[147] 베라르디의 입장 이면에 있는 기본적인 가정은 리비도적 에너지가 제한되어 있으며 우리가 결코 항상 파티를 열 수는 없다는 점이다.

'유동'flux이 물질의 물리학적 또는 생물학적 흐름으로 엄밀하게 표현되어야 (할, 그리하여 제한된 것으로 '측정되어야') 할 마땅한 이유는 없다. 하지만 들뢰즈와 가따리를 따라, 그리고 감각들, 기계들, 흐름들에 대한 그들의 수역학을 따라 욕망의 열역학을 재설계하는 것은 흥미로울 것이다. 만약 열역학 제1법칙이 인간의 리비도에 적용된다면, 그것은 다음과 같이 번역될 수 있을 것이다. "어떤 과정에서도, 전체 욕망은 일정하게 유지된다." 그리고 제2법칙은 (더욱 흥미롭게도) 다음과 같이 말할 것이다. "욕망의 엔트로피

김, 부북스, 2013].
146. Franco 'Bifo' Berardi, *Félix* (Rome: Luca Sossella Editore, 2001).
147. Deleuze and Guattari, *Mille Plateaux* [들뢰즈·가따리, 『천 개의 고원』, 288~289쪽 참조].

는 항상 증가한다." 달리 말하면, 그것은 우리의 에너지가 결국 노쇠해진다는 것을 의미한다. 포르노를 폄하하는 사람들은 무의식적으로, 포르노가 개인이나 사회의 총 에너지 자본에 대한 공격이라고 생각한다. 우익 검열관이나 좌익 회의론자들이 포르노 소비에 가한 일종의 열역학적 검약倹約이 존재한다. 그러나 포르노 제작자들과 대량 다운로더들조차도 포르노가 무제한으로 소비될 수 없다는 것을 알고 있다. 이상하게도, 포르노 형상물의 '의미'는 우리의 신체적 흥분도에 직접적으로 연결된다. 아침 식사 시간에 포르노 영화를 보려고 했던 적이 있는가? 대부분의 사람들에게, 리비도적 '의의'는 희미해진다. 포르노 이미지들은 매우 특별하다고, 이 포르노 이미지들은 우리의 동물적 절시증竊視症148에 대고 말한다. 포르노는 우리의 비열한[파충류적] 신경계를 위한 일종의 전통적인 ancestral 영화다. 포르노 이미지를 어떤 도덕적 기억장치에 따라 판단하는 것은 불가능하다. 그것은 그 각각의 이미지가 리비도적 욕망의 완전히 다른 질(과 양)을 갖는다는 단순한 이유 때문이다. 범성애pansexuality와 성욕장애asexuality 모두, 리비도적 흥분의 높고 낮은 정도와 함께 용인되어야 한다.

  포르노 이미지들은 우리의 욕망 흐름들에 의해 소비되기도 하고 생산되기도 한다. 이 리비도적 경제가 어떻게 다루어질 수 있을까? 포르노의 미학 이전에, 에너지와 힘에 대한 유물론적 윤리학이 존재해야 한다. 이 시나리오는 결코 단순하게 이항론적인 것

---

148. [옮긴이] 절시증은 나체나 외설 사진을 보고 성적 쾌감을 느끼는 것을 말한다.

이 아니다. 예를 들어, 한편으로는 무한한 유동flux의 학파와 다른 한편으로는 제한된 리비도의 학파 사이에, 우리는 바타유와 초과에 대한 그의 인간 충동[개념]을 놓을 수 있다. 바타유에게, 성적 본능들은 끊임없이 인간 정체성에 도전하며 그것을 파괴한다. 성적 본능들은, 모순들에서 빠져 나올 수 없고 유사^{類似}열역학적 패러다임으로 환원될 수 없는, 미와 동물성이라는 이중 구속에 묶여 있다.[149] 욕망의 열역학 제2법칙에 따르면 평형은 결코 존재하지 않는다. 우리가 포르노를 방어할 때조차도 우리는 결코 규정될 수 없고 예측 불가능한 욕망을 다룬다. 들뢰즈와 가따리는 다음과 같이 말하고 있다. "기술기계들은 고장이 나지 않는 조건에서만 작동한다. 이와 반대로 욕망하는 기계들은 작동하면서 끊임없이 고장이 나며, 고장을 일으키면서만 작동한다."[150] 표류하는 리비도의 잉여가 언제나 존재한다. 욕망의 이면에 있는 유물론적 힘들을 그리는 것은 '포르노의 윤리학'을 위한 흥미로운 실험이 될 것이다. 하지만 앤드루 로스가 명석하게 말한 바처럼, 욕망을 문명화하는[길들이는] 것은 어렵다.

결론적으로 우리는 포르노의 인기가 대부분 교육[되는 것]에 대한 거부에 있다는 그 가능성을 참작해야 한다. 따라서 포르노는 직무태만, 변덕스럽거나 독단적인 행위를 찬미하는 것에 상당한

---

149. Georges Batailles, *L'érotisme* (Paris: Minuit, 1967)[조르주 바타유, 『에로티즘』, 조한경 옮김, 민음사, 2009].
150. Deleuze and Guattari, *Anti-Oedipus* [들뢰즈·가타리, 『앙띠 오이디푸스』].

이해관계를 갖고 있다. 그리고 이러한 점에서, 그 최종적이고 유토피아적인 주제가 결국은 '방학이여 영원하라'인, 헤비메탈 음악 같은 문화 형태들과 흡사하다. 교화되는 것에 대한 거부. 성차별주의sexism와 인종주의racism는 고사하고 성숙과 성인의 책임감에 대한 교훈을 배우기를 거부하기. 외설스러워지기, 심지어 나빠지기, 그렇지만 주로는 외설스러워지기. 가장 나쁜 행동을 해 보기. 이 모든 것은 가부장제의 책략, 자본주의의 책략일 수도 있지만, 그것은 또한 제도적이거나 또는 그 밖의 어떤 교육에 대한 저항과 관계가 있다. 그것은 합법적인 교육을 통해 투여되고 주입된 특권들인 권력 후원과 선교 열정을 갖춘 사람들에 대한 저항과 관계가 있다. 분명 여기에는, 오늘날 언제나 그랬듯이 민중의 감정교육의 '증진'에 전념하는 지식인들에 대한 경고가 존재한다.[151]

욕망의 엔트로피와 기계들의 네겐트로피

디지털 기계들은 항상 대칭적인 장치들로 간주되어 왔다. 이진 데이터의 부드럽고 자유로우며 수월한 복제 가능성에 대한 광범한 믿음에 따르면, 이 장치들에서 에너지는 들어오고 나가며, 에너지의 관점에서 볼 때 입력은 출력과 동등하다. 미디어 문화(그리

---

151. Andrew Ross, *No Respect: Intellectuals and Popular Culture* (New York: Routledge, 1989).

고 가장 성공적인 것으로는 디지털 음악[152])는 에러와 결함의 지위에 초점을 맞추려 애썼지만, 디지털 코드의 결함 구조 안에서만 그러했다(이것은 기계들이 존재해야 하는 생물학적이고 아날로그적인 맥락에 관심을 기울이지 않는 밀실공포적인 시각이다). 튜링 기계[153]의 증식이 있기 수십 년 전 '기계 비평'과 디스토피아 문학의 초창기에, 사무엘 버틀러는 소설 『에르혼』[154]에서 유기적이고 기계적인 세계 사이의 연속체를 주장했다. 맥루언은 이에 대해 다음과 같이 논평한다.

> 일찍이 1872년, 사무엘 버틀러는 『에르혼』에서, 연료를 분해하여 동력을 얻는 방식뿐만 아니라 기계 감독들의 도움으로 끊임없이 새로운 유형들을 계속 진화시킬 수 있는 역량의 측면에서 기계들이 유기체들을 닮아가기 시작하고 있던 별난 방식들을 탐험했다. 그는 기계들의 유기체적 특성, 즉 기계들이 유기체를 닮아가는 속도가 기계들을 돌보는 사람들이 기계의 경직성과 무사유의 행동주의를 닮아가는 속도보다 훨씬 빠르다고 보았다.[155]

---

152. 다음을 참고하라. Kim Cascone, 'The Aesthetics of Failure : Post-Digital Tendencies in Contemporary Computer Music', *Computer Music Journal* (Vol. 24, no. 4, Winter 2000), MIT Press.
153. [옮긴이] 영국의 수학자인 튜링(1912~1954)에 의해 고안된 자동기계로 긴 테이프에 쓰여 있는 여러 가지 기호들을 일정한 규칙에 따라 바꾼다.
154. Samuel Butler, *Erewhon : or Over the Range* (London : Jonathan Cape, 1921 [1872])
155. Marshall McLuhan, *The Mechanical Bride : Folklore of Industrial Man* (New York : Vanguard Press, 1951).

인터넷 포르노의 엔트로피 모델은 지배적인 기술-패러다임이 디지털 코드의 물신주의와 추상적인 공간들 속에서 얼마나 부분적인지 설명하는 데 유용하다. 언제나 에너지의 낭비, 즉 기계들에도 역시 영향을 미치는 '허무주의적 충동'이 존재한다. 하지만 그 반대 과정이 실제로 더 흥미롭다. 산 에너지는 자연적인 엔트로피에 맞서 끊임없이 축적한다. 이것은 에르빈 슈뢰딩거가 『생명이란 무엇인가?』에서 네겐트로피라 부르는 것으로 생물학적 모델을 열역학 모델보다 더 호기심을 자아내는 것으로 만드는 원동력이다.[156] 기계들은 유기체 세포들처럼 에너지를 소비하고 낭비하지만, 그와 동시에 에너지를 축적하고 응축하며 저장할 수 있다. 기계들에 의해 생산되는 물질적 사물과 비물질적 사물 모두 에너지의 응결물들 concretions로 간주될 수 있다. 기계들은 보통 에너지를 전송하거나 **변형하는** 그리고 더욱 중요하게는 에너지를 **저장하는** 장치들로 정의된다. 하지만 나는 예측 가능한 SF 서사에서처럼 기계들이 별개의 자율적인 영역에 속한다고 제시하고 있는 것이 아니다. 미디어 그리고 인간들은 언제나 정보의 거대한 축전기이자 관심의 끝개로 기능하는 집단적인 소통 체계 속에서 상호 연결되어 왔다. 네트워크들은 에너지의 축적, 분배, 저장을 위한 거대 장치로 이해될 수 있다. 네트워크들은 매일 확장한다. 네트워크들은 임계량이나 문턱에 도달할 때 새로운 생물학적 종처럼 새로운 과정을 촉발한다. 인터넷

---

156. Erwin Schrödinger, *What is Life? The Physical Aspect of the Living Cell* (Cambridge:University Press, 1948) [에르빈 슈뢰딩거, 『생명이란 무엇인가. 정신과 물질』, 서인석 옮김, 한울, 2011].

자체도 게시판BBS에서 세컨드라이프로 성장했으며, 인터넷의 조직 형태는 축적, 응축, 헤게모니, 위기의 상이한 단계들을 관통해 왔다.

『앙띠 오이디푸스』의 욕망하는 자본주의를 따라 하트와 네그리가 그리는 『제국』과 '정동적 노동'을 다룬 다른 저작들에서 현대 생산의 정동적 차원을 묘사한다.[157] 그들이 '삶정치적 생산'이라고 부르는 것은 들뢰즈와 가따리의 '욕망하는 생산'으로 번역되지만, 하트와 네그리가 [그렇지 않았다면] 너무 비결정적인 것으로 보였을 '욕망의 내재적 평면'에 긴장의 화살을 부여하기 위해 산 노동의 갈등을 강조한다는 점에서 차이가 있다. "들뢰즈와 가따리는 사회적 재생산(창조적 생산, 가치의 생산, 사회관계, 정동, 되기)의 생산성을 발견하지만, 그것을 피상적이고 일시적으로, 파악할 수 없는 사건으로 특징지어지는 카오스적이고 비결정적인 지평으로서만 밝히게 된다."[158]

하트와 네그리의 존재론은 정동적 생산의 완전한 스펙트럼에 관해 구체적이지 않으며, (소위 '다중의 어두운 측면'과 그 양서류적인 본성을 포함해) 오늘날 심리계 속의 수많은 도착적이고 모순적이며 모호한 감정들을 다루지 않는다.[159] 여하튼, 들뢰즈와 가따리의 직관들과 관련해서도, 이 더러운 엔진들은 리비도적 잉여가치의 추출을 파악하기 위해 더욱 주의 깊게 점검되어야 한다. 어떤 기계

---

157. Michael Hardt, 'Affective labour', *Boundary* 2 (vol. 26, no. 2, Summer 1999). And: Antonio Negri, 'Value and Affect', in Ibid.
158. Hardt and Negri, *Empire* [네그리·하트, 『제국』].
159. Virno, 'So-called 'evil' and criticism of the state'. 이탈리어 원본: 'Il cosiddetto 《male》 e la critica dello Stato'.

(또는 어떤 네트워크)를 규정하는 것은 언제나 어떤 잉여와 맺는 관계이다. 미디어는 생물학적 유기체들처럼 불결하고 끈적거리는 방식(먹기와 똥 싸기)으로 기능하지만, 새로운 에너지의 축적을 향한 보이지 않는 긴장이 언제나 존재한다. 실제로, 들뢰즈와 가따리는 애초에 세 종류의 욕망하는 기계들을 도입했지 단순히 하나의 기계를 도입한 것이 아니었다. 생산하거나 절단하거나 소비하는, 욕망하는 기계들이 그것들이다. 단지 하나의 포괄형만이 대중적 성공을 거둔 것처럼 보인다. 그들의 기계역mechanosphere은 정말로 자본주의를, 위로부터의 연속적인 에너지 흐름을 토대로 하여, 흐름들의 카오스적인 얽힘에 의해 교차되는, 매우 복잡한 사태 속에서 설명한다. 들뢰즈와 가따리에게 욕망은 무한한 유동flux이다.

……모든 기계는 기계의 기계이다. 기계는 흐름을 생산한다고 여겨지는 다른 기계에 연결되어 있는 한에서만 흐름의 절단을 생산한다. 그리고 의심할 바 없이 이 다른 기계는 그 나름대로 실제로 절단을 행한다. 그러나 이 기계가 절단을 행하는 것은 제3의 기계와의 관계에서만인데, 이 제3의 기계는 연속적인 무한한 유동flux을 관념적으로, 즉 상관적으로 생산한다. 예를 들어, 항문-기계와 창자-기계, 창자-기계와 위-기계, 위-기계와 입-기계, 입-기계와 젖소 떼의 우유의 흐름('그리고 또, 그리고 또, 그리고 또……'). 요컨대, 모든 기계는 그것이 연결되어 있는 기계에 대해서는 흐름의 절단으로 기능하지만, 그와 동시에 그것에 연결되어 있는 기계에 대해서는 흐름 자체 혹은 흐름의 생산이다. 이

와 같은 것이 생산의 생산 법칙이다.[160]

여기에서 들뢰즈와 가따리는 에너지의 축적보다는 기계들의 아상블라주와 생산에 보다 직접적으로 초점을 맞춘다. 리비도적 '축적'은 (집단적인 투자의 형태로) 편집증적 극점들(아버지, 가족, 국가 등등)을 둘러싸고 일어난다.

미디어는 광범한 리비도적 축적의 시나리오 속에서 어떤 기능을 수행하는가? 전통적으로, 미디어는 정보 채널들, 신체 보철들, 모방 장치들 등으로 묘사되어 왔다. 나는 그것들을, 리비도적 잉여가치의 추출과 축적이라는 개념을 가지고, 리비도적 유기체들로, 보다 구체적으로는 공생자들로, 또는 훨씬 더 잘 표현하자면 **리비도적 기생체들**로 표현하고자 한다. 잉여가치는 에너지의 초과 그리고 그것의 착취나 향유를 서술하는 또 하나의 방법이다. 리비도적 잉여가치는 특히 미디어 경제 및 미디어 경제의 진화를 추동하는 긴장을 가리킨다. 예컨대, 인터넷 포르노 비디오들은 디지털 네트워크들의 구조적 일부인 공생적 유기체들로 표현될 수 있다. 인기 스타들의 시뮬라크라는 또한 정동적인 기생체들로 간주될 수도 있다. 사실, '스펙터클한' 기계들은 기생체들로 작동하는데, 그것은 이것들이 매우 물리적인 방식으로 우리의 리비도에 홈을 파고 리비도를 축적하기 때문이다. 미디어 기생체들은 우리의 리비도적 에너지들을 하나의 잉여로서 흡수하고 그것을 상표들, 과학기술, 물질적이

---

160. Deleuze and Guattari, *Anti-Oedipus* [들뢰즈·가따리, 『앙띠 오이디푸스』, 61~62쪽].

고 비물질적인 상품들을 향하는 관심과 물신주의의 형태 속에 응축한다. 기생체라는 단어에는 어떠한 도덕적 판단도 함축되어 있지 않다. 아마도 리비도적 기생체들은, 우리가 막 익숙해지기 시작하고 있는 ('감정적 미디어'와 '정동적 상품들'과 더불어) 유기체들의 새로운 세대에 지나지 않을 수도 있다.

미셸 세르는 『기생체』에서 인간관계를 끝없는 기생적 사슬로서 묘사했다. "기생체가 기생체들에 기생한다."[161] 각각의 유기체는 다른 유기체의 기생체이다. 인간은 자연의 기생체이다. 전지구적인 소통 체계 자체는 하나의 기생적 체계이다. 하지만, 이러한 기생체 그림에서 빠져 있는 것은 모든 삶형태(와 조직)에 특유한 잉여의 축적과 추출이다. 여기에서 나는 기생체 개념의 도입을 '순수한 매체성'[162]의 한 요소가 아닌 축적의 엔진으로 볼 것을 제안한다.[163]

시간의 결정結晶들을 축적하는 소용돌이들

소통 기계들을 둘러싼 비판적 담론(미디어 문화와 미디어 행

---

161. Serres, *Le Parasite*. 영어판: *The Parasite* [세르, 『기식자』, 95쪽].
162. [옮긴이] 매체성은 'mediality'를 옮긴 것이다. 영어 사전에 의하면, 'mediality'는 '어떤 특정한 상황에서 시나 문학작품 같은 것들이 형태를 갖추는 일반적인 조건'을 뜻한다.
163. '순수한 매체성'은 다음을 참조하라. Stephen Crocker, 'Noises and Exceptions: Pure Mediality in Serres and Agamben', *Ctheory* (28 March 2007), www.ctheory.net/articles.aspx?id=574.

동주의)이 명확하게 드러내야 하는 것은, 소통 기계들이 결코 자유 언론, 자유문화, 자유로운 협력을 위한 중립적인 도구가 아니라는 점이다. 고요하고 평화로운 시나리오는 결코 주어지지 않는다. 소통 기계들은 그 표면 아래에 끊임없이 에너지를 축적한다. 모든 형태(리비도, 관심, 정보, 데이터, 심지어는 전기) 속으로의 잉여가치의 축적과 그 단절 지점은 **자유로운 협력**과 **자유문화**에 대한 모든 담론과 마찬가지로, 비판적인 미디어 문화의 정치적 초점이 되어야 한다.[164] 물론, 과학기술에 의해 추동된 모든 형태의 **집단지성**과 **창조적인 공유지**는 잉여가치의 자본주의적 축적에 대한 실재적인 위험을 나타내지만, 비물질적인 층위의 너머 또는 아래에는 언제나, 결코 심각하게 대면한 적이 없는 물질적인 피기생체[인간 세계] by-parasite가 존재한다. 영화 『매트릭스』(누구나 알고 있는 플롯에 **빠져본다면**)의 흥미로운 부분은 가상현실 게임이라기보다는 인간 신체들 너머에 존재하[면서 인간들에게 들러붙어 기생하는 디지털 세계의 기생적 역할이다. [영화에 따르면] 2199년에 지적 기계들은 인간 존재들을 통제하고 그들을 하나의 에너지 자원으로 착취하며, 무수한 사람들을 누에고치 속에서 키우고 그들의 생bio전기적인 에너지와 신체 열을 수확한다. 축적은 여전히, 디지털 **공통주의[공생주의]** commonism에도 불구하고, 아니 어쩌면 이것 때문에 이루어진다.

일반적인 푸코주의 패러다임을 적용해 보면, 이러한 분자적이

---

164. '자유로운'이라는 이데올로기에 대해 다룬 앞 장을 참고하라. 그리고 다음도 참고하라. Lessing, *Free Culture* [레식, 『자유문화』].

고 도착적인 기생체들은 낡은 미디어와 제도들만이 폭넓은 규모로 이전에 형성했던 삶정치적 기능을 형성한다. 마우리치오 라짜라토는 『비디오철학』이라는 책에서, 훨씬 구체적으로 전자 과학기술들이 사용자들의 살아 있는 시간으로부터 나온 '시간의 결정結晶들'을 어떻게 얼어붙게 하는지 묘사한다. 이러한 '결정들'은 포스트포드주의의 비물질적인 조립라인의 일부가 되는 움직이는 이미지들이다.

> 우리의 노동이 조직되는 것에 관한 핵심적인 가설은, 전자 및 디지털 기계들, 그리고 지적 노동 역시, '시간을 결정結晶화한다'는 것이다. …… 이미지는 결코 결핍, 부재, 부정성 위에서 작동하는 어떤 것이 아니다. 이미지는 실재적인 것을 나타내기 위해 실재적인 것에 덧붙여진 어떤 것이 아니라 존재의 바탕texture 그 자체이다.[165]

여기에서 라짜라토는 비디오-전자적 미디어를 기억 및 상상력과 동일한 방식으로 시간을 생산하고 축적할 수 있는 자율적인 엔진들로 표현한다. 움직이는 이미지들을 통한 '시간의 결정結晶'의 축적이, 라짜라토가 『비물질노동』이 출간된 그 때에 탐구하는 핵심적인 통찰이다(그럼에도 비물질노동 개념에 대한 추상적 이해만이 호의적으로 받아들여져 왔다). 베르그손과 들뢰즈를 따라 라짜라토는, 더이상 포스트모더니즘의 단조로운 시뮬레이션이 아니라 살과 실재 속으로 파고들어가는 장치라는 움직이는 이미지의 복잡한 개념을

---

165. Lazzarato, *Videofilosofia*, pp. 14~15 (번역은 인용자).

발전시킨다. 나는 비디오 과학기술 개념을 시간 축적의 엔진들로 받아들인다. 이것은 비디오 과학기술들을 리비도적 축적의 기생체들로 도입하기 위해서이다. 라짜라토가 지속과 시간을 위치시키는 곳에 우리는 욕망과 리비도적 에너지를 끌어들인다.

> 전자 및 디지털 과학기술들(그러나 심지어 영화조차)은 **이미지를 자율적으로 생산하는** '기계공들'이다. (눈과 렌즈의 관계처럼) 인간 감각들의 단순한 외적 확장들로서 그것들을 규정하는 대신, 우리는 시몽동의 직관 하나를 다시 취하여, [그것들을] 인간에 비해 '상대적 자율성'을 가질 수 있는 '엔진들'로 이해해야 한다. 그것들은 '외부로부터 [활동적이고 잠재적인] 에너지를 취하는' 기계적이고 열역학적인 엔진들과 다르게, 진실로, 지속과 시간을 축적하는 엔진들이다. 그리고 기억과 상상력이 **시간을 축적하고 생산하는** '유기적 엔진들'로 규정될 수 있다면, 비디오 과학기술과 컴퓨터들은 동일한 원리 위에서 작동하는 비유기적 엔진들로 규정될 수 있을 것이다.[166]

어떠한 가상현실 꿈에서 나와 아날로그적인 세계로 돌아오는 각각의 미디어 아상블라주는 크거나 작은 축적의 소용돌이가 되고, 각각의 장치는 에너지 기생체가 된다. 시간과 욕망은 이끌리고 결정화되며, 나중에는 다른 형태들로 변형되고 응축된다. 기생체들이 결

---

166. 같은 책, p. 83.

코 '비물질적이지' 않다는 점이 분명하게 지적되어야 한다. 기생체들은 언제나 우리의 유출들을, 만질 수 있는 무엇인가로 변형한다. 인터넷 포르노는 리비도적 흐름들을 화폐로 전환하며, 매일 전지구적 규모로 거대한 대역폭을 흡수한다. 인터넷 포르노는 리비도를 순수한 전기로 변형한다. 파일공유 네트워크들이 MP3 플레이어들의 부대로 환생한 것과 꼭 마찬가지로, 자유 소프트웨어는 더 많은 IBM 하드웨어를 판매하는 것에 도움이 되며, 세컨드라이프의 아바타들은 보통의 브라질 사람들만큼 전기를 많이 소비한다.[167] 리비도적 잉여는 과학기술 기반시설 전역에서 추출되어 보내지며, 그 기반시설 자체에, 그 형상물에 또는 그러한 네트워크에 연결되고 그 네트워크에 의존하는 다른 장치들에 투자된다. 리비도적 잉여의 축적은 화폐, 관심, 가시성, 스펙터클, 물질적이고 비물질적인 상품들로 쉽게 전환된다.

리비도적 기생체와 리비도적 잉여의 축적

이런 식의 개관은 에너지 잉여 및 욕망이라는 관념들을 둘러싼 몇 가지 개념들을 요약하려고 시도하며, 미디어 생태계 내부의 엔트로피와 네겐트로피를 연구한다. 맑스의 잉여가치 축적에서

---

167. Nicholas Carr, 'Avatars consume as much electricity as Brazilians', *Rough type* (5 December 2006).

부터 바타유의 초과, 그리고 들뢰즈와 가따리의 욕망하는 생산에서 슈뢰딩거의 네겐트로피로 이동하면서 나는 리비도적 기생체라는 이론적 형상으로 결절점을 응축하기 위해 노력했다. 오늘날 미디어 이론의 난국들을 벗어나기 위해 나는 기계(또는 네트워크)를, 물질적인 관심사에서 벗어난 또는 그것으로부터 추상된 가상적 체계가 아닌, 언제나 외부 잉여와 관계를 맺는 어떤 것이라는 정의를 제안했다. 미셸 세르에 따르면, 전체 미디어스케이프는 하나의 기생적 사슬로 기술될 수 있다. 이 분야는 광대하기 때문에, 미디어 본연의 본능들에 대한 발라드의 시각, 베라르디의 '초표현성의 병리학들' 그리고 로빙크의 '허무주의적 충동'과 같은, 상이한 직관들을 적절하게 연구하기 위해서는 보다 세부적인 지도 제작이 필요하다. 이것들은 모두 오늘날의 미디어스케이프에 영향을 미치고 있다. 개인적으로 나는 스펙터클의 사회에서 리비도적 잉여가치 추출의 급진적 경우인 인터넷 포르노에 초점을 맞추었다.

포르노가 궁극적인 상품으로 간주될 수 있는 이유는 [포르노에서] 종의 본능이 거대기계에 의한 잉여가치 추출의 토대가 되었기 때문이다. 여기에는 진정으로 묵시록적인 어떤 것이 존재한다. 그리고 또한 인터넷 포르노 기반시설이 주로 남성적인 리비도의 '흐름들'에 의해 뒷받침되는 방식에는 전체주의적인 어떤 것이 존재한다. 대안 **포르노**와 동성애 공동체의 행동주의에도 불구하고, 포르노는 여전히 주로 남성 시청자 그리고 (보통은 착취를 당하는) 여성 노동자의 관심사로 남아 있다. 일반적으로, 소프트코어 광고의 맥락에서건 또는 하드코어 포르노의 맥락에서건, 이러한 성적 욕망은 인류의 새로운 전기적electronic 상부구조를 강화한다. 궁극적으로, 포르노는, 와일드 조커의 형태로라도, 모든 근본주의 교회 못지않게 인류의 보존 및 재생산과 관련될 수 있을 것이다.

부록

도시 카니발리즘 선언
(베를린 선언)

비츠케 마스 · 맛떼오 파스퀴넬리

1. '없이'without로부터의 탈주에 대한 절節

우리는 처녀지를 위해
절대 도시를 버려서는 안 된다.

보호해야 하는 순수한 자연 상태란 없다.
도시 그 자체가 번성하는 생태계이며,
진정한 '자연에의 인간적 참여'[1]이다.

사실, 자연은 자연에 대한 어떠한 관념도 만들어 내지 않는다.

자연이란 이미지는 언제나
인간 문명이 만들어 낸 인공물,
문명 진화 단계의 철가면이었다.

하지만 우리는 여전히 깨닫지 못하고 있다.
자연의 이미지는 늘
우리의 동물 본능과 두려움을
주변 환경에 투영한 것이라는 걸.

자연에 대한 모든 유토피아는 항상
— 삶의 형식의 영토적 몸짓일 것이다.

태곳적부터,
신석기, 심지어는 구석기 시대부터,

농경을 발명한 것은 도시다.[2]

식민지 시대에,
'유럽이 세계를 집어삼켜, 소화하기 시작했다면',[3]
도시 카니발리즘은 후기 자본주의의
네메시스다.

2. 무기적inorganic 삶에 대한 절

도시 카니발리즘은
메트로폴리스의 삶형태적 무의식에서 생겨난다.

에너지와 물질의 흐름에 자극받는,
도시 풍경은 살아 있다.

유체력은 수로와 하수구의 뒤얽힌 타래를 통해
밀려가고 밀려온다,
물의 흐름은 도시의 주요한 신진대사이다.

그러나 건물 또한 미네랄의 액상층이다.
— 매우 느린.

도시가 인간의 외골격으로,
벽을 드나드는

신체들의 교류를 보호하기 위한
우리의 내부 **뼈**의 외적 응결로 태어난 것은
팔천 년 전이었다.[4]

우리의 **뼈**가 암석에서 칼슘을 흡수하듯이,
도시의 무기질 껍질은
더 깊은 **지질학적 신진대사**의 일부일 뿐이다.

화석은 건물의 벽돌 내부로
으스러지고 감춰지며,
대홍수[5] 이전 존재들에 대한 유기적 기억들은
콘크리트라는 근대의 미로 속에서 굳어버렸다.

3. 유기적 은신처에 대한 절

잡초들, 짐승들, 벌레들, 새들,
그리고 보이지 않는 무수한 유기체들.
지금까지 선언된 것 중에서 가장 혼란스러운 공화국이
여기 도시의 공기 속에 있었다.

역병과 매독조차 결코 수동적인 종족이 아니었다.
보이지 않는 건축가들인 그들은 거리와 주택을 재설계했고,
우리의 제도, 병원과 감옥의 형식[6] 또한 고안했다.

미생물과 곰팡이의 보이지 않는 먹이 사슬이
모든 벽에 서식하면서 벽을 좀먹는다.
그곳에서 생물과 무생물의 경계는 흐릿해진다.

건물들은 숨을 쉬며 발효된다.
— 건축물은 생명의 은신처이다.

4. 땅의 반란에 대한 절

도시 카니발리즘은 과잉성장의 예술이다.

거기에는 어떤 빈틈도, 어떤 중개자도 없다,
모든 것이 다른 모든 것에 맞서 성장한다.

프랑스 혁명의 시대에서처럼,
우리는 구체제에 맞선 봉기에서 제3신분이다
— 거대 풍경에 맞선 봉기에서 제3의 **풍경**이다.[7]

우리는 권력도,
권력에의 벌거벗은 굴복도 아닌,
토양의 공통적 힘[역능]을,
땅의 반란을 표현한다.

파리 꼬뮌의 포위를 기억하라,

꼬뮌 지지자들은 동물원의 동물을 먹었고,
그리하여 반역적이면서 즐거운
먹거리의 확장에 참여했다.

"그것은 우리가 문법도,
오래된 식물 표본도,
갖고 있지 않았기 때문이었다.
그리고 우리가 도시, 교외, 프런티어, 대륙이
무엇인지 전혀 몰랐기 때문이다."[8]

개척자들이, 일상으로 물러난다
— 자신을 집어삼키는 도시.

5. 삼항 댄스에 대한 절

도시의 카니발들은,
사물들의 의회도,
도시를 단편적인 추상들로 분할하는
이항적 생태학의 기능도 인정하지 않는다![9]

삶은 평형상태와는 거리가 먼 삼항 운동이다.

"우리는 서로에게 기생하며 기생체들 사이에서 살아간다."[10]

우리는 영속적인 발생 속에 살고 있다.
— 능산적 자연 속에서,
비가시적인 유기체까지 남김없이 먹어치우는
유기체의 결코 끝나지 않을 사슬 속에서.

"과일은 썩고, 우유는 상하며,
포도주는 시어지고, 채소는 부패한다……모든 것이 발효되고,
모든 것이 부패하며,
모든 것이 변한다."11

미생물은 우리의 죽은 몸을 흙으로 되돌아가게 한다.
— 부패도 여전히 삶이다.

6. 기생체와의 동맹에 대한 절

보이지 않는 적에 맞선
최초의 전쟁들에서 인류가 승리할 수 있게 해주었던
기생체 왕국과의 동맹관계를 우리는 갱신한다.

효모는 물을 포도주로 바꾸는 기적을 행한
신성한 행위자였다.
— 그것은 우리에게 새로운 삶을 선사했다.

"맥주, 포도주, 빵,

부글부글 끓어오르는 발효 음식들, 삭힌 음식들은,
죽음에 맞선 안전장치로 출현했다……
이것들은 우리의 적수,
기생체들에 대해 우리가 거둔 첫 번째 위대한 승리였다……

올림포스 신들에서 최후의 만찬에 이르기까지,
우리는 우리의 삶을 빚지고 있는 그 승리를,
계통발생의 영원성을 찬양했다.
그리고 우리는 그 승리를 했다.
그 승리를 거둔 자연발생의 장소
― 식탁에서."12

7. 포합incorporation으로서의 삶에 대한 절

"먹다는 가장 기본적이고,
가장 근본적이며, 가장 뿌리 깊은 동사다.
그것은 원초적 행위를,
최초의, 기본적인 기능을,
심지어는 내가 태어나고 숨쉬기 전에
'내가' 참여하는 행동을 표현한다.

그 때문에 나는 영원히 지구에 속한다.
먼지 속에서 꼬물거리는 아주 작은 동물처럼,
아주 작은 식물처럼,

나는 먹는 것으로 시작했다."13

진화가 시작된 것은
유전적 룰렛 게임에 의해서가 아니라,
순수한 카니발리즘 행위에 의해서였다.
작은 세포는 더 큰 세포가 집어삼켰고,
새로운 종species의 따뜻한 배 속에는 오래된 종이 있다.14

삶은 다정한 섭취로부터 이 세계에 태어났다.

* * *

영혼을 지닌 모든 삶은, 시에서 철학에 이르기까지,
이 먼 과거의 사건의 흔적을,
이 대대로 전해져 온 내적–공생endo-symbiosis의 흔적을 상기시킨다.

영감은 늘 포함이다.

"모든 즐거움, 모든 흡수와 동화는,
먹기eating다……
모든 정신적 쾌락은 먹기를 통해 표현될 수 있다.
우정 관계에서, 우리는 정말로 친구를 먹는다,
즉 친구를 먹이로 한다……
그리고 친구를 위한 기념만찬에서,
대담하고 초감각적인 상상력으로,

씹을 때마다 친구의 살을,
마실 때마다 친구의 피를 즐긴다."[15]

8. 눈을 먹는 입에 대한 절

'나'를 먹기 — 눈을 먹기.

감각이 아닌 포합이
세계를 경험하기 위한 우리의 수단이다.

고대인들에게,
영혼은 입을 통해 내쉬고 들이마시는
숨에 지나지 않았다.
호모 사피엔스는 맛을 지닌 인간,
세련된 미각을 가진 인간이었다.[16]
그래서 모든 과학은 은밀하게
위를 다스리는 기술,
즉 미식학 gastronomia의 분과였다.

입 천장에서 시작한 서구문명은 더욱 성장하여,
눈과 응시에서 확장되었다,
눈은 모든 예술의 원형이 되었고,
수 세기 동안 눈의 제국을 강요했다……

　　　　　　＊　＊　＊

정신분석은 오늘날 아직도
그 모든 가족극, 정물화natures mortes, 정치 유령을 가지고
정신의 관음증을 주장하고 있다……

아니다. 무의식은 극장이 아니다……
그것은 큰 입이다!

행복한 사람은
모든 터부와 트라우마가 포식될 수 있다는 것을 아는 자이다!

욕망은 먹어치우고, 소화하고, 똥누고, 소화하고, 먹어치우는 기계이다.

"카니발리즘만이 우리를 통일시킨다.
사회적으로. 경제적으로. 철학적으로……
영혼은 신체 없는 언어를 생각하기를 거부한다.
절정에 있는 종교에 맞서…… 카니발리즘적 백신이 필요하다.
그리고 외부의 종교재판에 맞서…… 카니발리즘이 필요하다.
터부에서 토템으로의 영구적인 전환……

채식의 엘리트들을 타도하라.
— 토양과의 커뮤니케이션으로"[17]

9. 세계먹기 cosmophagy에 대한 절

세계의 재료는 끊임없이 요리되고 먹힌다.
그 위胃는 크고
우리 바깥에 있다.

별들의 불은 영원히 단련하는 원자들이었다.
영원한 소화 digestion의 불을 중심으로
회전하는 인간의 내적 우주 구조론.[18]

"내가 어떤 맛을 가지고 있다면, 그것은 다른 것이 아니라
흙과 돌에 대한 것이다
공기를,
바위를, 석탄을, 쇠를
거지가 깨뜨리는 돌을,
교회의 오래된 돌을 먹자……"[19]

땅에 취했다!
지구에 취했다!

10. 수 세기 된 냄새에 대한 절

'수 세기 된 냄새'를 다시 호흡한다,
전장 참호의 악취 속에서

굶주리는 시골에서,
카니발의 변장 아래서.

모든 요리사는 여전히 죽음의 마스크를 쓴다.

미식학의 역사는 사실상
치명적 죽음의 잊혀진 과거이다.[20]

요리법은 전쟁 중인 제국이 조망하는 지도제작법을,
표류하며 마주친 흔적들을,
그리고 야만인 침입의 단층들을 기록했다.

요리 기술은
모친살해적 자연에 대항하는
'빈자들'의 발명력에서 생겨났다.
― 결코 궁핍함에서가 아니다.

11. 스스로 둘러친 포위에 대한 절

중세 시대에는 공격받는 동안에
요새성벽 안에서
먹거리를 키울 대부경작지를 배분하는 것은 두려운 일이었다.

오늘날 새로운 힘들이 도시를 포위하려고

시도했다. 그러나 그것은 내부에서 시도되었다.

오늘날은 새로운 포위의 유령을 환생시킬
지속가능한 정원의 시대이다.
— 이것은 전쟁의 '도덕적 등가물'이다.

지속가능성의 평온한 지평선은
전쟁 없는 전시처럼,
고요한 유령 부대의 적개심을 표현한다.

잉여를 위한 애국 전쟁은 사실상
그것의 국내 전선을 내부 전선으로 옮겼다.

애국 전쟁은 이제 잉여에 대한 전쟁이다.
에너지, 물, 단백질, 그리고 모든 사회적 욕구의
개별화된 계산에 대한 전쟁이다.

이제 더 이상 외부는 존재하지 않기 때문에,
탈성장의 이데올로기 속에서
우리는 우리 자신의 포위망을
설치했다.

도시 포식자들이여
부자들을 먹어라!

「도시 카니발리즘 선언」후주

1. Karl Marx, *Grundrisse* [마르크스, 『정치경제학 비판 요강』].
2. Deleuze and Guattari, *Mille Plateaux* [들뢰즈·가타리, 『천 개의 고원』].
3. Fernand Braudel, *Civilisation matérielle, économie et capitalisme*, 1967 [페르낭 브로델, 『물질문명과 자본주의』 1~3, 주경철 옮김, 까치글방, 1996~2001].
4. Delanda, *A Thousand Years of Nonlinear History*.
5. [옮긴이] 창세기에 나오는 대홍수.
6. Michel Foucault, *Surveiller et punir*, 1975 [미셸 푸코, 『감시와 처벌』, 오생근 옮김, 나남출판, 2003].
7. Gilles Clement, *Manifeste pour le Tier-paysage*, 2004.
8. Oswald De Andrade, 'Manifesto Antropófago', 1928.
9. 이 내용에 관해서는 다음을 참조하라. Bruno Latour, *Nous n'avons jamais été moderne: Essai d'anthropologie symétrique*, 1991 [브뤼노 라투르, 『우리는 결코 근대인이었던 적이 없다』, 홍철기 옮김, 갈무리, 2009].
10. Serres, *Le Parasite* [세르, 『기식자』]
11. Serres, *Le Parasite* [세르, 『기식자』]
12. Serres, *Le Parasite* [세르, 『기식자』]
13. François Jullien, *Nourrir sa vie: A l'écart du bonheur*, 2005.
14. Lynn Margulis, *Origin of Eukaryotic Cells*, 1970.
15. Novalis, 'Teplitz Fragments', 1798.
16. 라틴어 사피엔스(sapiens)는 '맛[취향](taste)을 뜻하는 사포르(sapor)에서 생겨난 말이다. 사포르는 '즙'(juice)을 뜻하는 사파(sapa)에서 생겨났다.
17. Oswald De Andrade, 'Manifesto Antropófago', 1928.
18. Gaston Bachlard, *La psychanalyse du feu*, 1938.
19. Arthur Rimbaud, 'Fetes de la Faim', 1872.
20. Piero Camporesi, *Il paese della fame*, 1978.

:: 참고문헌

Adbusters:Journal of the Mental Environment, 'The Beginnings of Sorrow', no. 71, May/June 2007

Theodor W. Adorno and Max Horkheimer, *Dialektik der Aufklarung* (Amsterdam:Querdo, 1947). 영어판:*Dialectic of Enlightenment*(New York:Herder and Herder, 1972)[한국어판:테오도르 아도르노·호르크하이머, 『계몽의 변증법』, 김유동 옮김, 문학과지성사, 2001]

_____, *Negative Dialektik*(Frankfurt a.M:1966). 영어판:*Negative Dialectics* (London: Routledge, 1973)[테오도르 아도르노, 『부정변증법』, 홍승용 옮김, 한길사, 1999]

Giorgio Agamben, *La comunita che viene* (Turin:Einaudi, 1990). 영어판:Translated by Michael Hardt, *The Coming Community* (Minneapolis:University of Minnesota Press, 1991)

_____, *Stanze. La parola e il fantasma nella cultura occidentale* (Turin:Einaudi, 1977). 영어판:*Stanzas:Word and Phantasm in Western Culture* (Minneapolis:University of Minnesota Press, 1993)

_____, *L'aperto. L'uomo e l'animale* (Turin:Bollati Boringhieri, 2002). 영어판:*The Open:Man and Animal* (Stanford:Stanford University Press, 2004)

_____, *Profanazioni* (Rome:Nottetempo, 2005). 영어판:*Profanations* (New York:Zone Books, 2007)[조르조 아감벤, 『세속화 예찬—정치미학을 위한 10개의 노트』, 김상운 옮김, 난장, 2010]

_____, *Che cos'è il contemporaneo* (Rome:Nottetempo, 2008)[조르조 아감벤·양창렬, 「동시대성이란 무엇인가?」, 『장치란 무엇인가? 장치학을 위한 서론』, 난장, 2010]

Inke Arns, *Avantgarde in the Rearview Mirror:On the Paradigm Shifts of Reception of the Avantgarde in (ex) Yugoslavia and Russia from the 80s to the Present* (Ljubljana:Maska, 2006)

James G. Ballard, *The Drowned World* (New York:Berkley Books, 1962)[제임스 발라드, 『물에 잠긴 세계』, 공보경 옮김, 문학수첩, 2012]

_____, *The Atrocity Exhibition* (London:Jonathan Cape, 1970). Notes by the author added in a reissue by RE/Search Publications, San Francisco, 1990. Republished by Harper Perennial, London, 2006

_____, *Crash* (London:Jonathan Cape, 1973)[제임스 발라드, 『크래시』, 김미정 옮김, 그책, 2011]

_____, *Myths of the Near Future* (London:Jonathan Cape, 1982)

_____, 'A Response to the Invitation to Respond', *Science Fiction Studies*, 18:329, no. 55 (November 1991)

_____, 'News From the Sun' (1981), in: *The Complete Short Stories* (London: Flamingo, 2001)

_____, *Millennium People* (London: Flamingo, 2003)

_____, *Kingdom Come* (London: Fourth Estate, 2006)

John Perry Barlow, 'The Next Economy of Ideas', *Wired* magazine, 8.10, October 2000. Web: www.wired.com/wired/archive/8.10/download.html

Georges Bataille, *La part maudite* (Paris: Minuit, 1949). 영어판: *The Accursed Share* Vol. I (New York: Zone, 1988)[조르주 바타유, 『저주의 몫』, 조한경 옮김, 문학동네, 2000]

_____, *L'érotisme* (Paris: Minuit, 1957). 영어판: *Erotism: Death and Sensuality* (San Francisco: City Lights Books, 1986)[조르주 바타유, 『에로티즘』, 조한경 옮김, 민음사, 2009]

_____, 'Base Materialism and Gnosticism', in: *Visions of Excess: Selected Writings 1927-1939* (Minneapolis: University of Minnesota Press, 1985)

_____, 'The Lugubrious Game' (1929), in: *Visions of Excess: Selected Writings 1927-1939* (Minneapolis: University of Minnesota Press, 1985)

_____, 'The notion of expenditure', in: *Vision of Excess: Selected Writings 1927-1939* (Minneapolis: University of Minnesota Press, 1985)

_____, 'The Sacred Conspiracy', in: *Vision of Excess: Selected Writings 1927-1939* (Minneapolis: University of Minnesota Press, 1985)

Jean Baudrillard, *Pour une Critique de l'économie politique du signe* (Paris: Gallimard, 1972). 영어판: *For a Critique of the Political Economy of the Sign* (St. Louis, MO: Telos Press, 1981) [장 보드리야르, 『기호의 정치경제학 비판』, 이규현 옮김, 문학과지성사, 1998]

_____, *Le Miroir de la production* (Paris: Casterman, 1973). 영어판: *The Mirror of Production*(St. Louis, MO: Telos Press, 1975)[장 보드리야르, 『생산의 거울』, 배영달 옮김, 백의, 1994]

_____, 'Ballard's Crash' (1976). Translated by Arthur B. Evans: *Science Fiction Studies* 18:313-20, no. 55, November 1991

_____, *L'Échange symbolique et la mort* (Paris: Gallimard, 1976). 영어판: *Symbolic Exchange and Death* (Stanford: Stanford University Press, 1988)

_____, *Simulacres et simulation* (Paris: Galilee, 1981). 영어판: *Simulacra and Simulation* (Ann Arbor: University of Michigan Press, 1994)[장 보드리야르, 『시뮬라시옹』, 하태환 옮김, 민음사, 2001]

_____, *De la séduction* (Paris: Galilee, 1979). 영어판: *Seduction* (New York: Semiotexte, 1983)[장 보드리야르, 『유혹에 대하여』, 배영달 옮김, 백의, 2002]

_____, 'What Are You Doing After the Orgy?', *Traverses*, no. 29, October 1983

_____, *La Guerre du Golfe n'a pas eu lieu* (Paris:Galilee, 1991). 영어판:*The Gulf War Did Not Take Place* (Bloomington:Indiana University Press, 1995)

_____, *The Spirit of Terrorism:And Requiem for the Twin Towers* (London:Verso, 2002). 불어판:'L'Esprit du terrorisme', *Le Monde*, 2 November 2001[장 보드리야르, 『테러리즘의 정신』, 배영달 옮김, 동문선, 2003]

Michel Bauwens, 'The Political Economy of Peer Production', *Ctheory*, 12 June 2005, www.ctheory.net/articles.aspx?id=499

BAVO (ed.), *Cultural Activism Today. The Art of Over-identification* (Rotterdam:Episode Publishers, 2007)

_____, *Urban Politics Now:Re-Imagining Democracy in the Neoliberal City* (Rotterdam:NAi Publishers, 2007)

BAVO, 'Plea for an uncreative city. A self-interview', in:Geert Lovink et al. (eds.), *The Creativity:A Free Accidental Newspaper Dedicated to the Anonymous Creative Worker* (Amsterdam:Institute of Network Cultures, 2007). Web:www.networkcultures.org/wpmu/portal/publications/newspapers/the-creativity

Hans Belting, *Bild und Kult. Eine Geschichte des Bildes vor dem Zeitalter der Kunst* (Munich:C. H. Beck, 1990). 영어판:*Likeness and Presence:History of the Image Before the Era of Art* (Chicago:University of Chicago Press, 1994)

_____, *Das Ende der Kunstgeschichte* (Munich:Dt. Kunstverlag, 1992 [1983]). 영어판:*The End of the History of Art?* (Chicago:University of Chicago Press, 1987). 최신판:*Art History After Modernism* (Chicago:University of Chicago Press, 2003)

Walter Benjamin, 'One Way Street' (1928), in:*Reflections* (New York:Schocken, 1986)[발터 벤야민, 『일방통행로』, 조형준 옮김, 새물결, 2007]

_____, 'Surrealism:The Last Snapshot of the European Intelligentsia'(1928), in:*Reflections* (New York:Schocken, 1978)[발터 벤야민, 「초현실주의」, 『역사의 개념에 대하여/폭력비판을 위하여/초현실주의 외(발터 벤야민 선집 5)』, 최성만 옮김, 길, 2008]

_____, 'A Berlin Chronicle' (1932), in:*Reflections* (New York:Schocken, 1986)[발터 벤야민, 「베를린 연대기」, 『1900년경 베를린의 유년시절/베를린 연대기(발터 벤야민 선집 3)』, 윤미애 옮김, 길, 2007]

_____, 'The Work of Art in the Age of Mechanical Reproduction'(1936), in:*Illuminations* (New York:Schocken, 1969)[발터 벤야민, 「기술복제시대의 예술작품」, 『기술복제시대의 예술작품/사진의 작은 역사 외(발터 벤야민 선집 2)』, 최성만 옮김, 길, 2007]

Yochai Benkler, *The Wealth of Networks:How Social Production Transforms Markets and Freedom* (New Haven:Yale University Press, 2006)

Franco 'Bifo' Berardi, *Félix* (Rome: Luca Sossella Editore, 2001)

_____, 'The Obsession of the (Vanishing) Body', in: Katrien Jacobs and Matteo Pasquinelli (eds.), *C'Lick Me: A Netporn Studies Reader* (Amsterdam: Institute of Network Cultures, 2007)

Andy Bichlbaum, Mike Bonanno and Bob Spunkmeyer, *The Yes Men: The True Story of the End of the World Trade Organization* (New York: The Disinformation Company, 2004)

Barton Biggs, *Wealth, War and Wisdom* (New York: Wiley, 2008)

Jeroen Boomgaard (ed.), *Highrise—Common Ground: Art and the Amsterdam Zuidas Area* (Amsterdam: Valiz, 2008)

Pierre Bourdieu, 'The Forms of Capital', in: J. G. Richardson, *Handbook for Theory and Research for the Sociology of Education* (New York: Greenwood Press, 1986)

Anthony Burgess, *A Clockwork Orange* (London: William Heinemann, 1962) [앤소니 버제스, 『시계태엽 오렌지』, 박시영 옮김, 민음사, 2005]

Samuel Butler, *Erewhon: or Over the Range* (London: Jonathan Cape, 1921 [1872])

Elias Canetti, *Masse und Macht* (Hamburg: Claasen Verlag, 1960). 영어판: *Crowds and Power* (London: Victor Gollancz, 1962) [엘리아스 카네티, 『군중과 권력』, 강두식·박병덕 옮김, 바다출판사, 2010]

Nicholas Carr, 'Avatars consume as much electricity as Brazilians', *Rough Type*, 5 December 2006. Web: www.roughtype.com/archives/2006/12/avatars_consume.php

_____, 'Calacanis's wallet and the Web 2.0 dream', *Rough Type*, 19 July 1999. Web: www.roughtype.com/archives/2006/07/jason_calacanis.php

_____, *Does IT matter? Information Technology and the Corrosion of Competitive Advantage* (Boston: Harvard Business School Press, 2004)

Kim Cascone, 'The Aesthetics of Failure: Post-Digital Tendencies in Contemporary Computer Music', *Computer Music Journal*, vol. 24, no. 4, Winter 2000, MIT Press

Manuel Castells, 'Cultural identity, sexual liberation and urban structure: the gay community in San Francisco', in: *The City and the Grassroots: A Cross-Cultural Theory of Urban Social Movements* (London: Edward Arnold, 1983)

_____, *The Informational City. Information Technology, Economic Restructuring and the Urban-Regional Process* (Oxford, UK and Cambridge, MA: Blackwell Publishers, 1989) [마뉴엘 카스텔, 『정보도시—정보기술의 정치경제학』, 최병두 옮김, 한울, 2008]

_____, *The Rise of the Network Society. The Information Age: Economy, Society and Culture* Vol. I (Cambridge, MA/Oxford, UK: Blackwell, 1996) [마뉴엘 카스텔, 『네트워크 사회의 도래』, 김묵한 외 옮김, 한울, 2008]

Roger Clarke, 'Information Wants to be Free', 24 February 2000. Web: www.anu.edu.au/

people/Roger.Clarke/II/IWtbF.html

Antonella Corsani and Maurizio Lazzarato, *Intermittents et précaires* (Paris: Editions Amsterdam, 2008)

Antonella Corsani and Enzo Rullani, 'Production de connaissance et valeur dans le postfordisme', *Multitudes*, no. 2, May 2000. 이탈리아어 원본:Y. Moulier Boutang (ed.), *L'età del capitalismo cognitivo* (Verona:Ombre Corte, 2002). Web:multitudes.samizdat. net/Production-de-connaissance-et.html

Florian Cramer, *Words Made Flesh: Code, Culture, Imagination* (Rotterdam:Piet Zwart Institute, 2005)

_____, 'The Creative Common Misunderstanding'(2006). Web:www.nettime.org/Lists-Archives/nettime-l-0610/msg00025.html

_____, 'Sodom Blogging:Alternative Porn and Aesthetic Sensibility', in:Katrien Jacobs and Matteo Pasquinelli (eds.), *C'Lick Me:A Netporn Studies Reader* (Amsterdam:Institute of Network Cultures, 2007)

Thomas Davenport and John Beck, *The Attention Economy:Understanding the New Currency of Business* (Boston:Harvard Business School Press, 2001) [토마스 데이븐포트·존 벡, 『관심의 경제학』, 김병조 외 옮김, 21세기북스, 2006]

Anthony Davies, 'Take Me I'm Yours:Neoliberalising the Cultural Institution', *Mute* Magazine, 18 April 2007. Web:http://www.metamute.org/en/Take-Me-Im-Yours

Erik Davis, *Techgnosis:Myth, Magic, Mysticism in the Age of Information* (New York:Harmony Books, 1998)

Manuel DeLanda, *A Thousand Years of Nonlinear History* (New York:Zone Books, 1997)

Guy Debord, *La société du spectacle* (Paris:Buchet-chastel, 1967). 영어판:*The Society of the Spectacle* (New York:Zone Books, 1995)[기 드보르, 『스펙타클의 사회』, 이경숙 옮김, 현실문화연구, 1996]

Régis Debray, *Vie et mort de l'image:une histoire du regard en Occident* (Paris:Gallimard, 1992) [레지 드브레, 『이미지의 삶과 죽음』, 정진국 옮김, 글항아리, 2011]

Gilles Deleuze, *Nietzsche et la philosophie* (Paris:Presses universitaires de France, 1962). 영어판:*Nietzsche and Philosophy* (New York:Columbia University Press 1983)[질 들뢰즈, 『니체와 철학』, 이경신 옮김, 민음사, 2001]

_____, *Le Bergsonisme* (Paris:Presses universitaires de France, 1966). 영어판:*Bergsonism* (New York:Urzone, 1988)[질 들뢰즈, 『베르그손주의』, 김재인 옮김, 문학과지성사, 1996]

_____, *Présentation de Sacher-Masoch:La Vénus à la fourrure* (Paris:Minuit, 1967). 영어판:*Masochism:Coldness and Cruelty* (New York:Zone Books, 1989)[질 들뢰즈, 『매저

키즘』, 이강훈 옮김, 인간사랑, 2007]

_____, *Logique du sens* (Paris : Minuit, 1969). 영어판 : *The Logic of Sense* (New York : Columbia University, 1990)[질 들뢰즈, 『의미의 논리』, 이정우 옮김, 한길사, 1999]

_____, *Spinoza. Philosophie pratique* (Paris : Presses universitaires de France, 1970). 영어판 : Translated by Robert Hurley, *Spinoza. Practical Philosophy* (San Francisco : City Lights, 1988)[질 들뢰즈, 『스피노자의 철학』, 박기순 옮김, 민음사, 2001]

_____, 'Désir et plaisir'(1977), *Magazine litteraire* 325, October 1994, 59-65. 영어판 : 'Desire and Pleasure', in : Arnold I. Davidson (ed.), *Foucault and His Interlocutors* (Chicago : University of Chicago Press, 1997)

_____, *Francis Bacon : Logique de la sensation* (Paris : La Difference, 1981). 영어판 : *Francis Bacon : The Logic of Sensation* (London : Continuum, 2003)[질 들뢰즈, 『감각의 논리』, 하태환 옮김, 민음사, 2008]

_____, *Foucault* (Paris : Minuit, 1986). 영어판 : *Foucault* (Minneapolis : University of Minnesota Press, 1988)[질 들뢰즈, 『푸코』, 권영숙·조형근 옮김, 새길아카데미, 2012]

Gilles Deleuze and Félix Guattari, *L'Anti-Oedipe. Capitalisme et schizophrénie* (Paris : Minuit, 1972). 영어판 : *Anti-Oedipus : Capitalism and Schizophrenia* (Minneapolis : University of Minnesota Press, 1983)[질 들뢰즈·펠릭스 가타리, 『앙띠 오이디푸스—자본주의와 정신분열증』, 최명관 옮김, 민음사, 2000]

_____, *Mille Plateaux. Capitalisme et schizophrénie* (Paris : Minuit, 1980). 영어판 : Translated by Brian Massumi, *A Thousand Plateaus : Capitalism and Schizophrenia* (Minneapolis : University of Minnesota Press, 1987)[질 들뢰즈·펠릭스 가타리, 『천 개의 고원』, 김재인 옮김, 새물결, 2001]

_____, *Qu'est-ce que la philosophie?* (Paris : Minuit, 1991). 영어판 : *What is Philosophy?* (New York : Columbia University Press, 1994)[질 들뢰즈·펠릭스 가타리, 『철학이란 무엇인가?』, 이정임·윤정임 옮김, 현대미학사, 1999]

Derive Approdi magazine, 'Immaterial Workers of the World. Se non ora quando?', no. 18 (Rome : Derive Approdi, 1999). Web : www.deriveapprodi.org

Mark Dery, *Escape Velocity : Cyberculture at the End of the Century* (New York : Grove, 1996)

_____, *The Pyrotechnic Insanitarium : American Culture on the Brink* (New York : Grove, 1999)

Rosalyn Deutsche and Cara Gendel Ryan, 'The Fine Art of Gentrification', *October* magazine, vol. 31, Winter 1984, 91-111

Peter Drucker, *The Age of Discontinuity : Guidelines to Our Changing Society* (New York : Harper and Row, 1969) [피터 드러커, 『단절의 시대』, 이재규 옮김, 한국경제신문사, 2003]

Peter Drucker, *The Effective Executive* (New York: Harper and Row, 1976)[피터 드러커, 『피터 드러커의 자기경영노트』, 이재규 옮김, 한국경제신문, 2003]

George Duhamel, *Scènes de la vie future* (Paris, 1930)

Roberto Esposito, *Bios. Biopolitica e filosofia* (Milan: Einaudi, 2004). 영어판: *Bios: Biopoliti-cs and Philosophy* (Minneapolis, University of Minnesota Press, 2008)

_____, *Immunitas. Protezione e negazione della vita* (Milan: Einaudi, 2002)

Rossi-Landi Ferruccio, *Il linguaggio come lavoro e come mercato* (Milan: Bompiani, 1973)

William Fisher, *Promises to Keep: Technology, Law, and the Future of Entertainment* (Stanford: Stanford University Press, 2004), 특히 6장:'An Alternative Compensation System'. Web: cyber.law.harvard.edu/people/tfisher/PTKChapter6.pdf

Richard Florida, *The Rise of the Creative Class: And How It's Transforming Work, Leisure, Community and Everyday Life* (New York: Basic Books, 2002) [리처드 플로리다, 『신창조계급』, 이길태 옮김, 북콘서트, 2011]

_____, *The Flight of the Creative Class: The New Global Competition for Talent* (New York: Collins, 2005)

Michel Foucault, *Histoire de la folie à l'âge classique* (Paris: Librarie Plon, 1961 and Gallimard, 1972). 영어판: *Madness and Civilization* (New York: Vintage, 1973); 그리고 *History of Madness* (New York: Routledge, 2006) [미셸 푸코, 『광기의 역사』, 이규현 옮김, 나남출판, 2003]

_____, *La volonté de savoir: Histoire de la sexualité*, vol. 1 (Paris: Gallimard, 1976). 영어판: *The Will to Knowledge: The History of Sexuality*, vol. 1 (London: Penguin, 1998)[미셸 푸코, 『성의 역사 — 제1권 지식의 의지』, 이규현 옮김, 나남출판, 2010]

Sigmund Freud, *Zur Psychopathologie des Alltagslebens* (1901). 영어판: *The Psychopathology of Everyday Life* (London: Fisher Unwin, 1914)[지그문트 프로이트, 『일상생활의 정신병리학』, 이한우 옮김, 열린책들, 2004]

Sigmund Freud, *Jenseits des Lustprinzips* (Leipzig: Internationaler Psychoanalytischer Verlag, 1920). 영어판: *Beyond the Pleasure Principle*. Standard Edition (London: Hogarth Press, 1920)[지크문트 프로이트, 『쾌락원리 너머』, 김인순 옮김, 부북스, 2013]

Matthew Fuller, *Media Ecologies: Materialist Energies In Art And Technoculture* (Cambridge, MA: MIT Press, 2005)

Gary Genosko, *The Guattari Reader* (Oxford: Blackwell, 1996)

William Gibson, *Neuromancer* (New York: Ace Books, 1984)[윌리엄 깁슨, 『뉴로맨서』, 김창규 옮김, 황금가지, 2005]

Ruth Glass, *London: Aspects of Change* (London: Macgibbon & Kee, 1964)

André Gorz, *Stratégie ouvrière et néocapitalisme* (Paris: Le Seuil, 1964)

_____, *L'immatériel. Connaissance, valeur et capital* (Paris: Galilee, 2003)

Félix Guattari, *La révolution moléculaire* (Paris: Editions Recherches, 1977) [펠릭스 가타리, 『분자혁명』, 윤수종 옮김, 푸른숲, 1998]

_____, *Cartographies schizoanalytiques* (Paris: Galilee, 1989)

_____, *Les trois ecologies* (Paris: Galilee, 1989) [펠릭스 가타리, 『세 개의 정치학』, 윤수종 옮김, 동문선, 2003]

_____, *Chaosmose* (Paris: Galilee, 1990) [펠릭스 가타리, 『카오스모제』, 윤수종 옮김, 동문선, 2003]

Donna Haraway, *Simians, Cyborgs and Women: The Reinvention of Nature* (London: Free Association Books, 1991)

Martin Hardie, 'Floss and the "Crisis": Foreigner in a Free Land?', *Sarai Reader 04 Crisis/Media* (Amsterdam-New Delhi: Sarai, 2004). Web: www.sarai.net/publications/readers/04-crisis-media/51martin_hardie.pdf

_____, 'Change of the Century: Free Software and the Positive Possibility', *Mute*, 9 January 2006. Web: www.metamute.org/en/Change-of-the-Century-Free-Software-and-the-Positive-Possibility

Michael Hardt, 'Affective labour', *Boundary* 2, vol. 26, no. 2, Summer 1999

Michael Hardt and Antonio Negri, *Empire* (Cambridge, MA: Harvard University Press: 2000) [마이클 하트·안토니오 네그리, 『제국』, 윤수종 옮김, 이학사, 2001]

_____, *Multitude: War and Democracy in the Age of Empire* (New York: Penguin, 2004) [마이클 하트·안토니오 네그리, 『다중』, 조정환·정남영·서창현 옮김, 세종서적, 2008]

Stefano Harney, *State Work: Public Administration and Mass Intellectuality* (Durham, NC: Duke University Press, 2002)

_____, *The Limits to Capital* (Oxford: Blackwell, 1982) [데이비드 하비, 『자본의 한계』, 최병두 옮김, 한울, 2007]

_____, *The Condition of Postmodernity: An Enquiry into the Origins of Cultural Change* (Oxford: Black-well, 1989) [데이비드 하비, 『포스트 모더니티의 조건』, 구동회·박영민 옮김, 한울, 1994]

_____, 'The Art of Rent: Globabalization and the Commodification of Culture', in: *Spaces of Capital* (New York: Routledge, 2001). 그리고 'The Art of Rent: Globalization, Monopoly, and the Commodification of Culture', in: *A World of Contradictions: Socialist Register 2002* (London: Merlin Press, 2002). Web: socialistregister.com/recent/2002/harvey2002

Joseph Heath and Andrew Potter, *The Rebel Sell: Why the Culture Can't Be Jammed* (Toronto: Harper Collins, 2004) [조지프 히스·앤드류 포터, 『혁명을 팝니다』, 윤미경 옮김, 마티, 2006]

Chris Hedges, *War Is a Force That Gives Us Meaning* (New York: Public Affairs, 2002)

Pekka Himanen, *The Hacker Ethic and the Spirit of the Information Age* (New York: Random House, 2001) [리누스 발토즈 · 마뉴엘 카스텔 · 페커 히매넌, 『해커, 디지털 시대의 장인들』, 신현승 옮김, 세종서적, 2002]

Catherine Ingraham, *Architecture, Animal, Human: The Asymmetrical Condition* (New York: Routledge, 2006)

Katrien Jacobs, *Netporn. DIY Web Culture and Sexual Politics* (New York: Rowman & Littlefield, 2007)

Katrien Jacobs and Matteo Pasquinelli (eds.), *C'Lick Me: A Netporn Studies Reader* (Amsterdam: Institute of Network Cultures, 2007)

Andrew Keen, *The Cult of the Amateur: How Today's Internet is Killing Our Culture* (London: Nicholas Brealey Publishing, 2007) [앤드루 킨, 『인터넷 원숭이들의 세상 — 구글, 유튜브, 위키피디아』, 박행웅 옮김, 한울, 2010]

Kevin Kelly, 'God Is the Machine', *Wired* 10.12, December 2002. Web: www.wired.com/wired/archive/10.12/holytech.html

John M. Keynes, *The General Theory of Employment, Interest and Money* (London: Macmillan, 1936) [존 메이너드 케인즈, 『고용, 이자 및 화폐의 일반이론』, 조순 옮김, 비봉출판사, 2007]

Dmytri Kleiner, 'Copyfarleft and Copyjustright', *Mute*, 18 July 2007. Web: www.metamute.org/en/Copyfarleft-and-Copyjustright

_____, 'WOS4: The Creative Anti-Commons and the Poverty of Networks', Review of Wizard of OS 4, Berlin. Web: www.metamute.org/en/WOS4-The-Creative-Anti-Commons-and-the-Poverty-of-Networks

Dmytri Kleiner and Joanne Richardson (collectively as Anna Nimus), 'Copyright, Copyleft & the Creative Anti-Commons', December 2006. Web: subsol.c3.hu/subsol_2/contributors0/nimustext.html; and www.nettime.org/Lists-Archives/nettime-l-0612/msg00024.html

Jacques Lacan, 'Fonction et champ de la parole et du langage en psychanalyse', *La psychanalyse*, vol. 1, 1956. In: *The Language of the Self: The Function of Language in Psychoanalysis* (Baltimore: The Johns Hopkins University Press, 1968)

Maurizio Lazzarato, *La Fabrique de l'homme endetté* (Paris: Editions Amsterdam, 2011). 영어판: *The Making of Indebted Man* (Los Angeles: Semiotexte, 2012) [마우리치오 라자라토, 『부채인간 — 인간 억압 조건에 관한 철학 에세이』, 허경 · 양진성 옮김, 메디치미디어, 2012].

_____, 'Immaterial Labour', in: Michael Hardt and Paolo Virno (eds.), *Radical Thought in Italy: A Potential Politics* (Minneapolis: University of Minnesota Press, 1996)[마우리찌오

라짜라또, 「비물질적 노동」, 쎄르지오 볼로냐 외, 『이딸리아 자율주의 정치철학』, 이원영 옮김, 갈무리, 1997; 마우리찌오 랏짜라또, 「비물질적 노동」, 조정환 옮김, 『자율평론』 5호, 〈자율평론 편집위원회〉, 2003, http://waam.net/xe/autonomous_review/91257]

_____, Videofilosofia. La percezione del tempo nel postfordismo (Rome : Manifestolibri, 1996)

_____, Lavoro immateriale : forme di vita e produzione di soggettivita (Verona : Ombre corte, 1997)

_____, 'La psychologie economique contre l'Economie politique', Multitudes, no. 7, 2001, Paris. 확장된 이탈리아어본은 'Invenzione e lavoro nella cooperazione tra cervelli', in : Y. Moulier Boutang (ed.), L'età del capitalismo cognitivo (Verona : Ombre Corte, 2002). Web : multitudes.samizdat.net/LaPsychologie-economique-contre-l.html

_____, Puissances de l'invention. La psychologie economique de Gabriel Tarde contre l'économie politique (Paris : Empecheurs de penser en rond, 2002)

_____, Les revolutions du capitalisme (Paris : Empecheurs de Penser en rond, 2004)

Maurizio Lazzarato and Antonio Negri, 'Travail immateriel et subjectivite', Futur Anterieur no. 6, Summer 1991, Paris

Henri Lefebvre, La Revolution urbaine (Paris : Gallimard, 1970). 영어판 : The Urban Revolution (Minneapolis : University of Minnesota Press, 2003)

_____, La production de l'espace (Paris : Anthropos, 1971). 영어판 : The Production of Space (Cambridge, MA : Blackwell Publishing, 1991) [앙리 르페브르, 『공간의 생산』, 양영란 옮김, 에코리브르, 2011]

Andre Leroi-Gourhan, L'Homme et la matière (Paris : Albin Michel, 1943)

_____, Milieu et techniques (Paris : Albin Michel, 1945)

_____, Le Geste et la parole (Paris, Albin Michel, 1964). 영어판 : Gesture and Speech (Cambridge, MA : MIT Press, 1993)

Dieter Lesage, 'Global Cities and Anti-Globalist Resistance', in : BAVO (ed.), Urban Politics Now : Re-Imagining Democracy in the Neoliberal City (Rotterdam : NAi Publishers, 2007)

Lawrence Lessig, Free Culture : How Big Media Uses Technology and the Law to Lock Down Culture and Control Creativity (New York : Penguin, 2004) [로렌스 레식, 『자유문화 — 인터넷 시대의 창작과 저작권 문제』, 이주명 옮김, 필맥, 2005]

Pierre Lévy, Les technologies de l'intelligence (Paris : La Decouverte, 1990) [피에르 레비, 『지능의 테크놀로지』, 강형식 옮김, 철학과현실사, 2000]

_____, L'intelligence collective. Pour une anthropologie du cyberespace (Paris : La Decouverte, 1994). 영어판 : Collective Intelligence : Mankind's Emerging World in Cyberspace (Cambridge : Perseus, 1999) [피에르 레비, 『집단지성 — 사이버 공간의 인류

학을 위하여』, 권수경 옮김, 문학과지성사, 2002]

Geert Lovink, 'The Principles of Notworking', Inaugural speech, Hogeschool van Amsterdam, 2005. Web:www.hva.nl/lectoraten/documenten/ol09-050224-lovink.pdf

_____, 'Out-Cooperating the Empire? Exchange with Christoph Spehr', July 2006. Web:www.networkcultures.org/geert/out-cooperating-the-empire-exchange-with-christoph-spehr

_____, *Zero Comments:Blogging and Critical Internet Culture* (New York:Routledge, 2007)

Geert Lovink and Ned Rossiter, 'Dawn of the Organised Networks', *Fiberculture* 5, 'Precarious Labour', 2005. Web:journal.fibreculture.org/issue5/lovink_rossiter.html

_____ (eds.), *MyCreativity Reader:A Critique of Creative Industries* (Amsterdam:Institute of Network Cultures, 2007)

Fritz Machlup, *The Production and Distribution of Knowledge in the United States* (Princeton:Princeton University Press, 1962)

Lev Manovich, *The Language of New Media* (Cambridge, MA:MIT Press, 2001) [레프 마노비치, 『뉴미디어의 언어』, 서정신 옮김, 생각의나무, 2004]

Christian Marazzi, *Il posto dei calzini. La svolta linguistica dell'economia e i suoi effetti sulla politica* (Turin:Bollati Boringhieri, 1999). 영어판:*Capital and Affects:The Politics of the Language Economy* (New York:Semiotexte, 2011) [크리스티안 마라찌, 『자본과 정동』, 서창현 옮김, 근간].

_____, *Capitale e linguaggio. Dalla New Economy all'economia di guerra* (Rome:Derive Approdi, 2002). 영어판:*Capital and Language:From the New Economy to The War Economy* (New York:Semiotexte, 2008) [크리스티안 마라찌, 『자본과 언어』, 서창현 옮김, 2013].

Karl Marx, *Kapital. Kritik der politischen Ökonomie*, vol. 1 (1867). 영어판:*Capital:A Critique of Political Economy*, vol. 1 (London:Penguin, 1981) [칼 마르크스, 『자본론』 1권 상·하, 김수행 옮김, 비봉출판사, 2005]

Marshall McLuhan, *The Mechanical Bride:Folklore of Industrial Man* (New York:Vanguard Press, 1951)

Christopher Mele, *Selling the Lower East Side* (Minneapolis:University of Minnesota Press, 2000)

Robert Mitchell and Phillip Thurtle (eds.), *Data Made Flesh:Embodying Information* (New York:Routledge, 2004)

W.J.T. Mitchell, *The Language of Images* (Chicago:University of Chicago Press, 1980)

_____, *Iconology:Image, Text, Ideology* (Chicago:University of Chicago Press, 1986)

_____, *What do Pictures Want? The Lives and Loves of Images* (Chicago:University of

Chicago Press, 2005) [W.J.T. 미첼, 『그림은 무엇을 원하는가? — 이미지의 삶과 사랑』, 김전유경 옮김, 그린비, 2010]

Eben Moglen, 'The dotCommunist Manifesto', January 2003. Web: moglen.law.columbia.edu

Antonio Negri, *Il dominio e il sabotaggio. Sul metodo marxista della trasformazione sociale* (Milan: Feltrinelli, 1977). 영어판: 'Dominion and Sabotage: On the Marxist Method of Social Transformation', in: Antonio Negri, *Books for Burning: Between Civil War and Democracy in 1970s Italy* (London/New York: Verso, 2005), 258

_____, 'Value and Affect', *Boundary* 2, vol. 26, no. 2, Summer 1999 [안또니오 네그리, 「가치와 정동」, 『비물질노동과 다중』, 자율평론 번역모임 옮김, 갈무리, 2005]

_____, 'La moltitudine e la metropoli', *Posse*, 'Mappe politiche della moltitudine' (Rome: Manifestolibri, October 2002). 영어판: Translated by Arianna Bove, 'The Multitude and the Metropolis', http://www.generation-online.org/t/metropolis.htm

Antonio Negri and Carlo Vercellone, 'Il rapporto capitale/lavoro nel capitalismo cognitivo', *Posse*, 'La classe a venire', November 2007. Web: www.posseweb.net/spip.php?article17

Merijn Oudenampsen, 'AmsterdamTM, the City as a Business', in: BAVO (ed.), *Urban Politics Now: Re-Imagining Democracy in the Neoliberal City* (Rotterdam: NAi Publishers, 2007)

_____, 'Back to the Future of the Creative City: An Archaeological Approach to Amsterdam's Creative Redevelopment', *Variant*, no. 31, Spring 2008, Glasgow. Web: http://www.variant.randomstate.org/pdfs/issue31/31CreativeCity.pdf

Jussi Parikka, 'Contagion and Repetition: On the Viral Logic of Network Culture', *Ephemera: Theory and Politics in Organisation*, vol. 7, no. 2, 2007, 287-308. Web: www.ephemeraweb.org/journal/7-2/7-2parikka.pdf

Project for the New American Century, 'Rebuilding America's Defenses: Strategy, Forces and Resources', report, September 2000, 51. 다음 웹사이트에서 확인 가능하다.: www.newamericancentury.org

Jorge Ribalta, 'Mediation and Construction of Publics: The MACBA Experience', *Republicart*, April 2004, http://republicart.net/disc/institution/ribalta01_en.htm

Andrew Ross, *No Respect: Intellectuals and Popular Culture* (New York: Routledge, 1989)

Ned Rossiter, *Organized Networks: Media Theory, Creative Labour, New Institutions* (Rotterdam/Amsterdam: NAi Publishers/Institute of Network Cultures, 2006)

Enzo Rullani, 'La conoscenza come forza produttiva: autonomia del post-fordismo', in: L. Cillario and R. Finelli (eds.), *Capitalismo e conoscenza* (Rome: Manifestolibri, 1998)

_____, *Economia della conoscenza: Creativita e valore nel capitalismo delle reti* (Milan: Carocci, 2004)

Enzo Rullani and Luca Romano, *Il postfordismo. Idee per il capitalismo prossimo venturo* (Milan: Etaslibri, 1998)

Saskia Sassen, *The Global City: New York, London, Tokyo* (Princeton: Princeton University Press, 1991)

Carl Schmitt, 'Der Begriff des Politischen', in: *Archiv für Sozialwissenschaften und Sozialpolitik*, 1927. 영어판: *The Concept of the Political* (Chicago: University of Chicago Press, 1996) [칼 슈미트, 『정치적인 것의 개념』, 김효전 옮김, 법문사, 1992]

Joseph Schumpeter, *Capitalism, Socialism and Democracy* (New York: Harper & Brothers, 1942) [조지프 슘페터, 『자본주의, 사회주의, 민주주의』, 변상진 옮김, 한길사, 2011]

Erwin Schrödinger, *What Is Life? The Physical Aspect of the Living Cell* (Cambridge: Cambridge University Press, 1948) [에르빈 슈뢰딩거, 『생명이란 무엇인가/정신과 물질』, 전대호 옮김, 궁리, 2007]

Michel Serres, *Le parasite* (Paris: Grasset, 1980). 영어판: *The Parasite* (Baltimore: Johns Hopkins University Press, 1982) [미셸 세르, 『기식자』, 김웅권 옮김, 동문선, 2002]

Herbert Simon, 'Designing Organizations for an Information-Rich World', in: M. Greenberger (ed.), *Computers, Communication, and the Public Interest* (Baltimore: Johns Hopkins University Press, 1971)

Neil Smith, *The New Urban Frontier: Gentrification and the Revanchist City* (New York: Routledge, 1996)

_____, 'Gentrification in Berlin and the Revanchist State', *Mieterecho*/Policing Crowds, 20 October 2007. Web: http://einstellung.so36.net/en/ps/524

Susan Sontag, 'The Pornographic Imagination'(1967), in: *Styles of Radical Will* (New York: Anchor, 1969) [수잔 손택, 『급진적 의지의 스타일』, 이병용·안재연 옮김, 현대미학사, 2004]

Richard M. Stallman, 'On Free Hardware', *Linux Today*, 22 June 1999. Web: features.linuxtoday.com/stories/6993.html

_____, *Free Software, Free Society: Selected Essays of Richard M. Stallman* (GNU Press, 2002). Web: www.gnu.org/doc/book13.html

Bernard Stiegler, *La technique et le temps, 1: La faute d'Epiméthée* (Paris: Galilée, 1994). 영어판: *Technics and Time, 1: The Fault of Epimetheus* (Stanford: Stanford University Press, 1998)

Michael Taussig, *Mimesis and Alterity: A Particular History of the Senses* (New York: Routledge, 1993)

Tiziana Terranova, 'Free Labor: Producing Culture for the Digital Economy', in: *Network Culture: Politics for the Information Age* (London: Pluto Press, 2004). Web: www.

electronicbookreview.com/thread/technocapitalism/voluntary

The London Particular, 'Fear Death by Water:The Regeneration Siege in Central Hackney', *Mute Magazine*, 3 July 2003. Web:http://www.metamute.org/en/SPECIAL-PROJECT-Fear-Death-by-Water

Alvin Toffler, *The Third Wave* (New York:Morrow, 1980) [앨빈 토플러, 『제3의 물결』, 원창엽 옮김, 홍신문화사, 2006]

Mario Tronti, *Operai e capitale* (Turin:Einaudi, 1966)

Carlo Vercellone, 'La nuova articolazione salario, rendita, profitto nel capitalismo cognitivo', *Posse*, 'Potere Precario', 2006. 영어판:Translated by Arianna Bove,'The new articulation of wages, rent and profit in cognitive capitalism', Web:www.generation-online.org/c/fc_rent2.htm

Paolo Virno, *Grammatica della moltitudine. Per una analisi delle forme di vita contemporanee* (Roma:Derive Approdi, 2002). 영어판:*A Grammar of the Multitude. For an Analysis of Contemporary Forms of Life* (New York:Semiotexte, 2004) [빠올로 비르노, 『다중 — 현대의 삶 형태에 관한 분석을 위하여』, 김상운 옮김, 갈무리, 2004]

_____, 'So-called "evil" and criticism of the state', in:*Multitude Between Innovation and Negation* (Los Angeles:Semiotexte, 2008). 이탈리아어 원본:'Il cosiddetto ≪male≫ e la critica dello Stato', *Forme di vita*, no. 4 (Rome:Derive Approdi, 2005)

McKenzie Wark, *A Hacker Manifesto* (Harvard:Harvard University Press, 2004)

Max Weber, *Die protestantische Ethik und der 'Geist' des Kapitalismus*, Archiv für Sozialwissenschaft und Sozialpolitik, Bande 20-21, *1904-1905*. 영어판:*The Protestant Ethic and the Spirit of Capitalism*(1930) [막스 베버, 『프로테스탄티즘의 윤리와 자본주의 정신』, 박성수 옮김, 문예출판사, 1996]

Slavoj Žižek, *The Sublime Object of Ideology* (London:Verso, 1989)

_____, 'Why are Laibach and NSK not Fascists?', *M'ARS*, vol. 3-4 (Ljubljana:Moderna Galerija, 1993)

_____, *The Plague of Fantasies* (London:Verso, 1997) [슬라보예 지젝, 『환상의 돌림병』, 김종주 옮김, 인간사랑, 2002]

_____, *The Ticklish Subject:The Absent Centre of Political Ontology* (London:Verso, 2000) [슬라보예 지젝, 『까다로운 주체』, 이성민 옮김, 도서출판b, 2005]

_____, 'No Sex, Please, We're Digital!', in:*On Belief* (New York:Routledge, 2001) [슬라보예 지젝, 『믿음에 대하여』, 최생열 옮김, 동문선, 2003]

_____, *Loft Living:Culture and Capital in Urban Change* (Baltimore:Johns Hopkins University Press, 1982)

:: 맛떼오 파스퀴넬리 저작 목록

"Der Aufstieg der Metadatengesellschaft", *Springerin*, 3/2013. +WEB

"Capitalismo maquínico e mais-valia de rede: Notas sobre a economia política da máquina de Turing", *Lugar Comun #39*. Rio De janero, 2013. +PDF

"The Biosphere of Machines: Enter the Parasite", in: Ariane Lourie Harrison (ed.) *Architectural Theories of the Environment: Posthuman Territory*, Routledge, 2012. +PDF

"Four Regimes of Entropy: For an Ecology of Genetics and Biomorphic Media Theory", *Fibreculture #17*: Unnatural ecologies, special issues on media ecology. 2011. +WEB +PDF

"The Art of Ruins: The Factory of Culture Through the Crisis", in: Jorinde Seijdel and Liesbeth Melis (eds), *Open #17 : A Precarious Existence*, Rotterdam: NAi Publishers, 2009. +WEB

"Google's PageRank Algorithm: A Diagram of Cognitive Capitalism and the Rentier of the Common Intellect", in Konrad Becker, Felix Stalder (eds), *Deep Search*, London: Transaction Publishers: 2009. +PDF

"The Ideology of Free Culture and the Grammar of Sabotage", in: D. Araya & M.A. Peters (eds) *Education in the Creative Economy: Knowledge and Learning in the Age of Innovation*, New York: Peter Lang, 2010. +PDF

"Immaterial Civil War: Prototypes of Conflict within Cognitive Capitalism", in: Geert Lovink and Ned Rossiter (eds), *MyCreativity Reader: A Critique of Creative Industries*, Amsterdam: Institute of Network Cultures, 2007. Full version forthcoming in *Rethinking Marxism*. +PDF

"Cultural Labour and Immaterial Machines" in: Joasia Krysa (ed.), *Curating Immateriality: The Work of the Curator in the Age of Network Systems* (DATA browser 03), New York: Autonomedia, 2006. +WEB

"Radical Machines against the Techno-Empire" in Marina Vishmidt (ed.), *Media Mutandis: A Node. London Reader*, London: Node.London, 2006. +PDF

:: 옮긴이 후기

　　이 책은 이탈리아의 젊은 자율주의 이론가이자 문화활동가인 Matteo Pasquinelli의 *Animal Spirits*를 옮긴 것이다. 케인스에 의해 '야성적 충동'으로 부정적 뉘앙스를 갖게 된 이 개념은 파스퀴넬리에 의해 그 긍정성과 건강성(동물성)을 되찾는다. 파스퀴넬리는 이 '동물혼'에서 다중의 이미지를 끌어낸다. 저자는 이 책에서 인지자본주의 시대에 필요한 새로운 '개념적 동물우화집'을 촘촘히 엮고 있다.

　　이 책은 독자들에게 낯설 수 있을 제목과는 달리 매우 일상적이고 친숙한, 인지자본주의의 다양한 삶을 다루고 있다. 미디어, 소통, 문화, 네트워크, 메트로폴리스, 창조성, 무의식, 포르노 등의 다양한 현상과 개념 들이 분석되고 있다. 이러한 분석을 관통하고 있는 핵심 개념은 물론 공유지와 공통적인 것, 그리고 동물혼(다중)이다.

　　이 책의 미덕은 물질, 비물질을 가리지 않고 다중의 공유지를 둘러싸고 벌어지는 갈등과 내전을 매우 치밀하게 분석하고 있다는 점이다. 저자는 공유지의 기생체, 언어의 히드라, 머리 둘 달린 독수리 등 세 형상을 통해 현대 자본주의의 동학을 파헤치고 그 대안을 모색한다. 우리는 이러한 분석에 힘입어 오세훈의 디자인 서울,

이명박의 4대강 살리기, 박근혜의 창조경제 등 지배계급들(뿐만 아니라 재벌과 대기업의 창조성 운운의 기업광고)의 미사여구가 결국 공유지에 대한 공격과 착취를 본질로 하고 있(었)음을 다시 한 번 확인하게 된다.

인지자본주의 시대의 새로운 주체성의 입장에서 현재의 계급투쟁을 조망하고 있는 이 책은 공유지를 둘러싼 투쟁에서 다중이 승리하기 위한 상상력과 참조점을 제시해 주고 있다.

매우 흥미롭고 매력적이며 소중한 책을 독자들과 함께 나눌 수 있어서 여간 기쁘지 않다. 가히 신봉건사회로 치닫고 있는 후기 자본주의에서 다양한 영역의 주체적 좌표를 그려내고자 하는 분들에게 일독을 권한다.

항상 그랬지만 이 책의 번역 또한 많은 분들과의 협력의 결과물이다. 거친 원고를 읽고 무수한 잘못된 점을 잡아 주신 프리뷰어 님들, 전체적인 지형과 맥락을 고려하여 꼼꼼하게 내용을 살펴주시고 조언을 아끼지 않으신 조정환 선생님, 언제나 든든한 원군이 되어주고 격려를 해 주시는 이동희 선생님과 이유정 선생님께 특별한 감사를 드린다. 이 책에 건강한 동물혼을 불어넣어준 신은주 선생님과 편집자 김정연 님 그리고 갈무리 출판사 동지들께 심심한 감사의 말씀을 드린다.

2013년 8월

서창현

:: 인명 찾아보기

ㄱ, ㄴ

가따리, 펠릭스(Guattari, Félix) 19, 49, 51, 82, 84, 91, 92, 98, 99, 105, 108, 114~116, 118, 151, 165, 197, 198, 200, 201, 289, 295, 300, 301, 316, 323, 327, 330, 336, 347, 386, 388, 392~394, 400
네그리, 안또니오(Negri, Antonio) 7, 17, 26, 27, 33, 45, 113, 136, 163, 171, 175~177, 201~203, 230, 237, 240, 259, 267, 279, 286, 290, 392

ㄷ

단테, 알리기에리(Dante, Alighieri) 23, 345, 348, 382
데란다, 마누엘(DeLanda, Manuel) 91, 93, 116, 288
데리, 마크(Dery, Mark) 7, 20, 34, 137, 202, 382
데이비스, 에릭(Davis, Erik) 131
드러커, 피터(Drucker, Peter) 204, 205
드보르, 기(Debord, Guy) 43, 134, 164, 237, 238, 292, 333
드브레, 레지(Debray, Régis) 338
들뢰즈, 질(Deleuze, Gilles) 13, 49~51, 63, 82, 84, 91, 92, 98, 99, 105, 108, 114~116, 118, 151, 165, 197, 198, 200, 201, 210, 289, 295, 300, 316, 327~333, 335, 336, 341, 347, 353, 373, 385, 386, 388, 392~394, 397, 400

ㄹ, ㅁ

〈라이바흐〉 39, 40, 281
라짜라토, 마우리치오(Lazzarato, Maurizio) 8, 113, 163, 201, 202, 204, 210~213, 220, 231, 264, 337, 397, 398

라캉, 자크(Lacan, Jacques) 33, 34, 40, 280, 327
레사게, 디에테르(Lesage, Dieter) 39, 46
레식, 로렌스(Lessig, Lawrence) 18, 132, 137~142, 426
쉴러, 로버트(Shiller, Robert) 5
로빙크, 헤르트(Lovink, Geert) 190, 191, 380, 400
룰라니, 엔조(Rullani, Enzo) 90, 180~184, 186, 214, 215, 219, 220, 223, 232, 235, 264, 265, 267, 284
르루아-구랑, 앙드레(Leroi-Gourhan, André) 305, 342
마랏찌, 크리스티안(Marazzi, Christian) 19, 174, 179, 188, 201, 202
맑스, 칼(Marx, Karl) 17, 45, 52, 66, 93, 99, 102, 108, 125, 134, 147, 160, 162~165, 169~173, 175, 194, 201, 205, 211, 222, 238, 256, 259, 281, 292, 296, 302, 335, 399
매클럽, 프리츠(Machlup, Fritz) 204, 205
미첼, W.J.T.(Mitchell, W.J.T.) 339~344

ㅂ

바타유, 조르주(Batailles, Georges) 71~73, 77, 87, 99, 100, 102, 104~108, 112, 165, 166, 295, 341, 388, 400
발라드, 제임스(Ballard, James G.) 29, 30, 34, 81, 85, 195, 231, 293, 296, 297, 300, 301, 303~307, 309~318, 320~328, 330, 334, 336, 347, 353, 357, 360, 368, 373, 375, 376, 379, 381~384, 400
버틀러, 사무엘(Butler, Samuel) 390
베라르디 [비포], 프랑코(Berardi, Franco "Bifo") 7, 201, 383, 384, 386, 400
베르그손, 앙리(Bergson, Henry) 397
베르첼로네, 까를로(Vercellone, Carlo) 171~173, 175~177, 179, 185, 259, 260, 264,

266
베버, 막스(Weber, Max) 49
베이컨, 프랜시스(Bacon, Francis) 327~331, 341
벤야민, 발터(Benjamin, Walter) 36, 57, 209, 247, 283, 298~300, 307, 320, 323, 337, 363
벤클러, 요차이(Benkler, Yochai) 132, 142, 143, 158~162, 184
벨팅, 한스(Belting, Hans) 338, 339
보드리야르, 장(Baudrillard, Jean) 21, 23, 90, 98, 124~130, 134, 135, 294, 296, 301~304, 312, 333, 337, 355, 359, 360, 367, 380
비르노, 빠올로(Virno, Paolo) 17, 41, 42, 190, 202

ㅅ

사센, 사스키아(Sassen, Saskia) 256
세르, 미셸(Serres, Michel) 70, 82, 86, 95, 107, 395, 400
슘페터, 조지프(Schumpeter, Joseph) 19, 211
스피노자, 베네딕트 데(Spinoza, Benedict de) 50
시몽동, 질베르(Simondon, Gilbert) 398
시에라, 산티아고(Sierra, Santiago) 38

ㅇ

아감벤, 조르조(Agamben, Giorgio) 20, 22, 55, 57, 72~75, 77, 202, 230, 292, 346, 348~354, 377, 380
아도르노, 테오도어(Adorno, Theodor W.) 61, 200, 238
아렌트, 한나(Arendt, Hannah) 41
안나 니무스(Anna Nimus) 144
에스포지토, 로베르토(Esposito, Roberto) 67
〈예스맨〉 40, 41, 234, 281
와크, 매켄지(Wark, McKenzie) 162, 164~168
애커로프, 조지(Akerlof, George) 5

ㅈ, ㅊ, ㅋ

주킨, 샤론(Zukin, Sharon) 244, 246, 269
지젝, 슬라보예(Žižek, Slavoj) 21, 33, 34, 36, 39, 40, 45, 84, 280, 281, 294, 295, 333~335, 380
촘스키, 노엄(Chomsky, Noam) 48, 57~59, 63, 69, 356
카스텔, 마뉴엘(Castells, Manuel) 98, 203, 245
케인스, 존 메이너드(Keynes, John M.) 5, 16, 17, 31
콜하스, 렘(Koolhaas, Rem) 39
크래머, 플로리언(Cramer, Florian) 137, 144, 147
클라이너, 디미트리(Kleiner, Dmytri) 150~157, 159~161

ㅌ, ㅍ

타르드, 가브리엘(Tarde, Gabriel) 210~213, 220, 264
트론띠, 마리오(Tronti, Mario) 45, 170
푸코, 미셸(Foucault, Michel) 74, 75, 77, 78, 102, 260, 306, 318, 334, 376, 396, 416
플로리다, 리처드(Florida, Richard) 23, 61, 189~91, 199, 205, 206, 227, 230, 238, 245, 257, 260~263, 265, 274, 275, 380, 400

ㅎ

하비, 데이비드(Harvey, David) 183, 188, 220, 244, 249, 266, 267
하트, 마이클(Hardt, Michael) 7, 17, 33, 136, 175, 203, 230, 240, 279, 392
호르크하이머, 막스(Horkheimer, Max) 61, 200, 238

기타

〈BAVO〉 36~40, 84, 279, 280, 281

:: 용어 찾아보기

ㄱ

가부장제 389
갈등 18, 21, 22, 25, 33, 50, 51, 55, 60, 63, 68~71, 75, 82, 83, 85, 89, 90, 99, 100, 106, 130, 135, 144, 151, 166, 176, 185, 190, 191, 193, 198, 199, 207~210, 230~233, 247, 248, 258, 263, 273, 282, 284, 288, 289, 306, 312, 337, 346, 350, 360, 370, 392
갈등적 히드라(conflictive hydra) 51, 68, 70, 82, 83, 89
감각 60, 163, 227, 245, 304, 309, 315, 317, 327~333, 341, 348, 363~365, 383, 386, 398
개념적 동물우화집 28, 79
개인 미디어 105, 123, 364, 366, 370, 371, 375
경쟁 23, 25, 30, 32, 89, 90, 109, 142, 143, 161, 164, 182, 185~190, 193, 197, 208, 212, 214, 217~220, 223, 224, 228, 232, 239, 268, 283, 285
계급 구성 146, 148
계몽주의 60, 69, 81, 103, 131, 272, 305
계몽주의 변증법 81
공유지(commons) 7, 16, 18~20, 22, 24~26, 50~53, 57, 79, 82~95, 114, 122, 137, 143, 145, 146, 149~151, 156, 157, 160, 161, 167, 173, 176, 179, 184, 196, 219, 220, 231, 232, 274~276, 283, 288, 289, 396
공유지의 기생체 83, 85, 95
공통적인 것(the common) 16, 18~20, 22, 24~26, 50~53, 57, 79, 82~95, 114, 122, 137, 143, 145, 146, 149~151, 156, 157, 160, 161, 167, 173, 176, 179, 184, 196, 219, 220, 231, 232, 274~276, 283, 288, 289, 396
공통주의(commonism) 147, 194, 396
과잉 31, 187
과잉-동일시(over-identification) 37, 39~41, 44, 45, 84, 281, 305
과학기술(technology) 24, 32, 44, 50~52, 76, 84~86, 96~98, 101~106, 109, 114, 115, 117, 122, 123, 127, 131, 133, 135, 136, 139, 141, 142, 149, 173, 179, 184, 186, 187, 189~191, 205, 296, 299, 300, 302~305, 311, 316, 336, 337, 342, 345, 361, 364, 367, 370, 371, 382, 383, 394, 396~398
과학기술 결정론 105, 173
과학기술 기반시설 118, 119, 122, 123, 336, 399
과학기술 물신주의 50, 114
과학기술적 81, 82, 87, 93, 101, 103, 109, 114, 117~120, 122, 123, 136, 137, 162, 166, 172, 186~189, 312, 337, 370, 384
과학기술적 공유지
과학기술적 지대 122, 186~189
과학기술적 환경 81, 384
과학기술적인 것 87, 136
과학기술적인 공유지 82
관심 경제 175, 179, 187, 217, 236, 264
교환가치 108, 124, 145, 153, 160, 161, 177, 211, 278, 285
국가 6, 17, 29, 44, 46, 52, 57, 59, 61, 64, 65, 67, 68, 74, 77, 80, 85, 100, 122, 176, 189, 234, 235, 238, 251, 253, 256, 292, 307, 317, 318, 366, 394
금욕주의 33, 49
금융위기 5, 6, 16, 286
금융자본주의 6, 8
급진적으로 올바른 46, 49, 326
급진주의 57, 59, 63~65, 67, 69, 83, 86, 333
기계 20, 56, 73, 75, 76, 80, 96, 97, 99, 102, 104~106, 108, 112, 114~117, 119, 120, 123, 127, 133~135, 173, 177, 178, 189, 191, 194, 201, 213, 240, 279, 285, 290, 291, 298, 301~303, 309, 311, 312, 323, 353, 367, 384, 386, 388~398, 400
기계 비평 390
기계역 393
기계적 무의식 301, 323

기계적 잉여 115
기계적 초과 80, 379
기생체(parasite) 22, 23, 51, 70, 82, 83, 85~89, 95, 107~114, 116~118, 122, 123, 162, 166, 168, 173, 175, 185, 188, 189, 192~194, 223, 233, 235, 236, 260, 344, 379, 394, 395, 397~400
『기식자(기생체)』(세르) 22, 70, 86, 96, 107, 113, 395, 416
기업적 기생체 22
『기호의 정치경제학 비판』(보드리야르) 125, 126

ㄴ

나치즘 77, 361, 377
낫워킹 18, 190, 192
네겐트로피 116, 122, 341, 389, 391, 399, 400
네오이즘 35, 36, 144
네트워크 6, 8, 17, 19~21, 24, 25, 32, 36, 42, 51~53, 56, 57, 66, 67, 69, 80, 84, 86~89, 94, 98, 99, 105, 107, 112~115, 117, 119, 121~123, 126, 131, 134, 135, 142, 149, 158~161, 164, 165, 170, 171, 173, 174, 179, 184~187, 190~192, 194, 196, 199, 202, 203, 205, 216~218, 224, 235, 240, 265, 266, 268, 283, 290, 291, 293, 295~297, 337, 343, 360, 361, 364, 366, 367, 382, 384, 391, 393, 394, 399, 400
네트워크 사회 6, 42, 84, 98, 99, 107, 126, 173, 191, 196, 205, 337, 384
네트워크 자본주의 67
네트워킹 18, 20
노동 41~43, 45, 51, 53, 97, 101, 104, 113, 119, 120, 122, 126, 133, 144, 150, 153, 156, 158, 159, 171, 174, 175, 231, 240, 258, 264~266, 282, 283, 290, 337, 397
노동거부 44, 191
노동계급 45, 155, 167, 169, 170, 212, 243, 258, 259, 286, 287, 290
노동의 불안정화 174

노동자 5, 7, 8, 25, 30, 38, 45, 62, 66, 89, 90, 99, 102, 135, 149, 150~153, 155, 156, 159, 163, 169, 170, 172~174, 177, 188, 199, 201~205, 207~209, 217, 218, 227, 229, 231~234, 236, 240, 242, 246, 254, 258, 263, 264, 285, 288, 291, 375, 400
노동조건 8, 89, 171, 208, 258, 264

ㄷ

다문화주의 258, 356
다운쉬프팅 32, 80
다중 7, 8, 16, 18, 19, 27, 40, 42~44, 48, 51, 52, 56, 57, 59, 63, 65~69, 71, 81~85, 87~89, 114, 135, 163, 169, 171, 176, 190, 193, 194, 196, 201, 219, 228, 230, 233, 239, 258, 259, 263, 266, 267, 279, 280, 283, 287~291, 297, 356, 392
『다중』(비르노) 41, 42, 55, 66, 136, 203
다중의 본성 190
다중의 어두운 측면 7, 8, 16~19, 27, 40~44, 48, 51, 52, 55~57, 59, 63, 65~69, 71, 81~85, 87~89, 114, 135, 136, 163, 169, 171, 176, 190, 193, 194, 196, 201, 203, 219, 228, 230, 233, 239, 258, 259, 263, 266, 267, 279, 280, 283, 287~291, 297, 356, 392
다중의 탈정치화 43
대의(적) 46, 48, 233, 236, 372
대의 민주주의 65
데몬크라시 54, 81
독립 미디어 44, 363
동물몸 16, 49~51, 297
동물성 55, 60, 74, 75, 77, 81, 322, 388
동물우화집 28, 51, 69, 70, 77, 79, 81, 83
동물적 본성 6, 23, 26, 48, 50, 51, 56~60, 62, 64, 65, 69, 70, 73, 75, 77, 78, 81, 83, 85, 94, 107, 114, 172, 177, 179, 190, 191, 208, 209, 214, 230, 266, 268, 284, 292, 297, 300, 307, 312, 321, 330, 333, 344, 368, 379~381, 392
동물주의 75
동물형태적 109

동물혼 5, 6, 16, 18, 28, 50, 52, 53, 61, 69, 74~77, 80, 83, 84, 276, 294, 328, 329, 346~348, 376
『동물혼』(파스퀴넬리) 5, 6, 70
동물혼의 다이어그램 52
두뇌 노동자 264
디스토피아 80, 107, 168
디스토피아적 24, 56, 63, 84, 87, 99, 107, 108, 114, 116, 169, 189, 190, 231, 288, 289, 383
디아제팜 14, 380, 381
디젠트리피게이션 276
디지털 공유지 16, 22, 25, 86~88, 90, 93, 114, 122, 137, 151, 167, 219, 231, 232
디지털 과학기술 106, 179, 186, 398
디지털 기계 96, 105, 106, 120, 123, 384, 389, 397
디지털 기생체 118, 122
디지털 네트워크 8, 17, 20, 52, 53, 94, 105, 113, 131, 194, 202, 217, 293, 297, 382, 394
디지털 노동자 5, 170
디지털 문화의 본성 191
디지털 미디어 119, 120, 140, 165, 185, 294~296, 339, 366, 370
디지털 아나키 366
디지털리즘 21, 23, 95, 106, 116, 120~122, 131~135, 138, 139, 142, 149, 158, 162, 189, 191, 275, 336, 337
디지털만의(digital-only) 147, 196
또래집단 생산 121, 143, 160~162, 171, 207, 268
또래집단 협력 23

ㄹ

런던 29, 30, 35, 47, 135, 195, 243, 247, 254~256, 262, 268
로고스 62, 73, 103, 113, 137, 292, 295, 297, 321, 323, 371
루터 블리셋 40, 374
르네상스 77
리버스 엔지니어링 239

리비도 85, 93, 104, 105, 122, 300, 303, 315~320, 323, 367, 369, 371, 385, 386, 388, 394, 396, 399, 400
리비도 경제 93, 318, 354
리비도적 14, 48, 50, 51, 53, 77, 107, 120, 296, 307, 317, 319, 320, 322, 323, 357, 365, 371~373, 378, 379, 381, 386, 387, 392, 394, 395, 398~400
리비도적 기생체 379, 394, 395, 399, 400
리비도적 무의식 323
리비도적 에너지 371, 372, 386, 394, 398
리비도적 욕망 387
리비도적 잉여 148, 392, 394, 399, 400
리비도적 초과 51, 357
리비도적 충동 296, 322

ㅁ

마이스페이스 20, 186, 366
마조히즘 12, 67, 69, 292, 303, 312, 353, 385
마찰 21, 25, 53, 91, 94, 99, 128, 142, 143, 150, 160, 191, 196, 213, 220, 258, 268, 282, 283, 289
맑스주의 17, 52, 99, 102, 125, 147, 160, 162~164, 170~172, 205, 211, 238, 256, 281, 292, 296
맑스주의자 169
맑스주의적 160, 162, 163, 165, 292
매스 미디어 126, 205, 212, 217, 264, 272, 300, 301, 302, 309, 358, 362, 370
머리 둘 달린 22, 23, 51, 62, 67, 69, 70, 73, 77, 81, 83~86, 190, 292, 293, 295~297, 310, 353, 432
머리 둘 달린 다중 190
머리 둘 달린 독수리 22, 23, 51, 67, 70, 81, 83, 84, 86
머리 둘 달린 동물 73
머리 둘 달린 본성 62, 85
머리 둘 달린 신 70
머리 둘 달린 이미지 292, 293, 297
머리 둘 달린 존재 69, 70, 296, 310
머리 둘 달린 집정관 77

메타유물론 122
메트로폴리스 23, 51, 118, 203, 207, 226, 233, 237, 240~242, 245, 248, 257~260, 263, 266, 268, 274, 276, 279, 282~284, 286~288, 291, 404
모방 37, 52, 67, 95, 114, 181, 210~213, 220, 294, 298, 299, 320, 326, 361, 394
무의식 24, 33, 34, 36, 46, 48, 50, 51, 66, 69, 84, 85, 89, 93, 94, 100, 101, 105, 115, 127, 137, 197, 258, 271, 278, 293, 298~301, 303, 306, 307, 309~311, 314, 316, 323, 326, 347, 353, 376, 382, 383, 385, 387, 404, 412
문화 공장 18, 207, 229, 237, 260, 274, 276, 284
문화적 공유지 7, 94, 220, 289
물신주의(적) 21, 23, 50, 115, 117, 120, 134, 135, 316, 321, 323, 361, 369, 395
『뮐띠뛰드』 204, 215
미디어 8, 17, 21, 24, 36, 41, 51, 96~98, 100~102, 104, 105, 112, 114, 115, 117, 123~126, 129, 131, 133, 140, 141, 143, 152, 164, 168, 178, 186, 187, 189, 190, 192, 195, 208, 213, 218, 230, 236, 252, 275, 281, 285, 296, 300, 303, 306, 310, 314, 316~318, 325, 343, 360, 361, 363~367, 370, 371, 381~383, 389, 391, 393~398, 400
미디어 과학기술 190
미디어 권력 375
미디어 기반시설 164, 364
미디어 기생체 394
미디어 기업 23, 52, 297, 361
미디어 네트워크 17
미디어 비평가 6, 339
미디어 산업 141, 252
미디어 상상계 51
미디어 생태계 112, 119, 168, 316, 399
미디어 생태학 87, 373
미디어 슈프레 195, 252, 255, 277
미디어 아트 295
미디어 연구 24, 97, 98, 124
미디어 운동 374

미디어 이론 24, 300, 400
미디어 전쟁 360, 366
미디어 정치 22
미디어 철학자 134, 337
미디어 행동주의 234, 281, 395
미디어스케이프 17, 21~23, 36, 43, 50~52, 93, 100, 105, 118, 278, 299, 300, 306, 307, 309~312, 315, 317, 318, 324, 326, 328, 346, 361, 376, 383, 384, 400
미디어적인 것 87
미디어화 360
민주주의 46, 54, 62, 65, 109, 121, 241, 287, 334, 356
밀실공포증 21, 34, 279, 333
밈 181

ㅂ

바르셀로나 189, 195, 220, 221, 225~230, 235, 236, 246~252, 262, 267, 268, 277
바이오디지털리즘 336, 337
반세계화 운동 32, 46, 47, 80, 281, 356, 375
반저작권 145, 146, 150, 159, 179
베를린 144, 189, 195, 246, 247, 251, 252, 255, 262, 268, 269, 276, 277, 402
변증법 24, 64, 98, 179, 295
변증법적 64, 70, 129, 341
부동산 투기 6, 26, 118, 188, 189, 195, 221, 235, 236, 238, 246, 248, 250, 251, 255, 269, 288
부채 5, 7, 8, 77
부채의 사보타주 5, 8
『부채인간』(라짜라토) 8
불안정 노동자 25, 90, 203, 227, 231, 234, 258, 264, 288
비대칭 64, 87, 94, 99, 107, 108, 114, 117, 121, 122, 130, 150, 156, 160, 220, 239, 260, 263, 267, 268, 276, 281~283, 285, 289, 330, 362
비대칭성 86, 114, 122, 150, 156, 260
비대칭적 양가성 82
비디오 과학기술 336, 398

비디오충돌 13, 360
비디오크라시 361, 362
비물질 내전 60, 90, 91, 198, 209, 229, 231~233
비물질노동 62, 70, 113, 120, 123, 134, 171, 175, 194, 199, 201, 202, 280, 372, 380, 384, 397
비물질적 기생체 113, 117, 118, 122, 123, 185, 189
비물질적인 시민적 갈등 82

ㅅ
사보타주 5, 8, 26, 41, 85, 89, 94, 164, 176, 190, 192, 193, 196, 233, 236, 237, 239, 278, 279, 282, 285, 286, 288, 290, 291
사보타주의 문법 11, 12, 190, 196, 282
사적 소유 20, 58, 59, 146, 156, 164, 179, 221, 284, 288
사회민주주의 46, 141, 206, 275, 279, 306, 334, 356
사회적 공장 173, 193, 208, 219, 234, 240, 257, 264, 266, 268, 276, 280
사회적 복제 시대의 예술가들 36, 90, 209, 230
산 노동 51, 88, 102, 119, 120, 163, 392
산 에너지 94, 96, 102~104, 119, 316, 391
삶권력 52, 74, 77
삶의 비대칭성 86, 114, 122, 150, 156, 260
삶정치 20, 48, 49, 55, 62, 74, 75, 77, 102, 171, 209, 219, 231, 240, 263, 274, 277, 279, 280, 282~284, 306, 318, 351, 376, 392, 397
삶정치적 기계 75, 240, 279
삶형태 23, 50, 52, 56, 66, 69, 85~87, 89, 93, 94, 103, 117, 165, 197, 239, 306, 312, 313, 323, 343, 344, 354, 395
삶형태적 무의식 50, 66, 69, 85, 89, 94, 197, 323, 404
삼항(적) 82, 108, 121, 123
상상계 21, 23, 29, 34, 37, 44, 45, 49, 51, 52, 84, 85, 236, 244, 267, 286, 288, 292~301,

307, 309, 310, 312~315, 317, 320, 321, 323, 326, 327, 336, 345, 351~354, 356, 361, 364, 366~369, 371, 372, 374~376, 378, 381
상상력 48
상징자본 93, 188, 189, 194, 196, 220, 226~229, 231, 233, 235, 244, 249, 263, 267, 269, 274, 277, 278, 282, 284~286, 288, 289, 291
상표 132, 144, 147, 177, 178, 181, 185, 186, 264, 265
상품 물신주의 120, 134, 135
생기론 73, 87, 99, 102, 107, 112, 114, 116, 173, 339, 340, 344
서브프라임 6, 256, 286
세계화 32, 33, 40, 46, 47, 80, 224, 225, 229, 256, 281, 356, 363, 375
세속화 22, 36, 293, 345, 351, 352, 377
섹슈얼리티 77, 317, 319, 351, 352, 384
소프트웨어 23, 52, 88, 89, 96, 118, 120, 121, 123, 132, 136~140, 143, 144, 145, 147~149, 152~154, 158, 159, 164, 177~179, 184, 186, 187, 199, 200, 206, 210, 215, 234, 239, 282, 399
『스펙타클의 사회』(드보르) 43, 164, 238
스펙타클 20, 43, 46, 51, 67, 81, 90, 117, 181, 187, 237, 238, 247, 268, 278, 284, 288, 292, 293, 297, 316, 332~334, 349, 351, 357, 360~362, 367, 378, 380, 394, 399, 400
시각적 무의식 293, 298, 299
시간 17, 31, 36, 41, 44, 47, 98, 112, 143, 179, 180, 183~185, 187~189, 214, 216~218, 256, 277, 287, 294, 319, 323, 327, 328, 337, 364, 383, 384, 387, 395, 397, 398
시뮬라크라 23, 101, 105, 107, 125, 127, 129, 130, 223, 227, 231, 238, 294~296, 300, 304, 312, 327, 329, 333, 337, 373, 394
신경학 13, 77, 293, 300, 304, 333, 347
신자유주의(적) 26, 32, 38, 39, 45, 103, 134, 138, 141, 206, 208, 218, 239, 247, 279
신체 7, 20, 49, 51, 73, 74, 92, 114, 120, 126, 185, 296, 299, 301~304, 306, 309, 313, 316,

317, 326, 328~332, 336, 343, 346~348, 350, 351, 354, 362~364, 370~373, 375, 376, 380, 383~387, 394, 396

ㅇ

아나키스트 57, 228, 231
아나키즘 48, 232, 254, 334, 361
아방가르드 36, 39, 43, 164, 167, 178, 231, 293, 294
아부 그라이브 85, 315, 358, 361, 366~368, 370
암스테르담 199, 253, 254, 268, 269, 275, 381
앙띠 오이디푸스 (들뢰즈 · 가따리) 84, 115, 151, 200, 201, 327, 386, 388, 392, 394
『애드버스터스』 316, 369, 373
야성적 충동 5, 6, 16, 17, 31
『야성적 충동』(쉴러 · 애커로프) 5, 6
양가성 54, 60, 64, 69, 70, 81~85, 190, 207
어피니티 그룹 356
언어 77, 317, 319, 351, 352, 384
에너지 24, 25, 32~34, 36, 50~53, 61, 63, 76, 79, 80~82, 84, 86, 89, 93~97, 99~108, 112, 114~123, 126, 133, 154, 160, 164~168, 174, 188, 240, 257, 277, 282, 284, 296, 311, 316, 320, 324, 330, 336, 337, 341, 343, 354, 356, 370~373, 382, 384~387, 389, 391, 393, 394, 396, 398, 399
에너지적 무의식 24
엔트로피 36, 41, 90, 101, 116, 122, 170, 181, 183, 194, 210, 220, 223, 230, 284, 295, 296, 341, 386, 389, 391, 399
열역학 385, 386~388, 391, 398
영혼 24, 70, 73, 74, 126, 347, 350, 383, 410~412
영화 17, 29, 91, 98, 140, 152, 164, 193~195, 200, 204, 247, 249, 250, 294, 299, 308, 309, 314, 319~322, 324~327, 335, 362, 368, 369, 373, 375, 387, 396, 398
예술 7, 8, 20, 21, 26, 35~46, 48, 50, 89~91, 103, 104, 115, 121, 131, 140, 142, 146, 151~154, 181, 185, 188, 190, 193, 199, 200, 209, 219, 221, 222, 227, 232, 235~237, 245~248, 254, 255, 262, 265, 268~275, 278, 281, 283, 284, 288, 289, 294, 295, 298, 299, 301, 305, 327, 332, 336~339, 342, 343, 351, 353, 363, 374, 376, 377, 381
예술가 35, 38, 39, 40, 91, 103, 115, 140, 142, 146, 151~153, 185, 190, 199, 209, 219, 221, 236, 245~248, 269, 270, 271, 273, 278, 288, 342, 374, 376, 377
예술비평 20, 21, 337
예술적 생산양식 26, 246, 255, 268, 269, 274
욕망 7, 21~24, 34, 43, 44, 49, 51, 67, 69, 70, 80, 81, 83~86, 97, 99, 108, 109, 114, 117, 126, 150, 165, 189, 191, 208, 210, 212, 225, 265, 266, 274, 280, 285, 293, 295, 296, 303, 304, 312, 316, 324, 327, 334, 335, 347, 349, 353, 364, 365, 371, 375, 381, 385~389, 392, 393, 398~400
욕망의 양가성 84
욕망하는 기계 108, 114, 353, 388, 393
유기체 70, 86, 92, 93, 100, 103, 107, 108, 111, 114, 116, 119, 120, 291, 336, 340, 341, 343~345, 365, 383, 390, 391, 393~395, 405, 408
유동 61, 64, 92, 97, 102, 107, 116, 119, 180, 186, 191, 203, 204, 354, 373, 385, 386, 388, 393
유물론 21, 63, 71, 72, 82, 91, 96, 107, 116, 118, 122, 123, 260, 328, 330, 340, 346, 347, 350, 387, 388
유포의 법칙 180, 214, 215
음악 190, 191, 380, 400
이미지 16, 17, 43, 84, 97, 98, 103, 129, 143, 227, 235, 236, 238, 268, 292~301, 305~312, 316, 327~331, 333~342, 344~346, 348~355, 358, 361~364, 366~369, 371~378, 380, 387, 397~399
이주노동자 30, 38
이항(론/적) 23, 82, 85, 86, 107, 114, 115, 121~123, 164, 296, 316, 387, 407

인공두뇌학 87, 95, 107, 112, 113, 115
인지노동(자) 5, 87, 91, 123, 173~175, 203, 207~209, 217, 231, 236, 258, 264
인지자본주의 7, 42, 53, 90, 93, 94, 124, 152, 168, 169, 171~173, 176, 180, 181, 183, 185, 188, 190, 193, 196, 204, 207, 214, 217, 219, 230, 232, 233, 266, 277, 280~282, 284
인클로저 7, 16, 18~20, 22, 24~26, 50~53, 57, 79, 82~95, 114, 122, 137, 143, 145, 146, 149~151, 156, 157, 160, 161, 167, 173, 176, 177, 179, 184, 196, 219, 220, 231, 232, 267, 274~276, 283, 288, 289, 396
인터넷 포르노 21, 24, 101, 294, 324, 352, 381, 384, 385, 391, 394, 399, 400
일반지성 44, 52, 56, 62, 66, 87, 93, 123, 163, 169, 173, 175, 194, 199, 230
임금노동 43, 150, 151, 155~157, 260, 264
잉여 24, 25, 39, 48~51, 68, 82, 86, 88, 94, 96, 97, 99~101, 104, 107, 108, 115~119, 121~127, 130, 133, 138, 147, 153, 158, 159, 165~167, 169, 171, 172, 182, 186, 219, 235, 236, 257, 278, 281, 282, 289, 291, 296, 341, 388, 392~396, 399, 400

ㅈ

자기가치화 26, 27, 237, 290
『자본과 언어』(마라찌) 19, 174, 179, 188
『자본론』(맑스) 134, 135
자연 31, 49~51, 54, 56, 60, 65, 66, 73, 76, 80~82, 85, 86, 89, 100, 102, 104, 108~111, 116, 117, 120, 122, 129, 133, 172, 213, 220, 265, 268, 282, 312, 315, 348, 364, 365, 379, 381, 383, 386, 391, 395
자유 소프트웨어 운동 132, 136, 137, 139, 179
자유노동 25, 52, 158, 171
자유문화 18, 20, 21, 25, 87, 89, 95, 114, 127, 132, 136, 137~142, 150~153, 158, 167, 170, 171, 178, 187, 193, 195, 283, 396
자유문화주의 21, 138, 142

자유주의 57~59, 138, 147
자유주의자 57, 65, 140
자유주의적 49, 65, 353, 376, 385
자율적인 공유지 149, 150, 275, 276
자율주의 7, 17, 52, 66, 84, 147, 162, 163, 170, 171, 191, 254, 281, 290, 383
자율주의적 맑스주의 160, 162, 163, 165, 292
재생산 95, 104, 123, 151, 152, 157~160, 165, 170, 211, 314, 350, 382, 392, 401
재현 23, 45, 46, 93, 98, 115, 127, 295, 303, 327, 330, 333, 338, 344, 361, 365, 372
저작권 18, 132, 137, 140, 141, 144~148, 150~155, 159, 176, 177~180, 185, 192, 193, 230, 264, 265
전자 미디어 363, 370
전쟁 17, 19, 21, 22, 24, 30, 32, 66, 77, 79~81, 85, 100, 134, 136, 213, 231, 232, 241, 247, 291, 294, 301, 306, 313~321, 334, 352, 355~358, 360, 364, 366~378
전쟁 펑크 355, 376, 377, 378
전쟁 포르노 21, 22, 24, 355, 367~373, 375~377
정신병리학 29, 30, 33~35, 77, 191, 279, 312~314, 316, 317, 320, 322, 324, 326, 353, 370, 375
『제국』(네그리·하트) 33, 175, 203, 230, 240, 279, 392
젠트리피케이션 22, 26, 188, 194, 195, 221, 235, 237, 239~249, 251~257, 260, 262, 269~273, 276~279, 284~286, 288
지대 6, 8, 88, 89, 94, 115, 118, 122~124, 141, 152~154, 159, 161, 162, 166, 169, 171~190, 193~196, 209, 220~229, 236, 243, 244, 249, 253, 259~261, 264~267, 269, 270, 275, 277, 280, 283, 285, 288, 291, 309, 338
『지대의 기술』(하비) 220, 244, 249, 266
『지배와 사보타주』(네그리) 237
지적 노동 90, 113, 114, 119, 120, 264, 397
지적 재산권 20, 123, 141, 146, 147, 151, 155, 176, 177, 179, 180, 185~187, 192, 200, 206, 207, 220, 224, 233

지층 82, 87, 91~94, 106, 116, 119, 122, 123, 184, 238, 268, 289, 383
집단적 무의식 34, 93, 300, 314, 353, 382, 383
집단지성 52, 62, 66, 90, 98, 134, 154, 190, 202, 210, 213, 275, 289, 295, 297, 396
집합적 상징자본 93, 188, 220, 226~228, 235, 244, 249, 263, 267, 269, 274, 284, 288

ㅊ

창조도시 21, 22, 26, 61, 118, 189, 223, 227, 235, 237~240, 245, 246, 248, 253, 263, 265, 275, 279~282, 284, 291, 293
창조성 21, 25, 26, 36, 58, 60, 61, 146, 189, 197, 199, 200, 207~209, 227, 233, 239, 261~263, 274, 280~282, 284, 294
창조적 노동자 152, 207, 218, 227, 229, 232, 236
창조적 반공유지 10
창조적 사보타주 12, 237, 239, 279
창조적 파괴 7, 16, 18~20, 22, 24~26, 50~53, 57, 79, 82~95, 114, 122, 137, 143, 145, 146, 149~151, 156, 157, 160, 161, 167, 173, 176, 179, 184, 196, 219, 220, 231, 232, 274~276, 283, 288, 289, 396
척수 고속도로 305, 306, 373
『천 개의 고원』(들뢰즈·가따리) 82, 91, 92, 105, 115, 116, 327, 386, 416
청교도 21, 33, 46, 48, 49, 65, 67, 69, 83, 86, 313, 314, 316, 325, 326, 334, 353, 373, 375, 376
초과 24, 32, 50, 51, 73, 100, 101, 108, 122, 125, 165, 166, 191, 236, 388

ㅋ

카테콘 66~69
카피레프트 139, 145~147, 150, 152~155, 157, 206, 218
카피저스트라이트 151, 154
카피파레프트 150~157, 159~161

코그니타리아트 91, 163, 174, 201, 236, 264
코드 21, 23, 24, 33~35, 40, 41, 84, 92, 97~99, 103, 115, 116, 120, 123, 126, 127, 129~131, 134, 135, 137, 144, 149, 163, 168, 236, 279, 295, 296, 323, 333~335, 337, 338, 343, 345, 350, 390, 391
코드 물신주의 120, 123, 134, 135, 343, 391
『크래시』(발라드) 301, 302~304, 417
크리에이티브 커먼즈 18, 25, 52, 89, 121, 132, 137~139, 142~150, 153, 154, 156, 179, 182, 192, 199, 206, 207, 210, 218, 232, 275, 276, 289

ㅌ

탁월성의 표시 221~225, 227~229, 267
탈산업화 31, 80, 244
테러리즘 17, 21, 79, 294, 316, 357, 359, 362, 375, 376
테크노병리학 380, 382
특허 132, 144, 147, 177, 178, 181, 185, 186, 264, 265

ㅍ

파르마콘 84
파업 36, 263, 286~288, 373
평화 행동주의 50, 320, 355
포드주의 26, 41~46, 55, 80, 84, 133, 169~171, 173, 176, 201~203, 211, 212, 216, 218, 224, 238, 240, 242, 258, 260, 264, 280, 337, 384, 397
포르노 17, 21, 22, 24, 49, 50, 81, 85, 100, 101, 294, 307, 309, 322~326, 335, 345, 351~353, 355, 358, 367~373, 375~385, 387, 388, 391, 394, 399~401
포스트구조주의적 63, 327
포스트모더니즘 21, 23, 33, 98, 238, 279, 295, 300~302, 304, 319, 327, 336, 337, 340, 351, 358, 372, 381, 397
포스트모던 21, 26, 37, 45, 67, 68, 82, 84, 124,

278, 295, 296, 299~303, 305, 326, 333, 335, 337, 340, 353, 367
포스트모던 사상가 21, 26, 37, 45, 67, 68, 82, 84, 124, 278, 295, 296, 299~303, 305, 326, 333, 335, 337, 340, 353, 367
포스트오뻬라이스모 45, 52, 84, 135, 169, 171, 173, 201, 258, 267, 335
포스트포드주의 42~45, 55, 80, 84, 169~171, 176, 202, 203, 211, 212, 218, 224, 238, 240, 242, 258, 260, 264, 280, 384, 397
포스트포드주의적 노동 42~45, 55, 80, 84, 169~171, 176, 202, 203, 211, 212, 218, 224, 238, 240, 242, 258, 260, 264, 280, 384, 397
프런티어 240, 241, 256
프레카리아트 227, 247, 259, 264

기타

1970년대 17, 26, 43, 124, 174, 206, 243, 272, 273, 290, 295, 296, 302, 326, 337
22@ 195, 250, 252, 277
9 · 11 29, 85, 318, 356, 358~360, 362, 377
FLOSS 147, 148, 199
G8 46, 47
GPL 136, 148, 149
NGO 37, 39, 46, 148, 356
P2P 121, 143, 160~162, 171, 207, 268
SF 106, 146, 148, 250, 300~302, 313, 391
TV 17, 41, 47, 125, 126, 200, 204, 299, 301, 310, 315, 318, 324, 326, 336, 360, 362~365, 370, 373~375

ㅎ

하위문화 36, 43, 100, 114, 121, 136, 146, 190, 239, 245, 247, 253, 303, 326, 368, 369, 377, 381
해커 98, 120, 136, 139, 147, 162~164, 167, 168, 170, 190, 295, 337
『해커 선언』(와크) 162, 164
행동주의 20, 37, 46, 48~50, 80, 121, 138, 178, 184, 187, 193, 196, 234, 236, 247, 278, 279, 281, 286, 320, 355, 356, 373, 374, 395, 400
혁신 19, 44, 55, 56, 61~63, 130, 132, 149, 170, 172, 183, 184, 186, 195, 211, 213, 214, 224, 235, 240, 250, 257, 261
『혁신과 부정 사이의 다중』(비르노) 55
흐름 17, 19, 24, 45, 67, 80, 93, 98, 99, 101, 106~108, 115, 117, 126, 165, 166, 179, 184, 197, 226, 235, 240, 256, 278, 287, 295, 296, 310, 327, 342, 347, 350, 386, 387, 393, 399, 400, 404
히드라 22, 23, 51, 68, 70, 82, 83, 89, 90, 197, 238, 248

갈무리 이딸리아 자율주의

다중   빠올로 비르노 지음   김상운 옮김
이제 모든 것을 다시 발명해야 한다   세르지오 볼로냐 외 지음   윤영광·강서진 옮김
캘리번과 마녀   실비아 페데리치 지음   황성원·김민철 옮김
노동하는 영혼   프랑코 베라르디 [비포] 지음   서창현 옮김
봉기   프랑코 베라르디 [비포] 지음   유충현 옮김 〈2012. 12. 신간〉
금융자본주의의 폭력   크리스티안 마라찌 지음   심성보 옮김 〈2013. 4. 신간〉
자본과 언어   크리스티안 마라찌 지음   서창현 옮김 〈2013. 7. 신간〉

갈무리 문학예술론

카이로스의 문학   조정환 지음
민중이 사라진 시대의 문학   조정환·정남영 외 지음
오리엔탈리즘과 에드워드 사이드   발레리 케네디 지음   김상률 옮김
예술을 유혹하는 사회학   김동일 지음
포스트모더니즘 이후의 정치와 문화   마이클 라이언 지음   나병철 외 옮김
리얼리즘과 그 너머   정남영 지음
플럭서스 예술혁명   조정환·전선자·김진호 지음
시로 읽는 니체   오철수 지음
무한히 정치적인 외로움   권명아 지음
우애의 미디올로지   임태훈 지음 〈2012. 11. 신간〉
미래의 시를 향하여   이성혁 지음 〈2013. 2. 신간〉

갈무리 이와사부로 코소

뉴욕열전   이와사부로 코소 지음   김향수 옮김
유체도시를 구축하라!   이와사부로 코소 지음   〈서울리다리티〉 옮김
죽음의 도시, 생명의 거리   이와사부로 코소 지음   〈서울리다리티〉 옮김 〈2013. 3. 신간〉
후쿠시마에서 부는 바람   조정환 엮음   이와사부로 코소 외 지음

갈무리 정치철학

아나키스트의 초상   폴 애브리치 지음   하승우 옮김
정치론   베네딕트 데 스피노자 지음   김호경 옮김·해설
전쟁론(전3권)   카알 폰 클라우제비츠 지음   김만수 옮김·해설
제국은 어떻게 움직이는가?   제임스 페트라스 외 지음   황성원·윤영광 옮김
탈근대 군주론   존 산본마쓰 지음   신기섭 옮김
푸코의 맑스   미셸 푸코 지음   이승철 옮김
진실 말하기   테리 이글턴 외 지음   신기섭 옮김
가상계   브라이언 마수미 지음   조성훈 옮김
인지와 자본   조정환·황수영·이정우·최호영 지음
신, 정의, 사랑, 아름다움   장-뤽 낭시 지음   이영선 옮김
국가에서 마을로   전명산 지음
과학, 기술, 민주주의   대니얼 리 클라인맨 엮음   스티븐 엡스틴 외 지음   김명진 외 옮김